2015年主题出版重点出版物

依法治国研究系列

丛书执行主编
董彦斌

商事法治

RULE

OF

LAW

IN

AFFAIRS

刘
俊
海 ■ 主
编

社会科学文献出版社
SOCIAL SCIENCES ACADEMIC PRESS (CHINA)

丛书出版前言

改革开放以来，中国既创造出经济振兴的成绩，也深化了治理方式的探索、筑基与建设。法治的兴起，是这一过程中的里程碑事件。法治是一种需求和呼应，当经济发展到一定阶段，一定要求相应的良好的法律制度来固化成果、保护主体、形塑秩序；法治是一种勇气和执念，作为对任意之治和权力之治的否弃和超越，它并不像人们所喊的口号那么容易，其刚性触及利益，其锐度触及灵魂，所以艰难而有意义。

中国法治现代化是万众的事业，应立基于中国国情，但是，社会分工和分工之后的使命感，使得法学家对法治的贡献不小。中国的法学家群体以法治为业，又以法治为梦。法学家群体曾经"虽千万人吾往矣"，呼唤了法治的到来，曾经挑担牵马，助推了法治的成长，如今又不懈陈辞，翘首以盼法治的未来。

文章合为时而著。20 世纪 80 年代，法治话语起于青蘋之末，逐步舞于松柏之下。20 世纪 90 年代以来，法治话语层出迭现，并逐步精细化，21 世纪后更呈多样化之势。法学理论有自身的逻辑，有学术的自我成长、自我演化，但其更是对实践的总结、论证、反思和促动，值得总结，值得萃选，值得温故而知新。

与世界范围内的法治话语比起来，中国的法治话语呈现三个特点。一是与较快的经济增速相适应，发展速度不慢，中国的法学院从三个到数百个，时间不过才三十来年。二是与非均衡的经济状况、法治状况相适应，法学研究水平参差不齐。三是在客观上形成了具有特殊性的表达方式，既不是中体西用，也不是西体中用。所以，法治话语在研究着法治和中国，而法治话语本身也属于有意味的研究对象。

鉴于为法治"添一把火"的考虑，又鉴于总结法治话语的考虑，还鉴于让各界检阅法治研究成果的考虑，我们组织了本套丛书。本丛书以萃选法治话语为出发点，努力呈现法治研究的优秀作品，既研究基本理论，也指向法治政府、刑事法治、商事法治等具体方面。文章千古事，得失寸心知。一篇好的文章，不怕品评，不怕批评，也值得阅读，值得传播和流传。我们努力以这样的文章作为遴选的对象，以有限的篇幅，现法治实践与理论的百种波澜。

各卷主编均系法学名家，所选作品的作者均系优秀学者。我们在此对各卷主编表示感谢，对每篇文章的作者表示感谢。我们更要对读者表示感谢。正因为关心法治并深具问题意识和国家发展情怀，作为读者的你才捧起了眼前的这本法治书卷。

目 录
CONTENTS

商事法治退出机制与配套制度

序 言[*]

商法是确认商事主体、规范商事行为、调整商事关系的法律部门，是市场经济法律体系的核心，是我国社会主义法律体系的重要组成部分。从域外商法的发展脉络看，商法是市场经济与法治社会的产物。我国商法是改革开放的产物，与市场经济体制改革和社会主义法治建设相伴相随。我国商事立法、商事监管、商事审判、商事仲裁从无到有、从弱到强、从粗到细，不断臻于完善。我国商法学研究也出现了大繁荣、大发展的喜人局面，为培养商法人才、推进商事立法、促进经济体制改革作出了积极贡献。在我国全面深化改革、建设法治中国的伟大历史背景下，重塑商法理念，凝聚商法共识，弘扬商法精神，对于激发商事主体的创新活力，鼓励投资兴业，维护交易安全，降低交易成本，加速商事流转，充分发挥市场配置资源的决定性作用，进一步建设服务型政府，健全企业与社会诚信体系，完善社会主义市场经济体制，促进经济可持续健康发展，具有现实意义。

一　公平与效率兼顾，更加重视公平价值

商法调整的商事关系是商事主体之间、商事主体与交易伙伴（含消费者与投资者）之间等价有偿的社会关系。商人无利不起早。趋利避害、创造财富、控制风险、追寻成功之梦是商事主体的天性，也是

---

[*]　本文的部分内容原载于《人民日报》2015 年 3 月 23 日，第 16 版。

实现个人价值与社会福祉辩证统一的基础。商法必须尊重、包容与保护商事主体追求超出资本的利润，并将利润依法分配于投资者的营利性。但君子爱财，取之有道。商事活动的营利性并不意味着重利轻义，更不意味着纵容和鼓励商人唯利是图、见利忘义的行为。

在我国改革开放初期，为尽快摆脱贫困，实现经济快速增长，以提升 GDP 为主要目标的传统发展观应运而生。该观点认为：效率优先、兼顾公平；在初次分配阶段强调效率，在二次分配阶段强调公平。重利轻义的发展观既有认识局限性，也有当时的历史合理性。遗憾的是，一些地区和部门为追求短期经济效率最大化，将传统发展观推向极致，甚至将其曲解为"只要效率、不要公平"的"GDP 万能论"，并以 GDP 论功过、辨是非。

由于商事关系主要发生于初次分配领域，重利轻义的理念当然对商法具有一定冲击。重利轻义的商法理念重视商人的营利性和商事活动的效率性，但忽视了商人的社会性与商事活动的公平性。当然，重利轻义的理念与我国学界对域外某些重利轻义的非主流学术思潮（如主张侵权与违约具有效率的法经济学派）的照搬照抄、囫囵吞枣也有一定逻辑联系。其实，从成熟市场经济法治国家的经验来看，法治与道德框架下的可持续经济增长无法容忍没有公平底线的"GDP 万能论"。

重利轻义的思维定势、制度安排与商业实践有利于调动部分商人追求利润最大化的积极性，也有利于在短期内拉动某一地区或产业的经济增长，但不具有公平性、正当性、科学性与可持续性。这种理念和实践破坏了公平公正、诚实信用、多赢共享的市场法律秩序（包括公正交易秩序与公平竞争秩序），助长了见利忘义等不道德、不合法的经营行为，恶化了生态环境、商业环境和社会信用体系，践踏了投资者、消费者、劳动者、竞争者、交易伙伴和广大利益相关者在内的多边效率，压缩了各方市场主体利益的最大公约数，无法推动经济可持续健康增长。对效率的痴迷和对公平的漠视，既体现为商人无师自通的经营理念，也渗透于商法制度设计、市场监管体系与商事司法体系。监管懈怠、监管寻租、监管套利等监管失灵现象，以及法院不立案等司法救济失灵现象由此发轫。

例如，在重利轻义理念的影响下，资本市场监管者长期注重发挥资本市场的融资功能，但忽视了投资功能，股市仅是发行人及其控制股东的聚宝盆，而不是各种投资者的摇钱树。监管者注重保护发行人、控制股东及其聘请的中介机构的利益，而忽视了对公众投资者利益的呵护，致使虚假陈述、内幕交易、操纵市场、"老鼠仓"现象屡禁不绝，公众投资者权益严重受损，投资信心不振，市场长期处于低迷状态，融资功能也陷入失灵状态。而消费品市场中普遍存在的商业欺诈、商业贿赂与滥用垄断优势等见利忘义行为，也严重侵害了消费者的知情权、选择权、公平交易权和安全保障权等权利，导致消费者幸福指数下降，消费信心萎靡，一些行业（如婴幼儿奶粉）消费品市场萎缩，消费内需对国民经济的拉动作用受到制约。

十八大报告"倡导富强、民主、文明、和谐，倡导自由、平等、公正、法治，倡导爱国、敬业、诚信、友善"，强调"必须坚持维护社会公平正义。公平正义是中国特色社会主义的内在要求"，"加紧建设对保障社会公平正义具有重大作用的制度，逐步建立以权利公平、机会公平、规则公平为主要内容的社会公平保障体系"，"初次分配和再分配都要兼顾效率和公平，再分配更加注重公平"。十八届三中全会决定重申，"坚持社会主义市场经济改革方向，以促进社会公平正义、增进人民福祉为出发点和落脚点"，并提出要"提高资源配置效率和公平性"。习近平总书记在 2014 年 1 月 7 日出席中央政法工作会议时更语重心长地强调，要"把促进社会公平正义作为核心价值追求"。这为弘扬公平公正的商法精神指明了方向。

公平是包括商法在内的法律的本质属性，也是社会主义市场经济有别于其他市场经济模式的本质属性。法学乃公平之学、正义之学。

商法不应以利为利，而应以义为利。义能生利，利又促义。公平培育效率，效率成全公平。对公平价值的不懈追求有助于营造多赢共享、平等民主、包容理性的商事生态环境，激励各方市场主体创造财富、积累财富、共享财富，实现各行其道、各负其责、各享其利。

商事活动和商事立法、执法与司法活动都应以公平价值为最高追求。以牺牲公平为代价，无视多边效率与远期效率，片面追求单边、短期效率的观点本末倒置，不应成为我国商法的主流价值观。见利忘义、唯利是图的经营理念有悖社会主义市场经济的本质，有悖法治精神，也会行之不远。

公平不仅意味着权利公平、机会公平、规则公平，也意味着义务公平、责任公平、程序公平。公平既强调市场主体之间的权利义务对等，也强调市场主体利益与公共利益之间的和谐共处。公平既是对市场主体的要求，也是对国家公权力的要求。监管者或裁判者对市场主体要一视同仁，公正对待，确保监管公平、裁判公平。监管不公、司法不公的消极现象对市场经济活力的伤害程度远甚于市场主体间的伤害。由于公正源于公平，公平与公正相伴相随。当然，无论是公平，还是公正，均以公开透明为保障。于是，公开、公平、公正构成了良法善治的核心特征。

公平价值不仅涵摄公正价值，更以平等价值为基础。因而，广义的公平价值还呼唤平等原则。例如，不同商事主体之间，包括国企与民企之间、内资企业与外资企业之间都应体现地位平等、共同发展、公平竞争、互利合作、平等监管、平等保护的精神。

公平与效率既有差异，又辩证统一，相容共生。在绝大多数情况下，公平价值与效率价值具有兼容性。因此，立法方案与政策建议的选择应竭力确保义利两全；倘若义利实难两全，只能尊重和维护公平价值。大力维护市场经济公平，就是保护市场经济效率，就是呵护多边效率，就是推动包容性经济可持续增长。

可喜的是，近年来尤其是十八大以来的法律制度改革体现了义利并举、更加注重公平的理念。例如，为全面建设消费者友好型社会，2013 年修改的《消费者权益保护法》加大了对"霸王合同"（不公平格式条款）的规制力度，引进了消费者的后悔权制度、隐私权制度，确立了举证责任倒置制度与公益诉讼制度，发展了惩罚性赔偿制度，完善了商品"三包"制度与召回制度，加强了行政监管制度，丰富了消费者协会维权职能。2013 年出台的《旅游法》也是义利并举的成功立法例。实践证明，义利兼顾的立法政策既惠及民生，也有助于规范经营行为，提升企业核心竞争力。

证券法、三资企业法、商业银行法、广告法、食品安全法等法律法规的修改，期货、电子商务等方面法律法规的制定，都要充分体现义利并举、更加注重公平的理念。建议全面清理计划经济时期以及计划经济向市场经济体制转轨变型期间制定的、针对某些行业市场领域的、确认强势企业利益的、损害竞争者和消费者权益的不公平法律条款。除了立法理念，经营理念、监管理念与裁判理念也要与时俱进。

二　市场与政府并用，更加鼓励市场自治

十八届三中全会强调，"经济体制改革是全面深化改革的重点，核心问题是处理好政府和市场的关系，使市场在资源配置中起决定性作用和更好发挥政府作用"。这一论述是商法研究的指南针。商法必须正确处理好政府与市场的关系，实现有形之手与无形之手的无缝对接，更加鼓励市场理性自治，更加坚持市场取向改革。

计划经济与市场经济的本质区别在于，是相信政府的智慧，还是相信市场的智慧。计划经济相信甚至迷信政府智慧。受此影响，我国传统商事立法存在着强化行政干预、忽视市场自治的倾向。政府该管的，没有管住、管好（如食品安全）；不该管的，管得太多、太滥、太死（如铺天盖地的行政许可项目）。从规范构成看，行政法律规范

多于民事法律规范，管制型规范多于服务型规范。市场自治事项往往被代之以立法者的包办代替和行政机关的自由裁量。

市场经济相信市场智慧。在一般情况下，市场智慧多于政府，市场主体智慧胜于立法者。市场会失灵，政府也会失灵，而且政府失灵危害更大。当前，我国经济的市场化程度与市场自治程度虽大幅提高，但与社会主义市场经济体制的终极改革目标相比，仍有差距。计划经济体制遗留下的利益固化格局、思维惯性、制度记忆、潜意识、潜规则、潜文化都在制约市场化改革步伐。因此，十八届三中全会强调，要"建设统一开放、竞争有序的市场体系，是使市场在资源配置中起决定性作用的基础。必须加快形成企业自主经营、公平竞争，消费者自由选择、自主消费，商品和要素自由流动、平等交换的现代市场体系"。

既然市场主体比立法者聪明，立法者就要鼓励、支持与保护诚信者的积极智慧，禁止、打击和制裁失信者的消极智慧。法律要善于动员和整合市场主体、中介机构、行政机关、司法机关、仲裁机构与社会各界的各种资源，因势利导，惩恶扬善，防范道德风险，优化市场环境，促进市场理性运转。要牢固树立商法自治理念，确立产权平等、产权神圣的理念，确立契约自由、契约严守的理念，确立过错责任为主、严格责任为辅的理念。要鼓励市场主体自治，完善企业治理，扩充市场主体的权利能力、行为能力与责任能力。从法律规范形式看，要大幅提高民商规范的比重，压缩行政规范的比重，充实任意性规范、倡导性规范、促成性规范、赋权性规范和保护性规范，审慎拟定强制性规范，适度减少禁止性规范。在行政权逐渐淡出微观市场活动干预的同时，要适度扩张司法权和仲裁权对商事纠纷的裁判范围。

既然市场比政府聪明，政府就要学会尊重市场规律，认真研究市场主体的思维方式、商业模式与消费模式，发挥市场在资源配置方面的独特智慧。市场经济是一所大学。政府要鼓励、表彰、褒奖、支持与保护那些创造财富、创新科技、增进公益的积极市场智慧。要率先在市场经济领域建设服务型政府、法治政府、透明政府、民本政府、诚信政府、勤勉政府、廉洁政府，不断提高政府服务质量，提升用户体验，优化营商环境。在市场有效运转时，干预最少的政府就是最好的政府。但在市场失灵时，政府也必须挺身而出，勇于担当，尽快康复市场功能，重建公平公正的市场秩序。政府要稳准狠地预防、打击、遏制和制裁侵夺财富、窒息创新、违约侵权、损害公益的不法行为。倘若市场没有失灵，政府就不宜干预。即使政府干预，干预目的也非取代市场，而是康复市场免疫力，早日由有形之手回归无形之手。因为，市场自身具有免疫功能。市场失灵的认定要开门决策，充分尊重市场各方的利益诉求与心理感受。

转变政府职能是扩张市场运行空间的关键。为提升政府公信力，建议大幅重构公权力，压缩许可权（放权），强化监管权（赋权），维护弱势市场主体权益（维权）。法无授权不可为。政府要运用法定的市场准入、行政指导、行政调解、政府采购与行政处罚等手段，维持市场秩序。基于平等对待、关怀弱者的理念，政府既要关心企业的利益诉求，更要关注投资者、消费者与劳动者等市场主体的冷暖。

为充分发挥市场在资源配置中的决定作用，我国2013年改版的《公司法》和2014年升级的《公司登记管理条例》将注册资本实缴制改为认缴制，原则上废除了形而上学的法定最低注册资本制度，废除了货币出资的法定下限，放松了公司登记住所的苛刻要求，废除了外强中干的年检制度，建立了面向市场的企业年报制度与企业信用信息查询制度，指出了把"先证后照"改为"先照后证"的改革方向，拓展了公司自治空间，充分尊重股东自治、股东自由与股东民主，大幅减少了行政权对公司生活的不必要干预。这种市场友好型的变法思路有助于鼓励投资兴业，维护交易安全，提升政府公信力，堪称兴利除弊兼顾的立法楷模。

桥归桥，路归路。为确保市场活力，应扭转重刑轻民、先刑后民的

传统观念，尽量激活民事责任手段，保持刑罚手段的谦抑性。民事关系
与刑事关系既严格区别，也密切关联。相比而言，民商关系是基础性法
律关系，刑罚手段旨在维护民商生活秩序。只有当民事责任、行政处罚
及信用制裁等手段不足以有效化解危害行为时，才能诉诸刑事手段。适
度缩小刑法打击面，对社会危害后果不严重的不法行为审慎推行除罪化
改革，也是市场化改革的组成部分。在废除投机倒把罪名之后，全国人
大常委会 2014 年 4 月 24 日通过的《关于〈刑法〉第一百五十八条、第
一百五十九条的解释》指出，虚报注册资本罪、虚假出资罪与抽逃出资
罪仅适用于依法实行注册资本实缴登记制（不包括认缴登记制）的公
司。但除罪化并不等于同时免除瑕疵出资与抽逃出资的股东对公司及其
债权人的民事责任。因为，注册资本认缴制不等于不缴制，股东应按其
承诺出资的金额、方式与时间表，及时足额履行出资义务。守约践诺是
契约精神的必然要求，也是交易安全的根基所在。

三　创新与诚信并举，更加注重诚信奖惩

社会主义市场经济是鼓励创新的市场经济。"苟日新，日日新，
又日新。"创新是中华文化的瑰宝，是市场经济活力之源。为实现中
华民族伟大复兴的中国梦，必须建设创新型国家，而创新型国家的微
观细胞是创新型企业与个人。十八届三中全会强调，"建立产学研协
同创新机制，强化企业在技术创新中的主体地位，发挥大型企业创新
骨干作用，激发中小企业创新活力，推进应用型技术研发机构市场化、
企业化改革，建设国家创新体系"，"健全技术创新激励机制"，"创新
商业模式"。

企业要不断创新自己的商业模式、治理结构、产品设计、质量控
制、风险控制、营销计划、售后服务、定价政策、竞争策略、投资策
略、社会责任政策等内容。我国的企业创新战略如火如荼。电子商务
市场已走入千家万户，互联网金融活动星火燎原，多家互联网企业在

国外证券交易所成功上市。这些创新实践再次印证了我国商法环境已初步具备包容、鼓励与保护创新型企业的制度竞争力。市场是天生的创新派。法无禁止即可为。在法律没有禁止的情况下，企业可以大胆推陈出新。网购的出现，微博、微信的问世均非政府预先规划的结果。当然，政府也要创新监管手段，改善行政服务。

鼓励企业创新、市场创新、科技创新、制度创新、治理创新是商法肩负的重要使命。但在企业与市场创新实践中，也存在道德失范、诚信缺失现象。习近平总书记在 2014 年 9 月 24 日《在纪念孔子诞辰 2565 周年国际学术研讨会暨国际儒学联合会第五届会员大会开幕会上的讲话》中列举的当代人类面临的突出难题包括"个人主义恶性膨胀，社会诚信不断消减，伦理道德每况愈下"。因此，诚信缺失已成为制约市场经济健康发展的全球性难题。

近年来，社会各界开始重视创新，但对创新活动中的诚信问题重视不够。个别失信企业打着"创新"的幌子，滥竽充数，招摇撞骗。例如，一些企业对缺乏风险识别与抵御能力的投资者，大肆炒作互联网金融的概念，通过 P2P 的网贷平台，先圈钱，后跑路，广大投资者损失惨重。

社会主义市场经济既是创新经济，也是诚信经济。诚信是中华民族的传统美德，也是现代市场主体的通行证。当今的时代既是创新的时代，也是走向诚信的时代。诚实信用、公平公正的法律秩序是市场创新的制度保障。我们必须兼顾创新与诚信，更加注重诚信；兼顾发展与规范，更加注重规范；兼顾便捷与安全，更加注重安全。诚信创新释放正能量，而失信创新释放负能量，提升交易成本，最终窒息创新活力。因此，商法必须弘扬诚信文化，保护诚信创新。

互联网再大，也大不过法网。互联网市场看似虚拟，实则不虚。互联网上的市场主体是真正的商事主体（法人、自然人或其他组织）。互联网上的交易标的是真金白银的商品与服务。互联网上缔结的法律关系是真正的法律关系。互联网市场不应成为法外之地、失信之地。互联网市场中不存在凌驾于法律之上的特权主体。

企业要慎独自律,牢固树立诚信友善的核心价值观,自觉践行本行业最佳商业伦理,抛弃一夜暴富的营利最大化思维,告别弱肉强食的丛林法则。企业既要增强产品的核心竞争力,又要提升受人尊重的诚信软实力。企业要牢固树立"一心(对社会及利益相关者的感恩之心)、二维(营利合理化思维与社会责任思维)、三品(产品、企品与人品)、四商(智商、情商、法商与德商)"的新理念。企业要自觉与利益相关者站在一起,专注于创新质优价廉的产品和服务,告别滥用垄断优势、"霸王条款"和不正当竞争手段牟利的潜规则,建立企业与利益相关者之间良性互动、多赢共享的诚信契约关系。当然,债权人、交易伙伴和广大公众也要提升自我保护意识,提升对交易伙伴诚信度的尽职调查能力。

市场有眼睛,法律有牙齿。既要匡扶核心价值观,也要堵塞法律漏洞。当前市场中"好人受气、坏人得意""劣币驱逐良币"的乱象主要源于制度设计的不均衡。一是失信成本低,失信收益高,失信成本显著低于失信收益;二是诚信成本高,诚信收益低,诚信成本显著高于诚信收益;三是维权成本高,维权收益低,维权成本显著高于维权收益,面临"为了追回一只鸡,必须杀掉一头牛"的窘境。为惩恶扬善,必须建立健全失信制裁与诚信激励机制,确保"三升三降":一是提升失信成本,降低失信收益,确保失信成本显著高于失信收益;二是提升诚信收益,降低诚信成本,确保诚信收益显著高于诚信成本;三是提升维权收益,降低维权成本,确保维权收益显著高于维权成本。其中的失信成本既包括民事责任、行政责任与刑事责任,也包括信用制裁。其中的诚信收益既包括精神褒奖,也包括财产利益。

企业信用信息公示系统是失信者的"照妖镜",也是诚信者的护身符。"阳光是最好的防腐剂,灯泡是最有效的警察。"要强化企业的年报与临时报告等信息披露义务，保障公众知情权，提高企业信用信息的透明度和公信力，鼓励诚信企业脱颖而出，及时淘汰失信企业，倒逼所有企业见贤思齐。从宏观层面看，企业信用信息公示工程有助于降低交易成本，扩大消费，鼓励民间投资，提升国家形象，促进经济可持续健康发展。

当前，企业信用信息公示体系建设存在着碎片化现象。既有国家工商总局的全国企业信用信息公示系统，也有中国人民银行的基础信用数据库、中国证监会的资本市场信用数据库、国家质检系统的信用数据库、最高人民法院的被执行人信用数据库，还有民间征信机构的征信信息系统。建议消除"信息孤岛"现象，以全国企业信用信息查询系统为基础，全面深度整合工商、公安、民政、央行、税务、海关、质检、法院等国家机关的信用数据库，早日实现各类信用数据库之间的互联互通与无缝对接，最终建成全国统一的跨地域、跨部门、跨产业、跨市场、实时更新、免费查询、信息共享、快捷高效、24 小时全天候、360 度全方位的用户友好型信用信息数据库。

要建立健全政府和全社会的失信制裁与诚信奖励的联动响应机制。要对失信者在申请银行贷款、参加政府采购市场投标、申请特种行业行政许可、申请财政税收优惠等方面建立失信一票否决制度，让其一处失信，寸步难行。也要在上述领域建立诚信奖励制度，让诚信者收获诚信红利。从正面看，诚信能创造价值，包括财产利益与商业机会的取得、名誉与荣誉等美誉度的提升。从反面看，失信要付出代价，包括财产利益与商业机会的丧失、无形品牌价值的贬损。诚信有价与诚信无价看似反义词，实则为同义词。

总之，公平与效率之间、市场与政府之间、创新与诚信之间既相互对立，又相互统一。只要我国商法坚持公平与效率兼顾、更加重视公平价值，坚持政府与市场并用、更加鼓励市场自治，坚持创新与诚信并举、更加注重诚信奖惩，就一定会为我国经济的市场化、法治化、国际化改革以及国民经济的可持续平稳增长奠定坚实的法律基础。

　　承蒙社会科学文献出版社的信任，由我担任本书主编。本书作为"依法治国研究系列"丛书之一，收录多位权威商法学者极具影响力的论文，以期对我国商事法治进程予以回顾、总结与展望，进一步凝聚我国商法学人的学术共识，不断推动具有中国特色的现代商事法治的大发展与大繁荣。再次感谢多位商法学界同仁的慷慨授权，感谢徐志敏编辑的辛勤劳动。杨光博士协助我搜集本书论文，也一并致谢。

　　在本书编辑过程中，我国现代商法学的重要奠基人、中国商法研究会会长、清华大学法学院创始院长王保树教授不幸驾鹤仙逝。在我1992~1995年于中国社会科学院法学研究所攻读博士研究生期间，王保树教授还曾与王家福教授一起，共同指导我的学习与生活。饮水思源，师恩难忘。为铭记王保树教授对商法学界的重大学术贡献，并寄托商法学界对他的怀念，本书专门收录了他生前的学术论文。虽然王保树教授远离我们而去了，但他的高尚品德、学术思想与音容笑貌却永远铭记在我们心中。我们对王保树教授最好的怀念和哀悼方式就是以实际行动，继承与发扬他的学术思想，为完善我国商法体系、全面建设法治中国、全面深化改革、早日实现中国梦而增砖添瓦！

刘俊海

2015 年 8 月

商事法治基础理论

三十年中国法治的轨迹和曲线

江 平[*]

一 人治和法治

要对三十年的法治进程作一个总结的话，我把它归纳为四个轨迹。第一个轨迹是循着人治和法治进行的。

我们国家曾是长期皇权、专制的国家，皇帝、领袖容易被当作神来崇拜。要破除这种神仙化的思想，必须要提倡法治。改革开放一开始必须要解决这个问题，这个问题不解决，一切都不能谈起。

从这个角度来说，邓小平同志的思想就是谋求一个长治久安的决策。一个国家怎么能够做到相对长治久安呢？从全世界的角度来看，寻求长治久安之策就在于制度的完善，或者是解决制度和人之间的关系，不是人凌驾在制度之上，而是所有人都在制度之下。

从这个意义上说，改革就是从建立制度开始的，就是从限制和解决个人过分庞大的权力开始的。从政治上说就是分权的思想，权力要分制，不能集中在一个人、一个机构身上。

市场的制度也好，任何其他方面的制度也好，也是要解决这个问题。建立一个国家要靠制度，不是仅仅靠人，制度比人更加重要，制

---

* 江平，著名法学家，中国政法大学终身教授，民商法博士生导师，曾担任中国政法大学校长、全国人民代表大会法律委员会副主任、中国法学会副会长。

度是决定一切的。法治思想从这个地方开始。

我们可以从制度可靠进一步想到法律的可靠。如果我们解决了制度和人的关系，第二个就要解决制度和法律的关系，可以说制度就是体现为法律上的规则。法律上建立的规则，应该就是制度稳固的一种体现，只有制度完善了，法律也才能完善，或者说只有法律完善了制度才能完善。

改革开放开始的时候，我们提出来的法律完善的口号是四句话：有法可依、有法必依、执法必严、违法必究。这是当初的法律思想。现在人们回忆三十年前的法律教育，只有 7 部法律。光靠 7 部法律能够治国吗？光靠这样松散的东西我们能够建立一套完善的制度吗？所以我们看到，这条轨迹走下来必然首先需要完善法律制度，所以那个时候讲的是法制。

我们从没有法律制度到有法律制度，这个过程走了多少年？现在提出来2010 年完善社会主义法律体系，也就是说到 2010 年在立法方面、有法可依方面要得到解决。所以我们可以说，走了三十年，至少有一步我们已经完善了，就是有法可依了，而有法必依、执法必严、违法必究，还需要不断改进。

法治还有一个问题，就是制度的科学性。新中国成立初期也好，改革开放初期也好，究竟什么是法律，没人能讲得清楚。你问一个老百姓什么是法律，恐怕他会说什么都可以说是法律。县政府的规定也是法律，哪个部门的规章也是法律，人人都可以说这就是法律，连法院判决完也不知道哪个是法律、哪个不是法律。这些年，法律的效力层级逐渐明确了。我们知道什么是宪法，什么是法律，什么是法规，什么是规章，什么是规范性文件了。我们懂得什么是地方立法、行政立法、授权立法、特区立法，逐渐跟国际接轨了。

二　集权和自治

第二个轨迹就是集权和自治，集权是国家集权，自治是社会自治。

计划经济时代国家有一个特点，就是国家的权力非常大，强调国家无孔不入的干预，经济生活、教育、医疗都要干预，甚至有一段时间吃饭到哪去吃都要干预，我们把它叫作国家无孔不入的干预。但是我们要看到，我们终究是社会主义，不是国家主义，国家主义跟社会主义是有区别的，社会主义是以社会为本位，国家主义就是一切靠国家强制的手段来干预社会生活。

所以我们可以看到，改革开放就是要改变，国家不要搞得太强，我不是讲国家富强的那个强，而是国家干预的力度不要太强，要给予社会更多的自治空间。

这样我们就要思考，从历史发展来看、从世界其他国家来看、从我国的封建社会来看，哪些是国家并不太干预的领域。谁要犯罪了，国家当然要干预；税收，国家当然要干预。哪些是国家不太干预的呢？我想我们思考一下这个问题就可以看到法治的领域，法律就是国家干预的手段，你要解决好法律究竟在社会中起什么作用，就必须要解决好这个问题。这就是我们过去常说的市民社会的概念。

一个自治、一个管制，这两个东西的矛盾怎么解决？按照马克思的理论至少有一条，人为了自己的生存需要吃饭、生产、分配、消费，这个领域通常来说是长久自治的完成。这些东西国家即使不管，人自从有了社会以后就会生产的。当然现在绝不是说国家一点都不管，过去管太多了，外国那时候把中国的计划经济叫全国就是一个大工厂，整个国家决定生产什么、消费什么。所以这个领域的改变实际上就是市场调节了，这是必然的。

改革开放的时候曾经争论过一个问题，就是如何能够做到大社会、小政府。当初海南建省的时候就提出了一个报告，海南变成了一个大社会、小政府。在这个问题上，改革开放实际上就是寻找政府和社会到底是什么关系。究竟是大政府小社会呢，还是小政府大社会？

《行政许可法》在通过的时候，国务院法制办讲什么行为必须要政府来许可，讲得非常好，说市场里不见得什么都要政府许可，能够由当事人自己解决的尽量由当事人自己解决，不要许可；当事人自己解决不了的时候尽量用中介组织、社会组织去解决；只有当中介组织、社会组织解决不了的时候，国家才出面许可。

所以社会中有三种自治。一个是当事人之间的自治，按照民法叫意思自治。第二个是社会自治。第三个就是国家权力。改革开放三十年这条红线非常明显，而这条红线在经济方面就是两个主轴，一个是市场调节，把计划调节变成市场调节，这在三十年里面涉及的法律变更就太多了，很多法律都是市场方面的法律。另一个，三十年来在这个问题上最重要的突出表现就是国有企业的改制。国有企业改制从本质说来就是解决企业和国家的关系。原来的企业名字叫法人，实际上是国家工厂里的一个螺丝钉，国家让你生产这个你就生产这个，让你怎么做你就怎么做，企业没有任何自主权。

我觉得这三十年的国有企业改革是了不得的成就。虽然也有一些国有财产的流失，但绝不能说国有企业的改革就是国有财产的流失。国有企业改革就是增加流通，流通就可能有流失，但是流通也可能有增值，流通也可能产生更大的利益。深圳的国有企业改革以后，国有企业增值非常快。如果我们比较苏联改革的时候，可以看到我们做得比较稳当，我们并没有把国有企业按照股份卖掉。

但是国有企业怎么改革、怎么能有更大的自主权呢？开始的时候很多人不主张产权改制，先有自主的销售权、定价权，然后实现了承包制，后来承包也不行了，最后确定了股份制。从这个过程，我们可以看出来，企业自治在经济领域里面是社会自治的最主要的环节。我们终究解决了政企不分和政资不分的问题。

自治某种意义上就是自由，但同时还有一个问题就是秩序。西方国家很多学者讲了自由和秩序，这是市场、社会的两大矛盾。每个人都想有自由，但是也要有秩序，没有秩序的自由是不行的，没有秩序的自由是无政府主义，没有自由的秩序是独裁。

所以我们既不能要没有秩序的自由，也不能要没有自由的秩序。在这个里面，政府扮演什么角色？如何做好？我讲课的时候一再讲，市场里面的自由就是三大自由：财产自由、交易自由、营业自由。财产自由，《物权法》写得很清楚；交易自由，《合同法》写得很清楚；营业自由，《公司法》写得很清楚。

我们在法律上逐渐使得自由的制度完善了。但是现在市场的秩序也好，社会的秩序也好，已经到了很严峻的地步。我有一次开会时和中小企业协会的主席、原来是深圳市领导交谈的时候，他说国际上有一个市场秩序的排名，中国经济发展速度全世界都承认是数一数二的，但是中国在国际上市场秩序的排名非常靠后。

这是我们政府的职能所在。政府的职能不是去垄断资源，而是应该给予市场和社会安全感。如果在社会上没有安全感，我们的人身就没有安全感。我们在市场上没有安全感，到时候会导致信誉的失衡。

不久前我参加了北大博士后论坛，厉以宁教授参加了谈话，吴敬琏教授也提出了这个问题，市场经济改革到今天最重要的是政府职能的改变，仍然是政府对市场控制过多。我想这个问题应该引起注意。

三　私权和公权

改革开放三十年循着的第三个轨迹就是私权和公权的相互关系。

我们国家从历史来看是一个缺少私权传统的国家，我们的封建社会是专制的封建社会。而罗马国家以罗马法著称，罗马法以罗马私法著称。

罗马一个著名的法学家跟我说，现在有一位学者出了一本书叫《罗马宪法》。我说罗马哪有宪法。他说不是现代意义上的宪法，而是那个时候意义上的宪法。私法保护公民的民事权益，主要是财产权益，所谓的《罗马宪法》是国家保障公民的政治权利，它有保民官之义。

要从这样一个角度来看，它的制度里面老百姓的利益、公民的利益仍然占据很重要的位置。我们国家私权的发展是极其微弱的。改革开放就是从扩大私权开始，从增强公民的私权意识、权利意识开始，从加强对于私权的保护入手。这一条轨迹具体说来，就是从私营企业到私人财产到私人权利，是主线。

长期以来，我们认为公和私的关系里面，公是一切，不仅公是目的，而且任何私的东西都是可耻的，从意识形态来说是应该予以打倒的。那时的意识形态是斗私批修，财产制也是万恶之源。但是一个国家没有私的权利保障能兴旺吗？一个国家不承认私人才能，这个国家能够有一个真正富裕、强大的政治基础吗？我们通过改革开放懂得了这个道理，要想国家强大必须私人财产要丰富、私人利益要保障。

涉及私人企业的地位和私人财产的保护，也是写进宪法里面的。《物权法》也是为了解决这个问题。甚至农村集体的土地也是私，是广义上的私，征收私人的财产和集体财产都应该遵守法定的程序。所以我们如何保护农村集体的土地，如何保护每一个农村土地承包户的利益，如何保护农村每一个宅基地和房屋的利益，如何保护每个企业、法人的利益，本质上来说都是私权保护的核心问题。

改革开放三十年来，私权和公权的冲突在不同领域都有表现。征地的问题，给农民补偿够不够？城市里要修路、改造、拆迁，补偿多少？

所以我们应该看到中国社会仍然有很多不稳定的因素，现在比较显著的是公权力和私权利的冲突。而公权力和私权利的冲突，主要的问题还是私权利受到公权力不合法的侵犯。

当然，也不应该否定另外一方面，就是私权利滥用的问题。怎么来区别私权利和公权力冲突中，哪些私权利被侵犯，哪些私权利被滥用。我坦率地跟大家讲，法学界看法都完全不一样，包括我们搞民法的，大家看法也都不完全一样。

但是我们在这个问题上应该看到，我们还缺乏必要的法律予以完善。《物权法》第 28 条规定，如果政府要以公共利益征用老百姓财产，自法律文书或者人民政府的征用决定等生效时发生效力。那么，政府要征收私人财产，是从它作出决定的时候起生效还是经过补偿以后生效？还是诉讼完毕以后，救济措施用尽了以后生效？确实是个难题。

再一个，政府拆迁房屋，补偿都是按照政府制定的标准，这个标准能不能被告到法院？告到法院，法院不受理，说是抽象行政行为。南京就发生这个事件，老百姓不服告到法院，法院不受理。老百姓说，你把我房子都拆了，还说是抽象行政行为，什么时候具体啊？所以诉讼法也在改，但是还不够。

四　法制和法治

第四条轨迹是法制和法治的关系。

西方国家有善法和恶法之称。通过对法律深层次的研究，你会发现制度在变化，也许有的制度侵犯老百姓合法权益，你可以说它是恶法，有些制度阻碍经济的发展也可以说是恶法。所以我们可以看到法律不是万能的，也不是所有法律都是好的。法律也是有价值观的，法律如果没有价值观、没有价值的取向，法律很可能变成恶法了。

这就是我们常说的，有法律不等于有法治，有宪法不等于有宪治，就是这个道理。宪法可以有很多，希特勒也有宪法，你能说他的宪法就是宪治的思想吗？谁让你屠杀犹太人的？那不符合人权的理念。

我讲的前三个轨迹，都是改革开放一开始就出现了，而这条轨迹是从什么时候开始的？是从我们宪法修改写上依法治国和保护人权开始的。过去人权不敢提，提人权就是资本主义，就是西方国家。我们现在提了就是重视人权、保障人权，至于达到了多少，这还得一步步来。

2008 年 5 月 4 日温家宝总理视察中国政法大学，学生问什么是法治的观念。温总理讲了几个标准，我想这些都是法治价值观的观念。法治核心的价值就是人权。我在前不久提到，发展是硬道理，保障人权也是硬道理。

小平同志在刚改革开放的时候用了最通俗的一句话，那就是"发展是硬道理"。列宁的一句话说得非常深刻，什么时候才能够说社会主义有优越性，只有当你的劳动生产率能够超过资本主义国家、战胜资本主义国家，你才能够有优越性。所以小平同志讲了发展就是硬道理，非常重要。但是我们不要忘了马克思和恩格斯在《共产党宣言》里面特别提到的，要建立一个什么样的社会，在那里"每个人的自由发展是一切人的自由发展的条件"。所以我们可以看到社会主义的价值目标就是两个解放，一个是解放生产力，一个是解放人自己。解放生产力可以使得社会、国家、个人富裕起来；解放每个人可以使每个人都获得自由。每个人的自由不就是人权吗？保障每个人应该享有的自由权利就是人权。

改革开放刚开始，有一本杂志非常受欢迎，叫《民主与法制》，那时候上面很多文章很有超前意识。民主和法制完全可以并列，因为民主是讲政治上的制度，法制是讲秩序上的制度。但民主和法治就不能并列，因为法治本身就包含民主，如果没有民权和民主那叫什么法治？所谓人权和民主，实际上是法治的两大核心。这就叫作价值观。

五 法治的未来

上面我讲了轨迹，更多讲的是成就。确确实实我们在这方面的成就是很大的，尤其比起前三十年。有人问我现在法治发展情况怎么样，我说比起我年轻的时候有很大的变化。但是今天我们纪念改革开放三十年的时候，除了回顾历史成就，还要看到哪些是可以做到而没有做到的。所以从这个意义上来说我们仍然循着这四个轨迹，来看看还有哪些曲线。

第一是人治和法治的问题。制约我们没有很快发展的有两个因素。第一个是党的权力要加强制约监督，或者说只要有权力的地方都要监督。第二个问题就是现在社会上有许多潜规则、土政策，连收购奶都有潜规则。潜规则后面都是利益，利益后面肯定都是腐败。

第二个在集权和自治层面，也有两个因素需要很好的解决。第一个就是政府职能的改变，政府必须是有限政府。国务院制定了十年的行政纲要都在朝着这方面来做；第二个是怎么推动社会自治。三十年来最大的自治是国有企业的改制。那么，大学能不能真正做到自治？如果大学的一切都被行政资源控制了，那怎么发展？

社会团体最典型体现了社会的权利，发达国家谁来治理环境？当然这首先是政府的职能，但是政府有多少人来管呢？靠个人，个人有多大的能力？治理环境就是要靠众多的社会团体，比如外国人为了抗议日本人到南太平洋捕鲸，很多社会团体都到那去堵截了。公益性的社会团体，包括福利的、救灾的、环保的、科研的等等，都应该逐渐发展起来。

第三个在私权和公权的问题上，现在也有两个问题。第一个就是公权对私权"显性"的侵犯仍然非常多，我们的法律讲了为公共利益需要私权作出牺牲的时候要补偿。第二个问题是"隐性"的侵犯。我们知道社会里有两种产品：私人产品、公共产品。过去私人产品极度缺乏，搞了市场经济，现在什么都多了。但还有另外一种叫公共产品，教育是公共产品，医疗是公共产品，社会保障制度、福利是公共产品，甚至包括我们的博物馆、图书馆都是公共产品。但是我们的农村能不能得到国家更合理的、更好的、更便宜的教育及医疗的服务，这是政府的职能。如果政府在这一点上没做好，某种意义上也可以说是侵犯了私权。

最后，从法制到法治，人权入宪是非常了不起的一步，哪个国家都应该重视人的权利。但我们也要承认现在的人权还有不尽如人意的地方，需要不断完善。

（本文原载于《政府法制》2009 年第 2 期）

商事通则：超越民商合一与民商分立

王保树[*]

一　引言

为什么要讨论商事通则？这恐怕不能从纯理性的推导中寻找答案。因为理性的答案归根到底是从实践中产生的。如果没有实践的基础，理性的答案将是不可靠的。中国商事立法的实践是，目前没有商法典，也没有商法典的编纂计划，而只有一个个单行的商事法律。在这一立法模式面前，完善商法无疑需要通过完善单行商事法律来实现。但当人们从立法与实践的互动上观察问题时又会发现，仅完善现有以不同商事领域为规范对象的法律还不能达到完善商法的目的。商事实践还需要一些对分别以不同商事领域为规范对象有统率意义的法律，或虽无明显统率意义但具有个别领域特征的单行商事法律所不能包括的规范。换言之，我国的商法不应仅由具有个别领域特征的商事法律构成，而应由具有个别领域特征的单行商事法律和具有一般性调整特征的商事法律构成。显然，后者是我国商事立法中的重大空白。讨论商事通则的目的在于解决如何认识这一重大空白和如何填补这一重大空白的问题。无疑，解决商事通则及相关的问题，需要切实有效的理论方案。因此，讨论商事通则，探讨其深层次问题，也是进一步提升和完善商法理论的过程。

---

[*]　王保树，著名法学家，教授、博士生导师，曾任清华大学法学院复建后首任院长、清华大学商法研究中心主任、中国社会科学院法学研究所副所长、中国法学会商法学研究会会长。

商事通则是最近几年提出的一个问题。它实际是作为一种立法模式而引起注意的。近年，学者提出的我国可选择的商事立法模式有三种。其一，制定商法典，调整所有商事关系。倡导此种立法模式的学者认为，"只有民法、商法分别立法，才能对'进一步完善民商法律'有准确理解。把'进一步完善民商法律'硬要解释为民法包括商法或合一立法，至少是一个不该有的语义上的错误"①，不赞成"商法作为民法的特别法"和"商事法律没有规定的适用民法"的观点②。其二，制定民法典，统一调整民商事关系，将调整部分商事关系的规范分别编纂为单行的商事法律。持此观点者认为"商法独立于民法的基础已经不复存在"。③ 其三，制定民法典，调整商事关系的法律规范分别编纂为单行商事法律；同时，制定商事通则（或商法通则）。有的学者称此种主张是折中主义学派的观点。④ 前两种立法模式，均可以找到大陆法系国家的立法例。第三种立法模式，境外无立法例可供直接借鉴，需要总结我国自己的实践和理论。

（一）20 世纪末期深圳经济特区的立法实践和商法学界的探讨

1997 年 8 月，在纪念全国人大授予深圳经济特区立法权五周年座谈会上，深圳人大常委会领导接受了"关于制定深圳经济特区商人条例"⑤ 的建议，它的内容涉及了商人、商行为及其相关制度，实际包括了商事条例的内容。1998 年 2 月，深圳人大常委会主任会议上通过了关于深圳人大法工委和中国社会科学院法学研究所合作草拟的《深圳经济特区商人条例》方案，并由当时的中国社会科学院商法研究中

① 徐学鹿：《论"进一步完善民商法律"》，吉林大学法学理论研究中心网站，深圳经济特区第 199502 期。
② 徐学鹿：《我在学习商法中碰到的几个问题》，载《什么是现代商法》，中国法制出版社，2003，第 10 页。
③ 王利明：《中国民法典的体系》，《现代法学》2001 年第 4 期。
④ 郭锋：《商法演进及其在中国的命运》，中国民商法律网，2004 年 4 月 7 日。
⑤ 作者在参加纪念全国人大授予深圳经济特区立法权五周年座谈会（1997 年 8 月）上，提出了"关于制定深圳经济特区商人条例"的建议。

心承办。① 同年 3 月，商法研究中心提出了较为详细的起草大纲，并在对深圳经济特区、珠海经济特区认真调查的基础上，形成了 1998 年 8 月的《深圳经济特区商人条例（讨论稿）》。该讨论稿包括总则、商人、商人登记、商号与营业、经理和其他商业雇员、代理商和商行为（一般规定），共 7 章 51 条。实际上，它是一个以"商人条例"为名的"商事条例"。深圳市人大法工委征求各方面意见，修改后于 1999 年 1 月 14 日将《深圳经济特区商人条例（草案）》（后改为《深圳经济特区商事条例（草案）》）提交深圳人大常委会审议。1999 年 6 月 30 日，《深圳经济特区商事条例》正式颁布。该条例被深圳经济特区作为很重要的法规对待，2004 年 4 月 16 日深圳市第三届人民代表大会常务委员会第三十一次会议又对该条例进行了修改。无疑，《深圳经济特区商事条例》的起草过程也是一个商事通则的研究过程。深圳经济特区制定商事条例的经验值得重视。

　　如何对待通则性的商事法律？江平教授于 1998 年的一篇文章中明确指出："认识民法与商法的关系必须坚持两点论：一是民商融合是趋势；二是民商仍有划分必要。就立法体例而言，形式上将已经颁布的诸如公司法、票据法、海商法、保险法再统一到一部商法典中确无必要，因此，让它们依然按照商事单行法的模式继续存在自然是顺理成章的。就商法总则而言，有两种模式：一是民法典中规定，完全实行民商合一；二是在民法典之外另立一部商事通则，依照当初《民法通则》的模式，将有关商事总则的内容加以规定。我个人认为采取第二种模式更为简便可行，如把它们放在民法典中会显得过分累赘，不能突出商法的特征。"② 我在《商事法论集》第 3 卷（1999 年）刊载的《商法的实践和实践中的商法》一文中对包括商人法的内容和形式意义的商人法的问题进行了讨论，问题涵盖了商人资格、商行为、经

---

① 白有忠：《关于〈深圳经济特区商人条例（草案）〉的起草说明》（1999 年 1 月 14 日）。
② 江平：《关于制定民法典的几点意见》，《法律科学》1998 年第 3 期。

理、经理权和其他雇员、商号与营业、代理商，这实际是《深圳经济特区商事条例》探讨的延续。之后，我在 2000 年 1 月 4 日《法制日报》上发表的《带入 21 世纪的中国商法课题》中又提出："还应有对商事主体作出规定的一般规则。它相对民法的主体规则而言，属于特别法的性质。而相对商事主体形态法律规范而言，它属于一般法的性质。与此相适应，其功能具有多重性：一方面，它可以为商人资格和地位的确定提供一般规则，发挥对商事主体形态法律规范的指导作用，填补民法主体规则和商事主体形态法律规范之间的空白，弥补商事主体形态法律规范过于具体而疏于一般之不足；另一方面，它提供了民法所没有的特别规则，实现了商事主体形态法律规范所需的一般性和民法主体规则所需的特殊性的统一。"

（二）21 世纪初商法学界对商事通则的进一步探讨

《法学》2002 年第 2 期刊登了江平教授的《中国民法典制定的宏观思考》，该文认为："有关商法总则的立法可以有两种模式可循。一是在民法典中规定商法总则，完全实行民商合一。从我们翻译完的意大利民法典和现行的俄罗斯民法典来看，它们就是采取这一模式的，即把商事主体、商事行为、商事代理、商事权利归纳到了民法典相应各篇章中。二是在民法典外另立一部商事通则，依照当初民法通则的模式，将商事活动原则、商事权利（包括商业名称、商业信用、商业秘密等）、商事主体以及商事企业的基本形式、关联企业、连锁企业等、商业账簿、商事行为、商业代理（包括内部经理人代理以及外部各种销售代理，如独家代理等）加以规定。上述这些内容正是我国经营活动中亟待明确加以规定的地方。把它们都放在民法典中会显得过分累赘，不能突出商法的特征。"《法制与社会发展》2003 年第 5 期刊登的石少侠的《我国应实行实质商法主义的民商分立》一文明确提出："我国应实行以《商法通则》为统率的实质商法主义的民商分立。"《现代法学》2004 年第 1 期登载的任而昕的《我国商事立法模式之选择》一文也认为："只有在制定民法典的同时制定一部《商事通则》，用以规范基本的商事法律关系，才是立足现实和着眼未来的最佳选择。"这些论文都对我国制定商事通则问题进行了实质性的论证。

目前，商事通则的探讨大多集中在宏观层次上，"未曾就'商事通则'与实施单行法之间的协调问题作出深入研究"①，缺乏在商事关系调整对一般规则需求点上的深入考察，对一般规则的"抽象"度也缺少必要的探讨。需要解决的问题是，商事通则如何定位，它与其他单行商事法律的关系如何，它与商法典有何不同，商事通则的可行性如何，等等。

二　方法论的选择：商事通则的需要出自实践

完善商法，从根本上说，乃一个商法规范的编纂问题。而商法规范的编纂采用不同的方法，就会出现不同的商法。就这一意义而言，商法也是特定商法编纂方法论的产物。因此，我们不能不重视完善商法的方法论。而编纂商法的方法论，大而有二。

其一，系统编纂方法论。

法律规范的系统编纂方法，实质就是法典编纂方法。在我国，也是一种理想主义方法。当人们重视或推崇某个法律部门时，往往会主张对该法律部门的规范采用法典编纂的形式。而"法典一直被定义为'对特定主题之主导性法律规则（leading rules of law）的有序和权威性表述'"。"有序或许是法典形式最为重要的属性，同时它也是法典最独有的特征之一。有序意味着要将某一法律领域的全部规则缩编为一个完整的体系，它要求对原则和规则进行有序安排，并保持该主题领域内各制定法条文间的一致性。"②

① 范健等：《商法的价值、源流及本体》，中国人民大学出版社，2004，第289页。
② 约翰·L. 戈蒂德：《〈统一商法典〉的方法论：现实主义地看待〈商法典〉》，徐涤宇等译，见清华法学网。

　　显然，法典的上述特征以及与其相适应的系统编纂方法，并不是适应所有法律部门的。它只适应于那些调整稳定的社会关系的法律部门。同时，系统编纂方法与法典化并不是在任何国家或国家的任何历史阶段都适应的。一般地说，它更适应的是那些经济体制较稳定的国家。19世纪费尔德领导的美国法典化运动，被人们认为"既太迟了又太早了"，因而其种种努力归于失败，甚至被人戏称：宁可要体现在普通法当中的"纯粹的人类理性"，也不要"全新的被人挂在嘴边上的法典"所包含的"巨大变革"。① 然而，20世纪却出现了具有美国特色的"私人编纂法典"的奇特形式。② 同时应特别注意的是，法典并不以"重要性"为特征，被认为重要的法律部门并不必须采用系统编纂方法。

　　其二，现实主义编纂方法论。

　　现实主义方法论对商法编纂产生影响的典型应是美国商法典。我们不必评价美国商法典的优劣，但考察对该法典产生影响的现实主义方法论，或许是有益的。美国现实主义法学是20世纪30年代兴起的。人们一般将其特点概括为："强调法的社会目的性；强调法和社会的不断变化；强调必须将'实然'和'应然'分开，以利于研究；强调对法学家提出的一切正统的假设保持怀疑；特别强调有必要用更切实可行的范畴代替现代法学家的一般推论和概念。"其中，他们特别重视"关于法规的不确定性和事实的不确定性的见解"。③

　　反对19世纪关于法律是由一整套对称的、自足的一般教义或命题所组成的观念。"坚持认为法律是引起变化的动力，并反映社会现实。因此，随着社会的变化，法律也将改变，任何在现存法律与社会现实之间达成的平衡都只是暂时的。"④

---

① 〔美〕施瓦茨：《美国法律史》，王军等译，中国政法大学出版社，1990，第86页。
② 〔美〕施瓦茨：《美国法律史》，王军等译，中国政法大学出版社，1990，第231页。
③ 张文显：《二十世纪西方方法哲学思潮研究》，法律出版社，1996，第135页。
④ 约翰·L.戈蒂德：《〈统一商法典〉的方法论：现实主义地看待〈商法典〉》，徐涤宇等译，见清华法学网。

运用现实主义方法于商法典并作出重大贡献者应是卢埃林，他对商法的现实主义路径值得我们关注。卢埃林赞成法典化，但他的方法是现实主义的，他将法典编纂视为在特定历史时期解决特定问题的工具。他认为法律在商业实践中是"基于自身存在的"，倘若法律原则不紧随商业实践而变化，则法律将不符合时代要求，并会很快成为商业活动的绊脚石，而非促进、加速商业发展的工具。他坚信商业考虑、商业习惯以及行业惯例是商法所固有的主要渊源之一。① 在他的现实主义方法论的指导下，美国的商法典不同于大陆法系国家的商法典，它不求其全，但求其满足实践需要，解决实践中提出的其他商事制定法所没有解决的问题。

其实，卢埃林对待商法编纂的现实主义，与我们对待商法的从实际出发的原则是不谋而合的。当我们讨论商法规范的编纂时，我们不得不在商法与实践的互动上认真考察我国商事立法的现状，商法对商事关系的调整需求满足了哪些，实践提出的问题还有哪些没有解决。在这种考察中，我们固然可以去在实践中发现商业习惯、行业惯例，但也可以发现许多没有商法规则而出现交易秩序混乱的领域。后者归纳起来，主要有两点。

（一）现行商事法律缺少关于"商人"制度的规定

我国历史上奉行"重农抑商"，计划经济时代商品经济不发达。而我国刚一提出实行经济体制改革，就出现了"全民经商潮"。因此，党中央、国务院在整顿市场秩序中多次发布文件，禁止政府机关、司法机关、军事机关经商。这表明，民事主体不可能都成为商事主体，并非由于商人不是一个特殊阶层就否定商人的地位。何为"商人"？无疑，"有实际之商人而法律不认者，也有法律上之商人而实际不称者。然商法之适用，则以法律上所称之商人为断。何者为商人，何者

---

① 约翰·L.戈蒂德：《〈统一商法典〉的方法论：现实主义地看待〈商法典〉》，徐涤宇等译，见清华法学网。

非商人，此虽仅由各国立法者任意断制限划，而其意义，要不可不于商法上以明文规定之"。① 实践中凸显的对商人规则的需求，既注意了商人与一般民事主体的联系，又注意了商人与一般民事主体的区别。前者，坚持了权利能力的平等；后者，尊重了客观上存在的行为能力的差别。而这种差别，突出地体现在营业能力及如何获得这种能力上。当然，关于"商人"的规定不止于"商人"概念的规定，还应包括商人能力、营业辅助、代理商等相关规则的规定。

（二）现行商事法律缺少关于"商行为"制度的规定

实践中由于没有对"商行为"作出界定，"商行为"的目的性也常被人们误解，以致社会生活中经常出现自相矛盾的笑话。如文化系统提出了"文化产业"，文化部在《关于支持和促进文化产业发展的若干意见》（2004 年 6 月 11 日）中指出，文化产业是指从事文化产品生产和提供文化服务的经营性行业。但同时又指出，社会主义文化产业要求把社会效益放在首位，努力通过市场实现文化产品和文化服务的经济价值。今年年初，北京市推出一个文化产业的样板——北京市儿童艺术剧院股份有限公司，并提出了"一业为主，多种业态经营"的目标。这一实践和以前的所谓事业单位的"企业化经营"的实践都向我们表明：既然它是经营性的，又怎么能不以营利为目的？而这种行为的"商"性质是显而易见的，它又怎么可能将社会效益放在首位呢？这种矛盾的出现，无疑是法律没有界定商行为的一个后果。实践要求法律对商行为作出规定，显然不是主观地为了"特殊"而人为地在私法行为中划出一块，而是注意到商行为在客观上已经表现出"营利"的特殊性和这种行为所采用的营业形式。当然，商行为法律制度不仅包括对商行为的定性规定，还应包括辅助认识商行为的列举规定，以及营业、营业转让、商代理、商事留置等的规定。

现行商事法律的上述缺陷，加之其他相关商事法律制度的缺失，

---

① 张家镇等编《中国商事习惯与商事立法理由书》，中国政法大学出版社，2003，第 2 页。

使我们感到实践对商事一般性规则的需求。如果将对实践的考察转化为对立法论的讨论，则会更加彰显对《商事通则》的需要。

第一，需要填补民法和已有商事单行法律之间的空白。

商事关系和一般民事关系的共同性，在于它们都是平等主体之间发生的社会关系。但是，商事关系的营利性特征使它区别于一般民事关系，也已成为人们的一种共识。所以，我国调整商事关系的法律结构与其他大陆法系国家或地区一样，是由调整私关系（平等主体之间的社会关系）的一般法民法与调整商事关系的特别法商法构成的。按照上述调整商事关系的商法优先适用，民法一般适用、补充适用的原则，民法一般适用、补充适用所提供的法律规则只能着眼于商事关系与民事关系的共性，而着眼于商事关系特性、为其提供调整规则的只能是商法。然而，我国适应后者需要所提供的法律规则均表现于单行的商事法律中。这些单行的商事法律是分别制定的，而且仅仅考虑了它所调整的具体的个别领域的需求，没有考虑具有营利性特征的商事关系的共性和一般性需求，因而缺少着眼于商事关系调整共性的一般性规则，需要商事通则填补。

第二，需要统率商事单行法律的规则。

我国已颁布的商事单行法律，已经使各个商事领域的法律调整基本做到了有法可依。但是，在商事法律适用的许多场合，缺少统一把握的原则与理念。譬如，在公司、合伙企业、独资企业中都遇到经理问题，但经理权应有的统一内涵与经理的义务却没有统一的规则作出规定。又如公司、合伙企业等都涉及代理关系，合同法中虽有规定，但远没有揭示商事代理的内涵及其应有的特殊规则。这些统率单行商事法律适用的规则，不可能在已颁布的单行商事法律中制定，而需要在它们之外单独制定。

第三，需要创设民法和其他单行商事法律所没有的规则。

在我国商事法律的发展中，还遇到许多这样的问题，不仅民法没有也不可能提供规则，而且现有的单行商事法律也不可能提供必要的规则。譬如营业转让，它虽涉及财产，但与一般财产不同，它是有组织并有综合效益机能的财产。而且，在转让时不仅涉及财产，还涉及在营业上发生的债权、债务的转移。又如商业账簿，民法和已有单行商事法律没有也不可能作出规定。虽然已有会计方面的法律、法规、规章作出规定，但大多仅具有公法的性质，作为与此相关的私法本身特有的规范，也应由商法创设。但关于商业账簿的共同规则又不可能在已有单行商事法律中提供存在空间。诸如这些民法和其他单行商事法律所没有的规则，需要商事通则创设。

以上表明，商事通则的需要不是人为的，而是在商法与实践的互动中显现出来的，它产生于生动活泼的商事实践。

三　商事通则的定位

本文所称商事通则，是指调整商事关系的一般性规则。它指导其他单行商事法律，如公司法、合伙企业法、个人独资企业法、证券法、票据法、保险法、商业银行法、破产法等的适用，同时又区别于这些单行法律，可以单独适用。

（一）商事通则是商法中具有一般法意义的商事法律

就法典与单行法的区别而言，商事通则与公司法、合伙企业法、独资企业法、证券法、票据法、保险法、商业银行法、破产法、海商法等一样，也是一种单行商事法律，并不是由全面系统调整商事关系的规则缩编而成的法律文件，但它与其他单行商事法律的功能不同。其他商事单行法律仅调整某一商事领域的商事关系，如公司法仅调整公司设立、变更、终止关系及其他对内对外关系。商事通则则涉及整个商事领域，它对商事关系的调整虽不具有全面性，但调整商事关系的触角可以伸向不同的商事领域，强调其调整的一般性。并且，对其他商事单行法律的调整有统率或补充的作用。换言之，它所提供的商事法律规则，是其他单行商事法律未曾提供而又非常必要的一般性规则。正由于商事通则在商法中具有一般法的意义，它与强调其调整特殊性的其他单行商事法律不会出现重叠、交叉。

（二）商事立法中的商事通则：非民商分立，也非民商合一

当今大陆法系国家或地区，在商事法律规范的编纂上有两种体制。一种是民商分立，在民法典之外制定商法典，两者并行；一种是民商合一，即在民法典之外不制定商法典，商事法律规范或编入民法典（如荷兰、意大利、泰国），或颁行商事单行法律（如我国台湾地区）。无疑，商事通则将注意这两种体制的经验与教训。它尊重中国商事立法的现实，又可成为中国商法改革的加速器。它不漠视已经颁布并行之有效的单行商事法律，也不代替单行商事法律的完善和发挥作用，更不以商事法律领域的全部规则缩编为一个完整的体系为自己的目标。因此，它不可能定位为商法典。同时，商事通则的出现也拒绝了商法自身只有具有个别领域特征的单行法而没有一般性规则的发展思路，显然，这也不是典型的民商合一。应该肯定地说，商事通则既非民商分立的标志，也非民商合一的典型表现。前者，因为它不是法典；后者，因为它不仅有调整个别领域的单行法，而且还有调整商事关系的一般规则。换言之，商事通则注意到商法典虽有调整商事关系的一般规则，但缺少灵活性，有僵化的缺陷；也注意到民商合一下的单行法模式具有明显的灵活性，适应市场经济发展的要求，但存在缺少一般性规则的缺陷。从这一意义而言，它吸收了民商合一与民商分立的优点，克服了民商合一、民商分立的缺陷，是区别于民商合一、民商分立并超越民商合一与民商分立的另一种模式。

（三）商事通则不取代民法在私法领域中的一般法地位

在大陆法系国家和地区，民法与商法是同属于私法的两个法律部门。但由于商法调整商事关系的特殊性，民法与商法的关系是一般法与特别法的关系。无论采用民商分立的体制，还是采用民商合一的体制，都是如此。这一点已成为境内外学术界和实务界的一种共识。实践中，由于商法的特别法的地位，凡商事事项，商法优先适用，民法一般适用、补充适用。这一结论，即使有商法典的大陆法系国家的学者也一直在坚持，未见被否定的迹象。我国有学者认为，将民法与商法的关系视为一般法与特别法的关系，这是近代商法研究得出的结论。"进入现代，商法与民法截然分开，商法调整市场交易关系，民法调整家庭关系。"①然而，这种判断还有待许多论据去证实。如果否定民法与商法的关系是一般法与特别法的关系，那势必将一些最为一般的问题，诸如诚信原则、法人等，也要由商事法律作出规定。而这样做，势必造成立法上的浪费和法律规则间的不必要的冲突。既然商事通则是调整商事关系的共同性规则，它是否可以代替民法的一般法的功能呢？回答是否定的。因为民法和商法的关系是就整个民法和整个商法而言的。作为商事共同性或一般性规则，仅是就商法领域本身而言的，它当然包含于商法之中，而不是在商法之外。因此，商事通则的出现，不会改变民法与商法的关系，也不会产生与民法的交叉和边界不清的问题。

四　制定商事通则的指导思想与其基本结构

制定商事通则应当坚持以下指导思想。

第一，坚持从中国社会主义市场经济发展的实际出发。

我国社会主义市场经济的发展对调整商事关系提出了越来越高的要求，它不仅需要调整每个商事领域商事关系的法律规则，还需要解决商事关系整体调整和各个商事领域商事关系调整的一致与协调。这就是中国社会主义市场经济发展的实际。

从实际出发制定商事通则，应满足"通、统、补"的要求。所谓"通"，即满足商事关系调整的共同性规则的要求，譬如，实践不仅要

---

① 徐学鹿：《商法与相邻部门法的关系》，载《什么是现代商法》，中国法制出版社，2003，第213页。

求商事法律提供公司、合伙企业、个人独资企业、个体工商户成为商人而经商的规则，还要求商事法律提供"商人"的一般规定，以便明确商人资格和它特有的营业能力，确定商人的权利、义务，保护商人的合法权益。所谓"统"，即满足商事关系调整的统率性规则的要求，如前已述及的营业、商号、商誉、经理权、商事代理的内容，需要统一的规则，以统率相关单行商事法律的实施，避免法律适用中的不协调。所谓"补"，即弥补其他单行商事法律规则的缺漏。按照"缺什么补什么"的精神，凡是调整商事关系需要的规则，都应制定出来。但这些规则，有的可以通过完善已有的单行商事法律或将制定的以个别商事领域为规范对象的单行商事法律中解决，不需要归入商事通则；有些不可能在完善已有单行商事法律或将制定的以个别商事领域为规范对象的单行商事法律中解决，则应在制定商事通则中解决。这里，必须突出商事通则的一般规则的特性。在应制定的一般规则中，不必追求"一步到位"，现在需要并具备制定规则的成熟条件的，可先行在商事通则中规定下来。现在条件不成熟或虽有需要但认识不尽一致，可留待以后解决，根据需要逐步完善。

第二，不追求商法典模式。

制定商事通则是为了满足调整商事关系的需要，并不是一个纯理性的追求，因而不仅在"形"上而且在"神"上，都不必模仿商法典的模式。这不仅是因为中国在商事立法的实践中已采用颁布单行法的形式，也由于国外的"民商分立"已不那么绝对，在一些素有"民商分立"传统的国家，正在突破商法典的框架，采用颁布单行商事法律的方式完善商法。德国的股份法、法国商事公司法的颁布和在此基础上的修改，已广为人知。其中，法国商法典颁布时共 648 条，但经过多年的废除、修改和剥离，现在继续有效的仅有 140 条，其中只约 30 个条款保留了 1807 年的行文。[①] 2003 年 10 月 22 日发布的日本公司法制现代化纲

---

① 《法国商法典》，金邦贵译，中国法制出版社，2000，"译者的话"。

要试案表明，日本也将跳出商法典框架寻求公司法的完善与现代化。但是，它们都一直重视商法典中总则与一般性规则的适用。民商合一的国家也寻找机会制定商事一般性规则，以适应调整商事关系的要求。如荷兰，可称为民商合一高度集中的国家，但它们还制定"商号名称法"等一般性规则，满足调整相关商事关系的一般需要。

商事通则的任务是为商事关系的调整提供一般性规则和以个别领域调整为特征的单行商事法律所没有的规则即填补空白，而不像国外商法典为整个商事关系的调整提供较完整、系统的规则，因而商事通则不必要有商法典那样的结构。商事通则也不可能如国外商法典的"总则"那样。商法典的总则并不能解决我国调整商事关系一般规则的要求。从实践的需要考量，商事通则不仅需要规定如国外商法典"总则"那样的内容，还应根据需要规定单行的商事法律没有规定但应作出规定的一般规则。正因为如此，商事通则不必追求系统性和逻辑结构的严密，应充分体现形式服从内容的精神。

第三，遵循处理民法与商法关系的原则。

在调整商事关系中，民法是一般法，商法是特别法。调整商事关系的一般规则，无疑会在对平等主体社会关系的共性上给予关注的民法中得到相当程度的满足。属于这类规则的完善，仍应在民法中实现。譬如法人一般制度的完善、诚实信用原则等，都应在民法典中解决，商事通则不必过问。相反，商事通则只解决在从民法一般法到以个别领域调整为特征的单行商事法律之间的桥梁，有关民法一般法的问题不应列为制定商事通则的任务。制定商事通则只是解决商法自身完善的问题，即解决商法内部缺少一般性规则的问题，它不应也不可能引起商法与民法的领域之争。

根据上述指导思想，商事通则的结构应以总则为基础，以商人与商行为两个基本概念[①]为核心，分别规定商人基础制度及其相关制度、

---

① 〔日〕上柳克郎等：《商法总则·商行为法》，有斐阁股份有限公司，1993，第8页。

商行为基础制度及其相关制度，并对法律责任作出规定。主要内容如下。

（一）总则

包括商事通则的目的条款、商事通则的适用范围、商事通则所采用的原则，以及调整商事关系的规范的适用顺序。

在中华人民共和国境内登记设立的商人和在中华人民共和国境内发生的商行为，都应适用商事通则。

商事通则应实行的原则是：（1）商人从事商行为应遵守法律、法规，其合法权益受法律保护；（2）商人行使权利应遵循公平、诚实信用和禁止权利滥用的原则；（3）商人从事商行为，不得侵害其他商人和消费者的合法权益，不得损害社会公共利益。

法律适用的原则是：自治法先于法律适用、特别法先于一般法。商人的章程属于自治法范畴。民法是一般法，商法是特别法；在商法内部，商事通则是一般法，其他单行商事法律是特别法。对于商事事项，法律规范的适用顺序是：章程—其他单行商事法律—商事通则—民法。

（二）商人

包括商人概念、商人资格与分类。结合中国的商事实践，应对可以成为商人的条件作出规定。商人必须有营业财产，无营业财产者不能成为商人。这或许对于商自然人并不重要，但对于商法人就显得十分重要。如此要求商人，并不是将商人视为特别阶层，恰恰相反，凡依法具有营业财产的民事主体，依法经工商行政管理机关登记，均可成为商人。除商人的基本制度外，与商人相关的制度也应作出规定。

1. 商事登记

包括商人设立登记、变更登记、注销登记以及登记与公告的效力。当然，商事通则中的商事登记仅限于一般性规则，它不代替商业登记法的详细规定。

2. 商号

包括商号、商号选用原则、商号的转让、商号权保护等。

3. 营业转让

包括营业转让当事人义务及其转让效力。

4. 商业账簿

包括商业账簿制作的义务、商业账簿的保管等。

5. 经理和其他商业雇员

包括经理权及经理、其他商业雇员与第三人关系。

6. 代理商

包括代理商的义务及与第三人关系。

（三）商行为

包括商行为性质、分类、商事代理、商事留置、商事保证等。应强调营利性和虽无明显营利性但采用营业形式对商行为质的规定性的影响。

五 结语

民法与以个别领域调整为特征的单行商事法律之间的空白为制定商事通则留下了存在的空间。以上表明，在采用颁布单行商事法律模式的我国，先天地存在着调整商事关系一般规则不足的问题。无疑，民法已注意到调整平等主体之间社会关系的一般性需求。就这一意义而言，它在相当程度上满足了调整商事关系的一般规则的需要。但这种满足，是不论采取民商合一还是采取民商分立的体制下都已存在的。而我国商法采用颁布单行法的形式，前述满足只能是部分的。其余满足调整商事关系特殊要求的一般规则的任务，无法在我国民法的体系中全面实现。这样，就使得在民法和以个别领域调整为特征的单行商事法律之间，制定一部商事通则，以满足调整商事关系的一般规则的需求成为可能。

　　国外商法普遍重视商事一般性规则的存在与适用。民商合一与民商分立的界限正在被打破。这表明，调整商事关系的一般性规则的存在具有规律性。换言之，国外的实践表明，在商法的发展中，法典不一定是必需的，但对商事一般性规则的需求却是普遍的。因此，借鉴国外经验，制定我国商法中的商事通则，既是可能的，也是可行的。

　　我国有着制定商事通用规则的经验。早在清末光绪二十九年（1904）就曾颁布《商人通例》9 条，对商人的概念、经商权利、商号选择、商业账簿等作出规定。宣统二年（1910）编成《商事总则》，分 7 章 84 条，未及审议。民国三年（1914），将《商事总则》改为《商人通例》颁布实施，共 7 章 73 条。[①] 这表明，中国自有商法以来，对商事通用规则的需要都是存在的，并能够制定出来且能实施。我国经济特区的立法为商事通则的制定提供了范例。深圳经济特区不仅是市场经济的试验田，在市场经济的许多方面先于各省、直辖市、自治区，而且在商事立法方面，也取得了突出的成就。该特区于 1999 年 6 月 30 日第二届人大常委会第三十三次会议上通过了《深圳经济特区商事条例》，共 65 条。[②] 深圳经济特区制定和实施《深圳经济特区商事条例》的实践表明，为了有效地调整商事关系，在其他单行商事法律、法规之外，制定全国性的旨在规定商事一般规则的商事通则，不仅可能而且可行。

　　以上表明，讨论商事通则既有客观的需要，也有理性的追求。前者，如市场经济发展的需要，填补法律空白的需要。后者，如在理论上考虑，商法既应有个性强的规则，也应有一般性规则。但是，两者相比，实践需要还是胜于理性追求。一方面，人们的任何行动都不能藐视实践的需求，藐视实践需求者只能失败。另一方面，理性的追求也来源于实践，完全离开实践的理性追求没有任何意义。显然，在理

---

　　① 谢振民编著《中华民国立法史》下册，中国政法大学出版社，2000，第 802 页。
　　② 《深圳经济特区法规汇编》（1999），海天出版社，2000，第 111 页。

论与实践的互动中，两者是统一的。但是，实践表现出的需求，总是居主导地位的。因此，必须尊重实践对商事通则的需求。

与已有的商事法律相比，商事通则的特点在于统率性、一般性和补缺性。① 所谓统率性，指它的相当一部分规则对其他商事法律具有统率意义。换言之，它在认识和适用商法中具有标准功能和统辖功能。前者，它可以被用以衡量其他单行商事法律规则的价值和效力，控制其适用，具有其他单行商事法律适用上的裁量性;② 后者，它是其他单行商事法律产生和发展的规则。所谓一般性，指它与其他单行商事法律相比，具有一般法的意义。在法律适用上具有一般适用和补充适用的功能。所谓补缺性，指虽不具有统率性与一般性，但是其他单行商事法律没有规定的规则。在确定商事通则的边界时，必须使它严格地符合上述特点。凡在商法中属于统率性、一般性的规则，均应规定在商事通则中；虽不属于统率性、一般性的规则但却是其他现行单行商事法律和将要制定的单行商事法律中所不可能规定的规则，也应规定在商事通则中。相反，凡属于其他现行单行商事法律和将要制定的单行商事法律中能够规定的规则，商事通则不应规定。相对于民法，商事通则仍属于特别法的性质。凡属于私法的一般规定应由民法解决，凡属于商事事项的特别规则应由商事通则规定，并且，商事通则可以创设特殊规定，诸如商事代理、商事留置、商业账簿、商号、商誉等。这就是商事通则的边界所至。

商事通则的存在价值在于它特有的目的。通过上述探讨不难看出，商事通则的目的性不同于其他单行商事法律，这种区别性恰恰是它存在的价值所在。商事通则的目的如下。

1. 明确商事通则的任务是确认商人资格和规范商行为

从理论到实践，我们必须注意两点：一是一些经济法律（如反

---

① 王保树：《商法的实践与实践中的商法》，载《商事法论集》第 3 卷，法律出版社，1999。
② 王保树主编《经济法原理》，社会科学文献出版社，2004，第 33 页。

不正当竞争法、消费者权益保护法）已规定从事营利性经济活动的人以特别义务，这充分注意到了他们是区别于一般民事主体的商人；二是已在单行商事法律中规定，公司、合伙企业、独资企业、个体工商户等可以从事商事活动。这些，凸显了规定商人资格的必要。因此，商事通则必须将规定作为商事主体的商人的资格，规范商行为，作为自己的任务。其中，特别应规定取得商人资格的实体要件与程序要件，包括要求其具有营业财产和将商业登记作为资格取得要件。如前述，这里不是将商人规定为特别阶层，而是规定经商者必须具备的条件。

2. 规定商法的法益目标

任何一个法律部门都有它的法益目标，商法作为一个独立的法律部门，其法益目标应是保护商人的合法权益。这里的核心是，在不违反强行性法律规范的前提下，商人通过实施商行为而营利。鉴于商事通则的一般法性质，应由它明确规定"保护商人的合法权益"。

3. 规定商法的最终目的是促进商事交易，保障交易安全，维护社会主义市场经济秩序

显然，"维护社会主义市场经济秩序"不是商法独有的任务。不同的法律可以通过不同的途径实现这一目的，商法的特殊性在于通过"促进商事交易，保障交易安全"实现该目的。换言之，保障快速商事交易和商事交易安全，是其他法律部门所很难实现的。因此，应将其规定为商法的最终目的。但由于我国没有商法典，将其规定为商事通则的最终目的是必要的。

在现行立法体制下，商法的完善离不开商事通则。如果有人问，中国商法最缺少什么？应该说，最缺少商事通则。所谓最缺少商事通则，并非仅缺少商事通则。显然，就当前而言，中国商法的完善需要健全以个别领域调整为特征的单行商事法律。但从重要性而言，无疑最需要商事通则。没有它，商事关系的法律调整缺少足够的规则，尤其是其他单行商事法律的适用缺乏统一的理念与原则。中国商法的完善，是中国社会主义市场经济体制完善的重要基础之一。没有商法的完善，仅采用"头痛医头、脚痛医脚"的手段整顿市场秩序，将永远是"治病不除病、治标不治本"的混乱市场秩序。相反，完善商法，是建立稳定的市场秩序的长远大计。而商事通则的制定，将是完善中国商法的一个标志性成果。就此而言，商事通则在完善社会主义市场经济体制中的地位是不言而喻的。但是，从提出商事通则到制定出商事通则，还需要进行更深入的理论研究，以解决其中遇到的许多深层次问题，创造其问世的更充分的条件。

（本文原载于《法学研究》2005 年第 1 期）

商法的范式变革

——析资本经营与营利

徐学鹿[*]

当代中国的商法实践正在发生范式上的变革,在某种程度上,旧的商法范式排斥着新的商法范式。在商法领域怎样才能遏制"劣币驱逐良币"效应的持续蔓延,如何走出大陆法系近代商法"范式危机",是一件十分紧迫的事。对商法而言,资本经营与营利是两个重要而不同的概念①,而不同概念承载着不同的范式②。营利体现的是近代商法的范式,资本经营体现的是和谐商法的范式。为此,我们认为有必要对资本经营与营利这两个概念,作一些分析比较,进而对商法范式的变革深入研究。

一 范式危机与理论危机

当一门学科原有范式不能对不断发展的实践加以科学解释时,会带来这一学科的范式危机。③ 我国的改革开放强有力地推动着我国商

---

* 徐学鹿,北京工商大学教授。

① 资本经营是市场主体资本营运和资本结构优化增值的行为规则。在和谐商法的语境下,它不仅是硬商法的内容,更是软商法的内容。营利,按照《日本商法典》第52条的规定,是以营利为目的的行为,学者龙田节对此解释道:"只要把营利作为目的,即使没有得到现实的利益,也不能否定它的商人性。"参见〔日〕龙田节《商法略说》,谢次昌译,甘肃人民出版社,1985,第10页。

② 例如,"阶级斗争"所承载的是无产阶级专政的法治,在这种范式下,"运动"连年不断,直到"文化大革命"结束。"和谐"所承载的是中国特色社会主义法治,这种范式要求加快经济发展方式转变,实现商法的科学发展。

③ 参见徐学鹿主编《商法学》,中国人民大学出版社,2008,第96页。

法从近代商法向现代商法、和谐商法演进，与此同时也推动着我国商法的范式变革和商法理论创新。但是，我们必须清醒地看到我国目前的商法理论、范式存在着先天不足，思维、认识、观点落后于中国特色社会主义建设实践。具体表现是，在商法领域，人们的思维还停留在初级市场阶段，停留在与这种市场相适应的营利、营利行为和营利组织的语境下。"营利"这种陈旧思维所体现的近代商法范式，无法适应已进入现代市场阶段的交易实际。但是，人们并未理性地认识到这是商法范式危机，营利、营利行为、营利组织被认为是正统的观点，是通说，尚未采取更有分量的"范式变革"的举措，存在放任让"劣币驱逐良币"效应泛滥的态势。为什么会造成这种状况呢？我国从清朝末期到民国，所接受的一直是大陆法系的近代商法的思维；改革开放初期，我国引进的商法也是近代商法。商人是从事营利行为的人，公司是营利组织，"营利"成为近代商法的基本假设、基本观点和基本方法的重要表现。若想改变这种先入为主的观念，需要付出坚持不懈的努力。

近代商法与民法有千丝万缕的联系，正如有的学者所说，近代商法"是从民法的民事主体制度中分离出来的"，"以民法原则为依据"。[①] 还有的学者指出，"商法规范的法理基础或将商法加以理论的升华就是民法的理论"[②]。那么我国民法的理论状况如何呢？"我们的民法学研究，除了从德国、日本和我国台湾地区抄来的那些东西以外，有自己的东西吗？基本没有，也就是说，除了介绍德国、日本和我国台湾地区的民法以外，我们在基本理论上没有更大突破。"[③] 在这种情况下，坚持"营利""营利行为""营利组织"的范式，显然是一种"顺理成章""理所当然"的事，因为"营利"在《德国商法典》《日

---

① 郑立、王益英主编《企业法通论》，中国人民大学出版社，1993，第23页。
② 赵旭东：《商法的困惑与思考》，载《商法论文选萃》，中国法制出版社，2004，第24页。
③ 孟勤国：《关于制定中国民法典的思考》，载赵万一主编《民商法学讲演录》第2卷，法律出版社，2010，第182~183页。

本商法典》、台湾地区的商法及其著作中比比皆是，照抄营利所体现的范式，显然是坚持近代商法思维的首选。

从上述关于近代商法范式和理论的分析可以看出，近代商法范式危机反映了近代商法的理论危机。商法理论的创新，往往从体现商法范式的概念开始。因此，商法领域任何体现新范式的新概念，如资本经营，都应当引起我们高度的重视。我国商法范式的变革，靠我国市场交易的实践；我国商法理论的创新，靠日积月累的分析、研究。乔布斯有句名言："领袖和跟风者的区别就在于创新。"我们从我国市场交易实践中日积月累本土化的新范式，一是可以根除近代商法"抄"的恶习，二是最终必将推动我国商法的理论创新，因此，能否创新是真正的商法学者与跟风者的试金石。为权、名、利所诱惑的跟风者，势必拒绝创新，以维护"抄"来的既得利益。正如学者所指出的："我们不能再人云亦云，不能再简单地照搬大陆法和英美法各国的先例和学说，我们需要实事求是，根据中国现实的理论、立法和实践，建立自己的商法体系和商法理论。"[①] 我国新的商法理论的建立，必将巩固新的商法范式在我国的确立，从而孕育出自己创新商法理论的人才队伍。千里之行始于足下，分析、研究资本经营，是我们摆脱近代商法范式、理论危机的最佳切入点。

二　资本经营是适应现代市场的新范式

所谓范式，它是观察世界和实践科学的方法，包括科学的基本假设、基本观点和基本方法。[②] 在改革开放中，我国商法在科学发展的道路上，以新的视角观察市场经济下的新型市场，创造出诸多适应新时代的、体现新范式的、有的被法定化的新的商法概念，诸如市场交易，宏观调控主体、市场主体、消费主体，宏观调控行为、市场行为、

---

① 赵旭东：《商法的困惑与思考》，载《商法论文选萃》，中国法制出版社，2004，第24页。
② 参见徐学鹿主编《商法学》，中国人民大学出版社，2008，第96页。

消费行为，现代商法、硬商法、软商法、和谐商法，资本经营、智力经营，网上交易，商务、电子商务，统一法、统一规则，自律、自治、商会，交易自由、交易公平、交易诚信，现代企业制度等。① 对这些承载新商法范式的新概念，特别是对资本经营这一概念，为什么学者缺乏必要的研究热情和兴趣呢？究其原因，一是没有划清大陆法系近代商法和现代商法的界限，人们往往习惯于将一些承载近代商法范式的概念误认为是体现现代商法的概念。二是这种误认又源于对市场发展阶段缺乏正确的认识和判断。"初级市场阶段，企业主要靠产品的交换来建立联系；发达的市场阶段，企业的生产要素进入流通领域，要素市场成为企业之间的主要联系渠道；现代市场阶段，企业的资本流动上升到主要地位，企业资本实现了社会化和国际化。"② 适应不同市场发展阶段，有不同的商法范式。资本经营所承载的新商法范式，集中体现了现代企业适应现代市场而凝结的共有信念，与落后于市场发展阶段的近代商法营利思维的旧范式有根本区别。三是对现代商法资本经营的内涵缺乏必要的认知。所谓"资本"，是用来增加价值的价值；所谓"经营"就是让资本增殖。资本经营与"营利"的根本区别在于资本经营是构建在社会化大生产、集约化经营、现代科技基础上的，与营利性粗放经营的具体区别是，它不仅包括资本营运增殖，还包括资本结构优化增殖。资本营运增殖要求企业告别粗放的经营获利，要求企业对资本的组织、使用和管理都要现代化，保证资本能够有效地营运。它是现代企业制度对企业最基本的要求之一，是企业营运的基本规则，它区别于近代商法"营利"的目的是获利，至于实际是盈利还是亏损，法律在所不问。资本结构优化增殖，要求必须构建符合现代市场的资本产权结构、组织结构、产业结构和技术结构。近代商法之所以强调"营利"，在于它的基本假设、基本观点、基本方法，

---

① 参见徐学鹿、梁鹏《商法总论》，中国人民大学出版社，2009，第289页。

② 徐学鹿：《什么是现代商法》，中国法制出版社，2003，第322~323页。

是要同家庭行为、继承行为、赠与行为、收养行为等所谓的"民事行为"相区别，而不是着眼于企业、市场、市场交易的客观经济规律，也就不可能着眼于企业的资本营运和资本结构优化增殖。近代商法坚持"营利"，根本原因在于当时还没有现代市场的市场交易实践。

当今时代，在加快经济发展方式转变的语境下，对商法来说就是要将崇尚粗放经营的"营利"范式加快转变为崇尚科学发展的资本经营的新范式。形象地说，就是要将"中国制造"转变为"中国创造"，就是要将"营利"转变为"资本经营"，因为"中国制造"所表征的是"营利"，"中国创造"所表征的是强化科技含量的"资本经营"。《科技日报》关于"价值战"取胜"价格战"的报道就是一个实例。[①] 目前国内彩电业市场不仅有内资企业，还有外资企业，在激烈的市场竞争中，尽管彩电业外资品牌争相祭出价格武器，采取了最大优惠措施，但国产品牌在加大产品科技含量、资源整合、渠道建设、售后服务等增加产品价值上做足了文章，有效地推进了传统电视向智能化终端演变，使国产品牌取得了市场份额的领先优势。这是内资企业运用资本经营在激烈市场竞争中的生动实践。越来越多的我国企业已经成为价值驱动型企业，例如中远投资（新加坡）有限公司明确将自己定位为"价值驱动型世界级企业"。

三　资本经营表征的是和谐商法的新范式

中国特色社会主义法治，其"特色"集中到一点，就是和谐法治。和谐法治"将引领我们转换法治话语体系"。[②] 商法作为中国特色社会主义法律体系的一个部门，必须通过转型使自己成为和谐商法。要转型必然选择范式变革，改变原有的基本假设、基本观点和基本方法。

---

① 何丹婵：《彩电"价值战"再胜"价格战"》，《科技日报》2010年10月22日。
② 张文显：《中国社会转型期的法治转型》，《国家检察官学院学报》2010年第4期。

　　资本经营所表征的和谐商法的新思维是全方位的，它必将推进近代商法的基本假设、基本观点、基本方法的转变，实现商法的范式变革。

　　资本经营所营造的制度是现代企业制度。资本营运增殖要求企业必须以资本经营的新思维科学地进行企业的经营管理，强化对价值规律、供求规律和竞争规律的发现和运用。所谓"发现"就是要深入持久地组织市场调研，制定本企业的市场经营战略和策略，从客观上产生一种压力，使之强化对企业的自我约束机制。所谓"运用"，即自律，就是使市场调研的成果成为企业经营管理的行为准则，成为软商法的有机组成部分，具体运用到企业经营管理的实践中。例如，中远船务集团将体系文件与公司现有的规章制度进行整合，化繁为简，建立起一套能覆盖所有体系、格式统一、流程清晰、操作性强的规章制度。这种流程化管理，能够突出岗位职能，责任明确，保证流程中各个相关岗位的横向无缝对接，实现精益管理。①在营运增值企业以人为本的视角下，实施人才战略成为企业市场调研的基本内容之一，因为人才决定着企业经营管理的水平、档次，人才决定着企业的产品、服务的科技含量，人才决定着企业资本营运的效率，是以人为本在企业的具体化。例如，理性的投资人关心的是谁更能带领公司取得优秀的业绩、回报投资人，最终他们将选择代表国际上现代企业治理先进理念的创业家，这种创业家只能是资本经营家。

　　资本结构优化增殖，首先要求企业必须构建符合市场经济的资本产权结构。现代企业制度的本质在于企业要成为现代市场主体，因为企业如果不是市场主体，这种企业只能是生产型企业，或者生产经营型企业，不可能是资本经营企业。在生产型和生产经营型企业条件下，

---

① 　徐华、邱津：《规章制度流程化开启中远船务管理新境界》，《中远船务》2011 年 2 月 10 日，第 7 版。

市场是狭小的，经营是低层次的，企业所追求的是资本的实物形态，是排斥产权交易的。作为现代市场主体的企业，其市场是无限广阔的，进行着多种形式、广泛的产权交易，所追求的是资本的价值形态。所谓产权交易，涉及企业的分立、重组、拍卖、联营和集团化，当然也包括向效益好的企业投资，它的视角不只是国内市场，还包括国际市场，所追求的是规模效益。资本经营不仅着眼于资本，更着眼于经营。对于企业来说，不是看你生产了多少产品，而是看你回笼了多少货币，是否加速了资本的流动。由于资本是通过再生产不断周转，不断吸收新的劳动，实现不断增殖，因此在同一时间内资本周转一次的价值与周转两次的价值是不一样的。资本的形态表现为货币资本、实物资本和证券资本。货币和实物资本均可能转化为证券资本。现代商法为此而设计的各种具体制度，为资本经营实际操作提供了极为便捷的规范。这种为资本流动开绿灯、保驾护航的商法资本经营制度，所表征的正是现代商法与社会、经济相和谐的和谐商法的范式。

其次，资本结构优化增殖要求必须构建符合市场经济的组织结构。优化企业组织结构，核心是要形成良好的企业生态，即以若干大企业为骨干，以众多的中小企业为基础，主要是公司，还应当有独资、合伙等多种组织形式，从而造就现代企业的专业化、标准化和社会化大生产。组织结构的优化，不仅表现为组织形式的优化，更重要的是要使企业组织结构具有流动性，加速企业的分立、重组、联营和集团化。这样，一是可以改变在原来"营利"语境旧的范式下单个企业的自我扩张；二是将企业推向市场，参与市场竞争，胜者可以通过收购，劣者可以破产，市场压力产生的企业内在动力将促使其采取灵活的经营机制，不仅可以实现企业组织结构的外部优化，而且可以实现企业组织结构的内部优化。例如，针对矿难的频发，煤炭企业加速进行了兼并、重组，被兼并、重组的正是追逐"营利"、粗放经营的煤炭企业。

再次，资本结构优化增殖要求必须构建符合市场经济的产业结构。在近代商法"营利"思维下的产业结构，其小打小闹获利的狭隘眼界造成投资小型化、分散化，产业结构不科学、不合理，使经济只能在低效益的状态下运行。资本经营使优化产业结构内在化，不仅要优化一、二、三产业的结构，更重要的是要充分强化金融业、服务业、高新技术产业在整个产业结构中的比重，因为科技是"信号源"，金融是"放大器"，要充分发挥它们在资本经营中的功能。在优化产业结构中追求发展品质，产业发展方式由"以产品为导向"转向"以服务为导向"，由"以产值为导向"转向"以价值为导向"。为构建和谐商法，商法学者应尽快冲出小打小闹的"营利"的堡垒，去呼吸一些资本经营的新鲜空气，开拓新的视野，使我们的商法思维紧贴时代潮流。

最后，资本结构优化增殖要求必须构建符合市场经济的技术结构。无论是资本营运增殖还是资本结构优化增殖，都离不开人，特别是技术结构的优化，更是取决于人。人包括企业的管理者、技术专家、职工等。优秀的企业管理者首要的任务是采取并实施符合资本经营的人才战略，包括从世界招募优秀人才，通过不同时期、种类的专业培训不断提高职工的科技水平。因为企业的核心竞争力来源于科技创新。这与近代商法把职工看成"商业使用人"，用粗放的方式追逐"营利"形成鲜明的对照。以矿山为例，前者必然选择强化矿井的技术、安全设施，在矿井下设置避难所成为理所当然，矿难一旦发生后所有矿工将安然无恙；后者则使矿难一次又一次发生，矿工付出了自己宝贵的生命。营利宝贵，生命廉价，根源在于矿工是矿主"营利"的"商业使用人"的制度设计。和谐商法所追求的资本经营之所以不断强化商品的技术含量，还在于今天衡量商品使用价值的是质量和功能。提高质量需要科技，而所谓功能就是科技含量，因此科技含量决定着商品的价格。根据过去的计算，提高科技含量附加值的成本和收入的比例是 1∶1000。随着科技的飞速发展，这一比例可能更高。例如，企业在优化技术结构时应实施名牌战略，而名牌就是科技含量高的品牌，被称为驰名商标。过去国外的商店分为高、中、低档，只有名牌商品才能进入高档商店。在旧的"营利"思维下，我国企业忽视名牌战略，出口商品尽管质量上乘，也不能进入高档商店。我国企业重视名牌战略后，不仅在国外可以进入高档商店，出售商品的价格比原来至少增加 10 倍以上；在国内也有了高、中、低档商店，我们的商法学者不妨到这些高档商店感受一下资本经营的氛围。

资本经营所表征的新范式，其基本假设是与中国特色社会主义和谐法治相匹配的和谐商法；其基本观点是软、硬商法有机结合，形成中国特色社会主义市场经济实现良法善治的基本法；其基本方法是从交易实践中发现的、符合市场经济客观规律的市场交易行为规范。

四　资本经营与捍卫法律主权

我们处于全球化的时代背景下，但有学者尖锐地指出："要谨防全球化或全球共同治理名义下的法律帝国主义或新法律殖民主义。"[①]旧的法律殖民主义采取战争入侵等手段，我们并不陌生；新的法律殖民主义会采取什么形式、手段，是我们特别需要关注的问题。我们自己主动地抄外国法，或抄从外国法演绎过来的地区法，从而使我们的著作、教材，乃至立法，充满了外国法的陈旧范式、具体规范算不算？学界甚至有人公然提出要"继受德国法"，专题召开"中德法律继受与法律编纂"论坛，而且公开出版"继受德国法"的论坛文集。营利、营利行为、营利组织，就是从外国法抄来的。试想"抄"能不能实现法治转型，"抄"能不能与和谐法治相匹配，"抄"能不能实现良法善治？结论是：不能。改革开放中产生的本土化的表征商法新范式

---

① 公丕祥：《全球化、中国崛起与法制现代化———一种概要性分析》，《中国法学》2009 年第 5 期。

的资本经营，为什么引不起我们研究的热情、兴趣，这是不是与范式转变中的"基本方法"有关？只有从"抄"的方法，转换成深入我国市场交易的实践，才有可能产生本土化的新的商法基本假设、基本观点。这种方法的科学性表现在：一是可以有效抗拒新的法律殖民主义的入侵；二是可以构建与我国和谐社会相吻合的和谐商法。但是，我们必须看到它的难度，因为深入市场交易实践是艰苦的，"抄"则是轻而易举的。前者，成名难；后者，一夜成名。

"抄"算不算侵权？如果认定"抄"是侵权，要立即停止侵权，消除影响。所谓停止侵权，就是不要再从外国法中抄"营利"的概念；所谓消除影响，就是消除"营利"所承载的基本假设、基本观点和基本方法的近代商法旧范式的影响，从而为采纳"资本经营"所承载的商法新范式扫清障碍。但是，这仍然是极为困难的，因为"抄""营利"的背后，隐藏的是既得利益，放弃既得利益显然非常不易。要避免既得利益集团化，需要作出"顶层设计"。

以上分析说明，照抄德国法、日本法、我国台湾地区法是商法实现本土化的最大障碍。本土化可以有效防止新法律殖民主义，显然本土化也是和谐商法的基本特征之一。怎样实现本土化？软商法是商法实现本土化主要的、有效的通道。软商法是由商人认同并制定的、具有法律约束力的市场交易行为准则。由于软商法的自律具有普遍性，例如诚实信用是全体商人的行为准则；他律的硬商法具有特定性，例如失信者是他律制裁的对象，若无软商法，大量的失信者将游荡在法外空间，其中极少数奸商甚至庆幸自己的"高明"。因此，软商法的法律约束力区别于硬商法，系自然约束力，是客观规律的规范化，自我实施性、群体内在压力，使其规范内化为商人交易行为的范式，从而具有弥补市场失灵、政府失灵的法律功能。软商法是市场交易规律所要求的法律秩序，硬商法是国家所要求的法律秩序，和谐商法是国家、社会所共同要求的法律秩序，因此，我们不能以硬商法的习惯性思维否定软商法的法律性、否定软商法的法律约束力。软商法蕴含的是先进的商法理论、先进的商法价值、先进的商法文化，体现的是交易和谐、市场和谐、社会和谐，它不仅是软商法"软"的本质特征的集中体现，也必将促进硬商法成为和谐商法的有机组成部分，从而使商法成为良法，通过软、硬商法的有机融合，实现良法善治的总体目标。通过改革开放，我国绝大多数企业已经成为市场主体，它们已经抛弃了表征粗放经营的"营利"的陈旧范式，建立了诸多体现资本经营的经营管理规范。对这些地地道道土生土长的行为规范，我们只要认真地去发现它、整合它、提升它，将其中具有普适价值的规范注入硬商法中，就可以有效地推进商法的范式变革，实现商法的转型。

五　商法范式变革的推手

封闭性是近代大陆法系商法范式危机的总根源。其变革的主要推手如下。

（一）坚持市场本位

市场的本性是开放，商法紧贴市场是赋予商法范式变革的基本动因和依据。近代商法以民法为坐标，其全部规范是民法的补充、替代、变更规范。在如此封闭的制度架构中，商法必然脱离市场，成为民法的特别法，造成商法范式危机的总爆发，集中表现为近代商法法典化标志性的《法国商法典》的失灵与解体。

根治封闭性，就要坚持开放性，即以市场为坐标，市场对交易规则的需要，就是商法实务与教研的需要。在商法重新成为市场交易规则的过程中，对诸多新范式要有组织、有谋略、有步骤地使其体系化、制度化、理论化，以日积月累的量变实现其范式的总体变革。

（二）坚持商法本位

商法工作者心无旁骛、攻坚克难，是摆脱先入为主、因循守旧等诸多妨碍商法范式变革的基本方法。在封闭的架构中，造成商法范式危机的重要原因是，商法工作者在商不言商，根本没有意识到市场经济就是重商经济，即充分发挥制造商、销售商、金融商等所有商人在资源配置中作用的经济模式，根本没有认识到我国的改革就是一场波澜壮阔的商业革命，开放就是迈向商业文明。这种脱离现实的心态具体表现为，教研或实务中以民法为主，商法为辅，或者以民法的思维考量商法。这种方法论导致立法与市场不配套，教研、实务的商法与市场两张皮，致使有志于从事商法的工作者感到困惑。

摆脱近代商法范式危机，在方法论上就是要明确认识市场经济就是重商经济，从而忠于职守，在商言商，将高度的责任心凝结为商法本位，使众多的商法理论与实务工作者在商法是市场交易规则开放的制度架构中，成长为设计师、工程师。大陆法系近代商法寿终正寝，其埋葬者正是这一制度的建造者——近代商法造就的众多工程师。现代商法、和谐商法不仅需要有提出基本假设的设计师，更需要有实践其基本观点、基本方法的工程师。这种设计被制度化之时，就是商法范式总体变革之日。

（三）坚持群体本位

和谐商法是现代商法的科学发展，是商法范式变革的理论基础。个人本位导致霸权主义。个人本位正是民法的核心理论，民法是"万法之法""万法之源"，这种霸权主义的价值观，必然将近代商法定格为"民商法"。群体本位所坚持的是个人权利必须在社群中实现的价值观，导出的是和谐世界、和谐社会以及和谐法治。商法与和谐法治相协调，实质就是坚持群体本位，实施软、硬商法相结合。以软商法推动硬商法与时俱进，根治近代商法的封闭性，使其准确地体现市场交易的客观规律，使以自律为特征的软商法内化为绝大多数商人的行为准则，使以他律为特征的硬商法更为准确、及时、有效地惩治极少数违法的商人。硬商法是市场、政府正常运行的法律设计；软商法是市场、政府失灵的法律设计。他律绝对不能不以自律作为基础；自律也不可能离开他律设定的行为底线，例如软商法是商会正常运行的法律设计，但商会也会失灵。软硬商法所具有的性质有别的法律约束力，显然可以互补，如果二者能够有机结合，将形成商法的巧约束力，即刚柔相济、恩威并用、软硬兼施，从而有效化解市场交易中的诸多矛盾，医治市场失灵、政府失灵、商会失灵的创伤，① 让和谐的交易秩序成为市场的常态，实现良法善治，达到商法范式的总体变革。

市场本位、商法本位、群体本位三者齐推，形成合力，一定能够实现商法的范式变革。

（本文原载于《法学杂志》2013 年第 2 期）

---

① 徐学鹿、梁鹏：《商法总论》，中国人民大学出版社，2009，第 141～156 页。

论营利性

史际春*

我国多年来关于"国进民退、与民争利"的议论不断，近期由于某些社会事件又引起公众对非营利组织能否从事经营或营利活动的关注，在这背后，涉及一个核心问题，那就是"营利性"。营利性是企业、公司和非营利组织法律法规中的一个基本概念，但由于法律规定不明、市场经济的发展及人们对其的认识尚不够深入普及，从而造成观念和实践中的混乱。有鉴于此，本文拟讨论、澄清营利性这一法律概念，说明其与资本的联系、私人资本和国有资本各自之利弊，也为非营利组织设定一个清晰而简单的标准，从而促进各项社会事业的发展。

一 营利性：资本和利润

《现代汉语词典》对营利的解释只给了四个字——"谋求利润"。[①]另有两个相关名词，即"赢利"和"盈利"。"赢"意为"胜"和"获利"，与"输"和"赔"相对。"赢利"既可以是名词的"企业单位的利润"，也可以是动词的"获得利润"。[②]"盈"意为"充满"、"多出来"和"多余"，[③]则"盈利"可视为利润，或者较多的利润。然而，营利或营利性同时是一个法律概念。[④]赢利和盈利则不具有法律意义，

* 史际春，法学博士，中国人民大学经济法学研究中心暨法学院教授。
① 《现代汉语词典》（2002年增补本），商务印书馆，2002，第1511页。
② 《现代汉语词典》（2002年增补本），商务印书馆，2002，第1512页。
③ 《现代汉语词典》（2002年增补本），商务印书馆，2002，第1510页。
④ 不排除其也具有经济、社会和一般语词等意义。

可以相对随意使用，《现代汉语词典》就将"盈利"等同于"赢利"。①

　　所谓营利或营利性，是指企业的出资者或股东②为了获取利润而投资经营，依法得从所投资的企业获取资本的收益。③ 营利性的法律意义在于，出资者或股东依法可以分配企业的利润和清算后的剩余财产；而非营利组织的举办者或成员不得从本组织获取盈余及其任何资产或财产。④ 在此意义上，所谓企业或公司的营利性，是针对其举办者或出资者、股东依法能否从该组织取利而言的，与企业、公司本身是否赢利或盈利无关。同时，如果出资者或股东依章程或依法将其从企业获取的利润用于社会或公益目的，而非私用，则该企业一般而言仍是非营利性的。这就是近年在世界上出现的社会企业或非营利企业。社会企业是指通过经营赚取盈余，其举办者或股东将所获利润用于公益性目标的企业。⑤ 因此，作为营利性标志的股东取利，进一步说是指个人或私营组织取利用于私人用途——私人消费和投资经营，而不包括私人依法或依章程取利用于公益或公共目的。

　　上述国际通行做法，中国也不能例外。但由于我国法律上对此未作明确规定，实践中也不深究，导致对诸如营利性究为何指、取利的主体是企业抑或出资者、非营利组织能否采取公司形式及其能否赢利等在认识和做法上的模糊，这种状况十分不利于营利性和非营利性组

---

①　《现代汉语词典》（2002 年增补本），商务印书馆，2002。

②　严格而言，非股份公司的出资者不能称为股东，但在投资经营的意义上，不妨将资本企业的出资者概称为股东，实践中也是把有限公司、合伙企业的出资人都称为股东的。因此在本文讨论的范畴内，对出资者和股东不加区别。

③　本文是在投资、营利性组织和非营利组织的意义上谈营利或营利性，不涉及诸如刑法中在一般语词意义上泛指牟利的"营利"概念。企业是指某种经营性主体，公司是指某种法律组织形式。企业和非企业比如非营利组织都可采取公司的形式，同时公司在非法律意义上也泛化为企业的同义语。所以，本文对企业和公司在用语上也不作严格区分。

④　参见〔美〕罗伯特·C. 克拉克《公司法则》，胡平等译，工商出版社，1999，第579页。

⑤　比如，香港著名的非营利组织东华三院举办了十余家社会企业。其中的"大角咀麦太"甜品店主营港式甜品、糖水和其他产品零售，通过商业经营赚取利润，均用作东华三院提供的社会服务，包括有需要人士的家居及陪诊服务。参见东华三院网站，http://www.fjt2.net/gate/gb/www.tungwahcsd.org/tc/our-services/social-enterprises/social-enterprise/tkt-mrsmc/introduction，2012 年 8 月 3 日访问。

织的发展。相比之下，美国法的界定最为清楚。其对非政府组织的法律规制，分为商事公司法和非营利公司法。① 由于美国的公司法属于州法，美国律师协会（American Bar Association）分别制定了《示范商事公司法》② 和《示范非营利公司法》③，供各州立法和司法参考使用。与营利性公司相区别，非营利公司除法律另有规定外："不得向其成员、董事、指定的部分成员或者管理层支付股息或红利，或者向他们分配本公司的任何资产、收入或收益。"④ 税务机关的取向和做法更强化了营利和非营利的区别，也即对任何非营利组织本身可以免税，但条件是"该组织的任何净收益都不得惠及私人股东或个人。你必须确认，你的组织的设立或运作不是为了私人的利益，比如创办者或创办者的家庭、本组织的股东、其他指定的个人，或者由这些私人利益直接或间接控制的人"。⑤ 换言之，美国法对营利性的法律控制十分简单，对营利性组织征税、对非营利组织不征税，⑥ 而对该组织采取何种组织形式、从事何种事业或活动及是否赢利或获益在所不问；只要股东取利，就对其及所举办或投资的组织征税，如果以非营利为

---

① 在英语中，corporation 既可以是营利性的，也可以是非营利性的，除指公司外也有法人、社团的意思。所以，对非营利公司或非营利公司法中的"公司"，也不妨称为"社团"，以示与商事"公司"有别，同时须知其在美国英语中是同一个词或概念。

② 参见 *Model Business Corporation Act Annotated：Official Text with Official Comments and Statutorycross-references*（revised through 2005），the website of Great Lakes Valuations，http：// greatlakesval. com/wp-content/uploads/2011/08/Model-Business-Corporation-Act. pdf，2012 年 6 月 11 日访问。

③ 参见 *Model Nonprofit Corporation Act*（Third Edition，August 2008），the website of Alabama Law Institute，http//ali. state. al. us/，2012 年 6 月 11 日访问。

④ *Model Nonprofit Corporation Act*（Third Edition，August 2008），§ 6. 40（a）.

⑤ ［US］Internal Revenue Service，*Tax-Exempt Status for Your Organization*，Publication 557 （Rev. October 2011），p. 24.

⑥ 按照美国联邦国内税收法典（Internal Revenue Code）第 501（c）（3）条，对非营利公司本身给予税务豁免，也即对其符合公司宗旨的活动所获收益免税；此外，非营利公司还可接受包括政府在内的他人的捐赠或资助。由此，非营利公司也被称为 501（c）（3）公司。当然，非营利公司的董事、经理人、员工等仍需就其薪酬缴纳个人所得税。参见 the website of IRS，http：//www. irs. gov/Charities-&-Non-Profits/ Charitable-Organizations/Exemption-Requirements—Section – 501（c）（3）-Organizations，2012 年 11 月 1 日访问。

名取利或逃税，则严罚不殆。这无疑把握住了对企业、非营利机构等各种非政府组织法律规制的要害，既简单也有效。

营利性是与资本联系在一起的。所有者或他物权人通过投资经营，将其财产转变为资本，[1] 以获取利润或剩余。相应地，利润就是资本通过经营产生的慈息。营利性与一个企业或组织本身是否获得利润无关。非营利组织根据章程和法律的规定，也能够在一定范围内从事生产或经营活动，只要举办者或出资者不从中直接或变相获取资本收益，则该非营利组织就不具有营利性。[2] 如国际奥委会打包销售2010 年温哥华冬奥会和 2012 年伦敦奥运会的电视转播权，获益 39 亿美元；伦敦奥运会在美国的广告收入接近 10 亿美元。[3]

资本是股东或出资者营利的根源。典型的资本是私人资本，也即马克思主义所分析的可以产生或为了追求剩余价值的价值。计划经济否定资本和雇佣劳动，在全民所有制中企图由非所有者的劳动者"当家作主"，[4] 不追求利润，但求劳动生产，"统收统支"，也就不存在营利或营利性问题。正因为如此，导致生产和消费脱节、企业和劳动者的"大锅饭"，在市场化改革的洗礼中，计划经济的全民所有不得不回到与私人平行、在多种所有制主体的竞争中生存的国有资本暨国有企业。因此，本文讨论的资本和利润，不仅是存量或会计上的概念，它们作为客观经济现象，反映着一定的生产关系。以资本归属的主体为标准，可以分为私人资本与国有资本。合作制在当代也呈现出与资

---

① 近年对"资本"概念有一些引申使用，形成相应的引申含义。比如社会资本，主要指人际关系及其品味与和谐；经济资本，除指投资外，也包括个人及家庭的薪酬、储蓄、拥有的动产和不动产等；文化资本，包括人们对文化的兴趣、文化活动和文化事业发展等。本文仅在其本义上使用"资本"概念。

② 参见 Avner Ben-Ner，"Book Review：Who Benefits from the Nonprofit Sector? —Reforming Law and Public Publicy towards Nonprofit Organizations"，104 *Yale Law Journal*（1994），pp. 733 – 734。

③ 参见《奥运电视转播权收入再创新高国际奥委会被指过于商业》，中国广播网，http：//finance. cnr. cn/gundong/201207/t20120729_ 510388908. shtml，2012 年 8 月 1 日访问。

④ 在全民所有制或国有制中，职工或劳动者只是所有者的一分子，而不是所有者。

本企业结合的资本化和市场化趋势，表现为合作制主体控制的公司，如华西村股份有限公司、本企业职工控股的股份合作制企业（如美国联合航空公司）等，相应的集体资本与国有资本都属于公有资本。

国有资本由具体的国有主体充当出资者或股东，如国资委和国有企事业单位等。除政策性企业、公益性组织等，国有资本的出资者或股东与私人投资经营一样，也要追求利润，以营利为导向从事投资经营活动。就此而言，国有资本的营利性与私人资本并无二致。然而，不同的是，国有资本所营之利不是用于私人投资经营或消费的私益目的，法律上也不允许这样做。除了国有企业的职工和管理者依法、依合同取得由市场定价的岗位报酬外，企业的利润要用于扩大再生产及创造就业，或者上缴财政用于公共建设和社会保障等目的。由此，在法律上、形式上，国有资本的营利性是不折不扣的；但从实质上看，它又类似于社会企业，具有非营利的公益性质，不妨称为"准"营利性。

当然，营利不意味着企业和股东总是能够获得利润。营利性企业可能亏损，利润也可能多寡不一，这正是市场经济的优越性所在，即通过市场竞争优胜劣汰，使包括国有资本在内的资源得以有效配置。

二　私人资本和国有资本

（一）私人资本的局限性与国有资本

资本意味着投资者对利润的追求，这可以最大限度地促使资本所有者根据市场信号作出投资决策，追求自身利益最大化并承担投资风险，由此形成的利益驱动和约束对于生产力的促进，是包括政府、非营利组织在内的任何其他力量和主体所不能取代的。资本与市场相结合呼唤出了巨大的生产力，使得商品极大地丰富，从而满足人们多彩的消费偏好和不断增长的消费需求，并在资本所有者的逐利中使社会资源得以优化配置。这也决定了私人资本具有无限扩张的特性并导致贫富差距越来越大和经济失调问题。一方面，伴随着资本的扩张和集中，在优胜劣汰的规律下，利润越来越向少数大资本所有者集中，私人财团可能富可敌国；另一方面，这些巨额财富除了私人消费和少数捐赠外，更多的则流入资本市场和商品市场，豢养起一批金融家和投机家，从普通民众身上再赚取一次。2011 年美国爆发的"占领华尔街运动"，就是这一逻辑的体现。① 温州等一些地方频发的民间金融问题，实际上就是"华尔街问题"的中国缩略版：私人拥有越来越多的资本盈余，无序逐利，以不可控的方式找寻出路，随时可能发生难以预料的后果。其他发展中国家的情况更为不堪。墨西哥的卡洛斯（Carlos Slim Helu）和印度的拉克希米（Lakshmi Mittal）能够与发达国家的巴菲特、比尔·盖茨等并驾齐驱跻身全球首富行列，其直接相关的后果就是墨西哥城和孟买那些触目惊心的贫民窟。② 相应地，代表社会利益的国有资本的比重不敷客观之需，政府调控监管的根基不牢、力度不足，也会导致经济及金融危机频生。

宪法和法律已规定我国实行社会主义市场经济，以公有制作为经济制度的基础，国有经济是国民经济的主导力量。③ 然而，国有资本的正当性并不仅由法律所赋予。国有资本的价值在于将资本的利润用于社会目的，为社会福利和公共善治提供物质基础。除了业主制企业

① Occupy Wall Street，其目标是反对私人大公司的贪婪和社会不平等，以及金钱对政治和法律的影响。参见 Adbuster's Occupy Wall Street page，htttp：//www. adbusters. org/campaigns/occupywallstreet；Occupy Wall Street to Turn Manhattan into "Tahrir Square"，the website of International Business Times，http：//newyork. ibtimes. com/articles/215511/20110917/occupy-wall-street-new-york-saturday-protest. htm，2013 年 1 月 1 日访问。美国最富有的 1% 的人口，拥有整个美国财富的 40%，人口中最富有的 10% 则拥有美国股市市值的 80%。去除养老金和退休金账户，其余 80% 的中产阶级暨雇员阶层只直接或间接拥有 5.8% 的股票市值。参见 Lawrence Mishel，Jared Bernstein and Sylvia Allegretto，*The State of working America* 2006/2007，New York：Cornell University Press，2007，pp. 2 - 3。
② 卡洛斯和拉克希米在 2011 年《福布斯》全球富豪排行榜中分别位列第一和第六，还有一位印度富豪穆克什（Mukesh Ambani）位列第九。参见《福布斯 2011 年富豪榜：墨西哥电信大亨居首　盖茨第二》，新浪网，http：//tech. sina. com. cn/i/2011 - 03 - 10/07115267396. shtrnl，2012 年 8 月 5 日访问。
③ 参见《中华人民共和国宪法》第 6、第 7 和第 15 条。

和典型的合作社外，私有制和公有制企业中的劳动者或雇员都只按劳动力或岗位的市场价格取酬，而且在市场竞争中生存的国有资本，在诸多竞争性领域天然不是小资本的对手，所以国有资本并不"与民争利"，而只与私人大资本争利。正因为此，孙中山先生的民生主义主张用国有资本来"节制资本"：不允许私人资本控制重要的民生国计，而由国有资本取代私人大资本，兴办铁路、电气和水利等。[①] 在遏制因私人资本无限扩张导致贫富差距过大的同时，国有资本的存在和发展也可防止市场造就巨贾大亨及其掌握国家政权以及由外国资本操控国民经济。[②]

近几十年来，企业社会责任有所发展，修正了私营企业的基本目标仅仅是为股东赚钱的观念和实践。但在私人资本主导的社会中，资本的逐利行为迄今难以与社会整体利益兼容。与国有资本相反，私人资本并不天然地承担社会责任，私人企业及其资本所有者只有遵纪守法的义务，除此之外公众和社会无权要求其承担更多的责任。

就私人资本而言，利润的创造和分配为公司董事所控制，他们被视为复杂环境下最后通牒博弈（ultimaturm games）的提议者。实验表明，如果董事不受服从股东利益的法律义务约束，他们可能倾向于作

---

① 参见《孙中山全集》第 9 卷，中华书局，1986，第 183 页。民生主义的另一重要叙述是"平均地权"。新中国经过探索和曲折反复，建立了农村土地"村有"的公有制，改变了农民在市场机制作用下随时可能不可逆转地丧失土地的历史命运，防止了私人大地主的形成，这也是对孙中山先生"平均地权"理想的一种新的发展和落实吧。参见《孙中山全集》第 9 卷，中华书局，1986，第 377、393 页。

② 比如 2012 年，中国工商银行、中国建设银行、中国农业银行、中国银行和交通银行等"五大行"的利润总共 7813 亿元人民币，中石油、中石化和中海油这"三桶油"的利润合计 2425.12 亿元。假定这些企业都属私有，如此巨额利润中的国有资产权益份额乃至整个国有资本利润都归于私人的话，中国的经济、社会、政治结构必然会发生根本改变，其结果对于中国经济社会的和谐和可持续发展以及人民幸福而言只能是负面的。参见《五大行去年总利润 7813 亿　工行日赚 6.54 亿居首》，新华网，http：//news. xinhuanet. com/fortune/2013 - 03/28/c_ 124512072. htm；《三桶油净利润普跌　员工费用不降反涨》，人民网，http：//energy. people. com. cn/n/2013/0325/c71661 - 20900392. html，均为 2013 年 3 月 29 日访问。

出以"公平"为基础的决策。① 然而私人资本对公司治理设定的博弈规则首先是最大化股东财富，让董事和经理层尽可能限缩利益相关者的利益，并且诱使利益相关者对公司进行长期的专属性投资。如此博弈注定无法转化为长期合作，因为利益相关者迟早会基于"以善报善、以怨报怨"的互惠效应（reciprocity）作出回应。②

　　虽然不乏私人资本所有者或私人企业家投身于社会公益事业，但是这不能成为法律普遍要求其承担的法律责任。而国有资本及其与政府调控政策的结合，要求国有资本参股、控股企业③的董事及管理层在追求利润最大化和遵纪守法经营之外考虑利益相关者利益。也就是说，国有资本暨企业天然地担负着社会责任。从根本上说，这是因为国有资本暨国有企业的所有者是全体人民，企业职工和每个公民都是所有者的成员，即使董事和管理层完全遵纪守法，人们也有权对其及企业和股东提意见，"说三道四、指手画脚"。比如国有资本对劳动者内在地不如私人资本那般苛刻，就是其社会责任的一种体现。这种企业为股东最大化牟利义务的放松，为董事和经理层提供了一个能够考虑公平和分享的法律语境。国有资本暨企业既可以比较善待劳动者，其利润又能够用于扩大再生产，创造就业，并为经济社会发展提供财政支持，缩小社会各阶层之间的收入差距，缓解社会矛盾，从而为私人资本暨企业提供一种示范和榜样。国有资本与现代企业制度结合，将国有企业的董事会视为一种代议制的民主协商机制，能够兼容企业

---

① 参见 Christine Jolls, Cass R. Sunstein and Richard Thaler, "A Behavioral Approach to Law and Economics", 50 *Stanford Law Review* (1998), pp. 1471, 1489 – 1493. 当然，如果董事不受股东约束，也会出现其无度"自肥"等公司由内部人控制的致命危害。

② 参见 Christine Jolls, Cass R. Sunstein and Richard Thaler, "A Behavioral Approach to Law and Economics", 50 *Stanford Law Review* (1998), pp. 1471, 1489 – 1493。

③ 《中华人民共和国企业国有资产法》规定国有企业包括国家或地方出资的国有独资企业、国有独资公司、国有资本控股公司和国有资本参股公司（参见该法第4、第5条）。而本文将国有企业定义为政府得通过资本联系对其施以控制或重大影响的企业，在概念使用中不论其资本管辖主体为中央或地方，不同其组织形式如何，对"企业"和"公司"也不作区分。

内部治理与利益相关者的关切，还有利于培育公正的环境、信任、合作与互惠，不仅能够改善社会福利状况，并以相对较低的社会成本实现公共善治的目标。①

因而，私人资本有利于激发社会的生产力和创造力，国有资本则有利于私人与社会整体利益的平衡协调和践行社会民主，国有资本与私人资本应当保持适当的比例关系。简言之，就是国有资本大而重要从而发挥基础和主导作用、私人资本小而散以确保创业自由和市场的灵活性，从而满足社会福利和消费需求，如此方能在中国这样人口众多、发展不平衡、生产力尚不发达的国度实现社会的活力、和谐与繁荣。

（二）我国国有资本的由来和定位

中国工业化和现代化进程，是将外在的商业经济规则移植于一个传统的农业社会，将西方数百年的历史演进压缩在一百多年的时间内，同时也是人类历史上规模最大、人口最多的现代化进程。

中国工业化伊始便处于民族国家激烈竞争的夹缝中，无可回避地面临着建立现代民族国家的艰难历史任务。虽然不乏商人具有市场竞争力和爱国心，但是封建色彩浓重的小资本根本无法与挟先进生产力的外国资本竞争，使得自洋务运动开始的国有资本实践应运而生，以期在国家层面推进中国社会的现代化，客观上推动着民族国家的建立。

我国当代的国有资本源自两个方向。一个方向是中华人民共和国成立后历经社会主义改造和改革开放、建立社会主义市场经济的过程。新中国凭借社会动员和资源整合能力、中央政府前所未有的集中管理和计划经济的实施，使中国初步建立了较为完备的工业暨国防体系，为现代民族国家的形成提供了重要的物质支持。然而历史表明，

---

① 参见 Kert Greenfield, *The Failure of Corporate Law: Fundamental Flaws and Progressive Possibilities*, Chicago: University of Chicago Press, 2006, p. 136。

计划经济存在其固有的弊端。它旨在消灭资本和市场，由计划安排生产、流通和消费，而且企业的数量和总规模超出了"国营"的能力，因而导致普遍的浪费、低效以及短缺引起的腐败。在改革开放中，经过企业破产、职工下岗的阵痛，计划经济的生产资料全民所有回到了与市场结合的、与私人资本并行不悖的、在民商法上与私人资本平等并开展竞争的国有资本。社会主义市场经济进一步发展的关键在于，既要坚持作为公有制的国有资本在国民经济中的基础和主导地位，又要承认私人资本的合理性，允许乃至鼓励其存在和发展。同时，不能放任私人资本控制国民经济，任其固有弊端泛滥，要通过国有资本将其限定在既定的社会公正观所能容忍的贫富差距、阶层差别范围之内。在国有企业改革的同时，注重发展民营企业，鼓励、指导民营企业积极守法经营，[①] 从而有利于优化经济结构，促进社会经济的创造力和活力，补充、丰富和改善民生。[②] 更重要的是，国有资本只有在私人资本竞争的压力下，才可能将其官商作风降至市场和社会所能容忍的程度，以证明其存在的合理性、限定其规模和范围，维持必要的效率和效益。

　　另一个方向是始自洋务运动的国家资本及其企业实践。当年的江南制造总局、金陵制造局（今长安机器）、轮船招商局、邮政官局、户部银行（今中国银行）、中国航空公司和中央航空公司（今民航业的前身）等，当下仍在国民经济中担当着重任。它们是中国现代工商业的幼芽，并形成了某种工艺和组织、经营的传统，这是其他发展中国家多有欠缺的一笔宝贵财富。然而，从封建性的洋务企业，到民国时的官僚私人参股、官私不分、结党营私，包含着社会主义理想的三民主义"节制资本"颓变为半封建的官僚资本，其惨痛经验不得不牢

---

① 参见《关于加强和改进非公有制企业党的建设工作的意见（试行）》（中共中央办公厅印发），《人民日报》2012 年 5 月 25 日。

② 参见刘光华、赵忠龙《转型期民间投资乡村公共物品的路径及其制度困局》，载《中国乡村研究》（第 4 辑），社会科学文献出版社，2006，第 361 页。

牢记取。改革开放以后山西等地的大量私人采矿，曾几何时演化为以权钱交易为媒介，官员私人入股取利、私商依托特定官员经营的模式。这是包括中国在内的第三世界国家和地区的私人资本所不可避免的弊病，由宗法、乡土关系的残留和低下的公共治理水平使然。对此，不通过国有资本的内在节制，而单纯指望以法反腐、以德倡廉，是无济于事的。比如山西省及时果断地采取了以国有企业为主的煤矿整合政策，原本是为了提升煤矿的管理和安全水平，却不经意地"挽救了一大批干部"。今日的社会主义国有资本，必须在民主法治之下，依托廉洁高效的文官制度，摆脱官僚私人的意志和利益以及官商勾结的栓结，方有其光明的前程。

虽然社会不断进步，但是中国的工业化、城市化和现代化所处的大环境并没有根本改变。伴随着改革开放和市场经济带来的繁荣，中国社会的自由度得到空前释放，血缘宗法关系和脱离基层的官僚体系趋于瓦解，但是并没有新的组织和机制来填补这个空间。于是，快速的"陌生人进程"使得整个社会的机会主义盛行，处于某种脱序状态，私人资本虽然善于钻营，但难以改变经济社会的无序和散乱，整合大多局限在较小的范围内。加上缺乏公民自治的传统，经济不经意间发展到了社会化阶段，私人及其资本缺乏足够的社会整合、动员和管理机制，没有政府主导和必要的国有资本，现代化就无以为继。因此，早在清末以及后来致力于民族复兴的众多仁人志士的一个共识，就是中国不能走资本主义的老路，而必须实行三民主义，而"民生主义者，即社会主义也"。① 从洋务运动至今的现代化事业，无疑就是国家以其有限的财力和组织力，不断会聚精英、网罗人才和追随者，发展现代产业、事业，将现代化的元素逐渐扩展、累积于神州各地方、社会各领域、各层面的一项伟业。②

---

① 《孙中山全集》第9卷，中华书局，1985，第183页。
② 参见史际春、宋横篱《论财政法是经济法的"龙头法"》，《中国法学》2010年第3期。

遍览当今寰宇，民族国家之间的竞争更多地体现在了企业之间，甚至战争都可以由私人公司来实施。① 政府控制的企业或与所在国家政府的政策保持高度一致的私营企业活跃于全球竞争的舞台。诸多跨国公司改变了传统的行事方式，除对私人股东外，也对本国政府担当问责。② 比如美国的谷歌和苹果公司；通用汽车经过金融危机后政府主导的重组，则变成了国有企业。③ 而且，中国人从整体上说迄今仍然是"无组织无纪律，有组织也未必有纪律，有组织才可能有纪律"，中国的私营企业很难像日本、美国等的私企那样比较自觉地遵从社会利益及服从政策指引。因此，中国的市场经济不能简单地私有化或放松规制，而需由政府主导并利用国有企业、主权财富基金和优化政府规制来实现国家战略。④

（三）　国有资本的弊端及其界限

当然，国有资本缺乏人格化主体的弊病也十分明显，"公共绿地悲剧"可能因为国有资本规模的膨胀而不断放大。"国有"的主体是作为政权体系的国家，限于国家和政府治理的水平，国有资本的"老板"很可能不到位。果如此，则国有资本投资经营中的激励和约束不足，容易出现化公为私、任人唯亲、浪费、效率低下、扯皮拖拉和各种腐败现象，国有企业的官商作风也每每为人诟病。⑤

能否抑制国有资本的固有弊端并使之与私人资本平等竞争，决定于政府的治理水平及其能够在多大程度上像私人老板一样当好国有资

---

① 比如著名的美国 Academi（曾用名 Blackwater USA、Xe Services LLC）、MPRI（Military Professional Resources Incorporate），还有 20 世纪 50 年代策划、指挥在中国东南沿海进行游击战的西方公司（Western Enterprises Inc.，WEI）。

② 参见 Ian Bremmer, *The End of the Free Market: Who Wins the War Between States and Corporations?*, New York: Portfolio Press, 2010, p. 20。

③ 2009 年 6 月 1 日，作为美国资本主义象征的通用汽车公司向美国联邦破产法院申请破产保护。奥巴马同时宣布，联邦政府再次向其提供 300 亿美元。在重组后的新通用公司中，美国联邦持有 60% 的股份、加拿大联邦和安大略省合计持有 12.5% 的股份、美国汽车工人联合工会持股 17.5%、原债权人则通过债转股获得 10% 的股权。

④ 参见史际春、赵忠龙《竞争政策经验与文本的交织进化》，《法学研究》2010 年第 5 期。

⑤ 参见史际春、邓峰《论经济责任制对国企改革价值的再发现》，《政法论坛》1999 年第 1 期。

本的"老板"。其条件有二:一是国有资本参股、控股企业的公司治理和经营管理,能否达到现代企业的水平;二是国家乃至人民的意志和利益能否在国有资本投资经营的各个环节有效地传导,这有赖于一个国家能否通过既定的文官制度确保国有资本代理链条中的各等各个角色,如国家所有权代表人、出资者(股东)、董监事、经理等,担当到位,不缺位、错位、越位。这两方面的条件又是相互交织和衔接的,由此决定了国有资本的边界。

国有资本要在市场竞争中通过营利性来实现自己的目标,除极少数政策性、公益性企业①外,其投资经营主要适用普通的企业和公司法。这是国有企业、公司实现有效治理的前提和基础。如果将国有企业的目的一般地表述为"国家利益"或"公共利益",那就违背了市场经济法则。国有企业的非经济目标及社会责任不能直接测量,传统的"成本—收益"绩效思路难以真正衡量国有企业的绩效,勉强为之反而会出现拼凑造假的机会主义行为。②市场化改革的要义之一,是从国有企业非经济目标履行中受益的主体,应当对国有企业执行非经济目标所付出的成本进行补偿。就此,除了尽可能由使用者对国有企业的各种产品、服务付费"买单"外,其余部分只能由作为社会暨公共利益天然代表者的政府也即纳税人来负担国有企业追求非经济目标的成本。

国有企业固然要比私营企业承担更多的社会责任,但是《OECD国有企业公司治理指引》认为,超出普遍接受标准的、以公共服务名义要求国有企业承担的任何义务和责任都需依法律和规则明确授权。这些义务和责任应该向社会公众披露,相关的成本应该以透明的方式

---

① 如三大政策性银行、印钞造币公司等。
② 参见余菁等《国有企业公司治理问题研究:目标、治理与绩效》,经济管理出版社,2009,第86页。

支付。① 该规则背后的动机，虽然是担心国有企业在政府资助下与私人企业、外国公司开展不公平竞争，但也表明国有企业的社会责任不应受情绪化的社会舆论左右，国有企业不应该是没有原则的"散财童子"，而首先是遵纪守法，进而在"做好自己"的基础上，通过合法程序尽可能满足公众的合理期待，比如捐赠和其他公益行为。② 为了明确国有企业的目的，相应的法律规制包括两个层次。其一，将国有企业分为竞争性行业和垄断行业。竞争性行业的国有企业与一般企业一样遵守企业和公司法、破产法等，员工聘用与报酬市场化，企业交易关系市场化，同时遵守《企业国有资产法》等法律和政府的规制政策，核心是创造国有企业没有超经济包袱，没有经营特权，与私营企业平等竞争的市场环境。垄断性国有企业，其除了也要在市场中竞争，为出资者追求利润外，政府更为关注的是企业的产品与服务价格、质量、供给范围和规模等方面的因素，③ 对此通常采取普通法与特别法相结合的规制方式。垄断行业的成因与所有制没有关联，垄断行业既可由国有资本经营，也不妨由私人资本经营，然而经营垄断行业"铁定"可以赚钱，发达国家传统上对特殊企业通常采取"一企一法"或"一类一法"的做法，现在也逐渐改革为对其在组织形式上适用普通企业和公司法，如有特殊事项则由其他法律作特殊规定。究其原因，是因为传统上的特殊企业也越来越多地市场化，政府对企业的控制不宜过于透明，否则企业就无法在市场中开展活动了。比如《OECD 国

① 参见经济合作与发展组织《OECD 国有企业公司治理指引》，李兆熙译，中国财政经济出版社，2005，第 4 页。
② 参见史际春、肖竹、冯辉《论公司社会责任：法律义务、道德责任及其他》，《首都师范大学学报》（社会科学版）2008 年第 2 期。
③ 参见赵忠龙《公共交通管理与政府管制——以铁路客运为视角》，《江西社会科学》2010 年第 11 期。一个行业是否具有垄断性，与其资本是私有或公有无关，铁路、石油、电信等属于垄断行业，国有资本不垄断就必然要由私人资本垄断，既如此，鉴于私人大资本控制国计民生、过分的资本利润流入私人腰包、制造大亨及其控制国家政权的忧患，则与其让私人资本经营垄断行业"舒舒服服"赚大钱，不如让它到市场中去竞争以证明自身存在的合理性，而让利润属全民所有的国有资本来经营或控制垄断行业。又参见孟雁北《我国〈反垄断法〉之于垄断行业适用范围问题研究》，《法学家》2012 年第 6 期。

有企业公司治理指引》也规定，如果出于社会公共利益与公共政策的考虑有可能要求国有企业承担某种义务，可以在特定的国有企业、公司章程中将其具体化，[①] 而不是让其在法律之下无以遁形。

国有企业除了既定的商业目标和事业追求外，应当遵循法律的规定考量社会多元利益的要求，为相关利益群体提供反映其利益要求的沟通渠道和平台，为存在利益冲突的各方进行理性和充分的协商交涉创造有利条件，最终使合法、合理的行为期望与利益要求能够通过国有企业治理的相应制度加以体现。

国有资本作为民商法意义上的企业和公司资本，其社会责任担当也应通过规范的公司治理展开，而不是由董事长、CEO 等拍脑袋说了算——他（她）无权慷国有财产之慨。中国缺乏公开、法治、平等和协商的传统，人们习惯于各持己见，不懂妥协。虽然也有社会各界发出声音，但往往难以通过既定的程序和组织机制达成共识。建设和谐社会需要各阶层、各利益集团之间的妥协与制衡，构建一个规范的协商式民主平台——公司投资者与利益相关者的社会民主机制——就显得十分必要。为此需要引入科学的议事规则，将公司法的法人治理与国有企业的相关特殊规则比如外部董事、具体出资人和代表国家所有权的监管、国有资本预算等结合起来，落实国有资本的社会责任。

在社会主义市场经济条件下，国有资本的利润虽由具体出资人收取，但实际上是为全民"谋求利润"，[②] 国有资本不必也不应当退出竞争性行业。除了与私人资本竞争外，公有制经济也并非铁板一块，存在着中央与地方分别的财政及国有资本管辖、不同部门分别的资本管辖、国有资本与集体所有资本之间的竞争等等，公有制经济内部依

---

① 参见史际春、邓峰《论经济责任制对国企改革价值的再发现》，《政法论坛》1999 年第 1 期。

② 近年已有官员和学者从实践经验和理性出发，提出了"为民谋利"是国有企业、国有资产、国有经济的基本属性的命题。参见李荣融《宏大的工程　宝贵的经验——记国有企业改革发展 30 年》，《求是》杂志 2008 年第 16 期；昊强《国有企业：与民争利还是为民谋利?》，人民网，http://theory.people.com.cn/GB/15377416.html，2012 年 8 月 2 日访问。

然也需要通过市场竞争实现优胜劣汰。国有资本不应倒退到否定资本的行政性计划经济，也不应演变为或变相成为"权贵资本"，解决国有企业仍存在的一些问题，关键在于通过社会主义民主和法治不断优化政府规制和提升政府运作国有资本的能力，完善国有资本的公司治理，保障国有资本投资者的权益和协调社会多元利益。所谓国有资本的"私有化"改造并不必然意味着能够实现良好的公司治理，缺乏民主和法治的"私有化"更可能成为对国有资本及人民利益的侵夺。

中国社会主义经济法治面临的社会现实既不同于自由资本主义时期，也不同于垄断资本主义时期，而要立足于中国社会发展阶段，致力于实现"包容性增长"。[①] 要改善民生特别是艰苦和边疆地区的民生和社会管理水平，只有国有资本会不顾如同私人资本的纯粹营利诉求，推进公路、铁路、电力、通信等基础设施建设。发展国有资本，也不意味着抑制私人资本的积极发展。国有企业之善待劳动者、协调社会多元利益、践行社会责任，也能够为私营企业提供一种标杆，引导和促进私营企业合法经营，改变其不择手段牟利的做法和形象。私营企业的发展壮大也会对国有企业起到激励作用，督促国有企业不断改善经营管理以在市场中立足。

私人资本的营利诉求无法成为全体国民幸福的来源；缺乏国有资本所蕴含的公平正义要素，市场经济本身也将丧失其效率和正当性。只有正义的法能够维持政治的权威和人们的自然忠诚，自由、商业、文化、艺术和科学才能获得持久的进步与发展。[②] 在这样的法治下，国有资本的营利性能够实现"一己之私"与"天下为公"的和谐与统一。

---

① 参见竹立家《未来 30 年社会建设是中心》，《人民论坛》2010 年 12 月下。

② 参见〔英〕大卫·休谟《人性论》，关文运译，郑之骧校，商务印书馆，2004，第579 页。

三　非营利组织的经营与赢利问题

非营利组织从事的通常是慈善和教科文卫体等非生产事业，往往依赖捐赠或举办者的出资，未必能盈利。为使其能可持续发展，鼓励社会成员尤其是拥有财富者举办社会事业，并将净收益用于非营利事业，法律上须对非营利组织及其举办者、捐赠者给予税收优惠。美国大多数州都采纳了《示范非营利公司法》，将非营利性公司行为的许可范围规定为"基于非营利目的的任何合法事业（business）目的"。因此，对非营利组织只有两项基本的法律要求，一是"不得分配净收益"，二是所从事的事业或活动"合法"。在这种简单宽松的规制条件下，美国各州的非营利性组织蓬勃发展，2008 年在美国国内税务局（IRS）登记的非营利组织有 151 万多个。① 在发达国家和地区，普遍出现了营利性与非营利性混合的组织。② 比如非营利组织举办企业，典型的是社会企业，又如宗教团体拥有众多商事企业和商业地产；以及营利性组织举办非营利组织，常见的是企业集团举办非营利的学校、医院等。由此，非营利性组织与营利性企业相兼容，非营利组织成员的权利义务与通常公司股东的权利义务也趋于接近和模糊。③

美国的非营利公司可以分为两类：公益性公司（public benefit corporations）和互惠性公司（mutual benefit corporations）。④ 公益性公

---

① 参见王劲颖、沈东亮、屈涛、刘忠祥《美国非营利组织运作和管理的启示与思考——民政部赴美国代表团学习考察报告》，《社团管理研究》2011 年第 3 期。

② 参见 Henry B. Hansmann，"*Reforming Nonprofit Corporation Law*"，129 *University of Pennsylvania Law Review*（1981），pp. 497，502。

③ 参见 Daniel Wm Fessler，"Codification and the Nonprofit Corporation：The Philosophical Choices，Pragmatic Problems，and Drafting Difficulties Encountered in the Formulation of a New Alaska Code"，33 *Mercer Law Review*（1981 – 1982），p. 543；Thomas H. Boyd，"A Call to Reform the Duties of Directors Under State Not-For-Profit Corporation Statutes"，72 *Iowa Law Review*（1987），p. 725。

④ 参见 Henry B. Hansmann，"*Reforming Nonprofit Corporation Law*"，129 *University of Pennsylvania Law Review*（1981），pp. 497，502。

司为公众提供营利性企业无法或不能完全提供的服务和产品，如博物馆、图书馆、医院和学校等。公益性公司一般不采取会员制，不设门槛限制非会员，也可向公众招募收费制会员。收费制会员不是排他性的，并且不能控制该非营利组织。公益性公司可以接受来自政府、捐赠人士、基金会和使用者付费等各种资助；其董事也可能出现疏忽和滥用权力，需适用受托人标准，以提高董事的责任感和勤勉程度。互惠性公司的目的是服务本组织成员，与营利性公司相似，这些公司一般都从其会员获得出资，并由会员所控制。商会、合作社、体育俱乐部、日常护理中心和家政中心等大多是互惠型非营利公司。① 互惠性公司与营利性公司的治理结构相似，互惠性公司的成员大会和营利性公司的股东会都通过表决来控制和制约董事，区别主要在于会员制组织是基于会员资格的平等投票权，营利性公司是基于股份民主的资本多数决。因此，与公益性公司相比，互惠性公司的董事和高管更多地受到所有者的监督和制约。

　　非营利组织提供的多为准公共产品，而非纯粹公共产品，既可用公益性、政策性方式提供，也不妨以营利性经营的方式来提供，教科文卫体等产品和服务概莫能外。所以，除了以接受捐赠为主要收入来源的组织本身不宜设立为营利性企业外，原则上不必以所从事的事业性质来限定该组织是否为非营利性，诸如学校、医院、博物馆、出版和传播、文艺、体育组织等，均可依举办者的意愿设立为非营利或营利性组织，悉听尊便。鉴于我国非政府组织登记管理中对营利性不置可否、不甚明了的现状，建议将营利性或非营利性作为企业、社团和事业单位登记的事项之一，并在执照和登记证书中列明、公示，以利对该组织举办者或投资者的监督。凡营利性经

---

① 参见 Daniel Wm Fessler，"Codification and the Nonprofit Corporation: The Philosophical Choices, Pragmatic Problems, and Drafting Difficulties Encountered in the Formulation of a New Alaska Code"，33 *Mercer Law Review*（1981 – 1982），p. 543。

营的，则作为一般企业对待；而以非营利方式经营的，就禁止向能
够控制该组织的任何成员、高级管理人员、董事或受托人分配其净
收益。[①] 非营利组织大部分存在于市场无法提供或提供不足的产品或
社会服务领域，如此可使营利和非营利各得其所，仅以税收区别对待
之，既尊重了社会成员的自由意愿、促进社会事业发展，又可使得对
非营利组织的法律规制简明有效，而不必计较某机构采取何种法律组
织形式及从事何种事业。对于非营利组织采取公司或非公司形式，从
事传统的生产经营事业或教科文卫体乃至政治活动等，[②] 非营利组织
法本身可以在所不问，只需由所从事活动相应领域的法如教科文卫体
法等予以规制即可。

对非营利性组织的运营，除了牢牢地把握、控制其不得将盈余分
配给所有者或股东，以及内部人不能以薪酬或其他管理支出的方式变
相地取利外，法律、行政监管者、法院和公众都不必置喙干涉。为弥
补市场和政府所提供产品、服务的不足，需要鼓励营利性组织分布于
慈善、教育、医疗、学术、传播、体育、艺术与环保等领域，鼓励的
方法就是免税减税，有效的规制方法就是不许举办者或出资者、股东
取利。

因此，非营利组织未必不能经营，如果举办者或出资者不取利，
或者举办者、出资者本身就是非营利组织，取利后仍用于自身宗旨内
的事业的，如非营利的教育组织、护老康复机构等，则不妨任其赢利，
多多益善。近期引起社会关注的博物馆可持续发展和红十字会接受了
捐赠的衣物却无钱将其运送到有需要地区的问题，就很有代表性。随
着社会的发展，我国现平均三天多就增加一座博物馆，2011 年年底已

---

① 参见 Henry B. Hansmann，"The Role of Nonprofit Enterprise"，89 *Yale Law Journal*（1980），p. 838。

② 比如美国的国家民主基金会（National Endowment for Democracy），经费主要来源于国会通过国务院的年度拨款和小部分社会捐赠，是美国的一个著名的非营利组织，从事的就是将民主、人权、法治等价值向他国推广的政治活动，包括资助"疆独"、"藏独"、"法轮功"等反华势力。参见该组织网站，http://www.ned.org/。

有 3589 家博物馆，却普遍难以为继，生存堪忧。① 其实，按照发达国家和地区通行的对"营利性"的规制方法，这完全不是问题。只要允许举办者或投资者自行选择其设立的博物馆为营利性或非营利性，营利性的由市场决定其票价、相关经营活动、管理水平和能否生存，非营利性的以举办者或出资者不取利为条件允许其出售门票、从事博物相关经营活动获取收入即可；政府或非营利组织作为举办者设立博物馆愿意免费开放的，自然很好，但不应该"一刀切"强制任何地方、任何类型、任何主体举办的博物馆都要免费参观。至于江苏省红十字会抱怨受捐的旧衣服堆积如山，无力承担运输成本将其运至边远地区，② 更是折射了我国非营利组织规制的体制问题。只要股东不取利，非营利组织本来就应当可以从事相关经营活动，红十字会这样组织健全、以国家信用为支撑的非营利组织自不待言，比如可以开设像美国的 Goodwill 那样的商店，专门出售经过整理的包括衣服在内的受捐物品，既可满足中低收入消费者对廉价物品的需求、社会财富不至于浪费，更可将所得收入用于自身公益事业，比如将二手衣物运送并分发至有需要的地方和人士，而不必消极被动地等待政府拨款或乞求捐赠。

非营利性能够降低一个组织的监督（代理）成本，因为非营利组织不能将盈利分配给其举办者或出资人、股东。在组织的举办者未必能直接监督代理人行为的情形下，不可分配的规则设定能够将代理人侵蚀组织利益的动机降至最低。汉斯曼指出，一个身处美国的捐赠者无法得知其捐赠是否及怎样被服务于非洲，在缺乏直接核查企业行为的机制的情况下，最佳的制度安排就是非营利组织的不可分配规范。③

① 参见《平均三天多建一座博物馆：建得起，养得好吗?》，新华网，http：//news. xinhuanet. com/politics/2012 – 11/21/c_ 113744800. htm，2012 年 11 月 22 日访问。
② 参见《江苏红十字会求捐运费遭质疑　一年运输要几十万》，财经中国网，http：// finace. cjzg. cn/gundong – baodao/1353044873053386. html，2012 年 11 月 22 日访问。
③ 参见 Henry B. Hansmann，"Reforming Nonprofit Corporation Law"，129 *University of Pennsylvania Law Review*（1981），pp. 497，502。

比较一些国家和地区的立法，非营利组织成员的资格一般不能够自由转让，也不能发行股票。① 作为法人的非营利组织成员承担的也是有限责任，如果采取公司形式，则很容易由公司法予以法律调整。非营利组织可以成员权为基础进行表决，也可以股权为基础，② 但是不得凭股权获取该组织存续期间或终止后的股权收益。

由于非营利组织财产的信托目的是慈善或公益，传统上认为该等财产不得用于对慈善或公益运作中的不当或侵权行为等所造成损害的赔偿。但是这种信条正在被放弃，原因在于完全豁免责任会诱发非营利组织的过失行为。因此与营利性企业一样，要强调非营利组织及其管理人的信托责任。非营利性组织被视为推定信托（constructive trust），董事和高管则为受托人。按照受托人标准，董事和高管对信托财产的注意应当相当于一个普通人照料自己财产的审慎程度，并且禁止受托人与其所管理的组织从事关联交易。为使非营利组织努力追求并实现章程设定的目的，有效形成信托，对董事和高管适用受托人标准是必不可少的。③ 对营利性公司（企业）董事和高管的法律责任也适用于非营利性公司（社团），如同营利性公司的股东，非营利公司的举办者或成员也可对公司的董事或高管提起诉讼，法院可以应诉请审查董事或高管是否违反了注意义务和忠实义务，一旦债权人或侵权行为的受害人举证董事或高管滥用非营利性组织及其规则，也可戳穿其法人面纱并追究董事或高管的个人责任。

我国也存在非营利组织，如中国红十字会、中华慈善总会、宋庆龄基金会、寺院、包括体协作协等在内的各种行业协会、学术刊物、

---

① 参见 Henry B. Hansmann，"Reforming Nonprofit Corporation Law"，129 *University of Pennsylvania Law Review* (1981)，pp. 497，502。美国部分州允许非营利性组织发行股票，但是法律要求在股票证明书上标明该公司属非营利性。

② 参见 *West Virginia Code*，Chapter 31 Corportions，Article 1 Business and Nonprofit Corporations，§§ 31 – 1 – 1 to 31 – 1 – 160。

③ 参见 James J. Fishman，"Standards of Conduct for Directors of Nonprofit Corporations"，7 *Pace Law Review* (1986 – 1987)，p. 391。

会员制交易所和民办学校、民办医院、民办博物馆等。但由于对营利性的标准把握不准确、不果断，导致对非营利性组织的规制左右进退失据，以致出现了两个相反方向的问题。一方面是不自由，举办和经营非营利事业与一般企业相比，举步维艰，设立和资金运作的规则不明，对事业准入和经营的规制随意，以致社会成员投资或举办社会事业的积极性受到影响。另一方面是非营利组织自身的管理和治理也乏善可陈，利用非营利组织不当牟利、挪用或侵占非营利组织财产等情形普遍存在。

由于我国的市场化改革不久，人们对资本关系的认识尚有待深化，对营利性与非营利性的区分陷入了根据组织的法律形式及其是否赢利或"赚钱"的误区。比如认为按合伙企业法和公司法设立的就是营利性企业，按社会团体登记管理的组织就是非营利的。这样就妨碍了以股东是否取利的营利或非营利标准来对相关企业或组织作动态的法律调整。因为，组织的法律形式与营利或非营利无关，非营利组织也不妨采取公司或合伙的形式。如果非营利组织的举办者或出资者公然或变相地分配组织的盈余或资产，就要按营利性对待，或依法处罚，或责令解散或变更为营利性组织。同时，只要其股东恪守不取利原则，就必须允许非营利组织从事必要的经营或赢利活动，否则不利于教育、文体、慈善等社会或公益事业的发展。最为根本的，则是在观念、法律和实践中确立与国际接轨的营利性概念，才能够为非营利组织和社会企业等在中国的发展提供适当的法律环境和制度空间，这也是本文的目的所在。当前，我国经济的规模已居世界第二，需要加强社会建设、发展各项社会事业，使经济社会协调发展，这一点就显得尤其重要。

结　语

营利性不等于经营赚钱。企业赚钱也可能是非营利性的，非营利组织赚钱也不是营利性的，这与组织的法律形式也没有必然联系。国有资本是现实生产力无法实现生产资料社会所有条件下退而求其次的现实选择，在不超越其能力的限度内，国有资本的规模和范围不妨大一些，与"民"争利也不妨多一些为好。在一个国家的现代化进程中，会兴起形色各异的社会组织，既包括营利性组织也包括非营利组织。非营利组织的发展繁荣可以丰富一个社会的构成以满足社会的发展，[①] 而其必要条件之一，是要准确地把握营利性概念及在此基础上建立完善相应的制度和机制。

（本文原载于《法学家》2013 年第 3 期）

---

① 参见〔法〕托克维尔《论美国的民主》（下卷），董果良译，商务印书馆，1995，第135 页。

论商法的社会责任

——从金融安全角度展开的商法考察

范　健*

近一百年来，全球金融危机的此起彼伏使人们更多企求借助国家干预强化金融监管，实现金融调控。然而，西方发达国家是在商法制度和金融市场化程度高度发达的基础上，将国家干预作为调控金融的辅助手段。当代中国，商法制度和金融市场化程度都不甚发达，是一味追求国家干预，还是努力实现商法调整与国家干预有机结合，这是一种制度选择，也是一个现实的理论问题。本文拟从商法的社会责任角度探讨国家金融安全问题。

一　现代商法中社会责任理念的产生

自中世纪产生近代商法以来，城市法、商人同业行会自治规则、商事和海事判例、商事习惯等便开始服务于逐利逐效的商业活动和海上贸易。15 世纪之后，伴随着中世纪后期资本主义经济的兴起和商品贸易的繁荣，商法逐渐成文，商事活动的营利性特征在成文商法中得以彰显。19 世纪初以来，与日益发达的商事活动紧密联系的现代商法体系逐渐形成并得以迅速发展，商法的发达为平等、权利、自由、民主原则在尘世的落实奠定和提供了经济上的制度基础和法律依据，并进一步推动了商事活动的发达。"商法规范的创新并非得益于商法在

* 范健，南京大学法学院教授、博士生导师。

理论上的进展，但却始终是商事活动经验的总结"①，在商法的形成与发展历程中，商法充分重视商事活动的营利性特征，不断为商人捕捉商事交易机会，放任商事活动的创新与自由，努力为商事活动的便捷和效益创造优良的制度环境。正是传统商法中的自由意志性，使金融及与金融相关的一系列现代经济模式得以创造和发展，进而推动了一百年来经济增长的突飞猛进。

20 世纪以来，整个资本主义社会在政治、经济乃至文化领域都发生了深刻的变化，西方资本主义由分散条件下的竞争走向集中条件下的竞争，国家对经济的监管和干预得到空前加强，这种变化不可避免地渗透到商法领域。整个 20 世纪，商法的时代精神应当说得到了前所未有的彰显，新的商事活动层出不穷，相应的新的商法规范也不断涌现。尤其第一次世界大战之后，金融作为新兴经济的动力，在推动社会经济变革的同时，也成为不断滋生经济危机的温床，作为调整金融商行为的商法，其规范中体现出来的政府干预和监管色彩也日益浓烈，商事公司的社会责任在商法中被首次提出。生产要素的集中使得公司的力量大为增长，这种力量帮助公司迅速占据市场地位，同时也得以在社会生活的方方面面施加影响，在人员聘用和解聘、商品的生产和销售、合同的谈判与订立等诸多方面，商业企业的利益与社会公众的利益经常发生冲突，尤其是 30 年代经济危机以来，社会公众对商业企业的信任逐渐消失，并将危机归根于商业企业的贪婪扩张和经理人的无能、不诚信。在商业企业遭遇各种社会批评的情况下，公司的生存环境日益严峻。于是，商事公司的社会责任被提出后，公司的股权被要求分散化，商法要求公司在实现其营利目标的同时，还要兼顾社会责任。福利国家的产生便是企业社会责任的结果。

"企业的社会责任"，是最早也是最明确地被提出来的一种商法上的社会责任。我国《公司法》也在第 5 条明确规定了公司的社会责

---

① 何勤华、魏琼主编《西方商法史》，北京大学出版社，2007，第 548 页。

任。伴随着公司社会责任的强调与发展，商业活动和商事法律的其他领域也染上了社会责任的色彩。比如，保险业从最初的分散商业风险功能中发展出承担社会保障任务的功能，出现了失业保险、养老保险、医疗保险等保险品种。一方面，当投保人或者受益人出现特定情形时，保险可以给予救助；另一方面，保险资金在平时可以通过机构投资者的投资行为获利，并通过一定的形式分配给投保人或受益人，保险承担了社会保障和投资理财的双重功能，① 社会公众从保险业的双重功能中获益。再如，在证券投资领域，国家关注作为中小投资者的社会公众的投资利益，通过制止内幕交易和操纵市场来严厉惩罚损害社会公众投资利益的行为，强化信息披露制度来拓宽社会监督渠道，同时建立证券投资者保护基金制度，来增进投资主体的信心和积极性，促进社会的和谐。

相比起企业的社会责任，商法的社会责任具有更为广泛的内涵。有学者从社会思潮的四个阶段，以及对比两大法系学者对企业社会责任内涵与外延之认识的角度，总结了公司社会责任的概念，认为"公司的社会责任是指公司应对股东这一利益群体以外的、与公司发生各种联系的其他相关利益群体和政府代表的公共利益负有的一定责任，主要是指对公司债权人、雇员、供应商、用户、消费者、当地住民以及政府代表的税收利益等"，并进而认为法律责任是公司社会责任的底线，道德规范是公司社会责任的理想。② 笔者认为，商法的社会责任不仅仅是一种具体的法律或道德义务，而是商法在调整商主体实施的营利性商行为的过程中，站在社会整体利益的高度，对商主体及其商行为的营利性所作出的限制，以及对利益相关的社会主体（包括公司债权人、劳动者、消费者、中小投资者、当地居民、社会弱者等

---

① 刘子操、刘波主编《保险概论》，中国金融出版社，2002，第 90~91 页。
② 朱慈蕴：《公司的社会责任：游走于法律责任与道德规范之间》，载楼建波、甘培忠主编《企业社会责任专论》，北京大学出版社，2009，第 140~152 页。

等）给予的特殊保护，从而实现社会整体的和谐与可持续发展。商法的社会责任，是商事立法者、执法者与司法者所应当承担的责任，同时也是作为商法调整对象的商主体在实施商行为过程中所应当承担的责任。

二　金融安全与商法的社会责任

金融作为现代经济的核心，不仅关系着一国经济发展与稳定，而且也与社会公众的生活密切相关。因世界金融一体化格局的形成，金融危机的传导机制如多米诺骨牌效应般地将金融风险传输到世界各地，一些新兴金融国家遭遇电闪雷鸣般的打击，普通社会公众随之遭受巨大损失。金融作为现代商事活动的重要形式，已经成为商法调整的主要对象之一。商法顺应金融自由和金融创新的要求，通过一系列便捷的法律规则，为各类市场主体的营利性需求提供制度支持，同时商法也应当充分意识到金融活动的各种风险，积极地承担起维护一国金融稳定和保护公众投资者利益的社会责任。笔者认为，金融安全作为关系国家经济稳定、社会金融秩序和民众投资利益的价值需求，已经不是纯粹的国家利益或部分群体的利益，而是一种关乎社会大多数公民的利益，是一种社会整体利益，保障金融安全应当成为商法的社会责任。具体而言，社会责任意义上的金融安全主要包括以下两个方面。

（一）宏观层面：维护金融稳定

我国目前国内金融业存在的风险不容忽视。以银行业为例，我国正规金融与地下钱庄的关系问题尚未得到有效解决，不法分子非法集资和金融诈骗现象屡见不鲜；银行的内控机制未能得到有效执行，内控责任缺失，监管不到位，大量的内控薄弱环节为金融风险的滋生创造了有利条件；2006 年我国金融业全面开放后，大批外资银行获得了市场准入和国民待遇，取得了我国金融业的经营权，本外币业务在我国金融市场获得全面开展，这对于我国国内银行业造成巨大压力，面对熟悉国际复杂金融环境的外资银行，我国本土银行在管理体制、经营方式、人员素质、资产质量、盈利能力等方面均存在较大落差，其市场竞争能力令人担忧，加之我国并没有建立起市场化的银行退出机制和存款保险制度，最终的损失实际上将由国家来承担，如果数家银行同时出现危机，势必严重危及我国的金融稳定。又如证券业，投机炒作、违规操作、不诚信行为大量充斥我国的资本市场，"老牌绩优股"蓝田股份提供虚假财务信息的案件充分暴露出我国资本市场信息披露中的问题，银广夏案件则显露出我国上市公司治理结构上的问题，"带头大哥"事件则给我国的证券监管部门敲响了警钟，此外，证券投资基金普遍存在的对倒、倒仓、高位接桩和信息误导行为，酿造出我国证券市场的泡沫式繁荣，严重危及我国资本市场的稳定发展。

在金融全球化的背景下，除了上述来自国内的金融风险以外，国外的金融危机同样会给我国这一新兴的市场经济国家带来巨大打击。20 世纪 90 年代金融危机的一个突出现象就是，爆发在一国的金融危机往往会迅速传染到其他新兴市场。1994 年的墨西哥金融危机便波及南美和中欧；1997 年爆发的东南亚金融危机，直接或间接地影响到了十几个国家；2007 年美国次贷危机引发的全球性金融危机更是近百年来罕见。随着国际金融市场一体化的推进，金融危机的传染效应是无法避免的，包括我国在内的新兴国家则是最容易遭受传染的群体，即便远隔千山万水也难逃一劫。

从世界范围来看，金融风险爆发引发的金融危机严重危害了一国正常的经济秩序。宏观层面比如墨西哥金融危机导致该国金融体系因比索崩溃而几乎整个国民经济瓦解，微观层面例如导致了英国巴林银行的倒闭以及美国次贷危机中大批投资银行的倒闭。一旦出现金融动荡，整个国民经济都将遭殃，货币危机、国内生产总值急剧下降、外资大量流出、国际储备告罄、银行呆账骤然增加、大批企业破产倒闭、失业人数剧增等。基于金融对整个社会经济的核心影响，维护一国金融稳定显得尤为重要。金融稳定绝非仅仅关乎国家利益，而是与社会绝大多数群体密切相关的重要利益，几乎每个人都难逃金融动荡带来的危害。因此，商法理应积极承担起维护一国金融稳定的社会责任。

（二）微观层面：保护公众投资者的利益

现代社会，社会公众已逐渐接受理财观念，并在日常经济生活中将资金分布在消费、储蓄、交易、投资等各类经济活动中，以分散持有货币所导致的贬值风险。越来越多的人开始与银行、证券、保险、票据、信托等金融形式发生或多或少的联系。然而，对于这些专业性极强的金融活动，公众投资者的参与能力极为有限，他们处于信息不对称的弱势地位，他们可能并不知道他们正在参与的某一项金融交易正暗藏着巨大的风险，他们甚至可能正在动用毕生大部分积蓄参与一项表面具有极大营利空间的金融活动。作为金融专业机构的银行、证券公司、保险公司、信托公司，他们正在集聚一帮专家设计一套复杂的金融产品，通过诱人的条件吸引大量公众投资者前来购买，并暗地窃喜坐收渔利。如果仅仅是在某个交易中存在上述现象，则风险爆发所波及的人群尚有可能得到控制。但是由于金融风险与生俱来的传染性，一项不安全的金融交易完全可能波及不计其数的公众投资者。在被称为"证券公司退出年"的 2005 年之前，我国大量的证券公司通过挪用客户交易资金开展违法经营活动，部分证券公司风险暴露，无数公众投资者的交易资金难以收回。2008 年年初，因内控环节存在的问题，法国兴业银行的一名交易员得以通过银行的五道安全关，擅自取得使用巨额资金的权限，并大量购买欧洲股指期货，由此给法国兴业银行带来 49 亿欧元损失，好在兴业银行及时筹措到 55 亿欧元填补窟窿，否则不可避免地将引发挤兑和大量储户受损。

如果金融风险集聚引发大规模的金融危机，则公众投资者的利益将遭受更为普遍和严重的损失。很多盲目善良的公众投资者一生的积蓄化为乌有，由此危及他们最基本的生活，并可能引发一系列社会矛盾。公众投资者涉及面极为广泛，在制度层面保障金融安全，从而保护公众投资者在金融交易中的利益，理应成为商法的社会责任。

三　金融安全的商法原则

为了彰显维护金融安全的责任，商法必然通过一系列具体制度来实现一定的价值理念。作为这些具体制度的根本出发点，商法的基本原则高屋建瓴地勾勒出金融安全的价值框架，承载起维护金融稳定和保护公众投资者利益的责任，并在商事立法和司法实践中发挥着指导作用。具体而言，金融安全的商法原则主要有以下几个方面。

（一）金融活动的公示主义

所谓公示，即将金融活动中的相关事实公布于众，从而作为现实或潜在的金融交易相对人判断法律状态和利害关系的根据。由于金融活动具有很强的专业性和复杂性，加之越来越多的金融产品实际是依附于实体经济而生的虚拟经济活动，在人们对实体经济的认识和判断能力尚十分有限的情况下，对虚拟经济的认识和判断能力将更弱。金融交易的一个核心要素便是定价，而价值的判断又取决于对某一产品本身的质量、功能和市场供需关系的认识。与实体商品不同，金融产品看不见摸不着，大多是由权利义务条款组成，而大多数权利义务又往往与未来的某些特定或不特定事项联系起来，这些未来事项是否会发生又充满了很大的不确定性，往往与意外事件、经济形势、市场供求、市场能力、国家政策等有关。此时，某一金融产品是否具有价值以及价值的高低，就需要交易双方对未来事项作出预测，同时结合金融产品本身的权利义务内容，来决定是否有必要开展此项交易，交易的价格又是多少。交易主体赖以认识某一金融产品的依据便来自"公示",又称为"信息披露"。

信息披露不仅仅是证券法的核心和基石,更是所有金融活动必须遵守的原则。缺乏信息披露或者信息披露不真实、不充分的金融交易是极其危险的,甚至根本谈不上金融稳定和投资者利益保护。金融活动的公示主义原则,是商法保障金融安全的首要原则。从公示的内容来看,包括金融产品的结构、质量、风险、价值评估、前景预测以及未来相关影响因素等等;从公示的主体来看,包括有公信力的公示和无公信力的公示两种,"有公信力的公示,是指某种法律事实一经公示就具有使社会公众信其为真实的法律效力","无公信力的公示则是指由商事主体进行的信息披露,并不当然产生公信的效力,国家对其真实性不提供担保,只是由提供信息的机构为该信息的真实性担保"。① 商法要保障金融安全,就必须给金融交易的相关主体设定严格的信息披露义务,确保交易主体在较为透明和公开的环境下开展某项金融交易,从而对交易产生的后果产生一定的预期。尽管这种预期并不必然与最终结果完全一致,但至少结果与预期的不一致并非双方信息不对称所致。商法设定信息披露义务的标准和目标为:如果交易结果偏离交易预期,只能归咎于交易发生时对交易各方而言都无法确定的未知事项。由于种种原因,这一立法目标是很难实现的,但却可以无限接近,接近程度则取决于商事立法者对金融实践活动的认识程度和立法水平的高低。

(二)金融活动的要式主义

所谓要式,即法律要求金融活动必须按照一定的方式来开展,如果不符合这种法定方式,则不发生法律效力。由于金融活动专业性强,涉及的法律关系众多、复杂,且牵扯面广,很多情况下直接影响社会不特定对象的利益,如果放任商事主体随意开展金融活动,不仅导致

---

① 何勤华、魏琼主编《西方商法史》,北京大学出版社,2007,第 601~602 页。

交易对象无所适从，丧失金融秩序，威胁金融稳定，更为不法分子开展金融犯罪活动提供可乘之机，损害社会不特定主体的利益。因此，相比其他市场交易活动，金融活动的要式性尤为明显，技术性较强，一般的商主体并不十分清楚金融活动的交易流程，甚至某种金融活动的参与者也并不清楚另一种金融活动的交易方式。

商法的要式要求体现在金融活动的各个环节，包括金融产品的市场准入、交易主体的资格、金融合同的条款、金融合同的订立、金融合同的审批、交易的具体规则、交易地点、交易方式、特定中介机构的强制性介入、金融产品的退市、金融主体的退市等等。似乎在金融活动领域，商事主体的自治空间极小，绝大部分的金融活动规则已有商事法律法规或者经其授权的某些金融组织机构的章程、规则、条例、办法来予以限定，所有希望参加某项金融活动的商主体必须要遵守这些要求，否则将丧失参与权，商法似乎变成了一部公法。商法之所以要在金融活动领域牺牲自己本来的私法自治特性，完全是出于维护金融稳定和保护社会公众投资者利益的考虑。面对金融安全这一关乎社会整体利益的社会责任，商法一改往日宽容的自治本性，转变为严格的大管家。

（三）金融活动的严格责任主义

所谓严格责任，即不问金融活动的主体主观上有无过错，只要其违法行为导致了损害结果的发生，就要承担相应的法律责任。金融活动的对象在很多情况下是不特定的社会公众，数量众多，牵涉的利益关系复杂，即便是针对特定对象的金融活动，也往往因为数额巨大，可能危及该种金融活动的有序、持续发展。某个金融活动主体在一定条件下和一定时间内实施的某一项金融违法行为，很可能与金融市场某种不确定的经济变量相互结合，从而引发金融风险。历史表明，众多影响广泛的金融风波或者金融动荡甚至金融危机，就是由一些细微的金融违法行为导致的，这些细微的违法行为没有得到及时的引导和调节，随着时间或数量的积累，从而导致巨大的社会危害。这正是金融风险的"蝴蝶效应"，一项细微的金融违法行为完全可能引发一场金融风暴。

以基金管理人为例，其所实施的不当行为不仅手段诡秘，而且变化多端，竞相通过违法创新来规避监管。他们通过操纵净值、对倒、轧空、合谋买卖、连续交易、拉抬、内幕交易、不当关联交易、基金销售中的互惠交易、盘后交易、短线交易等方式①来追逐利润。他们在实施某些不当行为时，主观上未必是出于损害公众投资者利益、破坏证券市场秩序之考虑，而仅仅是通过一定的交易手段来谋求基金效益的提高，在某种程度上完全属于市场逐利动机，但是由于基金具有集合投资的属性，基金效益关系众多份额持有人的财产利益，一项不经意的不当行为可能给基金投资人带来巨大的财产损失，从而使普通投资者对基金这种金融活动产生不信任，引发诚信危机，扭曲基金的直接融资功能；此外，基金作为机构投资者具有较强的资金实力，其所实施的某项投资行为往往会对整个证券市场产生推波助澜的重要影响，危害金融秩序的稳定，进而降低金融市场的运行效率，妨碍金融发展。

基于此，商法针对有关金融主体和金融行为设定了严格法律责任。严格责任主义是实现商法维护金融安全之社会责任的后盾，如果缺少了这个原则，金融活动的公示主义和要式主义都很难得到落实，犹如一个国家缺少了军队、警察和监狱一样，丧失威慑力。然而，严格责任主义并非适用于所有的金融主体和金融行为，滥用严格责任将会阻碍金融行业的发展。笔者认为，在金融活动中设定严格责任的标准为：该金融主体违反了商法设定的某项关乎金融安全的义务，包括实施某一危害金融安全的行为，也包括可能危害金融安全的某项不作

---

① 陈斌彬：《证券投资基金管理人不当行为的法律规制》，厦门大学出版社，2009，第34~43页。

为，而对金融安全的把握则应从本文前述宏观和微观两个层面来理解。

四　金融安全与商法的制度规范

在前述三大原则的指导之下，商法设定了一系列具体的规则来实现其维护金融安全的目的。从金融活动的环节来看，商法的社会责任贯穿于金融市场准入、金融活动持续监管、金融风险预警与处理、金融市场退出等相关制度中，这些具体制度分别从公示主义、要式主义、严格责任主义等角度，力求承载起维护金融安全的责任。由于篇幅与论题的限制，本文仅能较为宏观地勾勒出有关金融安全商法制度的轮廓，诸多具体的理论和实践问题未能深入展开。

（一）金融市场准入制度

金融市场准入是商法实现金融安全的事先预防性制度。通过准入制度，商法考察金融机构的专业水平、风险防范水平、抗风险能力、责任承受能力等，并根据不同金融机构的不同情况，决定其有权开展的业务活动；商法考察各种金融产品的质量与风险，决定其是否适合进入市场；商法考察投资者对金融产品的认识水平、投资能力和风险承受能力，防止不具有相应能力的投资者进入市场遭受损失。

1. 金融机构准入

金融机构准入不仅包括金融机构设立审批监管，还包括其所开展的金融业务的核准或备案监管。"市场准入监管的目的在于防止过度竞争，维护金融特许权价值；抑制逆向选择，防止投机冒险者进入金融市场；促进金融机构审慎经营，防止过度冒险行为。"[1]

2. 金融产品准入

这里所讲的金融产品准入是一个比较宽泛的概念，既包括某项金融创新产品（或业务）的准入监管，也包括常规性金融产品的入市监管；既包括作为整体的新型金融业务，也包括作为个体的具体金融产

---

[1]　曾筱清、杨益：《金融安全网法律制度研究》，中国经济出版社，2005，第77页。

品。比如，不良资产证券化产品、股指期货产品、存托凭证、结构化金融产品、融资融券业务、权证、创业板等较为宏观的概念属于我们这里所称的金融产品准入，而某个新股上市、信托公司某项信托计划的开展等较为微观的概念同样属于我们所称的金融产品准入。需要澄清的是，这里所用的"准入"概念并非严格意义上的"审核"或者"核准"，而是包括"审核""核准"和"注册""备案"在内的一个较为宽泛的概念，统称"准入"只是为了表述的方便。

3. 投资者准入

投资者准入制度是商法保护投资者利益的直接体现。金融市场是一个专业性极强且充满风险的市场，并非所有的社会公众都有认识、理解相关金融产品以及进行投资的能力，因而商法基于社会责任之考虑，对特定金融市场或者金融产品的投资资格作出限制，将不具有相应投资能力的社会公众或者投机冒险者排除在这一市场或产品之外。但是，投资者准入制度同样面临一个商法理论问题，即诸如投资权、经营权等都是商事主体固有的一项法律权利，这项权利甚至可以上升为宪法上的财产权这一基本权利，基于投资和经营后果自负的原则，商法应当充分尊重投资者的投资权和经营权。但是商法为了实现一定的价值目标，仍然有必要实行投资者准入制度，那么此时面临的问题便是：何种效力层级的商法制度才有权规定投资者准入制度？准入的标准应当如何确定？哪些市场和产品需要设定投资者准入制度？

（二）金融活动持续监管制度

相比其他几个方面，有关金融活动持续监管的商法制度是最多的，包括具体的交易制度、信息披露制度、风险评级与控制制度、信用评级制度、资产管理制度等。针对不同种类的金融活动，其持续监管的内容也大有不同。限于篇幅这里对于具体监管制度不再展开。

（三）金融风险预警与处理制度

金融风险预警制度，是对金融市场早期风险的监测机制，这一制度的建立有利于将金融风险抑制在萌芽状态，防止金融风险扩散，对于预防金融危机具有十分重要的作用。比如《银行业监督管理法》第27条、《证券法》第130条等都要求有关监管机构应当建立起相应的风险预警和防范机制。然而，由于这一机制的建立并非纯粹的法律问题，除需通过商法制度明确这一制度的重要性，还需辅之以财务、金融、数学、计算机、软件等方面的专业知识与技术。正因为此，目前商法学界对金融风险预警制度的研究极少。目前，有关监管机构已经认识到风险预警的重要性，并通过制定类似于部门规章的文件来落实风险预警机制。保监会于2001年颁布并在2003年修订了《保险公司偿付能力额度及监管指标管理规定》，银监会在2005年颁布了《商业银行风险预警操作指引（试行）》①，证监会也在2006年出台了《证券公司风险控制指标管理办法》。这些规定构建起我国金融机构风险预警制度的框架。尽管效力层级较低，但有总比无好。

（四）金融市场退出机制与商法调整手段

金融市场退出制度，对应于金融市场准入制度，主要解决的是金融机构或金融产品如何有序退出金融市场的问题，保护投资者合法权益、防止金融动荡是该制度需要实现的目的。相比金融产品退出（比如某项信托融资计划结束、某股票终止上市等等），金融机构的退出问题是金融市场退出制度的重点。

五　结语：商法社会责任与商事活动营利性之间的关系

考察我国维护金融安全的具体商法制度，笔者发现我国的商事立法和司法实践可能存在这样一种错误认识：商法维护金融安全主要应

---

① 根据该指引，风险预警指标体系包括定量指标和定性指标两部分。定量指标由资本充足度、信用风险、市场风险、经营风险和流动性风险5项分类指标组成，共22个指标。同时，定性指标包括6项分类指标，分别为管理层评价、经营环境、公司治理、风险管理与内控、信息披露和重大危机事件。同时，风险预警体系根据金融风险的历史数据和银行监管经验，确定各指标的预警阈值和权重系数，对每个定量指标设置了蓝色预警值和红色预警值。

当采取政府干预的方式，而政府干预应当强调监管部门加大监管力度，通过行政手段实现商法的社会责任。其实，这种认识是对商法社会责任的误解。商法的社会责任尽管体现了国家对市场的干预，但这种干预未必一定要通过行政手段来解决，在很多情况下完全可以通过经济手段和社会手段等来实现，通过立法和执法活动，积极引导社会公众发挥监管作用，减少金融违法行为，引导金融市场主体建立起符合市场规律的优胜劣汰机制，强化生存危机感，促使其加强自我防范与控制，从而实现金融安全。

之所以应当这样理解商法的社会责任，是由商法所调整的商事活动的营利性特征所决定的。金融作为经济活动的核心，自产生以来就是以营利为目的的，追求金融效益是所有商事主体参与金融活动的根本目的。在市场经济环境中，金融效益的实现主要依赖于市场的力量，市场充满了无穷无尽的创新力量，在自由市场环境中，层出不穷的金融创新产品丰富了金融业的内涵，为金融活动注入无限生机，推动金融乃至整体经济的发展。商法对金融活动的调整，当然要合乎金融活动的营利本性，服务于金融效益和金融发展是金融法律制度亘古不变的真理。商法社会责任的提出，并未从根本上改变金融活动的营利性特征，恰恰是为了在新形势下更好地促进金融发展并实现金融效益。所以，政府为了保障金融安全而实施的金融干预活动，仍应以充分尊重市场力量为基础。否定或者减少市场力量，必定对金融创新及金融效益产生障碍。商法在追求金融安全的社会责任时，应当本着"先市场，后政府""先经济手段，后行政手段"的理念，只有当市场本身的力量无法实现对金融安全的保护时，政府才可以介入，而且应当尽量采取经济手段引导市场主体和社会力量去实现金融安全，最次的办法才是动用行政手段直接干预金融活动。

我国目前的金融法律制度恰恰异化了商法的社会责任，处处充满了政府对金融主体和金融市场的不信任，似乎只有政府才是金融专家，缺少了政府的金融行业就无法生存。这种理念体现在商事法律制度上，就是一系列的审批准入和行政处罚制度，这种制度安排违背了商事法律制度的本性，以牺牲金融效益和金融发展为代价来换取金融安全，这是对商法社会责任的错误认识。如何减少行政干预，通过法律制度和经济手段引导社会公众监督金融活动，促使金融机构加强风险防范和内部控制，辅之以恰到好处的政府监管，从而促使金融活动在安全的环境中实现发展效益，这是我国商法理论和实务界面临的任重而道远的重大课题。

（本文原载于《中国商法年刊》2009 年卷）

商事组织法重点问题

建议《公司法》与《证券法》联动修改

刘俊海*

在中国证监会及社会各界的大力推动下，《证券法》修改已于今年列入全国人大常委会立法规划项目。由于《公司法》并未规定该法主管机关，至今尚无行政机关或司法机关向立法机关提出修改《公司法》的建议。虽然笔者在 2013 年 1 月 30 日参加全国人大法工委召开的立法规划专家座谈会时强烈建议将《公司法》修改列入立法规划项目，但《公司法》修改至今尚未列入立法规划项目。鉴于《公司法》与《证券法》是一般法与特别法的关系，笔者认为，要健全我国资本市场法律体系，《公司法》与《证券法》必须联动修改，《公司法》的修改条件已经成熟。

一 《公司法》与《证券法》联动修改迫在眉睫

其一，修改《公司法》是释放全社会投资能量，激发市场主体活力，实施创新驱动发展战略，打造中国经济"升级版"的需要。公司是市场经济的微观细胞，公司法是市场经济法律体系的核心。宏观经济的质量和活力取决于微观经济细胞的质量与活力。如果说宪法是政治生活中的根本大法，是治国安邦、执政富民的总章程，公司法则是经济生活中的根本大法，是投资兴业、治企理财的总章程。1993 年颁布并于 2005 年大幅修改的《公司法》的贯彻实施对保障公司、股东

---

* 刘俊海，中国人民大学法学院教授、博士生导师，法学博士，中国人民大学商法研究所所长。

及其他利益相关者的合法权益，构建和谐公司法律新秩序（尤其是协调好公司股东与管理层之间、大小股东之间、公司内部人与外部人之间的利益冲突），鼓励投资兴业，维护交易安全，促进社会主义市场经济健康发展，提高我国公司乃至民族经济的竞争力，发挥了重要作用。毋庸讳言，2005 年的《公司法》虽有诸多制度创新，但受制于历史的局限性与过渡性，难免带有阶段性修改、中度修改的特点，无法满足当前投资兴业活动的立法需求。例如，公司自治原则尚未得到充分体现，仍显僵硬的公司资本制度和登记前置审批程序抑制了投资兴业活动，外商投资企业法与公司法的分割分散的碎片化现象削弱了内外资企业之间公平竞争的制度基础。要实现转方式、调结构、稳增长、防通胀、控风险、惠民生的经济发展目标，必须与时俱进，推出《公司法》的升级版。

其二，修改《公司法》是在投资领域转变政府职能、全面建设服务型政府的需要。十二届人大一次会议通过的《国务院机构改革和职能转变方案》明确提出了改革工商登记制度的大方向："对按照法律、行政法规和国务院决定需要取得前置许可的事项，除涉及国家安全、公民生命财产安全等外，不再实行先主管部门审批、再工商登记的制度，商事主体向工商部门申请登记，取得营业执照后即可从事一般生产经营活动；对从事需要许可的生产经营活动，持营业执照和有关材料向主管部门申请许可。将注册资本实缴登记制改为认缴登记制，并放宽工商登记其他条件。"① 上述职能转变方案与公司法密切相关。根据国务院制定的路线图与时间表，国家工商总局会同有关部门于 2013 年 6 月底前负责提出将注册资本实缴登记制改为认缴登记制等放宽工商登记条件、实行"宽进严管"的方案，提出修改相关法律、行政法规和国务院决定的建议。中央编办、国家工商总局会同有关部门于 2013 年 9 月底前负责清理工商登记前置审批项目，提出拟取消的前置

① 详见 http://www.npc.gov.cn/npc/dbdhhy/12_1/2013-03/15/content_1784337.htm。

审批项目和改为后置审批的项目以及加强监督管理的措施，提出修改相关法律、行政法规和国务院决定的建议①。笔者曾于 2013 年 5 月 14 日参加国家工商总局召开的工商登记制度改革座谈会，并提出了改革与立法同步推进的建议。对政府职能转变的改革实践，立法者应满腔热忱地通过立法改革予以鼓励与支持，彻底实现立法规则与政府职能的同步改革与无缝对接。

其三，修改《公司法》是深化我国经济体制改革、完善社会主义市场经济体制的需要。国务院 2013 年 5 月 10 日批转的国家发展改革委《关于 2013 年深化经济体制改革重点工作意见》除了重申"改革工商登记制度"之外，还指出要"建立健全覆盖全部国有企业的国有资本经营预算和收益分享制度"；"健全投资者尤其是中小投资者权益保护政策体系"；"推动大型国有企业公司制股份制改革，大力发展混合所有制经济。推进国有经济战略性调整和国有企业并购重组，着力培育一批具有国际竞争力的大企业"；"探索建立与国际接轨的外商投资管理体制"；"建立合格境内个人投资者境外投资制度"②。上述改革措施触及的公司资本制度改革、公司登记制度改革、国家股东权利的保护、中小股东权利保护、国有企业公司制改革、外商投资企业制度改革以及投资者跨境保护等热点问题都是公司法的核心内容。十八大报告提出，要"提高领导干部运用法治思维和法治方式深化改革、推动发展、化解矛盾、维护稳定能力"。为实现改革与法治的协调统一与同步推进，预防脱离法治搞改革的错误做法，必须抓紧修改《公司法》。

其四，修改《公司法》是推动与保障《证券法》顺利修改与实施的需要。资本市场包括证券发行与交易市场，不仅受《证券法》调

---

① 《国务院办公厅关于实施〈国务院机构改革和职能转变方案〉任务分工的通知》，国办发〔2013〕22 号。详见 http：//www.gov.cn/gongbao/content/2013/content_ 2371593.htm。

② 详见 http：//www.gov.cn/zwgk/2013 - 05/24/content_ 2410444.htm。

整，也受《公司法》规制。无论《公司法》，抑或《证券法》，都不是"一本通"。从总体上看，《证券法》与《公司法》是特别法与一般法的关系。依据法理，除《证券法》作出特别规定、应予优先适用外，其余事项均应适用《公司法》。例如，上市公司不仅受《证券法》调整，也受《公司法》调整。有鉴于此，《证券法》第2条第1款明确规定："在中华人民共和国境内，股票、公司债券和国务院依法认定的其他证券的发行和交易，适用本法；本法未规定的，适用《公司法》和其他法律、行政法规的规定。"既然《公司法》与《证券法》是一般法与特别法的关系，两法必须联动修改，同步实施，不宜顾首不顾尾。两法之关系，犹如自然人之双手。没有《公司法》的同步跟进，《证券法》修改的孤军深入弊大于利。倘若新《证券法》在《公司法》修改前仓促出台，必然沦为日后《公司法》修改的羁绊。倘若早产的新《证券法》确认不合理制度，即使立法者想在《公司法》中纠偏也无能为力。倘若《公司法》的既有内容需要纳入《证券法》，一旦新《证券法》抢先出台，立法者也将无法在两法之间进行内容的增减和调节。

其五，《公司法》与《证券法》联动修改是对成功立法经验的继承与发展。2003年7月18日，全国人大财经委成立证券法修改起草组。根据2003年立法规划，全国人大常委会将于同年12月审议《证券法修正案草案》。实际上，全国人大常委会推迟至2005年4月24日进行一读审议。有人误以为，证监会主导制定的《证券法》修订稿在全国人大财经委和法工委审议环节遇到了较大争议，争议无法在证券法修改小组内部得到解决，导致了证券法修订工作进展缓慢。殊不知，原因在于考虑《公司法》与《证券法》的联动修改。笔者当时力主放缓《证券法》修订步伐，实现两法联动修改。笔者2003年12月接受《中国证券报》采访时更加明确主张，"对证券市场而言，2004年最主要的立法项目是修改好《公司法》和《证券法》。两法修订应遵循以下思路：一是联动修改，同步进行；二是归零思考，全面修正，不是小改，而是进行全面修改；三是宜细不宜粗，增强法律可操作性；四是提高任意性规范比重，减少不必要的强制性规范"。① 全国人大常委会先于 2005 年 2 月 25 日一读审议《公司法修订草案》，后于 2005 年 4 月 24 日一读审议《证券法修订草案》。2005 年 10 月 27 日，两法联动修改的现代版，顺利出台。对两法联动修改的成功经验，立法者不可不察。

二　稳步推进资本认缴登记制改革

前已述及，《国务院机构改革和职能转变方案》明确提出，要将注册资本实缴登记制改为认缴登记制，并放宽工商登记其他条件。当前，国家工商总局正会同有关部门研究将注册资本实缴登记制改为认缴登记制等放宽工商登记条件、实行"宽进严管"的方案。此处仅就相关争议问题予以探讨。

其一，要廓清注册资本认缴制改革的内涵。主要市场经济国家的公司注册资本制度有三类：（1）股东一次认缴注册资本，一次实缴注册资本的法定资本制；（2）股东一次认缴注册资本，分次实缴注册资本的法定资本制；（3）股东分次认缴注册资本，分次实缴注册资本的授权资本制。我国 2005 年《公司法》第 26 条第 2 款规定，有限责任公司的注册资本为在公司登记机关登记的全体股东认缴的出资额；公司全体股东的首次出资额不得低于注册资本的 20%，也不得低于法定的注册资本最低限额，其余部分由股东自公司成立之日起两年内缴足，投资公司可在五年内缴足。可见，我国已采取温而不火的注册资本认缴制。为突出今年注册资本制度改革的鲜明主题，建议将此次认缴制改革定位为继续推进服务型的一次认缴、分次实缴制改革。

其二，注册资本实缴登记制改为认缴登记制的核心是股东认缴及

---

① 浩民、刘俊海：《2004 法治化将加速前行》，《中国证券报》2003 年 12 月 30 日。

实缴出资信息的真实准确完整披露。股东有权依据意思自治原则，自由约定公司注册资本的认缴出资额、出资方式、出资期限，但必须将上述约定记载于公司章程，并登记于公司登记机关。包括潜在债权人在内的社会公众有权前往公司登记机关，自由查询公司登记信息。除非法律和法规对公司注册资本实缴另有规定，任何单位和个人都不得以注册资本限额作为公司的市场准入条件。鉴于公司注册资本并非债权人保护的唯一手段，发起人在办理公司设立登记时，无须提交验资报告，也无须登记实收资本。虽然公司实收资本无须列入公司法定登记事项，并不禁止公司自愿前往公司登记机关办理备案，并将备案实收资本作为营业执照记载事项。公司向登记机关办理实收资本备案时应提交验资报告，并向社会公示之。

其三，股东可自由决定首次实缴出资额的出资比例以及末次实缴出资的期限。现行《公司法》规定的首次实缴出资额的出资比例以及末次实缴出资的期限较为僵硬。为鼓励中低收入者投资兴业，建议彻底放宽首次实缴出资额的出资比例以及末次实缴出资的期限。股东可自主约定注册资本的实缴期限，但不得长于公司营业期限，也不得约定为无期限。建议取消《公司法》第26条有关全体股东首次出资额不得低于注册资本20%以及注册资本实缴期限不超过两年和五年的限制。建议取消原外经贸部与国家工商局于1988年1月1日联合发布的《中外合资经营企业合营各方出资的若干规定》第4条之限制："合营合同中规定一次缴清出资的，合营各方应当从营业执照签发之日起六个月内缴清。合营合同中规定分期缴付出资的，合营各方第一期出资，不得低于各自认缴出资额的15%，并且应当在营业执照签发之日起三个月内缴清。"建议废除《外资企业法实施细则》第30条规定之限制："外国投资者可以分期缴付出资，但最后一期出资应当在营业执照签发之日起3年内缴清。其中第一期出资不得少于外国投资者认缴出资额的15%，并应当在外资企业营业执照签发之日起90天内缴清。"

其四，注册资本认缴登记制应普适于各类公司，既包括有限责任公司，也包括股份有限公司；既包括股权多元化的公司，也包括一人公司；既包括发起设立的股份有限公司，也包括以公开募集和定向募集方式设立的股份有限公司。

其五，建议进一步放宽出资形式限制，鼓励出资形式多元化。我国 2005 年《公司法》第 27 条综合采用列举和概括的方式，大幅放宽股东出资方式："股东可以用货币出资，也可以用实物、知识产权、土地使用权等可以用货币估价并可以依法转让的非货币财产作价出资；但是，法律、行政法规规定不得作为出资的财产除外。"《企业财务通则》第 14 条也规定："企业可以接受投资者以货币资金、实物、无形资产、股权、特定债权等形式的出资。其中，特定债权是指企业依法发行的可转换债券、符合有关规定转作股权的债权等。企业接受投资者非货币资产出资时，法律、行政法规对出资形式、程序和评估作价等有规定的，依照其规定执行。企业接受投资者商标权、著作权、专利权及其他专有技术等无形资产出资的，应当符合法律、行政法规规定的比例。"因此，债权、股权、采矿权、探矿权等物权均可作价出资。但 2005 年《公司登记管理条例》第 14 条禁止股东以劳务、信用、自然人姓名、商誉、特许经营权或者设定担保的财产等六种非货币出资方式出资。鉴于劳务、商誉与特许经营权的客观商业价值，建议允许股东以劳务、商誉与特许经营权作价出资，盘活市场资源，强化公司信用，最终造福广大债权人。为尊重股东自治，建议放宽非货币出资比例，取消《公司法》第 27 条第 3 款有关货币出资不得低于注册资本 30％的僵硬规定，允许股东出资全部采用非货币出资形式。

三　建议原则废除法定最低注册资本制度

所谓最低注册资本制度，是指公司成立时股东缴纳的注册资本不低于立法者规定的最低限额。最低注册资本制度滥觞于欧陆立法传统，最典型的立法例就是《欧盟第二号公司法指令》第 6 条第 1 项规定："为使公司得以设立或者开业，成员国法律应当规定实际认购股本的最低数额。此种数额不得低于 25000 欧元。"日本 1990 年修改《商法典》时，借鉴该指令和某些欧陆国家立法经验引入了最低注册资本金制度。我国台湾地区《公司法》亦授权主管部门规定最低资本金制度。

受大陆法系最低注册资本制度的影响，我国 1993 年《公司法》第 23 条和第 78 条规定了最低注册资本。为打造平民化公司法，鼓励包括下岗职工和农民在内的社会公众投资兴业，2006 年《公司法》第 26 条第 2 款不再根据不同产业分别规定公司最低注册资本，并大刀阔斧地将有限公司最低注册资本统一降至 3 万元，但法律法规对有限责任公司注册资本的最低限额有较高规定的除外。为降低股份公司的设立门槛，把股份公司制度重塑为公众投资者可望可即的公共产品，该法第 81 条果断地将股份公司注册资本最低限额由 1000 万元人民币降至 500 万元人民币。

存在者皆有其存在理由。任何制度设计皆有背后的理念和逻辑，最低注册资本制度也不例外。一些国家将债权人保护的希望寄托于被神化的最低注册资本制度。美国在 20 世纪 70 年代末之前也曾存在最低注册资本制度。倘若公司在开业前没有收到最低注册资本，公司董事要对公司债务承担连带责任。只不过美国各州最低资本门槛不高，多数州确定为 1000 美元，有些州确定为 500 美元，有些州则规定不得低于授权资本的特定比例。但最低注册资本制度一直饱受诟病，主要理由是统一设定的最低注册资本制度，未充分考虑到不同公司的特定资本需求，难免有主观臆断之嫌。此外，50 年代的 1000 美元的含金量随着通货膨胀等因素的变化，到了 80 年代就大打折扣。[①]

鉴于立法者主观臆断、闭门造车的最低注册资本制度在保护债权人

---

① 〔美〕R. W. 汉密尔顿：《公司法》（第 4 版），中国人民大学出版社，2001。

方面效果不彰，却压抑投资创业活动有余，《美国模范商事公司法》在 1969 年一鼓作气废除了最低注册资本制度。受其影响，美国诸州在 20 世纪 70 年代开始相继废除这一制度。从理论上说，股东只需投入 1 美分的股权资本，即可在现今绝大多数州设立公司。① 这一改革潮流显然有助于鼓励社会投资。倘若某股东投入的股权资本显著不足，导致公司资本显著不足（undercapitalization），严重损害债权人利益，公司的债权人亦可请求法院揭开公司面纱，责令该股东对公司债务承担连带清偿责任。

　　在最低注册资本制度诞生摇篮的欧洲大陆，最低注册资本制度的实质功能也开始遭到质疑。欧盟委员会于 2001 年 9 月成立的公司法高层专家组经过深入研究，在《欧洲公司法的现代调整框架》中一针见血地指出，最低注册资本不足以确保公司具备开展经营活动所需的财力资源。他们认为，最低注册资本制度的唯一功能在于阻止人们兴高采烈地设立公司，因为他们必须在设立公司前筹集最低资本。问题是，这种功能是否构成保留最低注册资本的充分理由。如果答案是否定的，改革思路只有两种选择：要么废除最低注册资本制度；要么大幅提高最低注册资本门槛。鉴于资本形成与维持原则旨在保护债权人，他们建议采取更有效保护债权人的变通措施。② 笔者预言，欧盟在未来有望逐渐废除最低注册资本制度。

　　在日本公司法修改和法典化过程中，曾有三种立法建议：一是股份有限公司与有限责任公司最低资本金均为 300 万日元；二是将两种公司的最低资本金调至 300 万日元以下；三是对最低注册资本金不作规定。步美国之后尘，并受欧盟未来最低注册资本制度改革思潮的影响，2005 年日本《公司法典》毅然废除了最低注册资本制度。作为日

---

① 〔美〕R. W. 汉密尔顿：《公司法》（第 4 版），中国人民大学出版社，2001。
② A Modern Regulatory Framework for Company Law in Europe: A Consultative Document of the High Level Group of Company Law Experts, Brussels, 4 November 2002.

本邻国，我国立法者对此不得不察。

我国 2005 年新《公司法》大幅下调公司最低注册资本门槛的选择是正确、理性的。鉴于我国社会信用状况的不断改善和债权人自我保护意识的不断增强，鉴于普通产业领域的公司最低注册资本已然很低，为从根本上消除立法者闭门造车的苦恼，进一步降低公司设立门槛，有效地鼓励中低收入阶层投资创业，笔者建议立法者借鉴《美国模范公司法》等先进立法例，对最低注册资本采取原则废止、例外保留的态度。具体说来，立法者应当一举废除各产业领域的法定最低注册资本制度，仅在法律和行政法规另有规定的情形例外予以保留。此种例外领域包括但不限于商业银行、保险公司、证券公司与基金管理公司等。

四　建议更加重视交易安全，创新债权人长效保护机制

投资兴业与交易安全同等重要。二者既有一致的一面，也有相互冲突的一面。投资鼓励措施往往要求放松对公司资本制度的严格管制，但在客观上也会对债权人保护带来新挑战。立法者设计顶层制度时，必须统筹兼顾，既要鼓励投资，也要关注债权人冷暖，维护交易安全，促进商事流转，实现兴利除弊并举。立法者要创新债权人保护机制，既要健全事先风险防范机制，也要强化事后权利救济机制。

阳光是最好的防腐剂。严格的法定资本制尤其是最低注册资本制度的设计本意是善良的，旨在确保公司"优生优育"，事先为债权人提供预防式保护。但由于该制度无法从根本上消除投资者的机会主义行为，加之公司信用信息的严重不透明，此种事先预防机制在实践中经常失灵。相反，即使债务人公司的注册资本微薄，股东认缴的股权资本亦未缴纳完毕，债权人只要能及时、真实、准确、完整地采集与分析债务人公司的资本信息、财务状况、经营情况及其他信用信息，也能睿智地选择诚信交易伙伴，淘汰失信公司。因此，公司注册资本认缴制的确立与最低注册资本制的废除并不必然损害债权人利益。换

言之，债权人保护的关键不在于形而上学、貌似高额、实则空虚的注册资本，而在于债务人公司的透明度及其公信力。这就需要建立理性债权人教育制度，提高债权人自我保护意识，增强债权人获取与分析公司信用信息的能力，降低信息搜索与加工成本，彻底破除对最低注册资本制度的迷信与过度依赖。

为鼓励公司诚信经营，遏制公司失信行为，降低交易成本，控制交易风险，必须抓紧完善公司登记信息包括年检信息查询制度、公司财务信息披露制度与公司信用记录查询制度。我国当前信用体系建设存在碎片化现象。既有中国人民银行征信中心的基础信用数据库，还有民间征信机构的征信信息系统，更有工商部门的经济户籍库。建议把产品质量、食品安全、工商登记、税收缴纳、工资支付、社保缴费等信息纳入诚信体系建设，实现诚信体系从碎片化到完整统一的过渡，以降低社会诚信风险。当务之急是，以工商部门的经济户籍库为基础，大力推进市场主体信息数据库建设与政务诚信建设、商务诚信建设的互联互通与无缝对接，最终建成全国统一的跨地域、跨部门、跨产业、信息共享、快捷高效、24小时全天候、全方位的用户友好型的公司信用信息数据库。

公司登记信息的搜集与加工本身不是目的，而是造福信息终端用户，尤其是广大债权人（包括潜在债权人）的手段。建议立法者与公司登记机关高度重视解决公司登记信息的查询难问题。2005年《公司法》第6条第3款授权公众向公司登记机关查询公司登记事项，并要求公司登记机关提供查询服务。但某些地方工商局在实践中无理拒绝公众（含律师和记者）查询公司登记信息，阻碍了当事人及其代理律师的民事诉讼活动，也人为加大了新闻媒体对公司违法失信行为的监督难度。为保护公众知情权与查询权，各级公司登记机关必须遵循建设服务型工商局的理念，及时向公众提供快捷高效的公司登记信息查询服务，切实提高工商登记行为透明度，坚决扭转某些地方工商局的懒政、惰政与怠政现象。

在公司注册资本认缴制的框架下，担保制度（包括独立保函制度）在维护交易安全方面大有可为。当务之急是，抓紧整合《公司法》、《物权法》、《担保法》与《合同法》中有关公司担保的制度资源，消除担保制度漏洞，切实增强担保手段的真实性、合法性与充分性。债权人也要善于对担保行为开展尽职调查，在审查各类担保手段时慎之又慎。倘若担保公司章程规定了对外担保限额或决策程序，债权人就要审慎地审查担保公司的章程、股东会或董事会决议的真实性与合法性，尽到具有普通伦理观念和智商的理性人在同等或近似情况下应有的审慎、注意和技能。当然，这种审慎的形式审查并非严格的实质审查。债权人倘若对担保公司的章程和公司决议进行了合理审慎审查，但仍无法发现决议文件虚假或无效的事实，即使股东会或董事会决议在担保合同签署后被法院撤销或确认无效，也不影响善意债权人与担保公司签署的担保合同的效力。

为统一裁判思维，避免同案不同判的现象，建议《公司法》对公司法定代表人越权签署的担保合同的效力作出明确规定。《合同法》第 50 条规定的越权代表制度旨在维护交易安全，在法定条件下例外将法定代表人的越权代表行为视为有权代表行为，并对其签署的合同赋予法律效力。债权人被推定为善意相对人，但担保公司有相反证据时可以推翻。倘若担保公司能够证明债权人并非善意相对人，则担保公司法定代表人的越权代表行为无效，其越权签署的担保合同亦归无效。担保公司要举证证明债权人并非善意相对人，只要将法定代表人越权签署的担保合同的内容与公司章程规定的决策程序、决策权限与担保限额作一简单对比即可完成举证责任。倘若债权人能证明自己已对担保公司的章程与相应决议进行审慎审查，且仍未能发现担保公司法定代表人的越权代表瑕疵，则担保合同对担保公司产生拘束力。倘若债权人拒绝或怠于认真审查担保公司法定代表人的越权事实，则担保公司有权拒绝承担相应的担保义务。

虽然防患于未然是至善境界，但债权人由于信息占有不对称、市场结构不均衡等因素，仍会前赴后继地陷入失信陷阱。为确保受害债权人获得及时公平的权利救济，必须完善对失信公司及其关联失信者的责任追究机制。这种对债权人提供事后救济的后端控制模式，与事先预防机制（前端控制模式）相辅相成，缺一不可。与曾长期作为核心前端控制模式的法定资本制尤其是最低注册资本制相比，秋后算账的后端控制模式既体现了对债权人权益的充分保护，也不妨碍中低收入投资者投资兴业，堪称兴利防弊的最佳制度选择。

随着公司注册资本认缴制的普遍推行，各类优秀的诚信公司将会脱颖而出，但失信公司及不肖投资者也会潜滋暗长。建议立法者完善揭开公司面纱的制度设计，明确实体法与程序法中的相关争点问题，理顺《公司法》第 20 条第 3 款与第 64 条之间的相互关系。建议最高人民法院通过司法解释与指导案例等方式，提高揭开公司面纱制度的可操作性与可诉性。建议强化瑕疵出资股东与抽逃出资股东对公司债权人的清偿责任，将最高人民法院《公司法解释（三）》第 13 条与第 14 条规定的瑕疵出资股东与抽逃出资股东对公司债权人的补充清偿责任改为"连带清偿责任"。建议确认失信评估机构和审计机构对公司债权人的连带清偿责任。

市场有眼睛，法律有牙齿。"市场有眼睛"侧重保护债权人与社会公众事先与事中的知情权，"法律有牙齿"则强调保护受害者事后的索赔权。法律的牙齿包括民事责任、行政责任与刑事责任。建议立法者进一步理顺三大法律责任之间的相互关系，实现三大法律责任之间的无缝对接。虽然投资兴业中的债权债务纠纷难以杜绝，只要上述两大机制得以扎根发芽，债权人保护力度就会不断增强，而不会削弱，我国目前严进宽管的"花瓶制度"就可以平稳过渡为宽进严管的长效机制。

五　废止有限责任公司制度，建立大小公司区分立法的新框架

我国《公司法》既要锦上添花地鼓励以国有企业为代表的大型企业做大做强，打造商业领域的"航空母舰"，也要雪中送炭地鼓励中小企业尤其是小微企业破茧而出、茁壮成长。这就需要立法者为不同规模的企业量体裁衣，分别立法。我国《公司法》虽区分有限责任公司与股份有限公司，但仍未能精准体现大中小微公司的差异化制度需求。症结在于，我国《公司法》只有一部，但现实生活中的公司成千上万，而每家公司的产品和服务、赢利模式、发展战略、资本规模、股东人数、投资理念、公司文化和经营规模又千差万别。为早日终结"小孩穿大鞋"的现象，立法者应区分公司的类型与规模，并对不同类型公司作出不同规定。例如，大公司的行为规范应尽量统一，而中小微公司的行为规范应尽量具有弹性，以包容和鼓励更高程度的公司自治与股东自治。

我国现行《公司法》先将公司分为股份有限公司与有限责任公司，又把股份有限公司分为上市公司与非上市公司，非上市公司又有公众公司与非公众公司之别。此种划分留下了两大悬疑问题：一是非上市股份公司与有限责任公司的实质区别究竟有多大？立法者究应如何廓清两者边界，这些边界的正当性何在？二是非上市公众公司与上市公司虽区别甚大，却适用《公司法》中的相同公司治理规则，令人费解。此种制度设计与立法者潜意识地将股份有限公司误以为上市公司有一定关系。

其实，有限责任公司未必是小公司，股份有限公司也未必是大公司。1892 年德国《有限责任公司法》的调整对象定位于中小公司，而《股份公司法》的调整对象锁定为大公司。我国现行《公司法》继受了德国的立法理念与制度设计。首先，有限责任公司最低注册资本低

于股份有限公司。其次，立法者在确认公司资合性的基础上，揉进了公司的闭锁性元素与股东间的人合性元素，老股东在其他老股东向公司外部第三人转让股权时享有知情权、同意权与优先购买权。由以上制度设计可以推知立法者的立法思维是，有限责任公司的资本规模、股东人数和经营规模均逊于股份有限公司。但从我国公司实践来看，有限责任公司并非都是公司侏儒，股份有限公司也并非都是公司巨人。许多有限责任公司的资本规模和经营规模超过了股份有限公司。

有限责任公司与股份有限公司的简单划分还制造了中等规模公司的立法真空，限制了股东的投资自由。既然立法者假定有限责任公司为小公司，股份有限公司为大公司，介于其间的必为中型公司，而且数量不菲。遗憾的是，立法者仅对公司族群中的一头一尾（大公司与小公司）作了规定，而对介乎其间的中型公司视而不见，致使此类公司在公司类型法定主义的框架下要么胎死腹中，要么被迫从事脱法行为乃至违法行为。由于股东人数超过 50 人、最低注册资本又不足 500 万元，这些投资者面临诸多困惑：由于股东人数突破了有限责任公司股东 50 人的上限，他们不能成立有限责任公司；由于其出资能力有限，公司注册资本远远低于股份有限公司的法定最低注册资本，他们也无法成立股份有限公司。为规避恶法条款，投资者要么通过股权代持协议，把名义股东数量压缩为 50 人以下，把众多隐名股东推到名义股东身后，进而削足适履地注册成立有限责任公司；要么打肿脸充胖子，通过虚报注册资本方式，拔苗助长地注册成立资本虚空的股份有限公司。但无论哪种方式，均后患无穷，要么在隐名股东与名义股东之间埋下争股夺权的地雷，要么误导债权人、破坏交易安全。

区分有限责任公司与股份有限公司是德国的立法创造。而在没有继受德国有限责任公司制度的立法例（例如美国各州及受其影响的公司法）则不采取有限责任公司与股份有限公司的分类调整模式，而采取对各类公司统一调整、但适度区分公众公司（publicly held corporation）与闭锁性公司（closely held corporation）的立法思路。即使继受德国有限责任公司制度的立法例也开始反思并修改有限责任公司与股份有限公司分别调整的立法模式。我国台湾地区学者亦承认，该地区"公司法对公开性公司（如上市上柜公司）与闭锁性公司（如一人公司）之定位不明，以致无法针对公开发行公司及中小企业之相异需求，量身订作而加以规范"。①

笔者建议立法者大胆废止有限责任公司制度，一举废除有限责任公司与股份有限公司的两分法。以其股份是否在证券交易所公开流通为准，股份公司分为上市公司与非上市公司；以其股份是否公开募集为准，非上市公司分为开放型公司与闭锁型公司。立法者应针对不同类型的公司，设置不同的公司治理规则和其他行为规则。现行公司法框架下的有限责任公司则纳入股份有限公司中的非上市公司予以调整。当然，立法者应授权股份有限公司章程自由增加人合性元素，自主设定股权对外流转时其他老股东的优先购买权。

值得注意的是，笔者主张废除有限责任公司制度的构想已在学界引起共鸣。例如，笔者与王保树教授在 2013 年 4 月 1 日接受《法制日报》采访时，均认为我国的有限公司和股份公司并无本质区别，并主张将公司分为封闭公司和公众公司最为适当。②

六　外商投资企业立法与公司立法应尽快并轨

在邓小平同志改革开放思想的指引下，我国自 1979 年开始陆续颁布了《中外合作经营企业法》、《中外合资经营企业法》和《外资企业法》，制定了诸多配套法规和部门规章，从而在 1993 年《公司法》出台

---

① 财团法人万国法律基金会：《公司法制全盘修正计划研究案总报告》（第 1 册），自印，1992。

② 周芬棉：《现行法律将公司分为有限和股份两类，专家称修订公司法需重构公司分类》，《法制日报》2013 年 4 月 1 日。

之前建立了三套外商投资企业法体系。外商投资企业法为我国吸引外来资本、技术和先进管理经验，维护外国投资者合法权益提供了法律保障，也为我国 1993 年《公司法》的出台和国有企业进行公司制改革提供了制度标杆。例如，外商投资公司的董事会制度、注册资本制度、投资者有限责任制度基本上奠定了我国有限责任公司制度的雏形。

外商投资企业立法迄今经历两次大规模修改。第一次是 20 世纪 90 年代，第二次是 21 世纪初。为优化外商投资环境，放宽市场准入条件，赋予中外合营企业更大经营自主权，1990 年 4 月 4 日，第七届全国人大四次会议修改了《中外合资经营企业法》，增加国家征收条款、修改董事长任命条款、降低企业享受税收优惠的门槛、允许企业自由选择开户银行。我国在加入 WTO 之前，根据我国承诺与 WTO 规则尤其是《与贸易有关的投资措施协议》，再次对外商投资企业法进行修改，废除了外汇收支平衡条款、本地含量条款、对外资企业出口实绩的强制性要求以及企业的生产计划备案条款，简化了企业设立的行政审批程序。

由于外商投资企业立法先于《公司法》出台，大多数外商投资企业又是有限责任公司，致使《公司法》与外商投资企业法在内容上存在许多冲突。为理顺法律适用关系，1993 年《公司法》第 18 条与 2005 年《公司法》第 218 条均将公司法视为一般法，将外商投资企业法视为特别法。据此，《公司法》与外商投资企业法规定不同时，优先适用外商投资法；《公司法》没有规定、外商投资法有规定时，优先适用外商投资法；《公司法》有规定、外商投资法无规定时，补充适用《公司法》；《公司法》、外商投资法均无规定时，适用《公司法》的基本原则（如资本多数决定原则、股东平等原则）、商事习惯和公司法理。法院和仲裁机构裁判有关外商投资企业纠纷时，也应根据上述精神确定裁判依据。

2005 年《公司法》第 218 条虽有进步，仍滋歧义："有关外商投资的法律另有规定的，适用其规定"中的"法律"究竟仅指法律，抑或包括行政法规、部门规章、地方性法规在内的各类立法文件？为澄清该条含义，理顺《公司法》与外商投资企业法在公司审批登记管理环节的适用关系，国家工商行政管理总局、商务部、国家外汇管理局与海关总署 2006 年 4 月联合印发了《关于外商投资的公司审批登记管理法律适用若干问题的执行意见》。

融入并引领经济全球化是我国经济走向全球化的必由之路。平等善待国内外投资者已成我国立法改革的潮流。1999 年新《合同法》的出台终结了《涉外经济合同法》、《经济合同法》与《技术合同法》的三足鼎立局面，在合同法领域确立了中外合同主体的平等原则。我国曾对内外资企业实行不同税收制度：1991 年《外商投资企业和外国企业所得税法》仅适用于外商投资企业与外国企业，而 1993 年《企业所得税暂行条例》仅适用于内资企业。为落实国民待遇原则，2007年《企业所得税法》一举废止了《外商投资企业和外国企业所得税法》与《企业所得税暂行条例》的二元格局。我国既然在合同法和税法领域能贯彻中外平等原则，在企业法领域也不应例外。

通过股权信托和股权代持规避内外资企业法律的现象值得关注。一些外商投资者通过股权信托方式，按照我国《公司法》，在我国设立有限责任公司而非外商投资企业。而一些中国投资者通过股权信托方式，按照外商投资企业法，在我国境内设立外商投资企业。一些中国投资者不远万里到开曼群岛和维尔京群岛及我国港澳地区注册境外公司，然后返回我国大陆成立外商投资公司。笔者在仲裁实践中，许多外国公司的控制股东和实质股东具有中国国籍，且实际居住在中国大陆。但由于外国公司的注册地在国外或港澳地区，仲裁机构送达仲裁文书也旷日持久。股权信托现象催生了名义股东与隐名股东的分离现象，也引发了投资者是否因涉嫌规避法律而导致公司设立无效的争议。由于外商投资企业曾比内资公司享有额外税收优惠，人们有充足理由谴责"假合资"现象。从我国法治改革长远目标看，过去仅向国外投资者开放的许多市场领域也将逐步向国内投资者打开大门。

　　基于投资者国籍而对内外资企业分别立法有其产生的历史背景，在对外开放政策刚刚启动之时通过立法昭告天下，也是正确的。但随着时间的推移，内外资分别立法的思路违反了公司平等与股东平等的原则，容易诱发制度间的不当竞争，徒增公司与股东等公司利益相关者的守法成本，降低了投资兴业效率。为在投资领域落实国民待遇原则，笔者在 1998 年参加商务部（原对外经济贸易部）召开的外商投资企业法改革座谈会时曾建议立法者坚持国民待遇原则，废止外商投资企业法，将所有外商投资公司全部纳入公司法调整轨道，打造统一公司法、普通公司法、一般公司法，适时废止与普通公司法相抵触的立法文件。遗憾的是，直至 2005 年《公司法》修改之时，由于立法改革的阶段性特点，立法者仍维持了内外资分别立法的格局。殊不知，不必要的制度设计重叠是立法技术粗糙的表现，是立法败笔。不必要的制度设计冲突则直接违反了市场经济中的平等原则，与我国加入WTO 后应采行的国民待遇原则更是背道而驰。

　　鉴于 2005 年《公司法》是统一公司法、普通公司法，而非狭义的内资公司法；鉴于现行外资企业法的某些特别规定不符合国际惯例，也落后于我国现行公司立法，为鼓励和规范外商投资，建议立法者尽快废止外资企业法，实现外资企业法与《公司法》的并轨，赋予外商投资企业国民待遇。凡涉及外商投资企业的设立、组织机构、股东权、合并、分立、破产、解散、清算和财务、会计等事项，均与内资公司一体纳入《公司法》调整，立法者不应也不必作出与《公司法》相重叠、相抵触的规定。简言之，传统的外商投资企业法应被统一《公司法》所取代。为贯彻平等原则，建议拓宽我国的投资者范围，允许中国自然人与外国投资者出资设立中外合资经营企业或中外合作经营企业。不采取法人形式的外资企业虽不能适用《公司法》，但可分别纳入《合伙企业法》、《个人独资企业法》和《合作社法》的调整范畴。

当然，针对外商投资的特殊性，立法者可制定《外商投资促进法》。该法不是商法中的组织法，也不是公司法的特别法，而是经济法中的促成型干预法，具有浓厚的公法色彩，主要规制允许、限制、鼓励、禁止外商投资的产业政策，以及政府鼓励外商投资的经济杠杆。

七　修改《公司法》的其他建议

建议立法者压缩公司市场准入的行政许可项目，并将例外保留的全部行政许可项目由登记前置改为登记后置。在经济生活中，行政许可项目的过多过滥直接束缚了投资兴业的步伐。行政许可项目不但铺天盖地，而且公司发起人必须在启动公司设立登记手续之前完成全部行政许可申领程序。这在逻辑上是混乱的，既然公司尚未取得企业法人资格，没有独立的权利能力、行为能力与责任能力，安能取得行政许可？中共十八大报告指出，要在"更大程度更广范围发挥市场在资源配置中的基础性作用"；"经济体制改革的核心问题是处理好政府和市场的关系，必须更加尊重市场规律，更好发挥政府作用"。基于简政放权、放松管制、加强监管的理念，《国务院机构改革和职能转变方案》指出，对按照法律、行政法规和国务院决定需要取得前置许可的事项，除涉及国家安全、公民生命财产安全等外，不再实行先主管部门审批、再工商登记的制度，商事主体向工商部门申请登记，取得营业执照后即可从事一般生产经营活动；对从事需要许可的生产经营活动，持营业执照和有关材料向主管部门申请许可。为尊重公司自治，鼓励公司创新，理顺公司设立流程，提高公司设立效率，建议《公司法》和行业管理法以壮士断腕的勇气，大胆废除不必要的公司准入许可项目，并将例外保留的全部行政许可项目由登记前置改为登记后置。

建议立法者充分运用信息技术，打造电子化公司法。近代公司法是马车时代与蒸汽机时代的产物。而当今世界是互联网世界。方兴未艾、无远弗届的信息技术与互联网技术的诞生与推广，催生了波澜壮阔的电子商务与电子政务浪潮。美国《模范商事公司法》和诸州的公司法均与时俱进，及时将电子技术和先进技术手段转化到公司法律关系之中。2005 年日本《公司法典》的电子化使命也已基本完成。我国《公司法》也应奋起直追，充分运用现代信息技术手段，降低公司的设立、运营和治理成本。公司与股东间的意思表示可以采用电子形式。公司向股东发送通知，既可采取纸质版形式，也可根据股东请求采取电邮、微博或微信形式。股东可请求查阅电子版的公司账簿、财务会计报告或审计报告。公司召开股东会、董事会及其专业委员会、监事会的会议时可采用互联网技术。身在天涯海角的股东、董事与监事完全可以通过网络会议技术而直接出席会议，提出问题，参与辩论，进行表决。简言之，公司治理的各个环节均可插上电脑技术与互联网技术的金色翅膀。

建议立法者授权仲裁机构按照仲裁协议积极受理公司争讼。公司法律关系当事人运用一裁终局的仲裁方式化解纠纷，具有省时、省事、省力、省钱、省心、保密的优点。仲裁机构的服务性、民间性、专业性、独立性、自治性与包容性六大竞争优势，决定了仲裁在公司争讼金字塔体系中居于公信力最高的地位。现行《公司法》对仲裁方式语焉不详的主要原因是，立法者在 2005 年修改《公司法》时沿袭了1993 年《公司法》的立法思维，而 1993 年《公司法》出台之时《仲裁法》尚未诞生。建议立法者深入研究仲裁制度的魅力，大力弘扬仲裁文化，在《公司法》中明文赋予仲裁机构在裁决公司争讼中的法律地位，明确将仲裁途径列为公司争讼的重要解决途径。为避免法院与仲裁机构间的管辖真空，建议确立股东代表仲裁制度。当债权人公司与债务人公司存在仲裁协议，而债权人公司的董事会或监事会拒绝或怠于对债务人公司主张权利时，债权人公司的股东有权以自己为申请人、以债权人公司为实际受益人、以债务人公司为被申请人向仲裁机构提起股东代表仲裁。

此外，建议立法者确认控制股东对公司和其他股东负有诚信义务，明确控制股东的赔偿责任范围和责任追究机制；完善一人公司制度，将一人公司制度引入股份有限公司领域；妥善处理公司法与相邻法，尤其是证券法、国有资产管理法、劳动法、刑法等法律之间的相互关系；并不断改进立法技术，提高立法质量。

笔者希望并相信，我国新一轮的《公司法》与《证券法》的联动修改与全面修改必将为鼓励投资兴业、维护交易安全、推动国民经济稳定增长奠定坚实的法治基础，立起不朽的历史丰碑！

（本文原载于《法学论坛》2013年第4期）

类别股与中国公司法的演进

朱慈蕴　沈朝晖[*]

2011 年，甘肃省高级人民法院认定私募股权投资者和公司之间签订的对赌协议无效，引发实务界的广泛反响。本案一审法院兰州市中级人民法院认为双方的约定不符合《中外合资经营企业法》关于企业净利润应根据合营各方注册资本的比例进行分配的规定，因此无效；二审法院甘肃省高级人民法院认为本案合同"名为联营，实为借贷"，不符合相关法律规定，确认合同无效。[①] 双方均不服，向最高人民法院申请再审。最高人民法院在近期作出判决，确认海富投资与甘肃世恒之间的对赌条款无效，理由是该补偿条款损害了甘肃世恒的公司利益和债权人利益，但是对赌协议中甘肃世恒的大股东香港迪亚公司对甘肃世恒公司的担保条款合法有效。[②]

该案中的对赌条款具体为《增资协议》中的"业绩目标约定"和"回购约定"两个条款。对赌条款的实质为"估值调整机制"，它与私募股权投资常用的其他特殊投资条款，如反稀释条款、表决权分配条款、否决权条款等，反映了不同类型股东的投资偏好和不同需求。该案中的私募股权投资者对是否享有股份表决权并无太大兴趣，因为他只持有被投资对象 3.85% 的股份，影响不了控股股东对公司的控制力。但他特别偏好利润回报的安全性，因而通过协议特别约定业绩目

---

[*]　朱慈蕴，清华大学法学院教授；沈朝晖，清华大学法学院讲师。

[①]　本案具体案情，请参见彭冰《"对赌协议"第一案分析》，载北京仲裁委员会编《北京仲裁》第 81 辑，中国法制出版社，2012，第197~198 页。

[②]　最高人民法院民事判决书（2012）民提字第 11 号。

标和回购权。这种合同交易结构设计的合法性与合理性都值得商榷。普通股将财产权和表决权捆绑在一起，无法满足投资者对财产权或表决权的特殊需求，而公司类别股恰好具有投资者放弃股权内容中的表决权，但相应获得稳定利润回报的功能。①

一 类别股：满足公司融资多样化与投资偏好差异

公司既是投融资与创造财富的工具，又是投资者的集合体。在前一个意义上，公司意味着融资来源、渠道、方式和工具的多样化，在债和股这两种基本融资渠道的基础上，衍生出一系列类似债券或者类似股份的融资工具，比如可转换证券、权证、类别股等。投资者的集合体则是指公司存在多种投资需要和不同层次的投资者，比如期待获得更多财产利益分配的投资者，或者希望对公司享有一定控制权的投资者。现代公司理论研究表明，股东"同质化"的假定不成立，而股东"异质化"表现为股东之间投资目的与认知的差异化。② 就私募股权投资者而言，由于创业企业的信息不对称和营业进展的波动性，投资者和企业常常拟定一些特殊的投资条款，以保障私募股权投资的基本回报和投资安全。一般而言，私募股权投资者和创业企业有相互捆绑的需求，防止彼此在未经己方同意的情况下擅自退出或转让股份；私募股权投资者往往对公司的控制权不十分在意，因为它的商业模式是在一定数量的创业企业中进行分散化投资。与这些私募股权投资者相对应的是企业的创始人与原股东，他们追求在引进股权投资的同时维持对企业的日常控制权，因此，企业创始人通常选择让渡一部分金钱利益，但要求维持董事会的多数

---

① 由于信息、不确定性与激励等问题，私募股权投资者往往会采用优先股之类的特别安排来自我保护。参见 Ronald J. Gilson, "Engineering a Venture Capital Market: Lessons from the American Experience," *Stanford Law Review*, Vol. 55, No. 4, 2003, p. 1072。

② 参见汪青松、赵万一《股份公司内部权力配置的结构性变革——以股东"同质化"假定到"异质化"现实的演进为视角》，《现代法学》2011 年第 3 期。

席位和对企业的控制。

由于公司法没有特别规定，实践中往往通过投资者与公司或原始股东进行个别的合同约定，以满足投资者和公司各自的特别要求。通过合同进行特别约定的解决办法虽具有灵活性，但这种合同安排有较大的法律不确定性。在财产权（盈余分配权、剩余财产分配优先权）的特殊约定中，如果某些投资者享有优先清算权，则违反了我国公司法关于清算财产分配的强制规定；投资者与公司签订的股权估值调整协议，因损害公司利益与债权人利益，其效力争议较大；一票否决权与其他关于表决权分配的约定（如少数股东享有超级投票权），违背公司法关于股份公司的一股一权与资本多数决的原则；在营业进展不顺时，投资者根据合同约定要求公司回购股份，易触犯公司法关于股份回购的强制规定，等等。另外，合同个别约定的解决方式导致股权在内容上因受制于个别约定而造成股权的同质性、同值性下降，直接影响股份的流动性。而流动性是股权的重要价值，流动性的降低损害了股东和股东权的可转让性，增加了投资风险。

我国现行公司法中单一的普通股制度不能满足投资者的差异化需求。普通股将公司的财产利益和表决权进行份额切分和标准化，克服了合同转让的不便利性。但普通股的特征在于将股份中的财产权和投票权进行捆绑。如果法律只提供普通股这种将财产权与表决权捆绑的融资工具，公司融资将受到束缚，投资者的需求不得不通过"法外空间"来满足。假如公司只能采取普通股的融资方式，那么，敢于冒险的投资者和希望稳定回报的投资者不得不将双方的特殊需求通过缔结合同的方式实现。然而，如果公司股东人数众多，股东之间经常需要相互的分配权交易，由于众多股东之间两两缔结的合同具有相对性，股份标准化份额转移便利的优势将丧失殆尽。

面对我国现行公司立法仅采取单一的普通股类型，司法者对实践中不同类型的投资者通过合同进行类似于上述案例中表决或者财产分配不同的安排时，可能因缺少具体法律制度的支持而去借助一些不相关的法律规定来认定它们无效，难免铸成错判，这被学界批评为"'削足适履'的裁判思维"。[①]

　　类别股是可以将对财产收益权或表决控制权有不同偏好的投资者容纳到同一公司中的一种法律制度。它的属性与功能特别适合风险投资者解决在投资中小企业时所面临的信息不对称与不确定性问题。实践中私募股权投资的蓬勃发展和特殊投资条款的频频使用，使得我国引入类别股制度有着较强现实需求和一定的实践基础。

二　类别股的双重属性与融资功效

　　类别股是相对普通股而言的。普通股是指传统的、完整具有股权各项权能的股份，而类别股是指股东权利在某些方面有所扩张或限制的股份类型。其理论基础是股权的各项子权利可相互分离，重新组合。在 1971 年 Stroh v. Blackhawk Holding Corp. 一案中，伊利诺伊州禁止发行无投票权的普通股，公司为了规避该法律，发行了两种普通股：一种是完整权利的普通股，另一种是仅有投票权，但不拥有财产权的普通股。所有的第二种普通股由管理人员持有，它发行价格极低，这样管理人员可以极低的成本，达到控制公司的目的。法院认为第二种股份是正当的，并主张：股权中的参与公司管理和控制的权利、获得经营盈余和利润的权利、取得分配资产的权利，三者可以分离，它们在一个股份中不必然是完整和对称的。[②]

　　类别股股东所享有的权利具有债权和股权的双重属性，其实质是在股权内容切割基础上的债权和股权的混合。一方面，类别股股东同

---

① 参见彭冰《"对赌协议"第一案分析》，载北京仲裁委员会编《北京仲裁》第 81 辑，中国法制出版社，2012，第 197~198 页。
② 参见邓峰《普通公司法》，中国人民大学出版社，2009，第 364~365 页。

样也要承担公司的经营风险和破产风险，不享有债权人的权利，如不能申请公司破产。另一方面，相比普通股，类别股的股东权利在某些方面会有所减损或扩张，甚至会附加一些不属于股权内容的权利，如回赎权。类别股的种类可以根据股份所包含的权利束进行划分。最具代表性的类别股有两类。第一类是在公司盈余分配或公司剩余财产分配方面有特殊安排的股份，如优先股、劣后股与普通股；第二类是在投票权方面有特殊安排的股份，较常见的是公司可创设双层普通股（dual class common stock）：A 类普通股是一股一个表决权，B 类普通股是一股十个表决权（"多投票权股"）。

任何人侵害类别股股权时，股东可以行使请求权，以排除他人的侵害并恢复或者替代性恢复股权的应有状态。故股权的保护具有绝对性，可对抗一般人。类别股是当事人以契约或习惯创设的，类别股股权作为一种对世权、绝对权，将会涉及不确定的第三人利益。因此，类别股必须法定化，以确保其正当性。为了保证类别股的绝对性权利，使公司后加入的股东以及外部人能够及时、准确地了解类别股的存在，还应该将类别股进行公示。这也是股权的效力使然，股权的存在及变动不应仅仅存在于当事人之间。换言之，股权的内容、归属及现状如何，应有能从外部加以识别的表征，使股权关系透明化。从立法技术而言，股权只有通过法定才能明确其统一的内容与基本规则，便于公示。

公司法确认和保护股东对股份的支配与占有，表达的是社会财富的一种分配方式。当一个公司存在不同种类的类别股时，在相关利益群体之间有效地建立利益衡平体系十分复杂。不同国家和地区在不同历史发展阶段上，类别股的种类有所不同，而且经历了从简到繁的过程。我国在公司法发展初期，没有设置类别股制度的现实需求和制度基础。如今，市场经济充分发展，公司制度已成为人们投融资的基本工具。为有效实现各类投资者之间的利益平衡，明确管理层的信义义务，减少谈判或交易成本，实行类别股法定原则十分必要，即公司可以发行哪些内容的类别股，公司法应明确规定，并且禁止当事人在法定的种类之外发行类别股。

类别股的创设需要根据不同投资者之间的协商确认，并通过公司章程予以记载，且通常为公司法所规定的必要记载事项。这是因为公司的资本结构（债权、股权的比例）如何构成，关系到债权人和后续投资者的利益，需要在公司章程中公示。未经公示，创设的类别股不成立。公司章程公示类别股的相关信息，一方面是为了使有可能受其影响却无法参与公司决策的原始中小股东，有机会了解公司股权结构的变化，重新评估投资的风险及投资预期，甚至可能选择"用脚投票"；另一方面是那些可能对公司具有投资意愿的新股东或债权人在作出投资决策时能获悉公司发行了哪些类别股，作出明确的风险判断，决定自己投资工具类别的选择。

优先股典型地体现了类别股的双重属性。优先股最突出的特点就是事先约定股东的固定回报率、优先分配、优先清算甚至优先回赎等优先权利。作为代价，优先股股东通常对公司一般事项没有表决权。优先股股东的权利是双层的，即优先权是公司章程创设的，只能通过合同法得到保护；而优先股股东也是股东，他与普通股股东共同享有的所有其他权利，同样受到公司法上信义义务的保护。[1] 优先股股东有权利提起衍生诉讼，追究董事违反信义义务。同样，法律保护优先股股东免受控制股东的利益侵占。但优先股股东又显著区别于普通股股东，它的优先权范围在于公司章程赋予优先股股东相对于普通股股东的优势，一般表现在公司清算分配、利润分配等事项，有的可能享有回赎权。[2] 普通股的价值回报来源于公司绩效的改善，而优先股是

---

[1] 参见 Melissa M. McEllin，"Rethinking Jedwab: A Revised Approach to Preferred Shareholder Rights," *Columbia Business Law Review*, Vol. 2010, No. 3, 2010, p. 908。

[2] 参见 Lawrence E. Mitchell，"The Puzzling Paradox of Preferred Stock（and Why We Should Care about It），" *The Business Lawyer*, Vol. 51, No. 2,（Feb. 1996）, pp. 445 - 446。

根据证书的股利优先条款，获取固定的股利，在这个方面，优先股类似于债券。[①] 不过，优先股与债权相比，其持有人对公司的投资是永久投资，不能抽回出资。虽然有可赎回的优先股，但可赎回权的设定不仅要有法定依据，而且行使时必须遵守严格的条件与程序。对公司盈利享有优先分配或固定分配的优先股，因其股权性质，在公司无利润的情况下亦不得享受分红，其优先权无法实现。

在融资功能上，类别股的巧妙之处在于分割投资者的经济利益和对公司的事实治理权，充分体现控制权与财产权的博弈。投资者和企业通过运用类别股制度，可以构建理想的控制权关系，合理分配股东之间的利益和风险，满足风险资本和创业者的不同偏好。同时，投资者和企业所做的具体的、个性化的约定，如果写入公司章程，并有公司类别股制度的合法性支持，亦可消除投资的法律风险。

首先，优先股契合了私募股权投资者与创业企业的合作需求。[②] 私募股权投资者偏爱使用的对赌条款，法律不确定性较大。如果公司法明确规定优先股，则当事人可在优先股的框架下安排优先分红权或者特定条件下的回赎权等，可以实现私募股权投资者的特殊目标。

其次，对于社会上存在的厌恶风险或者风险承受力低的公众投资者而言，优先股有着较强的吸引力。优先股的另外一个优势在于它不会稀释股东的持股比例，容易获得老股东的支持，克服发行普通股融资的表决障碍。[③] 优先股还为公司提供了更大的灵活性，公司可以选择支付股利的时机。

---

① 参见 Melissa M. McEllin，"Rethinking Jedwab: A Revised Approach to Preferred Shareholder Rights," *Columbia Business Law Review*，Vol. 2010，No. 3，2010，p. 900。

② 布井千博、朱大明：《论日本法中的公司种类股与风险金融》，载王保树主编《商事法论集》2010 年第 18、19 合卷，法律出版社，2011，第 27 页。

③ Jonathan Barron Baskin and Paul J. Miranti, Jr., *A History of Corporate Finance*，New York: Cambridge University Press，1997，pp. 152 – 153。

最后，在国有企业或家族企业中，政府或家族创始人特别注重对公司的控制权，公司可创设双层普通股。政府或家族创始人持有多投票权的 B 股，公司的对外股权融资不会稀释原有股东对公司的控制权，二者兼顾。欧洲公司法中的"金股"其实是类别股中的附否决权条款的股份，政府对国计民生行业的管控可通过相关公司向政府发行附否决权条款的股份来实现。双层普通股也为美国的上市公司经常使用。

相比其他投资安排，类别股有诸多制度优势：第一，类别股不仅会提供较大的自治空间，而且法律效力明确，而投资协议条款有诸多的不确定性。第二，公司创设类别股必须公示，这有利于交易安全和保护第三人，而风险投资者和企业家的私下协议安排往往是隐蔽的，外部第三人尤其是债权人无从知悉。第三，股东之间或股东与公司之间的协议只对合同双方有约束力，对当事人之外的第三人没有拘束力；而通过公司章程创设与公示的类别股股东的出资条件具有对抗第三人的效力。①

三　类别股的公司制度价值

金融创新与融资市场的发达是公司制度现代化的内在动力。美国公司法的动态发展与其公司金融市场的发达和多元化密切相关，② 体现金融市场促进公司法演化的基本原理。其一，"融资、约束和治理"是公司融资推进公司治理进化的基本逻辑和范式。公司治理实际是在处理不同投资者的保护、不同类型投资者之间的利益冲突和投资者与公司管理层之间的代理成本等问题。不同类型的投资者对公司管理层

---

① 布井千博、朱大明：《论日本法中的公司种类股与风险金融》，载王保树主编《商事法论集》2010 年第 18、19 合卷，法律出版社，2011，第 23～24 页。

② 从 Berle 和 Means 描述的情况看，早在 19 世纪末 20 世纪初，美国公司类别股的创设品种已极为发达。类别股制度在美国的公司实践与司法裁判中已经成型与成熟，对我国具有一定的借鉴意义。参见 Adolf A. Berle, Jr. and Gardiner C. Means, *The Modern Corporation and Private Property*, New York：The Macmillan Company, 1932, pp. 127 - 200。

的约束机制和影响力不同，比如债权人依靠合同条款的设计，股东依靠投票权和出售股份。类别股股东的产生与股东利益的多层化，对公司治理提出更高的要求。其二，类别股是公司融资的创新，而融资创新对公司治理的权利配置、行为规则和各方的权利三个层面都产生深刻的影响。在权利配置方面，公司治理的资本结构多元化，投资者要求公司的投资回报方式差异化，要求形成与资本结构相适应的产权关系与利益格局。① 在行为规则与权利的界定方面，类别股的双重性使得它叠加适用公司法与合同法规则。类别股的创设不仅为公司融资创造了巨大空间，更深层次的是，对于商事组织法层面的制度创新及其相关制度完善，具有重要价值。

（一）股权价值理念的变化

股权是投资者向公司出资获得的对价，是一种将财产权和身份权集于一体的权利。传统的股权价值理念是将股权的拥有者——股东定位于公司剩余索取权者，相较于债权人的收益与公司盈余与否无关的特质，股东作为剩余索取权者只能在公司获利时才能分红，在公司亏损时则是公司经营和投资决策失败风险的首要承担者。因此，公司法的基本原理是，将投票控制权分配给公司剩余索取者，形成收益与控制相匹配的股权价值体系。于是，经济利益权与投票权等比例，成为股东行使投票权与监督管理层的激励；两权捆绑成为公司控制权市场出现的基础；由经济利益所有人享有选举公司董事的权利，这是管理层在公司行使权威与管理公司财产之合法性的核心基础;② 一股一票还有利于节约代理成本。这些构成了基础的公司结构。但类别股却突破了股权之经济收益与表决控制等比例的传统结构与激励原则，使得股权的内涵价值发生分裂：一方面股权收益权与公司盈余的关联度大

---

① 参见冯果、李安安《公司治理一体化走向的制度发生学解释——以结构融资为中心展开》，《现代法学》2012年第1期。
② 参见 Henry Hu and Bernard Black, "The New Vote Buying: Empty Voting and Hidden (Morphable) Ownership," *Southern California Law Review*, Vol. 79, No. 4, 2006, p. 850。

大降低，向债权性演进；另一方面表决控制权的大小却未必与持股数量相关。类别股以及其他金融衍生品的发达（如有经济负担股份与有法律负担股份的出现）使得股权之经济利益权与投票权分离与不成比例难以避免，带来公司结构的变革。[①]

（二）丰富股东平等原则的内涵

股东平等是公司法的基本原则。[②] 有研究指出，股东平等的本体观念应包含多种不同对股东平等与否的判断标准：股东自主行为之自由的平等；股东权利形式上的平等；股东获得利益机会的平等；股东获得利益总体份额上的平等；股东之间适当的差别原则。[③] 复合主义股东平等观在公司法中的立法表达为，作为抽象的私法主体，所有股东在法律人格上是平等的；基于股东身份所享有的权利性质和类型是相同的；[④] 在分红和表决方面，股东权利的平等是一种比例性平等。股东平等原则体现在公司运作的诸多环节，在股份发行时，同次发行的股份同价；在表决权方面，一股一票；公司盈余分配和清算剩余的分配依据股份的比例；股票平等原则要求公司和董事平等对待所有的股东。

不过，如果股东之间存在的客观不平等或者公司对股东实施不平等的对待（例如某些股东享有优先分红权，某些股东享有一股十个表决权），可以有效地增进全体股东的利益，特别是改善处于弱势地位股东的话，那么，这种差别或公司对股东实施的不同对待是符合股东平等原则的。股东形式平等原则的前提是同一类别的股东。对于不同类别的股东，则应遵循实质平等原则，不同股则不同权。实质平等原

---

① 参见 Shaun Martin and Frank Partnoy, "Encumbered Shares," *University of Illinois Law Review*, Vol. 2005, No. 3, 2005。

② 参见 James Cox, "Equal Treatment for Shareholders: An Essay," *Cardozo Law Review*, Vol. 19, 1997, pp. 615–616; Lucian Arye Bebchuk, "Toward Undistorted Choice and Equal Treatment in Corporate Takeovers," *Harvard Law Review*, Vol. 98, No. 8, 1985, p. 1782。

③ 参见田尧《股东平等原则：本体及其实现》，吉林大学法学院博士学位论文，2013，第62～64页。

④ 参见顾功耘、井涛《论股东平等原则》，载滨田道代、吴志攀主编《公司治理与资本市场监管——比较与借鉴》，北京大学出版社，2003，第171页。

则考虑到了股东之间偏好和需求的差别，允许他们与公司约定一些特殊的股权内容和合同内容，并同时将这些信息公示，以使第三人知悉。未来的投资者在投资公司时，将公司创设类别股的状况加以考虑，再决定是否投资或以什么价格投资。因此，无论对于类别股股东还是普通股股东，对于发行类别股之前的股东还是后加入的股东，既维护他们同股同权的形式平等，亦实现不同种类股东之间的实质平等。类别股的创设事实上丰富了股东平等原则的内涵。

在法理上，股东平等原则的立法目的是为保护少数股东，防止多数股东滥用多数决规则，作出对少数股东不利的决议。[①] 由此，公司法规定多数股东在行使资本多数决时负有对公司和少数股东的信义义务，目的在于防止控股股东滥用资本多数决，要求控制股东在追求自己利益最大化时不得使其他股东利益受损，以平衡股东之间的利益。而在类别股的情境中，由于公司需要按照"不同股东、不同对待"的实质公平原则行事，当公司的决议涉及变动类别股的权利时，须单独召开类别股股东大会进行投票表决。因此，股东多数决不会对类别股股东造成利益侵害。

在现代公司法中，不论是大陆法系还是普通法系，均不固守僵化的股东形式平等，而是承认股东形式平等原则的例外。其一，大陆法系的主要国家承认类别股之间的股东权的差异化是符合实质平等原则的。比如在法国，股东之间的地位平等原则不具有绝对价值，通过给予某些股东以特别权利，打破股东之间的平等。有许多公司对自己"稳定的股东"都给予复数表决权，或提高这些股东所得的股息。[②] 德国的股份公司在同等条件下必须同等对待所有的股东，但是当法律或公司章程对股东的权利或义务作出不同规定时，公司可以区别对待不

---

① 参见田泽元章《日本企业的敌意收购与收购防御措施》，杨东等译，载王保树主编《公司重组：理论与实践》，社会科学文献出版社，2012，第129页。
② 居荣：《法国商法》第1卷，罗结珍、赵海峰译，法律出版社，2004，第814页。

同的股东，包括公司可以发行没有表决权的优先股。① 其二，普通法原则上所有的股份是平等的，但是，如果有相反的约定，则承认可以有不平等对待的情况。②

(三) 公司法信义义务的演进与分层

因考虑利益冲突的多元化，类别股将使得信义义务规范在纵向与横向两个方面发生演变。在纵向方面，董事的信义义务将在勤勉与忠实义务的基础上，演化出公平对待不同类别股东的义务，更加明确地指向公司社团的整体利益；在横向方面，由目前的控制股东对中小股东的信义义务，演进到不同类别股东之间的信义义务。

股份类型多元化的公司资本结构中，公司的利益冲突将凸显为两类：股东与管理层之间的纵向利益冲突和不同类型股份之间的横向利益冲突。前者是代理成本问题，可以通过规定董事、高管的受信义务加以解决。对后者而言，作为实现不同投资目标的类别股份，其持股人之间的利益冲突是内在的、不可避免的。在类别股制度下，典型的利益冲突存在于优先股与普通股之间。除了参与性优先股以外，大部分优先股股东通过获取固定股利，而不是资本升值或公司利润增加来获得投资回报。它与普通股股东之间利益冲突的根源是风险偏好的差异。相比普通股股东，优先股股东厌恶公司投资的风险，因为它是获取固定的股利回报，或者是通过清算公司而行使优先清算权，取回投资与合理回报；而普通股股东则是依靠公司存续和公司绩效的改善而获利。公司财富的分配是零和博弈，优先股与普通股从同一个资产池中获取收入，在公司总财富给定的前提下，一方拿得多，意味着另一方相应地拿得少。③ 尽管董事的信义义务要求公司决策者平等对待和

---

① 莱塞尔、法伊尔：《德国资合公司法》，高旭军等译，法律出版社，2005，第 118～119 页。

② 参见 Shanghai Power Co. v. Del. Trust Co., 316A. 2d 589, 593 (Del. Ch. 1974); Melissa M. McEllin, "Rethinking Jedwab: A Revised Approach to Preferred Shareholder Rights," *Columbia Business Law Review*, Vol. 2010, No. 3, 2010, pp. 908 – 909。

③ 参见 Lawrence E. Mitchell et al., *Corporate Finance and Governance*, Durham, North Carolina: Carolina Academic Press, 2006, p. 653。

保护普通股和优先股股东的利益，但董事会是由具有投票权的普通股股东，甚至是控股股东所控制的。横向利益冲突表现为普通股股东对类别股股东的剥夺和利益转移。尽管优先股享有优先分红权，但只有当公司有盈利时，公司才分红；而分红的决策权属于董事会，包括是否分红，以及是每个季度、每年还是若干年才分红一次等具体事项的决策权都掌握在董事会手中。[①] 普通股股东往往会利用对董事会的控制而侵犯优先股股东的应得利益。

类别股制度的确立将为我国的公司治理提出更高标准。董事信义义务的传统内容是勤勉与忠实义务。不论普通股还是类别股，股东利益的保护主要依赖公司董事会的忠实和勤勉，而不同类别的股东之间的利益冲突是客观存在的。股份的类别化与股东平等原则要求董事在作出商业决策的时候不仅要勤勉、忠实，还必须公平对待不同类别的股东。公平义务将强化董事对公司整体利益的信义义务。即董事应当维护公司的整体利益，[②] 而不是受控于其所提名或选举的股东，[③] 仅服务于个别股东。公司利益作为团体利益，是普通股和类别股股东的利益交集。只有将董事信义义务的对象设定为公司利益，才能公平对待各类股东以及其他利益相关者，协调各类股东之间的利益冲突。目前中国公司法对于利益冲突的调整采取事前禁止的模式，将更多的审查权力赋予股东会。这种做法的取向"强调公司所有权而忽略了公司利益"。[④] 类别股的创设及其衍生的董事公平义务，有利于我国公司董事决策和信义义务更加明确地指向公司利益，进而增强公司的社团性。

---

① 参见 Franklin Gevurtz, *Corporation Law*, 2nd ed., St. Paul, MN: West, 2010, pp. 117 - 118。

② In re Trados Inc. S'holder Litig., No. 1512 - CC, 2009 WL 2225958, at* 7 (Del. Ch. July 24, 2009).

③ 参见邓峰《董事会制度的起源、演进与中国的学习》,《中国社会科学》2011 年第 1 期。

④ 参见邓峰《公司利益缺失下的利益冲突规则——基于法律文本和实践的反思》,《法学家》2009 年第 4 期。

　　在股东的信义义务方面，类别股也会促使其演进与分层。股东信义义务的理论基础是对董事会决策有实质影响力的股东，应对其他股东承担信义义务。[①] 它来源于董事的信义义务。股份的类别化不仅仅是控制股东与中小股东的简单的类别形态，相应地，承担信义义务的主体也不仅是控股股东（滥用控制地位），而且包括公司董事会与对公司决策有影响力的普通股股东（对类别股股东的信义义务）。同时，股东代表公司诉讼的对象也将从董事、高管、控制股东扩展到普通股股东。

　　在股东诉讼和外部融资者的压力之下，董事会在公司组织中的中心角色和公正决策将得到强化，董事会和股东会之间的权力可能会重新配置。我国现行公司法采取股东会中心主义，司法实践中把公司视作股东财产的延伸，"董事会不过是控股股东们对公司控制权延伸的手臂"，[②] 这无法适应企业融资多元化和投资需求多样化趋向的要求。随着私人财富的增加，类别股股东作为一股重要的外部投资力量，将推进股东会中心主义向董事会中心主义的转变。首先，董事会承担更大的责任维护不同股东的利益，而责任与权力是相对应的，更大的责任要求更大的权力，股东会与董事会之间权力将重新分配。其次，因为类别股的引入，公司决策和利益关系更为复杂，股东会决策更加没有效率，势必会加大对董事会授权。事实上，股东会投票表决也是基于董事会拟订的方案，而集体行动的困境、"羊群效应"与股东分散化的投资，往往使得股东会的集体决策流于形式。不仅如此，董事会成员往往以经过股东会表决作为自己未尽到信义义务的抗辩。

（四）法律强制与公司章程自治的互动增强

　　法律强制与公司章程自治功能之间的互动，将在类别股私人创设

[①]　当然，股东之间的信义义务与董事的信义义务有重大区别：股东之间的信义义务是股东之间的利益衡平，而董事的信义义务是服务于公司利益。参见黄辉《现代公司法比较研究》，清华大学出版社，2011，第 243 页。

[②]　邓峰：《董事会制度的起源、演进与中国的学习》，《中国社会科学》2011 年第 1 期。

的过程中得到更大的发挥。一方面，根据类别股法定原则，公司法必须规定若干种常用的类别股种类及其基本内容，公司创设和运用类别股，必须在法定框架下进行，且必须按照公司法的规定对类别股的创设和变更进行公示。另一方面，投资者与公司完全可以利用公司章程的自治功能，在法定种类的类别股制度之内，根据不同投资者的不同投资目的，对法定类别股的种类和内容进行不同组合。因此，公司章程的自治功能将在引入类别股和完善公司法中得到更大的发挥。具体来说，其一，公司章程的公示性和对抗性特征，使其需要向外界传递公司的资本结构、类别股的股份、持有人及具体情况等信息，以便其他投资者或者交易方准确地了解公司。投资者与公司可以充分利用公司章程的自治功能所赋予的合法空间，来创制恰当的公司股权结构及股债比例。其二，从股东权保护的角度来看，一方面通过公司章程创设的类别股不易变动，增发资本和修改公司章程通常被规定为特别多数决事项，即需要经过出席股东大会的三分之二多数决通过，这有利于保护股东利益不受侵犯；另一方面也必须根据不同类别股的期待利益设计不同的表决事项、表决方式和救济途径，当公司需要创立或者增设类别股时，影响类别股股东权益的事项，包括增发新股、创设新的类别股、对类别股权利的变动等，均需要经过公司章程修改的法定程序。

（五）挑战僵化的公司资本制度与观念

类别股对我国公司法遵行的资本制度构成挑战，它的引入将使我国目前的公司资本制度具有一定的柔性与弹性。我国现行公司法大体沿袭了大陆法系的"资本三原则"——资本确定原则、资本维持原则与资本不变原则，目的是为了交易第三人（特别是债权人）的安全。[①] 根据资本严格管制的传统，股东对公司的投资，形成公司的资产和公司独立人格。股东除对公司享有剩余索取权，不得从公司获得任何利

---

① 参见朱慈蕴《公司法原论》，清华大学出版社，2011，第204～210页。

益，除非以下两种情形：公司依照法律规定与程序向股东分红；公司解散清算。我国对资本的严格管制被认为是僵化与无效的制度。[①]

类别股突破了我国传统公司法关于股权不能获得固定收益回报的基本理念。一般而言，股东在经济利益方面只有权按照出资比例、持股比例或法律允许的比例分取红利，且获取的回报与公司效益挂钩。显然，事先确定的回报利率以及先行分红或清算的类别股，冲击了公司利润分配与清算分配的准则。

在形式化的资本管制下，公司资金运作的灵活性较小，资本运作效率低，运营的回旋空间小。比如，我国对股份回购采取原则上禁止的立法政策是资本维持原则的具体化，只允许四种例外情形下的股份回购，[②] 但股份回购是公司运作的一种重要手段，它可以调节资金、稳定股价、加强公司控制权、抵御敌意收购等。[③] 对于闭锁型公司的股东而言，股份回购是防止公司压迫的一种重要的退出机制。如果公司有权发行附回购条件的股份，根据所附条件的不同，可能是公司主动回购，也可能是投资者享有请求公司回购的主动权。类别股的产生软化了资本制度的僵硬。

四　类别股制度构建的基本框架

目前，主要国家的公司法均规定有类别股制度。我国公司法尽管隐含着公司发行类别股的自由，但不够明确，类别股的制度供给不足。《公司法》第 127 条规定："股份的发行，实行公平、公正的原则，同种类的每一股份应当具有同等权利。同次发行的同种类股票，每股的发行条件和价格应当相同。"通过反面解释，不同种类的股份可以具

---

① 参见邓峰《资本约束制度的进化和机制设计——以中美公司法的比较为核心》，《中国法学》2009 年第 1 期。
② 《中华人民共和国公司法》（以下简称《公司法》）第 143 条。
③ 参见施天涛《公司法论》，法律出版社，2006，第 266～267 页。

有不同等的权利。①《公司法》第 132 条规定："国务院可以对公司发行本法规定以外的其他种类的股份，另行作出规定。""经与被投资企业签订投资协议，创业投资企业可以以股权和优先股、可转换优先股等准股权方式对未上市企业进行投资。"② 但这些条文不仅因迄今为止国务院没有进行相关规定而尚未激活，而且实践中企业工商登记尚不允许特殊股份类型的登记，证监会亦不允许拟上市公司存在普通股以外的特殊安排。③

类别股的引入可能会造成股东之间、股东与债权人之间的利益失衡，并可能导致公司代理成本的增加，因此，构建一个利益再平衡的类别股制度是十分重要的。

第一，类别股的种类必须法定化。类别股种类法定是股权性质的本质要求，是公示的基础，类别股法定还有利于有效建立与公司利益相关者之间的衡平体系。当公司发行类别股时，需要原有股东表决通过，而通过类别股法定和公示，后续投资者（包括债权人和新股东）向公司投资时，充分知悉公司资本结构的组成，公司已经发行了哪些和多少类别股，由投资者判断是投资一股一权资本结构的公司，还是投资双层普通股资本结构的公司（不同资本结构的公司所发行的股份之市场定价会有差异），股东在信息充分的前提下根据自由意志选择，可缓解投资者之间的权利失衡。类别股法定和公示制度，有助于解决经济利益权与投票权分离所产生的信息披露问题。

一国公司法应规定哪些种类的类别股，应当以该国公司的本土需求为依据。在我国，中小企业存在通过私募股权进行融资的需求；政府为了公共目的需要控制国有企业，特别是关系国计民生的关键行业

---

① 参见任尔昕《关于我国设置公司种类股的思考》，《中国法学》2010 年第 6 期。
② 参见 2005 年 11 月 25 日，国家发改委等十部委联合发布《创业投资企业管理暂行办法》第 15 条。
③ 《金融业发展和改革"十二五"规划》明确提出"探索建立优先股制度"。参见郑晓波《证监会：优先股条件成熟时推出》，《证券时报》2013 年 5 月 25 日，第 A002 版。

企业，多投票权股份有现实的合理性。综合主要国家的类别股立法情况与我国的实际情况，应在公司法修订或在国务院的相关行政法规中，至少先确立若干种内容简单、实务常用的类别股种类：在股利分配、剩余财产分配方面的优先股、表决权股（包括超级表决权、限制表决权）、可由公司回购的类别股、股份类别之间可以相互转换的可转换股份。并同时规定，在类别股种类法定的原则下，公司不得创设公司法之外的类别股。等待实践经验更加成熟，再逐步扩展类别股的种类。

第二，类别股与债权人利益的协调。我国实行严格的公司资本制度，主要目的是保护债权人利益。类别股打破了传统的债权、股权"二分法"为基础的资本结构，使股权的性质更接近于"债"。通过发行类别股筹集资金，尽管可能具有固定收益等债权融资的属性，但其在本质上仍属于股份的一种。特别是在判断公司是否资不抵债的情况下。[1] 在这个问题上，商法应与税法、金融监管等公法规则不同。税法与金融监管推行实质重于形式，比如，根据税法的资本弱化规则，执法者倾向于将公司发行类别股时设定的具体条款视作不可分割的整体，基于经济实质来判定类别股发行所得的属性，[2] 以进行课税。然而，商法的基石是商行为的"独立法律意义"原则：如果商事行为或交易是遵守相关法律规定所为，那就在法律形式上有独立的法律意义，即使交易的构造或客观效果可能规避商法中其他类型的规定，法院也不能否定具有独立法律意义的商事行为或交易的效力。[3] 投资者与公司遵守关于类别股设定程序和内容的相关法律规定所作出的商事

---

① 参见 Frank Partnoy, "Financial Innovation in Corporate Law," *The Journal of Corporation Law*, Vol. 31, 2006, pp. 820 – 826。

② 参见冯果、李安安《金融创新视域下的公司治理——公司法制结构性变革的一个前瞻性分析》，《法学评论》2010 年第 6 期。

③ C. Stephen Bigler and Blake Rohrbacher, "Form or Substance? The Past, Present, and Future of the Doctrine of Independent Legal Significance," *The Business Lawyer*, Vol. 63, No. 1, 2007, p. 1.

行为，不应被轻易否定或改变其法律性质。在独立法律意义的原则下，公司法一般不应事后重新认定与调整公司的资本结构。①

在商事法律方面，对类别股与资本制度之间的矛盾应作事前规制。首先，优先股、不可赎回优先股、可赎回优先股、累积性优先股（法国甚至叫储蓄股）等四类类别股，依其程度不同，逐渐脱离股权属性，偏向债权性质。以可赎回的累积性优先股为代表的债权属性较重的类别股，弱化了公司的资本能力，有利于表面上降低公司的资产负债率财务指标，更容易向债权人借贷。从债权人保护的角度来看，无投票权或低投票权的类别股发行比例高的公司更容易伪装资本，美化资产负债率等财务指标。公司盈余分配方面的优先股更涉及公司的利润分配，而利润分配还可以用作公司减资和股东撤资的变相途径，②这些可能都会动摇公司资本制度。因此，大陆法系国家的公司法以公司股本总额为基数，规定优先股只能占股本总额的一定比例。③其次，类别股中的附取得请求权的股份、附取得条款股份、附全部取得条款股份均是由公司向类别股持有人回购股份，为了与公司资本严格管制的传统相协调，又不固守传统而损及公司运作的弹性，在我国未来的公司立法中应对涉及回购条件的股份发行加以程序上的限制，包括回购决定的公司程式（如应由股东会作出）、理由说明、公司以何种对价向投资者回购等均应有规定。④最后，作为一种特别规定，在财务会计方面，债权属性比较大的优先股不应记为公司的资本，而应记为

①　Frank Partnoy，" Financial Innovation in Corporate Law，" *The Journal of Corporation Law*，Vol. 31，2006，p. 820.

②　邱海洋：《公司利润分配法律制度研究》，中国政法大学出版社，2004，第7页。

③　《法国公司法》第228~11条第3款："无表决权优先股不得占有公司一半以上的资本；在股票准许进入规范市场交易的公司，无表决权优先股不得占有公司四分之一以上的资本。"（参见《法国公司法典》上册，罗结珍译，中国法制出版社，2007，第261页）《意大利民法典》第五章"公司（合伙）"第2351条："附有此种限制的表决权股份，不得超过公司资本的二分之一。"（参见《意大利民法典》，费安玲等译，中国政法大学出版社，2004，第406页）

④　参见前田庸《公司法入门》，王作全译，北京大学出版社，2012，第79~84页。

公司负债。这是为保护债权人利益的特殊财务会计安排。

第三，对于双层投票权普通股的引入应区分情形加以规制。一方面，多投票权股有利于公司的长远发展规划，公司不需要为提高股价等短期目标采取急功近利的行为；证券市场对公司的定价功能为投资者提供一定保护。[1] 双层投票权普通股还有利于克服股东的"搭便车"行为。[2] 一律禁止双层普通股的资本结构，公司法显得过于刚性与僵化。特别是，国有企业是我国国民经济基础；国家所有权具有社会稳定的功能；国家所有权在我国属于一种公共信用机制。[3] 而双层普通股对于保障国有公司中的国家权益以及完善国企治理结构有特殊意义。

另一方面，双层普通股的引入确实有不利影响。特别是当公司管理层持有多投票权股份的时候，公司管理层可以用少量的股份控制公司，强化内部人控制，造成公司控制权市场失灵，避开外部市场监督，并削弱独立董事的地位。[4] 对此，应区分两种不同的双层普通股。我国应禁止公司通过资本重置（recapitalization）将现有的股份转换为不同投票权股份，但应允许公司在发行新股时，发行新的限制投票权或无投票权普通股，对新股东实行双层普通股。因为在前一种情形下，控股股东对公司决议具有控制力，容易强迫其他股东接受股份发行方案，迫使其他股东的股份转为低投票权股份，这是资本多数决的弊端。而后一种情形属于控制股东为维持已有的控制地位而发行低投票权股，其他投资者自由认购，这种公司融资方案不会稀释原有股东的控制权，便利公司融资，又不违背中小股东的意志，不应禁止。[5]

---

① 参见张舫《美国"一股一权"制度的兴衰及其启示》，《现代法学》2012 年第 2 期。

② Henry Hu and Bernard Black，"The New Vote Buying：Empty Voting and Hidden（Morphable）Ownership，" *Southern California Law Review*，Vol. 79，No. 4，2006，p. 852.

③ 参见蒋大兴《公司法的观念与解释 I：法律哲学 & 碎片思想》，法律出版社，2009，第 239 ~ 248 页。

④ 参见 Joel Seligman，"Equal Protection in Shareholder Voting Rights：The One Common Share，One Vote Controversy，" *George Washington Law Review*，Vol. 54，1985 – 1986，pp. 721 – 723。

⑤ 参见 Ronald J. Gilson，"Evaluating Dual Class Common Stock：The Relevance of Substitutes，" *Virginia Law Review*，Vol. 73，No. 5，1987，pp. 807 – 844。

　　第四，类别表决机制。我国公司法采取股东会中心主义，股东会在公司权力运作和决策中扮演着重要角色。股东会的运作是否规范，关系到公司运作和治理的规范与效率。在只有单一普通股的股东会结构中，公司法只需要规定一套股东会规则。类别股的引入，将丰富我国股东大会的内容与层次。在类别股和普通股混合的公司中，公司需要具备对股东会更高的驾驭能力。公司的董事和管理层，则必须能熟练组织不同类型股东大会会议，才能推进董事会的决策在股东大会通过。此外，由于一些重大事项需要经过类别股股东大会单独开会和表决，股东对董事的监督力量将进一步增强。

　　关于类别表决机制，首先需要公司法明确规定，哪些事项必须经过类别股股东大会的表决，哪些事项由普通股股东大会表决，哪些事项是需要类别股和普通股股东共同开会和表决。本着利益相关原则，当公司作出的决议涉及类别股的变更、损害或影响时，须经过类别股股东大会的表决，具体情形至少包括：增加或减少该种类股份的数量；将某类股份的全部或部分兑换或转换成另一类股份；改变某一种类股份的名称、权利、优惠或限制；将某类股份换成同类的不同数量的股份；创设新的在权利或优惠优先于、高于或在实质上等于该一类的股份；限制或取消该类股份已有先买权或取消、影响该类股份的分配、取得红利的权利；以及其他可能影响类别股股东权益的事项。①

　　类别股股东大会的程序性规则需要完善，包括股东大会的召集、最低出席人数、表决通过人数，这些规则为类别股股东大会的运作提供规范基础。表决通过要件的立法原则是：对表决事项进行区分，采取不同的表决通过要件，对普通事务从宽通过，特定事务从严通过，分为一般多数、特别多数与全体同意三类；公司法规定会议表决通过

---

① 如我国台湾地区"公司法"第 159 条第 1 款；《日本公司法》第 322 条；《美国示范公司法》第 10.4 节；《澳大利亚公司法》（2011）第 246C 条。

的最低标准，但授权公司章程可以规定比公司法更严格的标准。①

一般来说，无表决权的优先股和无表决权的普通股无权参加普通股股东大会的表决。但在一定条件下，表决权可以复活。② 表决权复活的触发规则是公司法的强制性规定，是一种利益再平衡的机制。

市场与社会对法律的需求力量积累到一定程度，会自下而上地促使法律制度的变更。目前，公司融资的本土实践已经为类别股制度的产生提供了现实土壤，我国公司法应具有应对复杂融资问题的包容性。公司法除了提供债权和股权的融资工具外，还应规定类别股。

（本文原载于《中国社会科学》2013 年第 9 期）

---

① 如《日本公司法》第二编"股份公司"、第四章"机关"、第一节"股东大会及类别股东大会"第 324 条；第 111 条（规定了需全体类别股股东同意的事项）；2006 年英国公司法第九章"股份的类别与类别权利"（Classes of Shares and Class Rights）第 630 条"类别权的变更：针对拥有股份资本的公司"。

② 比如，《联邦德国股份法》第 140 条（2）规定："如果在一年度没有或者没有完全支付优先股息，并且在下一年度除了该年度的全部优先股息之外不能补交余额，那么，优先股东在余额补交之前有表决权。"参见《德国股份法》，杜景林、卢谌译，中国政法大学出版社，2000，第 72 页。类似的立法例在日本、美国、法国均存在。

公司监督机制的利益相关者与核心结构

——由中国公司法规定的监督机制观察

甘培忠*

公司作为私人利益的团体集合，这一基本属性自公司诞生以来并没有发生根本改变。自由经济时代的政府较少介入公司控制与运营的内部事务，私人公司在市场失灵（由政府加以判断）以前自我发展了近300年的历史。自由竞争最终产生了公司帝国，产业的高度集中、资本市场的投机风暴、公司高管人员的道德沦丧、经济的周期循环迫使公共机关开始关注公司运行的稳健与持续发展，公司监督机制的变革进程中出现了政府的身影，为公司设立和资本筹集提供服务的中介机构不可能置身事外，公司牵涉的社会利益广泛也吸引了媒体的职业关注，股东作为剩余索取者、债权人和职工作为最密切利益相关者自觉或者通过制度的安排当然参与到公司的监督机制中。司法监督公司行为具有社会正义的普遍认同，且历史久远，传统深厚，自不待言。中国公司法所规定的公司监督机制吸收了发达国家和地区公司立法成功的经验，也特别注重体现我国社会公司文明进步的阶段性背景和各利益相关群体的认知水平。较之1993年公司法，我国2006年公司法在这一方面的确获得了非同寻常的改善。

一 公司监督机制的利益相关者

公司的三大要素是股东、资本、章程，其中资本由股东贡献，章

---

* 甘培忠，北京大学法学院教授。

程由股东制定，因此股东是公司的精神和物质的源泉。公司是股东创设旨在发展股东利益的机构，股东是站在财产所有者的角度关心公司经营活动并评价董事、高管人员的行为的，公司法提供的法定公司治理结构包括公司的监督机制，股东们当然接受，但他们也有权作出补充的甚至"另有规定的除外"性章程安排。股东对公司、董事、高管人员行为的监督可以单独进行，如提议召集临时股东会会议，请求公司分配利润，提请法院撤销或者宣告公司决议无效，提请公司监事会起诉侵犯公司利益的董事、高管人员或者提起派生诉讼（请注意，我国公司法规定股东提起派生诉讼的对象包括第三人如控制股东，如派生的行政诉讼中的行政机关），请求查阅公司决议和会计账簿，请求公司回购股份，请求司法解散公司等；也可以通过股东会行使其监督权，如投票选举董事会、监事会成员，投票罢免违反忠实义务和勤勉义务的董事、监事、高管人员，决定公司管理人员的薪金，在股东会上对董事、监事、高管人员提出质询等。上述内容，我国 2006 年公司法均已规定。公司的债权人出于对自己债权利益安全的关心，对公司的合并、分立、减资、不正当转移资产等行为实施法定监督，公司法提供了他们表达意见的特殊程序，公司如被控制股东、实际控制人滥用股东有限责任和公司人格或者控制权发生损害债权人利益的行为的，债权人可以提起否定法人资格的诉讼。此外，我也认为当董事、监事、高管人员对公司有侵权行为造成损失而公司、股东放弃诉讼权利的，债权人为维护自身利益可以提起派生诉讼，美国在 20 世纪就有这样的案例。一些中介机构，如会计师事务所在公司设立时出具验资证明，股份有限公司发行股票的保荐人（往往是主承销商），他们获取了服务的机会和利益，但也要承担证明不实与保荐欺诈的风险，因此他们在特定的事项、特定的期限内会自动监督公司的行为（2016 年公司法第 208 条有规定）。证券交易所对上市公司的监督功能是各国所承认的。政府从良好的公司治理秩序中获取经济繁荣、投资环境清洁、税收收入、社会和谐的利益，政府当然会履行监督职责，更何况政府负担公共利益维护的职责。

当然，监事会是履行监督义务的专门机构，董事之间相互监督，独立董事对上市公司的行为进行特殊监督①，其职责由法律定位。他们并非是公司监督机制的利益相关者，他们依据法律的规定而行使职权。

公司的监督机制的介入者，各自对公司持有不同的期望和利益，在公司的监督机制中发挥作用。但是，从公司的根本属性上看，公司的私利性是最本质的属性，股东对公司的监督存在本源的利益关切，政府、债权人、中介机构、媒体、证券交易所、法院的监督只能是辅助性的。公司监督机制的优化发育一定以培养股东成为成熟的理性经济人为目标取向，而理性经济人的标准不仅仅只是会意识到保护自己利益的责任，而且应当学会在公司法律规则的环境中适当保护。

二　公司监督机制的核心结构

我这里所讲的公司监督机制的核心结构是指由公司法安排的公司作为独立法人自身应当建立的常态运作的监督机构及其运作权能和关系。这里，主要包括股东会、股东大会是否保留监督权，监事会的制度选项，独立董事制度的引进及职权分配，公司监督资源的有效配置等。

公司应当具有独立的财产、人格和仅为公司利益而服务的决策、运营机构，利益的多元化需要配置独立的监督机构。英美国家中的董事会自身集对公司的控制和对控制的监督职能于一体，以受信人法律

---

① 据中央财经大学中国企业研究中心刘姝威教授的统计，2003年1月至2005年6月10日，上海证券交易所和深圳证券交易所共发生公开谴责上市公司97件，被谴责的违规行为合计131次，其中不披露重大信息、隐瞒重大真实信息、编造虚假信息是上市公司违规活动的主要形式。参见刘姝威《上市公司违规典型案例研究》，《上海证券报》2005年9月8日。

制度约束董事和经理人；大陆法系法律讲求对称性，把分权的制衡关系体现在形式上，即公司的控制权和监督权得由不同的人员执掌，由此形成了与董事会并列的监事会。百多年来，美国的公司治理制度伴随美国对全球社会经济生活的影响作为现代文化的核心内容散布到世界的各个角落，董事、经理对公司的信义义务的价值观、独立董事、商业判断规则等一一被其他国家的公司法所吸收，中国的公司法修订也是如此。

2005年，我们也曾经历了如何选择公司监督机制的讨论，这种讨论的背景是中国公司法的修订。学者们面对1993年公司法施行以来中国公司监督制度的安排基本失败的事实，真正进行了深度的思考和激烈的争论。20世纪90年代中期，中国证监会已经开始部署在上市公司中设置独立董事，2001年更是全面铺开，而后来的岁月中学界对独立董事制度批评甚多，不看好的意见似乎居于多数。我们的确处在艰难的选择关头。监事会与独立董事同时存在，有叠床架屋、职责冲突且浪费公司资财的问题；学习日本让公司自主选择监事会或者独立董事，由于监督制度的重要性以及独立董事制度的水土不服，让公司选择无疑会制造混乱，毫无妥当性。立法机关和学者反复讨论，意见趋向同意，认为监事会制度比较符合中国国情，在作为公司的权力机关的股东会、股东大会下设董事会为决策机构，设监事会为监督机构能够为社会各界所认知与自然接受，改革的手段应当是强化监事会的职权，而不是削弱它，甚至颠覆它。上市公司也必须以监事会的监督为核心制度，增加独立董事作为补充的监管制度安排，监事会的监督职责在公司法中明确规定，独立董事的职权应当围绕公司信息披露、关联交易、重大事项的独立审查为主铺陈，个别情况下与监事会的职权存在交叉也无大碍。

按照上述的立法精神，我国2006年公司法完成了以下的制度建设。

第一，规定监事和董事、高管人员一样，对公司承担忠实义务和勤勉义务[1]，监事的地位就是公司的信托人。过去，有的文章认为监事由于不具体掌管公司的资财和行为，故不必对公司承担信义义务（包括忠实义务和勤勉义务）。其实不然，监事监督董事的行为也是公司托付的职责，不承担对公司的信义义务就无法指望他们忠于职守，而且英美国家的董事会中无人不承担信义义务，董事会同时行使监督职责。

第二，全面强化监事会的职权。1993 年公司法规定了监事会有五项职权[2]，外加列席董事会会议的职权。2006 年公司法，充实了原先规定的 5 项职权，如规定监事会可以提请股东会罢免董事、高管人员，规定在董事会不召集临时股东会会议时可以自行召集和主持，列席董事会会议时对董事会议决的事项提出质询或者建议。增加的新规定有：对侵害公司利益的董事、高管人员代表公司提起诉讼，向股东会会议提出议案，独立调查公司财务并可聘请会计师事务所协助工作，费用由公司负担，监事的其他职务活动费用由公司负担。

第三，准确理解 2006 年公司法第 55 条第 1 款的内容。2006 年公司法第 55 条第 1 款规定："监事可以列席董事会会议，并对董事会决议事项提出质询或者建议。"综合公司法对监事地位的规定，我认为过去为大家所诟病的监事只是事后监督，如今已经完全改观了。尽管监事对董事会议决的事项不行使投票权，但监事的质询意见和建议，董事会不得不重视。按照 2006 年公司法第 113 条规定的董事会作出错误决议时持有反对意见并记载于会议记录的董事可以免责的情况看，监事的质询和建议足以构成董事会中的另一种声音，不理睬监事的意见孤注一掷，董事们可能会承担违反忠实义务或勤勉义务的责任。作为列席会议的监事，

---

[1]　参见我国公司法第 148 条。

[2]　我国 1993 年公司法第 54 条规定的监事会或者监事的职权有："（一）检查公司财务；（二）对董事、经理执行公司职务时违反法律、法规或者公司章程的行为进行监督；（三）当董事和经理的行为损害公司的利益时，要求董事和经理予以纠正；（四）提议召开例行股东会；（五）公司章程规定的其他职权。监事列席董事会会议。"

如果对明显错误的决议，不质询或者不建议，也可能在事后的诉讼中承担违反信义义务的责任。所以，质询或者建议存在着责任风险，它的实质是监事的义务，而不是权利。据此可以说监事进入了事中监督的程序，监事的个人利益的安全与其承担的具体职责产生了相关性，按照理性经济人的标准判断，列席董事会会议对董事会决议事项一声不吭的监事将不复存在，监事成了没有投票权的董事。

三　几个相关议题的讨论

（一）关于股东会与董事会的关系

乍一看，我们会觉得这并不是个问题，但实际上存在大问题。我国公司治理结构中没有实行董事会中心主义管理体制，股东会与董事会分权治理公司，董事会的职权以决策经营为主，而股东会对公司的重大事项拥有决定权。从股东会与董事会的位阶关系看，董事会由股东会产生并对股东会报告工作。在英美国家，董事会主导公司的一切事务，股东会虽然会选举产生董事会，但董事会在职权范围内所作的决定股东会不可以改变。在中国公司法体制下，董事会没有超越股东会的权力，换句话讲，股东会有权改变董事会的决定，这不违反公司治理原则。同时，这种情况恰恰是公司股东会对董事会具有监督权的体现。

（二）关于董事勤勉义务的法律判断标准

2006 年公司法不仅系统规定了董事、监事、高管人员对公司的忠实义务，而且也明确规定了勤勉义务。对于忠实义务，公司法第 21 条、第 148 条第 2 款、第 149 条不仅作出了原则规定，而且列举了 8 种具体禁止的行为，比较明确。但是，勤勉义务在公司法上只是出现了四个字，如同故宫里太和殿上皇帝书写"正大光明"四个字一样，没有其他的注解，但它是制度理念的旗帜，其中包含的深刻意蕴洋洋万言也不足为解，只不过"正大光明"需要用中国的国学和厚重的历史解释其中演绎的皇家气象、治国方略以及眼泪和着血书写的事件、故事，而"勤勉义务"就不得不依赖于英美法系的信托理论，国学无能为力。

大陆法系的传统民法和商法中规定了"善良管理人的注意义务"，如日本民法典第 644 条，日本原商法典第 254 条之一第 3 项。日本信托法第 20 条之规定，受托人应依信托之本旨，以善良管理人之注意，处理信托事务。韩国信托法第 28 条规定，受托人应依信托之本旨，以善良管理人之注意义务来管理和处分信托财产。我国信托法第 25 条第 2 款规定，受托人管理信托财产，必须恪尽职守，履行诚实、信用、谨慎、有效管理的义务等。按照大陆法系的通说解释，善良管理人的注意义务包括管理技能和思想谨慎度的义务两方面。如果委托的设立是以受托人的特殊能力为前提，如医生、会计师、律师、信托投资公司等，则受托人负有该种职业所要求的专业水平的注意义务，或称为高度注意义务。大陆法系注重民事主体权利的平衡和当事人意思自治的精神的贯彻，在不危及公序良俗和不逾越社会道德原则的前提下允许委托人和受托人就减轻或者加重受托人的责任作出约定。但是理论上为防止受托人进行道德风险的勾当，主张约定免除受托人责任的无效，除非存在紧急万分的情势，或者受托人完全无利益，并且只能为委托人或者受益人的利益而行动。董事、监事、高管人员是公司的支薪管理人，他们对公司的勤勉义务依据法律的规定而确立，法律没有赋予公司通过章程减轻董事的责任。在我国的条件下，公司章程其实无法解决勤勉义务的复杂的认定标准，也不存在修正法律规定的空间。

在美国，董事勤勉义务的衡量标准基本上是一致的。《修正标准公司法》第 8.30 节第 1 项规定，董事履行作为董事（包括委员会成员）的义务时必须满足以下要求：（1）处于善意（in good faith）；（2）尽到处于相似地位的普通谨慎之人在类似情形下所应尽到的注意（with the care an ordinarily prudent person in a like position would exercise under similar circumstances）；（3）以其合理相信的符合公司最佳利益的方式（in a manner he reasonably believes to be in the best interest of the corporation）处理公司事务。纽约州和加利福尼亚州的公司法采用了此种表述方式。但是在纯粹的信托业务中，为适应信托在商业和金融领域的复杂化要求，英美法系在受信人的普通义务之上增加了特殊的要求，如美国针对信托业和投资银行业颁行的谨慎投资人规则（The Prudence Investor Rule）。

较之忠实义务，把握勤勉义务的标准似乎更难，它需要以其他人的正常心态和智力水平作为参照去衡量董事在当时决策时的心理状况，而且事后判断会使错误的痕迹暴露无遗，判断者意识清醒没有压力，犯错的董事容易受到指责和惩罚。因此，法律主张采用以客观为主的综合性标准。即，判断董事勤勉义务的履行状态，应当以普通谨慎的董事在同类公司、同类职务、同类相关条件和环境中所应具有的注意、知识和经验程度作为衡量标准。倘若有证据表明某董事的知识、经验和资格明显高于一般标准时，应当以该董事是否诚实地贡献出了他的实际能力作为衡量标准。如此，才可以克服单纯的客观标准和单纯的主观标准具有的缺陷，使事后判断符合实际。如按照英美法系国家普通法上的精神，董事应当对其他董事的行为负有监督之责，体现在董事会会议活动的层面上就是要求董事对其他董事决策时可能发生的错误要给予规劝，晓明道理，董事在董事会上没有洁身自好、明哲保身的权利。否则，董事有可能违反对公司的勤勉义务。

（三）董事侵权行为的归责原则

归责原则，分为过错责任原则、过错推定原则、无过错原则（英美法中称为严格责任原则）和公平责任原则等。归责原则是法律上确定行为人侵权民事责任的根据和标准。董事、经理、监事在公司中处在决策与管理的位置上，对他们的职务侵权行为订定适当的归责原则对于保护公司利益、股东利益是非常重要的，对董事、监事、高管人员自身利益的保护同样重要。归责原则过严，董事职业就变成高危行业，董事谨小慎微，无所作为，公司没有活力和生气，没有前途；归责原则过宽，董事和高管人员会无所畏惧，加大公司的经营风险。董事、监事、高管人员占据公司的领导者职位，他们领取较普通员工高得多的薪水，他们支配公司的资源，通过参加会议并讨论表决而决定公司运营的方向甚至决定公司的命运。他们的行为如果对公司不忠诚，或者因疏忽而作出了错误的决策，公司的利益就会受损，股东也就难免利益减少。但是，董事的身份，与传统的信托关系中的受托人的地位有所不同，公司是一种必须要承担经营风险的组织，而传统的信托财产只需要受托人谨慎管理就可以了，因此不能要求董事总能作出唯一正确的决定。各国公司法确定的董事责任的原则一般是两种：一是无过错责任原则，另一是过错责任原则。日本公司法律制度原先规定董事的责任为无过错责任原则，鉴于董事责任风险过大，董事谨小慎微、明哲保身导致公司的竞争力下降，2005 年修订并于 2006 年 5月 1 日施行的公司法将董事无过错责任原则改为过错责任原则。

我国公司法第 150 条规定，董事、监事、高级管理人员执行公司职务时违反法律、行政法规或者公司章程的规定，给公司造成损失的，应当承担赔偿责任。第 113 条第 3 款规定，董事应当对董事会的决议承担责任。董事会的决议违反法律、行政法规或者公司章程、股东大会决议，致使公司遭受严重损失的，参与决议的董事对公司负赔偿责任。但经证明在表决时曾表明异议并记载于会议记录的，该董事可以免除责任。上述两条的规定，并没有明确揭示我国公司法关于董事责任的归责原则。在公司中，董事、监事的职务行为包括集体行为和单独行为两种模式，公司法第 113 条的规定主要指董事的集体行为，第150 条规定的行为包括了集体行为和单独行为，公司高管人员的行为多是单独行为，除非其个别人担任董事的当然存在集体行为。民事责任体系中的违法性和过错性是有区别的两个概念，违法性体现对行为的法律评价，董事、监事、高管人员的行为违法，其过错当然是成立的，如果其行为给公司造成损失理应承担损失赔偿责任。过错性标准不仅设定承担责任的法律前提，而且规定对举证责任的分配。董事、监事、高管人员的行为是一种特殊的职务行为，特别是他们的决策活动存在正常的商业判断风险，一项决策可能不违法，但执行的效果是失败的，公司和股东都会蒙受损失。这时是否确定董事、监事、高管人员的赔偿责任，违法性标准无法直接适用，不能从广义的角度讲违反勤勉义务就存在违法性，因为勤勉义务的判定需要从董事参与决策时的具体场景推理分析，它要比照董事的常态的精神集中度，比照同样智力水平的人的判断力，而且要排除"事后诸葛亮"评价心态的影响。公司法上规定的董事、监事、高管人员行为的违法性，是就法律、法规的禁止性规定而言的，如董事挪用公司资金，擅自泄露公司秘密，董事超越公司的授权为他人债务提供担保等，在其违法性行为涉及公司章程的规定和股东会、股东大会决议时，也应理解为其行为违反了明确的授权安排或者直接与章程、股东大会、股东会的决议相冲突。按照公司法第 150 条、第 113 条的规定，董事、监事、高管人员的行为如果违反法律、行政法规、公司章程以及股东大会决议，给公司造成损失的，必须承担赔偿责任，违法性作为责任发生的前提存在，这似乎不是很全面，董事责任发生的场合有时难以确定其违法性，而且法律也不可能穷尽规定董事、监事、高管人员行为的全部准则。因此，依据违法性标准所导致的董事、监事、高管人员的赔偿责任只是部分，而不是全部。

结合国内外公司法律的规定及实践情况看，笔者认为我国公司法框架内对董事责任追究的归责原则应当是过错推定原则。董事、监事、高管人员因过错行为而对公司承担赔偿责任，无过错则不承担赔偿责任；董事、监事、高管人员的行为违法，其过错当然构成，诉讼中的焦点就是行为违法与否。如果董事的行为在形式上不违法，判断实质违法与否的情况就会异常艰难。当针对董事、监事、高管人员的诉讼被提起，原告一方只承担简单的证明责任，那就是董事、监事、高管人员的行为给公司造成了损失，并间接造成了股东的损失，因为有可能诉讼是由股东提起的派生诉讼。董事、监事、高管人员作为被告，应当负有证明自己没有过失的责任，不能证明的就应当承担责任。不同于严格责任原则或者说无过错责任原则的是，过错推定原则准许被告证明自己无过错的事实证据不以法定的免责事由和约定的免责事由为限，用以证明董事、监事、高管人员无过错的任何事实，只要与争讼事件存在联系并具备证明力的，法庭应当允许作为证据用以证明和质证。如果适用普通的过错责任原则，举证责任转由遭受损失的股东和公司承担，特别是中小股东没有参与公司经营事务的机会，且对复杂的公司决策项目缺乏知识和了解，是无法完成证明责任的。因此，针对董事、监事、高管人员侵权行为的归责原则应当为过错推定原则。

（四）董事、监事、高管人员行为的免责事由

基于过错推定原则的适用，董事、监事、高管人员的免责事由不局限于法定免责事由和约定免责事由的范围。由于董事在履行对公司的忠实义务的原则前提下，的确需要带领公司进行适当的冒险行为，没有风险也就没有企业，冒险成功后公司获得巨大利益，股东也会获得收益；冒险失败，公司或者股东挥起板子打董事也是显失公正的。公司法需要平衡地安排董事的利益安全和公司、股东的利益福祉，确定法律保护的最主要利益应当是股东与公司的利益，因而确认董事的忠实义务和勤勉义务，并把这两项道德义务直接上升为法律义务。同时，不仅仅是出于为了安抚董事，而且是必须考虑到公司经营活动的自然冒险性和决策的失误率，就要安排保护董事的必要规则。规定法定的免责事由和准许公司章程、股东会、股东大会决议作出免责事由的特殊安排，正是体现了这种精神。

公司法第 113 条规定的免责事由是董事能够证明在表决时表明异议并记载于会议记录。此外，按照董事、监事、高管人员在公司中的位置来讲，如果他们的行为是执行股东会、股东大会的决议而致公司遭受损失的，应当可以成为免责事由。公司法没有给定其他的法定免责事由，按照民事法律、经济法律的一般规定因不可抗拒的事件导致的损失不能归责于董事的，也应当成为可以免责的事由；他人的违约行为、侵权行为致使公司遭受损失的，要区分董事、监事、高管人员在其中的作用而定。对于公司章程或者股东会、股东大会决议或者公司与董事、高管人员订有协议对特别事项安排免责事由的，一般应当允许，因为股东有权处分自己的财产利益。但是，以下两种情况显然例外：一是公司章程或者股东会、股东大会决议不是对董事的特定行为专门确定免责，而是一概予以免责的，与董事对公司承担忠实义务、勤勉义务的法律的基本原则相违背，应当是无效的，否则会引发董事、监事、高管人员的道德风险；二是免责事由的适用给公司的债权人利益产生重大影响的，对债权人不发生效力。在具体案件中确定董事责任时，应当借助美国法官所创造的"商业判断规则"。

（五）通过司法解释引入"商业判断规则"

我国 2006 年公司法突出强调董事、监事、高管人员的责任机制的建立，公司的管理层面临来自股东诉讼的现实压力，董事、经理的道德操守如果没有大的提升，将会变成一个与被告地位联系最多的职业。目前，中国经济的高速成长使得股东们有钱可赚，经济一旦稍稍不如意，股东们就可能会拿起公司法拧就的管理人责任鞭子，把董事、经理们赶上法庭。公司法在维护公司利益和股东利益方面，向前迈出了重大的一步，然而由于没有同时引入商业判断规则，董事、经理利益的保护显然失去了平衡。也许我们需要矫枉过正，也许我们又一次对公司法赋予了解决当前社会急迫问题的任务而不得不忽视其公平性、规范性、平衡性的长远价值。好在中国公司法的快速发展和进步，国外公司法律中行之有效的许多制度在中国的学术界、律师界甚或司法机关先行发酵，最后酿成公司法上的一杯美酒。我们完全可以相信，尽管公司法没有规定，但很快，在被告为公司的董事、经理的法庭上，代理律师们会洋洋洒洒地讲述着"商业判断规则"的故事……

商业判断规则（business judgement rule）是由美国法院在处理针对董事的诉讼中发展起来的用以免除董事因经营判断失误承担责任的一项法律制度。美国法学会于 20 世纪 90 年代公布的《公司治理原则》第 4.01 条第 3 项将商业判断规则的内容概括为："如果公司的董事或经理人员在作出商业决策时，具备以下的三项条件，他或者他们就应当被认为正当地履行了职责：（1）董事或经理人员与该项交易或商业活动不存在利害关系；（2）他或者他们有正当理由相信自己已经掌握了准确、全面的信息；（3）他或者他们有理由相信所作的判断和决策符合公司的最佳利益。"特拉华州最高法院法官认为，商业判断规则是这样的一个假定，即公司董事在作出经营决策时是以透彻了解情况为基础，怀有善意，并且真诚地确信所采取的行动符合公司的最佳利益。如果董事们证明自己在履行职责时满足了上述条件，法院就会支持董事的立场。推翻这种假定的前提是原告承担相反的举证责任。

董事们掌控公司，需要在许多事项上参与讨论，发表意见并通过投票或者自行决定的方式作出对公司产生效力的决策。由于公司经营内容的万千变化和多样性，在董事决策可能涉及失当或者存在勤勉义务违反的情况下，股东或者公司对董事可能提起损害赔偿的诉讼。在这类案件的审理中，一个基本的事实存在是这样的：商业经营活动本身具有风险含量，董事的判断和决策是根据公司当时的情景作出的，审理活动则是在事后的冗长的程序中细细品味，结论形成的成本付出完全不同，法官在没有任何盈利压力的环境中审视专业人员的临机处置行为的妥当性当然是"事后诸葛亮"。美国法学家伯利（Adolf A. Berle）和美国经济学家米恩斯（Gardiner C. Means）在《现代公司与私人财产权》（*The Modern Corporation and Private Property*）一书中甚至断言："就本质而言，在经营管理公司方面，法院并不擅长，所以法院不愿也不敢介入公司商业运作的事务中。"美国经济学家伊斯特布鲁克（Frank H. Easterbrook）和法学家费舍尔（Daniel R. Fischel）在《公司法的经济结构》（*The Economic Structure of Corpo rate Law*）一书中曾精辟地提问："为什么法院可以裁定工程师是否妥当地设计了喷气式的压缩部件（the compressors on jet engines），可以裁定农民是否依照行业标准提供了石榴（pomegranate），可以裁定狱政管理是否对囚徒的身心健康造成了损害，却在判断公司经理没有解雇行为轻率的员工是否构成过失时，犹豫再三？"虽然法官不能够对董事决策的技术事项作出任何判断，纯粹技术内容的判断法官也可能借助专业机构的鉴定，但法官仍不能避免就审理事项发表司法意见，商业判断规则正是基于这种情景在诉讼中形成，并且由法官加以总结完善。从这些解释可以看出，法院在介入商业决策的诉讼中，法官并不是关注市场、交易的成本与收益、交易的后果，甚至商业活动是否超出了公司的营业范围（即公司章程确立的目的），而是以信义义务和勤勉义务作为司法判断的依据。从这个角度看，商业判断规则是指"豁免管理者在公司业务方面的责任的一个规则，其前提是该业务属于公司权力和管理者的权限范围之内，并且有合理的根据表明该业务是以善意的方式为之"。目前，商业判断规则已被美国各州所承认，在其他发达国家的司法实践中被实际接受。

在我国，现行公司法还没有引入商业判断规则，但这并不影响法院在审查针对董事、高管人员因决策或者执行行为给公司造成损失的诉讼中借助其理论分析个案，以便准确判定被告的责任。具体来讲，在董事会集体进行公司事务的决策时，哪怕各个参与决策的董事违反了勤勉义务的衡量标准，他们仍有权在追究他们责任的诉讼中引用商业判断规则保护他们自己。只要他们自己能够证明他们在决策时符合了商业判断规则的三项条件，法院就应当否决原告的请求，虽然公司因案件争讼的决策事件而受到损失。如果，原告提出了相反的证据，董事们就应当承担败诉的责任。董事长、总经理、执行董事作为法定代表人，在执行股东会决议、股东大会决议或者董事会决议时所作的临机判断，也应当如是对待。但是，董事、经理及其他高管人员在处理公司事务时，存在重大失误的，应当不适用商业判断规则。从我国的实际情况出发，我们提出，董事、高管人员主张商业判断规则保护的，应具备以下条件。（1）董事、高管人员的行为限于对公司事务作出判断的场合，且不违反公司章程授权的范围（公司事务面临紧急情况时除外，但事后应以合理程序报告或者召集临时股东会处理）。（2）董事、高管人员遵守了对公司的忠实义务，决策判断的事项中不掺杂个人利益和与其个人存在密切关联关系的他人的利益，公司的资源、财产、机会不会被董事利用来牟取自己的利益或者他人的利益；董事心存善意是指董事行为的目的和动机只是为了公司的利益。（3）依当时的情形看，董事获取的信息在作出商业判断时被认为是充分的和准确的。（4）董事有足够的理由认为其当时的判断符合公司的最大利益。（5）董事在作出判断时不存在重大过失。

（本文原载于《当代法学》2006 年第 5 期）

资本制度变革下的资本法律责任

——公司法修改的理性解读

赵旭东[*]

2013 年末公司法资本制度修改对现行公司法制度和规则的冲击和震动几乎不亚于 2005 年公司法修改时资本制度的突破，横亘在公司设立者面前的最低资本的门槛没有了，注册资本成为不需要即时或限期兑付的"空头支票"，把守资本真实性的验资关口也同时被撤除了。多年来已经习惯于严格资本管制和出资约束的投资者，在顿失规则枷锁的同时，也陷入了对公司资本规模设定及注册资本所蕴含之法律后果的迷茫。与此同时，一系列严峻的现实问题拷问着中国的公司法理论与实务：新资本制度下股东是否还负有出资义务与责任？股东出资是否还有真实性与适当性的法定要求？是否还存在虚假出资和抽逃出资的违法行为？公司法司法解释为追究股东出资责任所确定的一系列裁判规则是否已不合时宜？刑法中的虚假出资罪和抽逃出资罪条款是否也应当废止？概言之，本次资本制度的改革对现存公司资本制度的相关规则与法律原理是否构成颠覆性的影响？

理性分析的结果表明，本次公司法修改依然是资本制度基本原理指导下的局部制度变革，一系列具体法律规则的突破、放弃和变动，并非对资本制度基本原理的整体否定，并不构成对资本法律责任认定和追究的颠覆性影响。

---

* 赵旭东，中国政法大学教授。

一　最低资本额的取消与股东出资义务

最低资本额制度曾是公司法上独具特色的专有规则，虽然演绎此规则的原理十分精深，支撑该项制度的学理逻辑非常缜密，但依然未能阻挡废弃最低资本额制度的公司法改革国际潮流。几十年来，美国、英国及欧盟一些国家和日本等境外公司法经历了公司法定最低资本额从高到低直最终取消的演变过程。对此过程的梳理和总结，中国学者的成果并不逊于任何他国学者。① 中国公司法本次修改也顺应时势，取消了有限责任公司 3 万元、股份有限公司 500 万元的最低资本额的规定。随之而来的追问则是，与公司资本如影随形、紧密相连的股东出资义务将受到怎样的影响，其是否也随之消灭？答案当然是否定的。公司资本与股东出资原本是构成公司资本的两面，公司资本来源于股东的出资，资本总额即为全体股东的出资总额，股东是资本的供方，公司是资本的收方，离开股东出资，资本是无源之水、无本之木。虽然公司获取财产的渠道有多种，但只有股东出资形成的财产才构成资本。要保障公司资本的真实与可靠，须以股东出资的真实与有效为条件。虽然完整的资本制度的精细设计从来就是将其分解为资本一般规范和股东出资规范（或股份认购与对价支付规范）分别加以规定，但二者间互为表里、相辅相成的孪生关系却是无法割裂的。在最低资本额制度之下，既有法定最低资本额的门槛，必有股东出资义务的底线，而今没有了法定最低资本额，股东的出资义务也就没有了最低的限制，但却并不意味着股东出资义务的完全免除。决定每一公司股东出资义务或出资范围的并非法定的最低资本额，而是公司自我设定的注册资本。有公司资本必有股东出资，该资本虽仅为全体股东认缴而不一定实缴的资本数额，

① 参见傅穹《重思公司资本制原理》，法律出版社，2004，第 135 页以下；薄燕娜《股东出资形式法律制度研究》，法律出版社，2005，第 21 页以下。

但一经确定并注册登记，即产生和决定了全体股东的出资义务。最低资本额的取消，改变的只是股东出资义务的范围或数额，而非股东出资义务本身。没有了最低资本额，是否可以将资本设定为零，是目前或有争议的问题，但高额资本产生较高的出资义务，低额资本决定较低的出资义务，哪怕只有一元钱的资本，也必定附随一元资本项下的股东出资义务。

由此，股东出资义务其实与最低资本额的取消并无多大的关联。那种认为取消了最低资本额也就免除了股东出资义务的认识，是完全的误解和错觉。注册资本本来就设定在原定最低资本额之上的公司，最低资本额的取消对其股东的出资义务根本不产生任何影响，即使是注册资本低于原定最低资本额的公司，也不存在股东出资义务的免除问题，而只是根据具体设定的资本总额确定全体股东的出资义务，根据每个股东认缴的出资额确定各自的出资义务。诚然，不同公司的投资者可以量力而行，基于其投资能力酌定所设公司的资本规模，并由此限定自己的出资义务，但这并非本次资本制度改革的创新结果，而是公司资本制度设计的固有精神。

由此导出的一个耐人寻味的问题是，股东出资义务究竟是法定义务还是约定义务。有关公司法适用的某些著述对此有所分析但却未有明确的结论。[①] 无疑，股东出资义务首先是约定义务，没有任何外力强迫民事主体创立公司和为此投入，每一个公司的资本多少和各个股东认购的出资额也完全取决于股东的自愿，无论是公司设立协议的约定、认股书的承诺还是公司章程的规定，都表明了出资义务的约定性或契约性。与此同时，当资本被注册、股东认购的出资额被登记或记载后，依照资本制度的一般规则，股东即应承担资本项下的出资义务，这又体现出股东出资义务的法定性和强制性。而这种义务从约定转换

---

① 参见奚晓明主编《最高人民法院关于公司法解释（三）、清算纪要理解与适用》，人民法院出版社，2001，第106页。

到法定的合理根据，则在于注册资本应有的公示效力，是因资本的注册已使该项信息超越合同相对人的范围而对无缘参与订约过程的第三人进行了宣示与声明，并会在一定程度上影响信赖该项信息的第三人对公司财产能力的判断，进而作出是否与公司进行交易的选择，为交易安全和债权人保护之需要，不能不赋予股东出资义务以法定的效力。由此，股东出资义务既是一种约定义务，又是一种法定义务，只关注和肯定其中的一面对股东出资义务进行定性，肯定是片面的。

更具挑战性的问题是公司资本不足对公司法人人格及股东出资义务的影响。在公司法人格否认理论上，构成人格否认的重要事由之一是公司资本显著不足。尽管在美国等国家或地区，法律上没有最低资本要求，但不意味着从事特定营业活动的公司没有最低资本的经营需求。在公司法看来，当某一公司设定的资本规模与其营业内容严重脱节、根本不足以应对其可能承受的债务风险时，已不属正常的商业经营而属于过度的商业投机行为，其过小的资本安排应推定为公司设立者规避和转嫁商业风险的不良动机。对此，学者早有评述："公司资本显著不足，表明公司股东利用公司人格经营其事业的诚意欠缺。这种利用较少资本计划经营大事业者或高风险事业者，目的就在于利用公司人格和有限责任把投资风险降低到必要极限之下，并通过公司形式将投资风险外化给公司的债权人。"[①] 因此，公司资本显著不足成为一些国家法人格否认规则的法定事由。而公司法律人格一旦被否定，股东对公司债务的清偿责任就不再限于原定的出资额，作为其清偿责任基础的股东出资义务也便随之扩展放大。就此而言，如果实行严格的法人格否认规则，法定最低资本额的取消，对某些滥用公司独立人格的公司设立者和股东来说，不仅不能缩小其出资义务，反而须承受出资义务被追加和扩大的风险。

---

① 朱慈蕴：《公司法人格否认法理研究》，法律出版社，1998，第144页。

有人认为，取消法定最低资本额后，资本显著不足就不再具有法人格否认的意义，但事实上恰好相反，没有了最低资本的限制，资本显著不足对公司人格否认的作用应是陡然上升。虽然我国的法人格否认制度引进时间尚短，司法适用的裁判尺度尚不明朗，资本显著不足是否应成为法人格否认的充分条件尚待理论和实务的探索和肯认，但可以料想的是，在最低资本额的限制之下，资本的显著不足也许会被掩藏或被忽略，没有了最低资本，它自然就会得以凸显。待到取消最低资本的负面效果和弊端充分暴露之后，以资本显著不足而否定公司人格的法律规则将更会被认同，而由此对股东出资义务的实质影响也就更为深远。

二 认缴资本制与股东出资义务

将本次公司资本制度改革定性为从实缴资本制改为认缴资本制，其实并不准确。2005 年公司法已允许公司资本认而不缴，注册资本原本就可以是全体股东认缴的资本额而不必一次性实际缴纳，只不过 2005 年公司法对此项资本认缴施加了若干限制，其中包括首次实缴额不得低于资本总额的 20%，不得低于 3 万元（有限责任公司）或 500 万元（股份有限公司）的法定最低资本额，普通公司 2 年内、投资公司 5 年内必须缴足。本次资本制度改革所谓的认缴资本制，不过是取消原有的对资本认缴的几项法定限制，使有限制的、不完全的认缴资本制成为无限制的、彻底的认缴资本制。

不可低估这一制度变革对股东出资义务可能产生的直接影响。在有限制的资本认缴制下，投资者尚能感受到注册资本固有的刚性，改为采用无限制的资本认缴制之后，一些朴素的投资者似乎感知，资本不再构成对股东出资行为的硬约束，公司的设立者似乎可以随心所欲地设定公司注册资本规模，而无须承担注册资本之下的出资义务。显然，这是对资本制度改革的又一错觉和误解，它肯定不是也不应是制度决策者和立法者的初衷和本意。对此已见相关国家机关公开的权威说明。[①]

其实，无论资本的认缴还是实缴，都不会改变股东出资义务的存在。早在 2005 年公司法修改后，就有学者对此明确指出，"无论是法定资本制还是授权资本制，无论是分期交付制还是全额交付制，都不影响股东承诺的出资义务。我国新公司法采用分期交付制，不仅没有改变法定资本制，也没有放松对股东出资义务的管制"。[②] 资本认缴制是相对于资本实缴制的另一种法定资本模式，这两种资本模式在股东的出资义务上并无根本对立和冲突。资本实缴制是股东在资本确定和注册之时承担将出资财产给付公司的出资义务，资本认缴制不要求股东即时给付出资财产，但出资义务尤其是出资数额却同样是确定的，只不过出资义务履行的时间有所不同。如把认缴资本比作开具票据，认股人自然是要承担票据付款人的义务和责任。绝不能无视嗣后出资能力、无所顾忌地漫天设定认缴资本，将其当作无须兑现的空头支票，更不能将公司注册资本当作随意玩弄的儿戏。

资本认缴制的核心要素在于认缴，即同意以一定金额的出资购取相应数额的公司股权或股份。资本认缴的具体形式多种多样，设立过程中的认缴通常采取公司发起协议或设立协议、合资合同、认股书等形式；增资程序中的认缴多采取增资协议、股东决议等形式；在某些情况下，签署包含出资内容的公司章程，也是一种附带或独

---

① 针对国务院 2014 年 2 月 7 日批准的《注册资本登记制度改革方案》，国家工商总局相关负责人在进行解读时表示，"实行注册资本认缴登记制并没有改变公司股东以其认缴的出资额承担责任的规定，也没有改变承担责任的形式。股东（发起人）要按照自主约定的期限向公司缴付出资，股东（发起人）未按约定实际缴付出资的，要根据法律和公司章程承担民事责任"。"如果股东（发起人）没有按约定缴付出资，已按时缴足出资的股东（发起人）或者公司本身都可以追究该股东的责任。如果公司发生债务纠纷或依法解散清算，没有缴足出资的股东（发起人）应先缴足出资。"见《遵从国际惯例金融机构仍实行实缴》，《法制日报》2014 年 2 月 19 日，第 6 版。

② 叶林：《公司法研究》，中国人民大学出版社，2008，第 256 页。

立（另无认缴合同或决议时）的认缴行为。出资者或股东在这些具有法律效力的法律文件和法律行为中的同意或认缴，构成民商法上的承诺或允诺，其对应的前提则是公司的股份发行行为。如以民事法律行为成立要件和合同行为的订立要素加以分解，公司的招股行为构成合同的要约，股东的认缴行为则构成合同的承诺。公司拟发行的全部股份被全额认缴意味着股份发行的完毕或成功。如此形成的资本是为公司法上的发行资本，当公司法规定注册资本为全体股东认缴的出资额时，公司的注册资本与公司的发行资本、认缴资本就成为同义的概念。

有如一般合同的承诺一样，认缴承诺与发行要约一致时出资协议或认股合同即成立，出资的承诺同时成为股东必须承担的法律义务，违反出资承诺既是对约定出资义务的违约，又是对法定出资义务的违法。从有限制的认缴资本制到无限制的认缴资本制的转变，并不导致股东出资义务和范围的任何改变，全体股东承担的依然是整个注册资本项下的出资义务，各个股东认缴出资的总和依然完全重合于注册资本的总额。所改变的只是具体出资义务的时间与期限，在有限制的认缴制下，法定比例（20%）的出资义务为公司成立时需当即履行的义务，其余部分的出资义务应在 2 年内或 5 年内履行，一人公司股东的出资义务则只能即时履行。改为无限制认缴制之后，股东出资义务可能是即时履行的，也可以是定期或分期履行的，还可能是不定期限的。无论何种情形，万变不离其宗的是股东的全额缴纳义务。

应该看到，出资履行期限不确定，容易让人产生出资义务不存在的错觉。也许有的公司直到解散终止，部分资本都处在休眠状态，公司都未向股东催缴过出资。但这并不意味着股东出资义务的不存在。如同无期限民事债务一样，履行期不定的出资义务也是一种股东对公司的无期限债务，履行期限的有无只是决定债务类型不同，不会决定债务本身是否存在。对此法律判断提供强力和充分支持的法律依据莫过于公司法关于股东有限责任和破产法关于破产财产的规定。2013年公司法第3条第2款规定："有限责任公司的股东以其认缴的出资额为限对公司承担责任；股份有限公司的股东以其认购的股份为限对公司承担责任。"此为公司法对股东有限责任的法定注解，亦为对股东出资义务和责任的明晰说明。法条文字清楚地写明，股东是以"认购"亦即"认缴"而不是以"实缴"的出资额承担责任。于此遥相呼应的是2006年破产法第35条："人民法院受理破产申请后，债务人的出资人尚未完全履行出资义务的，管理人应当要求该出资人缴纳所认缴的出资，而不受出资期限的限制。"依此，当公司进入破产程序，"不论它的成员或股东的出资期限是否已到期，凡承诺缴纳出资的法人成员或股东，只要其尚未完全向债务人企业全额缴纳出资的，均应当缴纳；债务人企业同时享有要求缴纳出资的请求权"①，而股东则当然负有即时缴纳的义务。与此相同的原理在德国法上亦得到肯定："如果公司设立时仅仅只需催缴部分股金，那么就必须提供保证，保证公司将在以后确实催缴其余的股款。因此在这种情况下，即使进行减资，也不能免除那些仍未缴清股金的股东的出资义务。"② 应该承认，对于认缴资本下履行期限不定的出资，其最终结果如何，在公司法上的确没有直接的规定，学理上也不排除理解上的分歧，但公司法和破产法的上述规定却明白无误地给出了具有法定效力的解释，即股东出资义务不仅指向已届履行期的出资，也覆盖未到履行期和根本没有履行期的所有出资。

由此观之，当公司无力清偿其债务时，股东须在其认缴范围内替代清偿，这与英国法上担保有限公司股东承担的担保有限责任颇

---

① 《中华人民共和国企业破产法》起草组编《〈中华人民共和国企业破产法〉释义》，人民出版社，2006，第128页。
② 〔德〕托马斯·莱赛尔、吕迪格·法伊尔：《德国资合公司法》，高旭军等译，法律出版社，2005，第111页。

为类似。① 有所不同的是，担保有限责任只有在公司无力清偿时才需要承担，而认缴出资责任则可能发生在公司存续期间的任何阶段，只要公司决定或通知缴纳，股东即应履行，而不以公司无力清偿为必要条件。认缴资本制的实行勾起许多人对债权人保护的担忧，如果其出资义务和责任有如上述，那么较之实缴资本，它也许会构成对债权人更为严密和有效的保护。"实际上，在公司濒临破产之际，尚未交付的期票，会比已经消耗殆尽的现金对价，更能为债权人提供真实的保障。待缴资本或许比实缴资本，更能成为债权人的依靠。"②

　　循着破产法的思路，不由得使人进一步联想：无期限的股东出资义务既可以在破产程序中要求履行，为何不可在破产程序提起之前，在个别债务的追偿中提前履行呢？如果某个或几个股东可以出资的财产就足以偿付公司的债务，又何必置公司于破产呢？其实，对股东而言，无论是破产中的履行还是破产前的履行，其承担的出资义务或责任并无不同，区别在于破产中的清偿是全体股东面向所有公司债权人的公平清偿，破产前的清偿是个别股东面向个别公司债权人的个别清偿，这种个别清偿的确会导致公司债权人之间不公平受偿的结果，并背离破产法的宗旨。但问题是当公司已达破产界限时，公司和债权人并非都有让公司破产的愿望，相反通过个别债务的清偿而化解危机并避免破产或许是更有利于公司和多数债权人的优先选项，由此而要求未届履行期或履行期不定的股东提前承担出资责任，未尝不可。当然，因个别股东提前承担此项责任而形成股东与公司、股东与股东之间新的债务关系甚至取得对其他股东相应的追偿权等问题，自应依一般民商法原理作进一步认定处理。其实这里还隐藏着一个更深层次的问

---

① 参见〔英〕R. E. G. 佩林斯、A. 杰弗里斯《英国公司法》，《公司法》翻译小组译，上海翻译出版公司，1984，第 12 页。

② 参见傅穹《重思公司资本制原理》，法律出版社，2004，第 106 页。

题：股东认而未缴且不属应缴未缴的出资额，在公司财产计算上是否属于公司拥有的财产？在公司财务账册中，它是否应作为公司的应收账款加以记载？就认缴资本的法律设计和通常的财务规则而言，将股东应缴而未缴的出资额作为公司拥有的财产并记入应收账款应当不成问题，但要将未到履行期和根本就没有确定履行期的股东出资额记入公司应收账款，并作为公司拥有的法人财产，就学理逻辑而言或许是有疑问的。但既然破产法在破产状态下可以将其作为公司的破产财产予以追缴，那么将这种追缴延伸至破产程序之外也就不存在根本的法律障碍。这样的安排完全可以在公司法和破产法设定的宏观制度环境下实施：其一，它应以公司自身不能偿付其债务且强制执行无果为条件；其二，其后如发生破产情事，6个月内股东对债权人进行的个别清偿可以被撤销（破产法第32条）。

其实，就法律义务对当事人的约束而言，认缴制下的出资义务更具有约束当事人行为的制度价值。在实缴制下，出资一经缴纳，出资义务即归于消灭，这样的出资义务只在实际出资前的短暂期间内形成对当事人的约束，而认缴制下的出资义务在出资期限到来前的整个期间都持续存在，当事人的不履行行为、相互间的利益冲突以及由此引发的民事诉讼，皆因此种出资义务而生，同时也只有基于此种出资义务的认定才能明断当事人间的是非并予以恰当的裁处。概言之，法律义务在其尚未履行时更具有实用的制度价值。

认缴资本构成股东出资义务的另一根据是股权与资本认缴的直接关联与对应。股权是股东在公司法律关系中享有的综合性权利，也可以说是唯一的权利。一个公司的股权总额非由实缴资本而由其认缴资本决定，因为与股权总额等同的注册资本额就是股东认缴的出资额，此一规则由2005年公司法第26条和第81条确立，本次公司法修改虽将第26条和第81条几乎全部删除，却将这一规则原封不动地保留，依然规定："有限责任公司的注册资本为在公司登记机关登记的全体股东认缴的出资额"（第 26 条）；"股份有限公司采取发起设立方式设立的，注册资本为在公司登记机关登记的全体发起人认购的股本总额"（第 80 条）。而股权在股东中间的分配同样是根据各股东对出资的认缴而非实缴，即股东是否具有股东身份以及享有股权的比例取决于股东是否认缴出资以及认缴出资的比例，而不取决于股东是否实缴出资以及实缴出资的比例。民商法的精髓历来是权利与义务相一致，利益与风险相统一，出资的认缴既然产生现实的权利，就理应伴生相应的出资义务。

三　实缴资本与股东出资责任

在 1993 年公司法颁行前后的 20 多年间，中国公司法中只有注册资本和实缴资本（或实收资本）的概念，2005 年的公司法修改突破了原有资本实缴的严格限制，首次实行资本的分期缴纳制度，从此认缴资本成为与实缴资本并行的又一重要概念。本次公司资本制度改革进一步实行完全的认缴资本制，认缴资本的地位更为显要，那么实缴资本是否已被抛弃，它还有何作用，尤其是它与股东出资之间还有怎样的关联？

认缴资本制的实行的确改变了资本制度和概念的基本格局，实缴资本也不再具有注册资本的意义，但认缴资本的采用并不能终结实缴资本的作用，并不可由此而完全取代实缴资本。即使在完全的认缴资本制下，实缴资本仍有其不可替代的独特功用。其一，实缴资本是股东实际向公司交付的财产数额，它至少反映着公司实际拥有的财产数额或能力，虽然这种能力在实缴之后会发生改变，但它至少反映了缴纳当时公司的财产实力并构成其后续财产能力的基础。其二，实缴资本由各股东的实缴出资额构成，而实缴出资额恰是决定各股东是否享有某些具体权利的直接依据。"如果股东欠缴出资，自不能简单照搬'一股一权'原则。新公司法在分红、认购新增资本以及表决权再分配上，已透射了根据实际出资比例分配股东权利的思想。"① 依据我国公司法规定，某些特别的股东权利，如股利分配、新股认购以及公司剩余财产分配的权利，是按股东实际缴纳的出资比例而非认缴出资的比例确定的。同时法律亦允许公司以章程规定，其他股东权利如表决权等与股东实缴出资额直接挂钩或捆绑。② 其三，在公司财务会计制度上，实缴资本才具有财务的价值并成为会计的记载科目和基本数据，认而不缴的注册资本则几乎无财务会计的意义。在最重要的公司财务报表——资产负债表上，反映资本信息的栏目是负债栏下的股东权益，构成股东权益重要组成部分的是资本或称股本，而这里记载的资本不是认缴资本或注册资本，而是实缴资本。这一记载方法与会计规则所追求的客观性和真实性有直接关联。因为只有实缴的资本才是公司可以支配的现实财产，也才具有财务核算包括资本盈亏计算的价值。当然，更合理的安排也许是将实缴资本和注册资本同时记载于资产负债表中。如此，公司的资本结构以及现实和未来的资产都可以通过财务报表得以全面的反映和显示。

从根本上说，实缴资本更为重要的法律价值在于它直接而具体地彰显和框定了源自股东出资的公司独立财产以及由此产生的股东出资责任。实缴资本是全体股东按其认缴的数额向公司出资形成的财产，它是公司财产最原始的来源，也是支撑公司人格最重要的独立财产，因而也是公司法上法定资本制着力维持的对象。换言之，如果说认缴资本是公司未来将要拥有的财产，实缴资本才是公司名至实归、可以实际占有、使用、支配和处分的现实财产。实缴资本一经形成，即构成公司拥有的独立财产，尽管它来源于股东的出资，但"公司的股东一旦把自己的投资财产交给公司，就丧失了对该财产的所有权，而取

---

① 叶林：《公司法研究》，中国人民大学出版社，2008，第 268 页。
② 参见 2003 年《公司法》第 34 条、第 42 条，《最高人民法院关于适用〈中华人民共和国公司法〉若干问题的规定（三）》（2014 年修订）第 16 条。

得了股权，股东个人无任何直接处置公司财产的权利"[①]。"股东在出资之后，再对其出资的财产进行占有、使用、收益和处分的行为就构成了对公司财产的侵犯。"[②] 因此，对于同一项财产，在股东将其交付与公司、构成公司实缴资本项下的财产之前，属于股东的个人财产。而股东在其成为公司实缴资本之后所采取的支配和处分行为，则是对他人财产的侵权行为。在此，实缴资本实质上成为确定财产归属并区分股东合法财产行为与非法侵权行为的界限。

对实缴资本项下的财产实施侵权的特别行为是抽逃出资，它是指股东在公司成立后，将已缴纳的出资抽回，并继续保有股东身份和出资比例。抽逃出资的前提是股东已经出资，已经出资于公司的财产构成实缴资本，由此抽逃出资行为定是发生在实缴资本确定之后，只有确定了公司的实缴资本才可能认定股东的抽逃行为。抽逃出资，在某些抽逃者看来，不过是取回属于自己的财产，即使违法，也与侵占他人财产的性质不同。其实，在出资财产已成为公司实缴资本、抽逃出资即实际减少公司资产的情况下，抽逃出资行为的侵权性质和对公司利益造成的损害后果与一般侵权行为并无二致。

抽逃出资导致的法律后果是股东的出资责任。在法理学上，法律义务与法律责任是密切联系又相互区别的概念，二者实体内容可能重合，但法律性质却不相同。义务是法律主体应为或必须作为的法律要求，责任则是不履行义务所产生的相应法律后果。出资是股东的义务，出资履行后又抽逃，引致的法律后果就是股东的出资责任。由此，实缴资本因抽逃出资行为与股东出资责任发生了直接的联系，实缴资本成为股东出资责任产生的前提和条件。认缴资本与实缴资本在此具有不同的法律效果，认缴资本产生的是股东出资义务，实缴资本则产生股东出资责任。

与实缴资本的上述法律效力和法律效果紧密关联的问题是，实缴

[①]　江平主编《新编公司法教程》，法律出版社，2003，第28页。
[②]　赵旭东主编《公司法学》，高等教育出版社，2006，第5页。

资本是否需要登记或公示？现行公司法所要求的只是认缴资本的登记注册，实缴资本尽管如此重要，却未见予以登记的强制要求，这或许是本次公司法修改不应留下的制度漏洞和缺陷。公司法之所以设注册资本制度，公司资本之所以需要注册，认缴资本之所以具有确定股东出资义务之效力，盖因法定公示程序的法律效果。公示是将某种法律事实公之于众的法律形式，它既可实际地将信息传达告知利害关系人，更可产生推定所有当事人或公众知晓的普遍效果，也可就此导致对公示行为人的免责。认缴资本的注册登记就是一种典型的公示形式，不经注册登记，认缴资本所获之法定效力就失去了正当性和合理性。如此的法理逻辑完全适用于实缴资本。既然实缴资本有如此重要的法律效力和法律效果，焉能不经公示而自然获得？其实，要论及法律效力与效果，实缴资本较之认缴资本更为显要、更具实际价值，设定公示程序的必要性和理由更为充分。这里最为要害的理由是，实缴资本的法律效力与效果并非仅发生于公司与股东之间，并非仅为特定相对人之间的关系，而是直接作用于所有可能与公司发生民商事关系的、潜在的、未来的交易者或债权人等。不采取公示手段，实缴资本的确定和变更就是公司封闭控制的暗箱作业，就会造成内部行为效力外化的不公正结果。不通过适当的公示形式，如何能将公司实缴资本的客观事实加以固定，何以使这些利害关系人能有效地知晓其实缴资本的信息并依此为据主张或追究股东的出资义务与责任，怎么能防范公司或股东为逃避其实缴资本项下的法律责任而掩盖其实缴资本的真实情况甚至对其实缴资本进行恣意的篡改，尤其在追究股东抽逃出资的责任时，司法机关又凭什么作出基于事实和证据的裁判。可见，在我国目前的商业诚信境况之下，缺少公示程序的实缴资本极有可能演变成两种极端的结果，或者成为某些投机者实施商业欺诈的工具，或者成为无人相信、不具任何交易价值的垃圾信息。

实缴资本的公示与公司盈余分配原则之间也有着内在的呼应与联

动。"无盈不分"即没有盈利不能分配是公司法天经地义、行之一贯的财务制度，是贯彻落实资本维持原则的具体规则，没有盈利而通过"制作虚假财务会计报表虚增利润进行分配"，不过是变相的出资抽逃①或对公司财产的非法转移。实缴资本的数额是公司盈利核算的基础数据，按基本财务会计方法，"公司分配股利的基础是公司的累积盈余……为利润分配的目的，公司法将'累积盈余'定义为'公司净资产超过股本和资本公积的余额'"②。实缴资本即为盈利计算中的股本，公司净资产减除包括实缴资本和资本公积之后的余额即为公司的盈利，实缴资本一经确定就成为不再变动的定量或恒量，而净资产则是盈利计算中的变量，公司的盈利结果主要取决于其经营结果和财产增值减值所导致的净资产的增减，并由此决定公司是否具备依法向股东分配股利的条件。假若实缴资本不能恒定而可任意改变，公司的盈利也就可以随意制造和操纵，假借盈利分配而抽逃出资和非法转移财产的行为就会畅通无阻，公司财产的独立性就会彻底动摇。而要确保实缴资本的真实和恒定，只依赖公司的诚信和自律是不可靠的，在许多情况下是注定会落空的，最可靠的防护和保障还是法定的公示程序。

至于实缴资本的公示方式如何，是否采取与注册资本相同的登记注册方式，倒不必囿于传统，可以根据现代市场发展、信息沟通的需求，作出与时俱进的灵便安排与选择。民商事法律行为的公示方式本来就有多种，登记是一种公示，公告也是一种公示，甚至动产的移转交付也构成法律上的公示，证券法上的信息公开虽然不是严格意义上的公示行为，但同样具有公之于众的事实效果和推定作用。鉴于现代社会电子网络信息传播的有效性和便捷性，实缴资本的公示完全可以

---

① 参见《最高人民法院关于适用〈中华人民共和国公司法〉若干问题的规定（三）》（2014年修订）第12条。

② 刘燕：《会计法》，北京大学出版社，2009，第321页。

采取类似证券信息公开的方式，由当事人自己安排相关信息的网上发布和更新。此种公示方式选择的要义是实现信息的有效公开和客观独立，经由公示的实缴资本信息能够尽可能地为公众知晓、能较为便捷地搜索查阅。为此，由公司登记机关建立统一固定的公司登记信息公示平台应是公示成本最低、公示效用最高的选择。同时，实缴资本信息一经公示，无法定理由即不能更改，即便更改也能存留不能磨灭的客观记录。唯有如此，以公示程序恒定实缴资本并杜绝盈利造假、抽逃出资、转移财产的法律目标才会实现。

四　资本真实与验资程序存废

公司资本制度的基本要求之一是资本的真实可靠，这一要求不因取消法定最低资本额制度而改变，不因采取法定资本制或采授权资本制而不同，也不因采取实缴资本制还是认缴资本制而有别。只不过对于不同的资本概念，资本真实的具体内容和判定标准有所不同。没有法定最低资本额，但有当事人自定的资本额。在法定资本制之下，资本需一次发行，但可以分期缴纳。授权资本制下的资本是授权公司董事会根据需要分期发行，同时分期发行的资本亦可分期缴纳。对于此中的发行资本和实缴资本以及进一步细分的催缴资本、待缴资本等，有的国家明定由登记机关登记注册，有的则采取公司章程自行记载的方式，无论何种情形，只要有资本登记注册或依法记载的规定，必然要求登记或记载之信息与客观事实的一致。

资本真实是公司法律制度不容置疑的价值取向和法律理念。这首先是由诚实信用的民商法基本原则决定的。人无信不立，事无信不成，诚实信用是市场经济运行的必要条件，是民商事交易的基本要求。诚实信用不仅包括民商事交易行为和过程中的诚信，也包括交易主体或交易对象方面的诚信。交易者应如实地披露自身的法律性质、经营能力、营业地点与住所、法定代表人等涉及主体身份方面的基本信息，使交易者在完全明了自己的交易对象的情况下作出理性的交易选择和决策。资本信息是交易主体信息的重要构成部分，是判断交易对方财产状况和履约能力的直接根据。资本信息不实，无论是认缴资本还是实缴资本，必陷对方以误解或误判并招致损害之后果，也破坏了市场经济的诚信秩序和诚信文化。资本不实如属恶意为之就是欺诈，法律绝无理由让资本领域成为欺诈行为大行其道的法外飞地。

其次，公司资本固有之法律效力和效果必然要求资本的真实。如前所述，认缴资本产生股东出资义务，实缴资本形成公司独立财产并可能产生股东出资责任，很难设想如此实在和要害的法律后果能建立在虚假资本的基础上。如若注册的认缴资本实际未被认缴，资本项下的股东出资义务就会落空，股东实际承诺的出资范围就会小于资本外观显示的范围。如若声称的实缴资本可以不予缴纳，相信其已履行出资义务而放弃对出资人责任追究的债权人就会承受不应有的利益损害。

最后，基于股东之间利益平衡和公平合理的考量，也不能允许资本的不实。实缴资本的不实常常不是所有股东均衡减少或抽逃其出资数额。往往被蒙在鼓里的股东全额履行了出资义务，而操纵具体事务的股东只履行部分甚至根本未履行出资义务，但却通过掩盖事实真相而照常享有股东的全部权利，由此导致的股东间利益失衡和公平，不仅受害股东难以接受，也是法律所不能容忍的。

此外，会计法所实行的可靠性原则亦是资本真实的法律依据。可靠性或客观性原则是指"财务报表的信息大致真实地反映了报告主体的财务状况和经营成果，信息使用人在依据这些信息作出决策时，不会产生误解"[1]。可靠性的内容之一就是真实性。资本（实缴资本）是财务报表（特别是资产负债表）中的固定记载科目，当然不能排除在真实可靠原则的范围之外。

中国公司法虽历经多次变革，但资本真实的价值取向从未动摇。

---

[1] 刘燕：《会计法》，北京大学出版社，2009，第106页。

改革后的公司资本制度在法律类型上依然属于法定资本制。认为中国公司法已由法定资本制改为授权资本制，是对资本制度模式的误读和误解。其实，公司法改革的不是资本制度的基本类型，而是法定资本制之下的资本缴纳方式，即从1993年公司法的一次缴纳到2005年公司法的有限制的分期缴纳，再到2013年公司法的无限制的分期或不定期缴纳。无论怎样的变革，应该坚守、从未突破也不能突破的法律底线应是资本真实，其中包括实缴资本的真实和认缴资本的真实。对于实缴资本，要求真实的是股东实际缴纳的出资额与其公示的资本额一致，不存在虚假出资或出资财产实际价值不足其出资额的情形。对于认缴资本，要求的则是全体股东实际承诺认缴的出资额与其注册资本一致，不存在未经股东认缴的空置的注册资本。需要指出，本次公司法从原来有限制的认缴资本制到完全认缴资本制的发展，极易滋生对资本真实的怀疑和错觉，似乎资本不必缴纳也就无须真实。公司法理论对此一问题的犹豫和暧昧，则会助长这种错误认识的蔓延。改变暧昧模糊之态度，明确资本真实之要求，澄清真假虚实之是非，已成公司法宣传执行的当务之急。

验资是把守资本真实的程序关口，然而这一运行了几十年的法律制度在近几年饱受非议和诟病之后，终被废弃取消了。验资是法定机构依法对公司股东出资情况进行检验并出具相应证明的行为和程序，是为落实资本制度而配套建立的特别制度，其制度设计的思路是通过中立的专业机构和专业人员的执业行为保障股东出资行为的真实和出资财产的货真价实。自20世纪80年代实行以来，伴随中国公司数量和规模的发展，验资已成为公司当事人所共知的必经程序，验资机构遍布各地，验资也成长为规模庞大的行业。与此同时，验资也广受质疑和诘问。诸如验资机构了解和掌握投资事实的局限性、公司设立阶段的验资障碍、验资报告与公司实际资产的脱节、虚假验资与恶意串通、公司设立成本与会计师行业利益的冲突等，都是人们经常诟病的弊端。① 验资程序是否果如批评者所言，有如此多的积弊和不端，终结其使命的决策和立法是否英明正确，还有待于未来历史的检验和评判，但不能抹杀的是验资制度为实现资本真实所作的历史贡献，更不可否定的是验资对资本真实本身的价值追求。

这是一个必须澄清和强调的重要问题：取消验资的特定程序，绝非否定资本真实性的法律要求，而只是改变资本真实的实现方式，将控制和保障的法律关口后移。验资是法律施加的强制程序和规则。取消验资后，资本的真实要适当地调动和依赖当事人的自治，要寄希望于行为人的诚信意识、自觉自律以及相互间的监督制约。同时，法律和执法机关对资本真实的介入和干预也不能完全缺位，而应将重心放在公司设立或资本注入之后的抽查核验和经营过程中的监控上，放在对发现的资本虚假行为的失信管理和惩戒追究上。在此方面，无论对于注册资本还是实缴资本，应建立常规的调查核实程序。此一程序可由登记机关主动启动，亦可根据当事人的请求提起。为此，甚有必要赋予所有与公司发生或意欲发生交易的当事人对公司资本的知情权和调查请求权，当事人既可自行查询和核实公司资本认缴和实缴情况，亦可请求登记机关依职权展开调查并告知调查结果。据悉，工商管理机关正在就此研究具体的实施方案，并作为其公司登记管理职能转变的重要内容。这样的工作思路可谓完全契合资本制度改革的明智之举。由此可见，验资制度的变革不是实行资本的无政府主义，不是放任自流，更不是怂恿资本造假，不应是对旧有制度简单地抛弃，而是以新的制度与手段、机制予以替代，对资本真实应从完全的法律强制转向当事人自治自律与法律强制的结合，应从"严准入宽监管"转向"宽准入严监管"，应从事前防范转向事中的监控和事后的追究惩戒。

---

① 刘燕：《会计法》，北京大学出版社，2009，第331页以下。

五　股东出资的民事责任与刑事责任

股东出资责任是股东违反出资义务的法律后果。股东出资责任在公司法实务中意义十分突出。虽然公司法中关于股东出资责任的条款并不是很多，但公司实务中，许多公司纠纷却是关于出资责任的纠纷或与出资责任有直接或间接的关联。虽无精确统计，但凭直观感受和概率观察，出资纠纷案件占人民法院和仲裁机构审理的公司案件的比例应在五分之一左右甚至更高，应仅次于股权转让纠纷案件。因此，对股东出资责任的认定和裁判成为公司法司法适用的主要任务之一，也成为《最高人民法院关于适用〈中华人民共和国公司法〉若干问题的规定（三）》（以下简称"公司法司法解释三"）的主体内容。该司法解释修订前总共 29 条，有超过半数（共 16 条）的条款涉及股东出资责任，其中包括未按期履行出资义务的责任、出资财产有瑕疵和履行行为有瑕疵时的出资责任、抽逃出资的具体行为的认定、出资责任追究的权利主体和责任主体、未履行出资义务对股东权利和股东资格的影响以及出资责任追究的时效限制与举证责任分配等。可以说，围绕出资责任，司法解释规则本身已形成了相当系统完整、逻辑严谨的体系。这套裁判规则在近年来的司法实践中对统一股东出资责任的裁判尺度和公正司法发挥了重要的作用。

公司资本制度的巨大变革在冲击既有股东出资责任理论的同时，也对这套司法裁判规则提出了挑战。一般言之，司法解释本为解释法律而生，法律已变，司法解释自然须改，这也正是本次公司法修改后与司法解释适用紧密相关的法官、律师、公司企业等社会各方对最高人民法院的期待。然而，理性思考和冷静分析的结果却是，资本制度改革对股东出资责任纠纷的裁判影响甚微，公司法司法解释三除却个别条款确实丧失适用价值或与新法规定冲突，需要进行必要的修改或技术性处理外，其他所有条款都完全可以继续适用。资本制度改革既然不改变资本真实原则，不改变股东出资义务，也就不会改变股东出资责任和为此确立的整套争议裁判规则。最终，最高人民法院修订公司法司法解释三时，只对一个条款作了实质修改，其他条款只是根据公司法条款变化进行了序号的相应调整，并无内容的任何改变。

而且，即使是唯一的实质修改，对公司法司法解释三第 12 条的修改也值得商榷。该条原第 1 项把"将出资款项转入公司账户验资后又转出"规定为抽逃出资的行为之一，最高人民法院在修改公司法司法解释三时将该项内容删除，但此处理其实并不周全。该项规定被删除所暗含的逻辑是，既然验资被取消，该项规定也就应予删除。其实不然，如前所述，公司法取消验资程序，但并非取消了资本真实的要求和股东真实出资的义务。因此，股东出资后再转出的行为即构成抽逃出资，如为货币出资，其具体方式之一即为将出资款转入公司账户后又转出。本条需要修改，只是因为取消了验资程序，没有了特定的验资账户，不应再把抽逃出资局限于出资款项自验资账户的进出，但从一般公司账户的转入和转出行为依然构成抽逃出资，本项修改其实只需将"验资"二字删除即可。

但完全认缴资本制的采用和验资程序的取消毕竟改变了股东出资义务的前提基础和出资义务履行的外部条件，由此引发了追究出资责任的新问题。初步的研究分析表明，至少有三个棘手的难题是显而易见的。其一，本应全部认缴的注册资本未得到实际认缴时，应如何确定股东的出资义务和责任？尤其是在公司资不抵债或破产还债时，该部分未予认缴的资本是不了了之、免于追责，还是必须追究？如要追究，是由执行公司设立事务的具体行为人承担出资责任，还是由公司设立时的全体股东共同负责？其二，未经验资的实缴资本如何证明股东出资履行的完全和适当？利害关系人如有质疑，出资履行的举证责任如何分配？是由他人证明股东出资的瑕疵，还是首先由股东证明其完全、适当地履行了出资义务？如股东不能证明时，是否应作出股东未履行义务的不利推定？其三，为弥补取消验资留下的漏洞，在仅凭当事人举证难以证明和无法推定资本是否真实和股东是否已履行出资义务时，是否应赋予诉讼当事人提请强制审计的权利？或者规定人民法院依职权进行强制审计的审判职责？对这些具体的司法诉讼和裁判问题，显然不能指望公司立法加以规定，而早前为解释原公司法出台的司法解释三也不可能触及这些后发的问题。由此，尽管公司法司法解释三的既有条款无须大删大改，但一定的增订和补充却是十分必要的。就此而言，本次修订司法解释未涉及这些问题，留下了遗憾和有待填补的空间。

　　资本制度改革后，刑法上的资本犯罪即虚报注册资本罪、虚假出资罪与抽逃出资罪的取舍走向，也是人们心中的悬念。听闻公司法的重大修改，知晓设立公司不再有最低资本，再多的注册资本也可以一分钱不出，更不需要现金出资，连验资都不需要，如此鲜明的放松资本管制的立法取向自然会使人改变对上述资本犯罪行为的认识，也会降低对这几种行为危害性的社会评价，由此已经出现取消资本犯罪的建议和呼声。①

　　相较股东出资的民事责任，资本犯罪责任的存废更是举足轻重，需要高度重视和立法的跟进。虽然资本制度的变革并未根本动摇资本真实的法律原则和股东的出资责任，虽然在违反公司法资本制度的违法性要素上，民商事上的违法行为与刑事上的犯罪行为具有高度的同质性，但二者的违法程度和违法后果毕竟存在相当大的差异。作为刑事立法和犯罪存废最主要的根据，资本犯罪行为的社会危害性的确需要重新考量。事实上，2014年4月24日，全国人大常委会已经对刑法中涉及资本犯罪的两个条款作了立法解释，即"刑法第158条、第159条的规定，只适用于依法实行注册资本实缴登记制的公司"。依反对解释，实行认缴登记制的公司不适用刑法关于资本犯罪的规定。当

---

① 见《刑法对注册资本该松开"紧箍咒"了》，《检察日报》2013年12月12日，第3版。

然，破坏资本制度的违法行为，仅靠民事责任的追究不足以产生足够的震慑力。在商业欺诈行为较为猖獗的商业环境下，要改变轻视资本违法的意识，要扭转失信成本过低的局面，要形成对资本法律制度的敬畏，还必须强化对资本违法行为的行政处罚。

（本文原载于《法学研究》2014 年第 5 期）

董事会制度的起源、演进与中国的学习[*]

邓　峰[**]

　　古今中外，有公司必有董事会。这一问题在世界范围内的一致性，要远远超过大多数法律中的问题。和纷纭芜杂的公司理论及其延伸命题——公司特性究竟包括哪些因素——的持久争论相比，[①] 董事会在规范意义上作为公司的最高权力行使者，集体决策、合议和共管的行为模式，几乎没有例外。但中国的公司和公司法理论研究，常常忽略了董事会作为公司治理模式必然存在的特征。

　　董事会的存在及其运作模式，受制于公司理论，这在过去没有得到很好的解释。在 19～20 世纪的大多数时间里，对公司的理解受制于拟制论和实在论的争论；20 世纪 30 年代之后，各种各样的合同理论和政治理论沉溺于解释股东如何形成群体或实体及其权威或利益分配，更多关注公司管理者作为代理人对股东利益的偏离。近年来，董事会制度的原则、合理性、角色定位等规范命题的研究开始涌现。本文试图在这些研究的基础上，提供一个中国文本。

---

　　[*]　本文在写作过程中得到了中国人民大学清史研究所曹新宇，北京大学法学院李启成、彭冰教授在观点和材料上的直接支持，并得到了北京大学法学院青年教师工作坊诸多同仁，尤其是甘超英、易平教授的批评指正。同时感谢两位匿名评审人的意见。谨此致谢，文责自负。

　[**]　邓峰，法学博士，北京大学法学院副教授。

　　[①]　参见 John P. Davis, *Corporations: A Study of the Origin and Development of Great Business Combinations and of Their Relation to the Authority of State*, Vol. 1, New York: G. P. Putnam's Sons, 1905, pp. 13–34。

一　董事会制度的原则性规范

纵横观察各国成文法和判例，公司董事会制度中有三个隐性的统领原则，界定了公司董事会运作的边界：（1）董事会是公司权力的最高行使者（director primacy）；（2）董事会采用一人一票平等的并且集体合议方式行事；（3）董事会对公司制度的有效和正当运作负有最后责任。这三个原则相互联系并交错在一起，这种集体决策权力行使方式，传统上称为共管（Collegial）。①

董事会作为公司权力的最高行使者是传统原则，也是目前除中国之外大多数国家和地区明确在成文法中的表述。这一原则首先确立了股东和董事会之间的两权分离，除非股东一致同意（美国特拉华州是唯一的例外，允许所有有投票权的股东在无须法定的会议通知程序下以书面形式进行多数决②），股东不能越过董事会直接作出决策，股东的投票参与的权利是由法律和章程限定的，它区别于完整、统一、至上的物的所有权。董事会的权力是完整和最高的，而股东权利则是依情形约定的，章程只是对权力作出限制而已。其次，决定了许多衍生法律规则，最典型的是法定诚信义务，以及业务判断规则。③ 最后，这一原则伴随着股东选举董事成员中的比例代表制，通常是简单多数，但也会存在诸如累积或累退投票制之类的变化，以用于反对控制股东的霸权。④

董事会采取集体和以投票方式决策的共管模式，英美法对这一原

---

① Douglas M. Branson, *Corporate Governance*, Charlottesville, VA: Michie Company, 1993, pp. 153 – 157.

② 特拉华州普通公司法 § 228 条。参见 Edward P. Welch and Andrew J. Turezyn, *Folk on the Delaware General Corporation Law: Fundamentals*, Boston: Little, Brown and Company, 1993, pp. 510 – 515。

③ 参见 Melvin Aron Eisenberg, *Corporations and Other Business Organizations*, 8th edition, New York: Foundation Press, 2000, pp. 180 – 181。

④ 参见 Stephen M. Bainbridge, *Corporation Law and Economics*, New York: Foundation Press, 2002, pp. 450 – 452。

则的恪守要比大陆法严格。具体而言：（1）除非例外情形，比如在势均力敌的情形下，可能有些国家允许董事长或资方代表有第二票，董事会议应当采用合议方式决策，一人一票，有些法律直接规定人数必须为奇数。（2）董事通常应当亲自出席。这有许多细致的操作规定，比如委托投票，只能就某次会议作出授权，长期授权会被视为出卖职位；比如传统上不得采用书面一致同意的方式作出董事会决议，必须有实际的会议过程。^①尽管如今有所放松，允许采用一致的书面意见或电话等方式开会，此类案例仍然会受到严格审查；^② 这其中的默认假定实际上是"政治人"，即董事决策时应有研究、辩论、说服和被说服的过程。修订标准公司法（RMBCA）的起草人对此有明确表述，"相互咨询和观点交换是董事会发挥功能的应有组成部分"。^③（3）多数规则，以投票方式作出决策，董事会决议是"书面的、可执行的合同"。对合议存在不同意见，应当记录在案。（4）必须有正式记录（minutes）。

集体决策有个别例外。英美法、法国法、德国法^④都有明确规则限制董事个人行使公司权力，他们只能以合议方式作出决策。比如RMBCA规定，董事"无权单独代表公司行为，而应当作为董事会的一个成员来行为"，甚至规定，除非得到明示授权，董事只能在会议上行动。但日本、韩国等则允许董事个人代表公司行事。这是一个非常值得注意的细节。中国的公司法并不存在类似于后者的规定。在上市公司中，证监会在规则制定上受英美法的影响，通过上市公司章程指引进行了近似的规定。

① Rufus J. Baldwin and another v. Thomas H. Canfield, 26 Minn. 43, 1 N. W. 261; 1879 Minn.
② May v. Bigmar, Inc. , 838 A. 2d. 285, 288 n. 8（Del. Ch. 2003）.
③ Stephen M. Bainbridge, *The New Corporate Governance in Theory and Practice*, New York：Oxford University Press, 2008, p. 82.
④ 参见 Mads Andenas and Frank Wooldridge, *European Comparative Company Law*, Cambridge：Cambridge University Press, 2009, pp. 288, 291, 308。德国明确允许公司章程作出例外规定，但个体决策不能对抗多数决策。

　　董事责任方面，和合同法、行政法等趋向于程序或形式审查方式不同，公司法施加了实体倾向的诚信义务（fiduciary duty），这甚至被视为公司法的核心规范。[①] 具体而言：首先，公司错误、非法、犯罪行为后果的第一责任人是董事，即权力行使者，而不是"财产所有权人"。其次，控制股东只有在行使了公司权力、替代了董事会或管理者的职责、直接作出决策或指挥的情形下才需要为公司行为负责。最后，董事会派生其他公司机关，通常是选举执行或管理机关。其他机关的设立理由，要么属于基于规制产生的强制性要求，要么是基于其他利益攸关者的考量，但诚信义务则是待定、模糊的，其责任要么来源于法律，要么来源于其专业或职业角色。在比较法层面上，各国法在前两项上规定比较清晰，但在最后一点上有些模糊。同时，受到法律调整方式的影响，大陆法系中的诚信义务更多带有事前强行禁止的特色。

　　尽管董事会制度存在着比较法上的诸多差异，但上述三个原则如同惯性，或多或少，或隐或现地在不同法律制度中以不同表述和形式呈现出来。公司实践的变化以及理论内在的统一性要求，会对这些原则形成一些冲击。理论上的冲击，主要表现在公司理论对董事会制度的忽视或者强调。法律实践对董事会的冲击，主要体现在近几十年来美国和德国法律中董事会模式的变化。受到一体化和规模经济的影响，公司规模扩大，现实中的大公司决策和管理上的集权不断增强，尤其是公司结构不断从 U 型向 M 型发展，导致权力趋向于管理层，比

---

① 参见 Lawrence E. Mitchell, "Fairness and Trust in Corporate Law," *Duke Law Journal*, Vol. 43, No. 3（Dec. 1993），pp. 425 – 491。这里所说的合同法和行政法，只是一般规范意义上的，在理论上也存在着争议，包括合同法中的对价理论和行政法中的公平要求。参见 Larry A. DiMatteo, *Contract Theory: The Evolution of Contractual Intent*, East Lansing: Michigan State University Press, 1998；也可参见 H. W. R. Wade and C. F. Forsyth, *Administrative Law*, 7th edition, Oxford: Oxford University Press, 1994, p. 44。

如 CEO 的出现。① 在股东、董事和经理的关系上，美国公司逐渐趋向于总经理和董事会平行，从而将纵向关系转变成了实际上的三角关系。Eisenberg 教授提出，基于结构变化，一方面应对股东和董事的两权分离程度进行调整，加大董事会的权威；② 另一方面战略管理职能日益成为总裁或总经理的职责，董事会应当以监督、督导管理层，以系统设计和维护作为主要职责和角色定位。③ 董事会不再需要亲自管理公司，可以通过组建下级委员会或向管理层授权的方式将其战略管理职能转让出去，但第三个原则仍然不能动摇，因此，不得将监督职责授权出去。

20 世纪 80 年代以来，学者和立法者已经普遍将管理者角色作为传统模式，而将监督者角色作为现代模式。这表现在修订标准公司法的表述从"公司的业务和事务应当由董事会管理"，转变成"公司事务应当在董事会裁量下管理"。④ 另外一个变化和两权分离有关，有些原本属于股东的权力，法律开始允许通过章程授予董事会，比如修改公司章程，甚至废除绝对多数票制度。

在另一种主流模式中，德国的董事会制度则趋向于员工参与，采用社会民主方式以确立公司存在的正当性。1937 年纳粹时期，德国采用董事会—监事会制度（欧洲大陆模式）对抗方式，作为压制工会集体谈判方式的一种替代。二战之后，在英占鲁尔区的钢铁和煤炭企业中，英国军政府要求这些企业组成 11 个成员的董事会，其中股东代表

① 参见 Oliver Williamson, "Corporate Governance," *Yale Law Journal*, Vol. 93, No. 7 (Jun. 1984), pp. 1197 - 1230。

② 参见 Melvin A. Eisenberg, "The Legal Role of Shareholders and Management in Modern Corporate Decision-making," *California Law Review*, Vol. 57, No. 1 (Jan. 1969), pp. 10 - 14。

③ 参见 Melvin Aron Eisenberg, "Legal Models of Management Structure in the Modern Corporation: Officers, Directors, and Accountants," *California Law Review*, Vol. 63, No. 2 (Mar. 1975), pp. 375 - 439。

④ 参见 James D. Cox and Thomas Lee Hazen, *Cox & Hazen on Corporations: Including Unincorporated Forms of Doing Business*, 2nd edition, Vol. 1, New York: Aspen Publishers, 2003, p. 409。

和员工代表各 5 人，第 11 人则由前 10 个人选举，其依据是资方和劳方的"均势"原则。战后，军政府向联邦德国政府移交企业，于 1951 年通过法律确立下来，即共同决策法（也称为 Mortan Act），但是董事会中的均势变成了董事会中监督委员会中的均势。① 社会民主党上台之后，一直致力于扩展这一制度。德国的董事会分成监督委员会和管理委员会，两者存在着严格的划分，即监督委员会负责公司的总体政策的制定和实施，并选举、监督管理委员会的董事，而管理委员会则负责日常的管理，并且两者之间不得兼任、相互授权。管理委员会有义务经常或应要求向监督委员会汇报。其中明确存在着监督和战略管理的分离。

Dallas 教授将董事会归结为三种类型，分别对应着不同的职能定位和角色：传统上和美国式的制约管理霸权式（contra-managerialhegemony）、德国的权力联合式（power coalition），以及她所倡导的关系理论（relational theory）；② 与此相对应，董事会也有着"管理"、"监督"、"关系"以及英国传统式的"战略管理"等职能的定位。③ 从战略管理到监督的职能演变中，董事会的职责集中于更重要的选任、监督和撤换最高管理者，维持公司作为一个制度系统，共管、合议的决策方式，采用平等协商、辩论和投票机制。在审慎决策、消除分歧、平衡不同目标上，集体决策模式与这种职责更为契合。

二   效率理论

占主导地位的产权—不完全合同理论在过去的二十多年发展中，强调市场和股东的财产权利之于公司的重要性，对董事会的制度、原

---

① 参见 Benjamin A. Streeter，Ⅲ，"Co-Determination in West Germany—Through the Best（and Worst）of Times，" *Chicago-Kent Law Review*，Vol. 58，No. 3，1982，pp. 982 – 983。

② 参见 Lynne L. Dallas，"The Relational Board：Three Theories of Corporate Boards of Directors，" *Journal of Corporation Law*，Vol. 22，No. 1（Fall 1996），pp. 1 – 25。

③ 参见 Lynne L. Dallas，"The Multiple Roles of Corporate Boards of Directors，" *San Diego Law Review*，Vol. 40，No. 3（Fall 2003），pp. 781 – 820。

则及其理性并没有过多关注。因此，合同理论对诚信义务的解释也就不够充分。① 关系型契约理论则强调董事会对公司资产的保护。在比较了股权和债权融资之后，Williamson 指出，董事会内生地出现，充当了一个可置信承诺（credible commitment），通过限制重新配置资源，降低了用于融资项目的资本成本。董事会对来自股东和债权人的财产充当中立保护。和一般合同相比，它可以提供更好的保护。② 关系型契约为两权分立和董事会权威提供了一个功能解释，但并不能解释为什么法律对合议、共管等董事会行动方式也采取了强行性规定的方式。

　　试图采用经济理论或效率方法提供解释的是 Bainbridge 教授，他注意到主流公司理论在解释上对两权分离的漠视，根源在于两种合同理论本身的分歧。合同理论中坚持不完全合同理论，或者团队生产理论，会倾向于股权；而如果采取关系性契约理论，则会倾向于权威集中。与实证法相结合，Bainbridge 教授将公司理论建构为两个不同的维度：目的和方式。前者意味着公司规范的目的或者价值取向，后者意味着决策权的集中与否。Bainbridge 引用了 Arrow 的两种决策模式：共识模式（consensus）和权威模式（authority）。在共识模式下，组织中的每个成员拥有同样的信息和利益，所有成员可以自行选择合适行动；而在权威模式下，成员具有不同的利益和信息量，产生集中决策的需要。董事会作为最天然的合适机关，代表公司充当中心签约人的职能。现代公司是这种决策结构的天然结果。股东本位，既不是事实上的，也不是规范上的，仅仅是对公司目的的要求，而不能当成是一种实现方式。股东未必愿意参与到公司的管理之中，其角色也摇摆不定。③

---

① 参见 Oliver Hart, "An Economist's View of Fiduciary Duty," *University of Toronto Law Journal*, Vol. 43, No. 3 (Summer 1993), pp. 299 – 313, 305 – 309。

② 参见 Oliver E. Williamson, "Corporate Boards of Directors: In Principle and in Practice," *Journal of Law, Economics, and Organization*, Vol. 24, No. 2 (Oct. 2008), pp. 247 – 272。

③ 参见 Stephen M. Bainbridge, "Director Primacy and Shareholder Disempowerment," *Harvard Law Review*, Vol. 119, No. 6 (Apr. 2006), pp. 1735 – 1758。

为什么董事会需要集体决策？Bainbridge 指出，董事会是一个生产团队，其职责在于管理和制定政策、监督管理者，同时作为合同连接体中的中心签约人，可以为公司提供资源（监督和关系角色）。[1] 依据组织行为理论，尤其是实证研究，集体决策的正确性要高于个体决策。集体决策的效率在于以下三方面。（1）有限理性。决策有四个要求：第一，观察或者获得信息；第二，记忆或者储存信息；第三，计算或者掌控信息；第四，交流或者转化信息。而个人理性是有限的，可能会在有些情形下个体决策优于集体决策，但集体决策并不会妨碍好的个体决策获得集体认可。（2）集体决策可以消除偏见。第一，可以汇集不同意见（herding）。第二，可以消除过分自信；反之，其成本则是集体偏见。（3）代理成本。组织总是存在着纵向监督和横向监督，而集体决策有助于监督的强化，克服代理成本；同时，集体的董事会有助于解决"谁来监督监督者"的问题。[2] 在 Bainbridge 看来，法律之所以明确规定共管模式的行事方式，是出于集体决策理性的坚持而要求采取的特定方式。[3]

但 Bainbridge 的解释仍然不能令人满意。首先，集体和个体决策各自有优缺点，而且前者在追究错误决策责任上比较困难，其在量上的优势并不意味着绝对排斥个体决策，而这显然和公司法中对董事会模式的严格恪守之间存在差距。为什么公司法不能允许当事人在这两者之间自行选择？其次，如果集体决策仅仅起信息交流的作用，为什么一定要亲自出席或进行辩论和讨论？采用书面形式轮流批注，或者群发邮件交流是否可以视为开会？实证法中并不允许这种方式，一定要遵循相应的程序。再次，这并不能解释为什么一定要采用特定的集

---

① 参见 Stephen M. Bainbridge, "Why a Board? Group Decisionmaking in Corporate Governance," *Vanderbilt Law Review*, Vol. 55 (Nov. 2002), pp. 1–55。

② 参见 Stephen M. Bainbridge, *The New Corporate Governance in Theory and Practice*, New York: Oxford University Press, 2008, pp. 89–100。

③ 参见 Stephen M. Bainbridge, *The New Corporate Governance in Theory and Practice*, New York: Oxford University Press, 2008, pp. 80–82。

体决策方式，即一人一票的机制。纵观各国，为什么都明确界定了这一原则？最后，其解释是针对现在的公司运作方式，并不能解释过去。群体决策如果是基于效率产生的，人类在公司历史上似乎应当尝试过很多其他类型，最终发现这是一个有效率的模式。但是这恰恰错了，公司从一开始产生的时候，这三个基本原则就没有重大的改变。基于经济理论和效率，只能解释结果，而不能解释过程的唯一性。

三　历史和政治理论

Bainbridge 的关系型契约分析忽视了早期公司观念受制于"政治理论"的历史。董事会的"共管"方式，在多大程度上是经济理性的构建？公司是历史发展而来的法律制度，董事会的三个原则，是否有过不同的替代方案？

Gevurtz 教授基于历史和政治理论进行了分析。美国当今董事会模式的三个原则是：股东选举董事会，即两权分离；集体决策和一人一票；董事会负有选举和监督管理人员的最后职责。其功能理性在于：集中管理的需要；群体决策；代表不同利益攸关者（constituents，选民）和协调不同的分配要求；监督管理者的需要。对这一制度的渊源探索，他采用"追溯式""考古挖掘式"（archeologicaldig）的方法来表述。①

"私"的采取准则设立，允许私人自由组织并承担有限责任的，和现代公司法最相近的，最早可以追溯到 1811 年的纽约公司法。当时对董事描述的术语是"信托人"（trustee），其法律规定，除了董事会还负责战略管理之外，和现在并无不同。此前，美国更早期的以特许方式设立的公司，更多集中于公共领域。比如汉密尔顿作为发起人的1791 年的美国银行，每年由股东选举 25 个董事，其中四分之一不得

---

① 参见 Franklin A. Gevurtz, "The Historical and Political Origins of the Corporate Board of Directors," *Hofstra Law Review*, Vol. 33, No. 1（Fall 2004）, p. 108. 对 Gevurtz 的公司历史起源的文章，国内学者有过介绍。参见吴伟央《董事会职能流变考》，《中国政法大学学报》2009 年第 2 期。

连任，董事会任命总裁。① 美国大陆从一开始就采取了董事会制度，这源自英国。1694 年成立的英格兰银行是其样板。该公司最早使用了 Director 来指代董事，其章程规定，股东选举产生 24 名董事，其中三分之一不得连任。英格兰银行模式被 Gevurtz 称为最早的两权分离。

再向前追溯，1606 年詹姆斯一世对北美颁发了两家公司的特许。第一家最早称为伦敦公司，后来更名为弗吉尼亚公司，在北纬 34°～41°之间殖民。另外一家普利茅斯公司，在北纬 38°～45°之间殖民。每家公司都在当地和英国组建双层理事会，而英国的 13 人的"弗吉尼亚理事会"，负责"最高管理和指导"。詹姆斯一世在 1609 年颁发了一个新章程，将公司行政管理权力转到司库（Treasurer）和副司库手中，组建了新的理事会，由公司成员选举产生而不是经过国王任命。当地理事会被取消，直接由理事会任命的总管（Governor）来负责具体管理。这被 Gevurtz 认为具有了董事会中心的治理方式。②

同时期的英国，存在的公司形式是以殖民公司（Trading Company）为主业的合股公司（Joint Stock Company），包括著名的东印度公司、俄罗斯公司、地中海公司、哈德逊湾公司等，有证据表明，它们均持续采用了董事会制度。比如 1600 年，伊丽莎白一世颁发章程，允许 216 名骑士、市府参事（alderman）、商人组成"政治体和公司"，即东印度公司，授权范围包括管理航线，以及与公司相关的其他事务。其中，总管和 24 个人组成"委员会"（committees），即今天的董事会。章程任命 Thomas Smith 为首任总管，但委员会成员由公司成员每年选举产生。这些合股的殖民公司被视为今天世界范围内的公司来源。③

① 参见 Franklin A. Gevurtz, "The Historical and Political Origins of the Corporate Board of Directors," *Hofstra Law Review*, Vol. 33, No. 1 (Fall 2004), p. 109。

② 参见 Franklin A. Gevurtz, "The Historical and Political Origins of the Corporate Board of Directors," *Hofstra Law Review*, Vol. 33, No. 1 (Fall 2004), pp. 110 – 111。

③ 参见 Franklin A. Gevurtz, "The Historical and Political Origins of the Corporate Board of Directors," *Hofstra Law Review*, Vol. 33, No. 1 (Fall 2004), p. 116。

早于合股公司的是规制公司（Regulated Company，也译为公共公司），相当于今天的行会，可以继续向下授权组建合股公司。规制公司实际上并不从事经营，而是商人之间的协调组织。最早的两家规制公司是斯台伯商人公司（The Company of the Merchant s of the Staple）和商人冒险家公司（The Company of Merchant Adventures）。前者在1313~1363年采取了董事会治理方式，后者在1505年亨利八世时成立，也设立了董事会。它们从国王那里获得授权，垄断各自领域的对外贸易。商人（即成员）选举产生总管，而董事会的主要职责是解决内部纠纷，对外支持商人的贸易行为。英国公司的起点到此为止，但欧洲大陆同时期的其他公司，包括荷兰东印度公司、汉萨同盟（Hanse），都有类似董事会的治理方式。[1] 这些公司中的董事会，负责制定规则、立法（管理成员）和纠纷解决（处理成员间的纠纷），履行立法和司法功能。合股公司是规制公司向下的授权和复制，故而董事会治理方式也随之延伸。我们可以合理推测，这可能是今天的公司制度从"公"发展到"私"，继承了某些政治组织特点的原因之一。

Gevurtz 的考察揭示出，董事会的存在、选举和代议、按人投票、集会行事等制度原则，几乎从有公司出现伊始，就"顽强"地存在着，其间可能有所损益，但并无根本变化。尽管董事会的职能，在治理结构中的位置，随着所在组织的不同而有所变化，也是一个不断进化的过程，但基本原则始终沉淀其中。今天的董事会治理方式及其制度原则的顽强存在显然从某种意义上，可以说是组织概念的自我复制。[2]

① 参见 Franklin A. Gevurtz, "The Historical and Political Origins of the Corporate Board of Directors," *Hofstra Law Review*, Vol. 33, No. 1 (Fall 2004), p. 129。
② 组织发展是按照已有的知识结构自我复制扩张的，这是组织理论和演化经济学理论中新发展出来的一种解释。参见 Barbara Levitt and James G. March, "Organizational Learning," *Annual Review of Sociology*, Vol. 14, 1988, pp. 319 – 340。也可参见 Geoffrey M. Hodgson and Thorbjorn Knudsen, "The Firmas an Interactor: Firms as Vehicles for Habits and Routines," *Journal of Evolutionary Economics*, Vol. 14, 2004, pp. 281 – 307。

　　不过，公司作为一个创造物而非自然产生的制度，其对代议制民主的引入和使用，在思想上有其他来源。"代议式的董事会，和一个首席行政官一起工作（早期公司章程中采用的典型术语是'主管'），是中世纪晚期西欧政治实践和理念的反映。"[1] 规制公司出现之前，在英国地方政治中广泛采用的"集会"（assemblies）或"议会"（parliaments），城镇理事会，行业理事会以及教会中，已经存在着类似的机制。Gevurtz 对此也进行了"考古挖掘"，集体决策的委员会制度，政治上来源于"顾问团"。比如中世纪的大多数国王，都拥有一个顾问团，采用委员会机制。地方贵族（barons）和国王之间的斗争，要求统治者获得更大范围的正当性，推动了更广泛的教士和地方贵族的代表、集会机制的产生，这促使委员会机制和选举结合。例如 1295 年，爱德华一世颁布了"模范议会"谕令，要求地方长官推动选举组成议会，每个县（county）两名骑士，每个城市（city）两名市民，每个市镇（borough）两名村民作为代表，组成议院（chamber），和贵族分开议事，此后逐渐成为下院（the House of Commons），区别于贵族组成的上院（the House of Lords）。这是议会的来源。西班牙国王也差不多同时设立了议会，德国和法国也在地方和中央政治层面逐渐出现了代议制。[2] 地方的城镇或乡村理事会是董事会的另外一个来源，有证据表明，在 12 世纪之后，英国有些自治城镇组成理事会，由 12 或 24 名成员组成是一个普遍做法。而公司的监督者（auditor）则被认为是来源于行会。[3]

　　除了政治层面的来源之外，中世纪的这些制度，文化上受制于基督教是毋庸置疑的。合议、代表和投票选举制度并不是自然产生的，

---

① 参见 Franklin A. Gevurtz, "The Historical and Political Origins of the Corporate Board of Directors," *Hofstra Law Review*, Vol. 33, No. 1（Fall 2004），p. 129。

② Franklin A. Gevurtz, "The Historical and Political Origins of the Corporate Board of Directors," *Hofstra Law Review*, Vol. 33, No. 1（Fall 2004），p. 131.

③ Franklin A. Gevurtz, "The Historical and Political Origins of the Corporate Board of Directors," *Hofstra Law Review*, Vol. 33, No. 1（Fall 2004），p. 162.

是和特定的制度、文化、对人的假定等联系在一起的。在 1200 年之前，可以考据的、由代表以平等协商和投票的方式进行决策，尤其是选举最高领导的制度，是 11 世纪中期的红衣主教团（the College of Cardinals）。尽管代议制可以追溯到 325 年的尼西亚（Nicaea）会议。1059 年，教皇尼古拉二世颁发谕令，授权教会内部的红衣主教团选举教皇，以改变在此之前国王指定教皇的规则，导致随着政治斗争同时出现过三个教皇的局面。因此，合议与共管制度，内部人选举最高领导，是为了保证组织的独立性。公司（corporation）本身来自拉丁文中的"体"（*corpus*），遵循"影响全体之事必经由全体同意"（quodomnes tangit abomnibus approbetur）的原则。①

董事会治理方式作为一种代议制（representative）民主方式，选举代表、合议、负责产生最高管理者，和希腊的直接民主以及罗马的元老院治理方式不同。总结一下 Gevurtz 的观点，在前公司时代，有两个源头非常关键：第一，在一个独立的非国家组织中，按照章程，采用这种治理的方式，很显然是受到基督教传统的直接影响，其目的在于保证组织的自治和独立；第二，公司负有殖民、商业垄断管理等政治或社会职能，并受到中世纪的议会、合议、代议等政治传统的影响，采取了政治组织的原则。这种进化源头符合公司作为私的政治实体的特点，从规制公司，到合股公司，再到现代私人公司，董事会的治理方式，尤其是三个原则，在底层顽强地生存。

Gevurtz "考古挖掘" 的启示如下。(1) 公司董事会的权威和特定行使职权方式，更多是促进组织独立，制约管理霸权，为了体现全体成员意志。(2) 理解公司应当和对历史的考察相结合，许多原则的边界是和政治理论甚至宗教、文化联系在一起的。(3) 董事会的原则和角色、职能是不同的，在历史上董事会承担的职责更多是保持对法律

---

① Franklin A. Gevurtz, "The Historical and Political Origins of the Corporate Board of Directors," *Hofstra Law Review*, Vol. 33, No. 1 (Fall 2004), p. 134.

的遵守，而不是追求效率；更多是为了制定规则（立法）、进行内部仲裁（司法）或提出建议而不是决策和执行。

四　对照与检验：日本和中国的近代化

以董事会为中心的公司最初在欧洲形成，伴随着殖民扩张成为世界性的公司治理方式。[①] 这种特定组织形式很大程度上受制于政治和宗教观念。这可以从伊斯兰世界和东亚国家——主要是儒家文化圈的日本和中国对公司制度的学习与借鉴中得到验证。

公司及其制度并不会简单地随着商业贸易和人际交往而通过市场方式繁衍，伊斯兰世界是一个典型例子。12 ~ 13 世纪地中海南北岸就存在着阿拉伯人和欧洲人之间的持续交易，但双方采用的交易制度却因为受到各自文化观念的影响发生了制度分化。[②] 1851 年奥斯曼帝国才建立了伊斯兰世界第一个真正意义上的合股公司。在欧洲和中东交往的一千多年之后，借鉴法国以变法模式采用了公司形式。有学者认为这是因为伊斯兰教义和公司制度间的不兼容。[③]

不只是伊斯兰世界，儒家文化圈的东亚国家也有类似现象。公司及其治理方式，对非基督教文明和政治体而言，是纯粹的舶来品。面对陌生领域，人们总是用传统中的固有观念去填充未知领域。缺乏基本的政治和宗教观念支持，采用主动变法模式，照搬照抄法律规则，而不是进行充分理论准备之后，或者经过完整的理论研究以确定制度合理性，在变法之后就会遇到许多"橘逾淮为枳"的情形。这种舶来

[①] 参见 Franklin A. Gevurtz, "The European Origins and Spread of the Corporate Board of Directors," *Stetson Law Review*, Vol. 33, No. 3 (Spring 2004), pp. 925 – 954。

[②] 参见 Avner Greif, "Cultural Beliefs and the Organization of Society: A Historical and Theoretical Reflectionon the Collective and Individualist Societies," *Journal of Political Economy*, Vol. 102, No. 5 (Oct. 1994), pp. 912 – 950；也可参见 Avner Grief, *Institutions and the Path to the Modern Economy: Lesson from Medieval Trade*, Cambridge: Cambridge University Press, 2006。

[③] 参见 Timur Kuran, "The Absence of the Corporation in Islamic Law: Origins and Persistence," *American Journal of Comparative Law*, Vol. 53, No. 4 (Fall 2005), pp. 785 – 834。

品产生的移植局限，在许多制度细节中可以发现。日本和中国作为主动转轨的国家，是最典型的基督教文明之外的例子。

　　Gevurtz 教授分析了日本的例子。明治维新之前的日本，不存在西方式的多数投票决策、代表、共管等制度。当时诸侯式封建模式统治着日本，商业领域的组织采用家族企业形式，家长作为领导，与其他成员共同拥有企业财产，儿子可以以家族企业的名义建立分支。在 17 ~ 18 世纪，这些企业中有雇佣管理人员的存在，如同中国的山西商号一样。很多家族企业之间存在着协调，是一种协商机制（discussion system），首领是轮换制的。① 这些特点，本质上是封建模式在公司治理中的延伸，是企业间的合作模式受制于政治文化的另一个例子。

　　明治维新时期，日本引入了公司制度。1872 年，日本颁布了国家银行法令，逐渐产生了近 150 家合股银行。这些合股公司和银行采用与传统行会相同的机制，董事会有 3 个董事，但是轮流代表公司对外行为。每个董事有 30 个干事（steward），其中 6 个一组按月轮换监督管理具体商业事务。在日本正式采用德国模式强行规定董事会治理模式之前，这些银行的治理规则，作为一个转轨中的系统，很大程度上受制于传统政治结构。一直到 1893 年的公司法，日本通过照搬照抄的方式，才正式确立了董事会为公司管理中心的制度。尽管如此，今天仍然可以在日本公司法，乃至日本法输出的韩国，和东亚其他受到日本影响的地区中，找到缺乏政治文化和宗教观念的董事会制度：（1）董事可以独立对外代表公司，履行分工职能进行管理，而不是以监督为中心，必须采取合议、共管、投票的方式；（2）董事间的相互授权时间缺乏限制，不存在对卖官鬻爵的限制。

　　日本在短短 20 年间采用全盘西化、囫囵吞枣的方式完成了公司制度的引入。中国与之不同，作为一个文明原生国，对公司制度的

---

　　① 参见 Franklin A. Gevurtz，"The European Origins and Spread of the Corporate Board of Directors," *Stetson Law Review*，Vol. 33，No. 3（Spring 2004），pp. 931 - 934。

吸收情形要复杂、长期和多样化得多。中国的公司制度始自清末立法。晚清时期，公司的概念进入中国，并伴随着贸易、殖民、洋务运动和变法分层次、分阶段地引入。中国对公司的最早了解始于 19 世纪早期。西方传教士所办的《东西洋考每月统计簿》（*Eastern Western Monthly Magazine*）中文杂志在道光戊戌年（1838）9 月期对"公班衙"（Company）进行了介绍，是目前可以找到的最早中文文献，"公班衙者，为群商捐资贮本钱，共同作生意也……自从五印度国属英公班衙之手，四海平静，治百姓，以宽和处之……故曰，公班衙之治天下，可运之掌上。"① 这篇短文将公司的合资、独立地位及其商业和政治功能阐述得非常清楚，但并没有涉及公司内部治理的具体原则和方式。这是从功能上进行知识介绍。避免核心价值的冲突，并希冀阅读者接受。这种视角对外来文明的传播者而言，是非常合理的选择。当然也可能是作者对公司的认识受制于当时流行的观念，即拟制理论的影响。上述短文基本上被魏源的《海国图志》全盘接受。这之后，直到薛福成的《论公司不举之病》，陈炽的《纠集公司说》等著名论述，均将公司等同于筹资，设公司等于工商救国。②

这些早期有些狭隘的公司观念，对制度学习者来说，在实践中受到观念、知识、时局、政治等因素的制约，一旦超出简单观念的边界，就容易走样，而其固有的传统知识就会作为填补。比如 1867 年容闳所起草的《联设新轮船公司章程》，被视为中国官方确认的第一个公司章程，共计 16 个条款，其中具备了许多公司的基本特点，比如股本、股东、股东权利和义务、公司账号和名义，甚至某种程度的诚信义务，

---

① 爱汉者等编《东西洋考每月统计簿》，黄时鉴整理，中华书局，1997，第 418～420 页。爱汉者是德国籍传教士郭实腊（Karl Friedrich Gutzlaff）的笔名，杂志由中国益智会举办。参见黄时鉴导言。

② 许多经济史学者注意到了这一问题，并且将其与中国面临的亟须富国强兵的观念、官办企业的方式等联系在一起。参见豆建民《中国公司制思想研究》，上海财经大学出版社，1999；杨在军：《晚清公司与公司治理》，商务印书馆，2006。

但在内部治理上并未规定董事会，而是采用类似于晋商商号的经营方式。①

这个章程因试图雇佣外国人而引起非议，谨慎的曾国藩并没有实施。第一家官方许可的公司是 1873 年李鸿章设立的轮船招商（公）局，其章程被称为《招商局条规》，共 28 条，是典型的官督商办模式，其中仅在第 4 条提及董事，"有能代本局招商至三百股者，准充局董"。② 该公司实行总办负责制，由官方任命，不过是行政模式的翻版加上商人出资而已。这里所谓的董事（局董），并没有明确其角色和职能，在某种意义上不过是"股托"而已，是领薪水的特权股东。由于招商不足，半年之后就进行了改组，新版的《轮船招商章程》明确了董事的选举，"选举董事，每百股举一商董，于众董仲推一总董"，但"将股份较大之人公举入局，作为商董，协同办理"，③ 这种董事会不过是类似于股东会的常设机构而已，在实践中几乎没有发挥任何作用。1885 年，盛宣怀拟定了《用人章程十条》，改回到官方直接任命督办，再用两名"查账董事"作为监督机制。这个改革，目的在于防止当时流行的腐败现象：官员及其亲属利用董事的身份领薪，变相收受贿赂、冗员充斥而公司亏损。但这显然并没有理解董事会之于公司的必要性。当时，包括张謇在内的诸多实业家，其实践都表现出人们对公司的理解局限于合资、融资（《招商局条规》中还有备受诟病的官利规定）、实业、商业贸易等层面。④ 那时候大多数中国人理念中的公司，更多是具备了股份融资功能的工厂、商行而已，受制于将公司

---

①　《中国近代史资料汇编·海防档·甲·购买船炮》下册（共三册），中研院近代史研究所，1957，第 873~875 页。

②　《中国近代史资料汇编·海防档·甲·购买船炮》下册（共三册），中研院近代史研究所，1957，第 921 页。

③　聂宝璋：《中国近代航运史资料》第 1 辑，上海人民出版社，1983，下册，第846~847 页。

④　参见朱荫贵《从大生纱厂看中国早期股份制企业的特点》，《中国经济史研究》2001 年第 3 期；同时参见李玉《中国近代股票的债券性——再论"官利"制度》，《南京大学学报》2003 年第 3 期。

等同于商号融资的认识。

对公司尤其是董事会的认识在 19 世纪 80 年代之后有很大的进步，这有赖于郑观应、钟天纬，以及哲美森等在《申报》等刊物上的批评和对西方公司治理的介绍。① 人们开始陆续认识到董事会具有制衡监督的功能，"层层钳制，事事秉公"。② 此外，郑观应、何启、胡礼垣等更强调了官督商办的不合理，强调"按西例，由官设立办国事者谓之局，由绅商设立，为商贾事者谓之公司"，明确了公司的公私划分上的属性，也认识到了公司内的分权层次，如"公司总办由股董公举，各司事由总办所定"，③ 开始意识到公司作为组织要求自治的特性。

如果用今天的眼光来看，严复对公司的认识可能是同时代人中最深刻的。在其翻译的《国富论》中，通过按语清晰地阐明了公司在法律上的特点，④ 而在《法意》中，更通过按语揭示了公司受制于政治特性的特点，"欧美商业公司，其制度之美备，殆无异一民主，此自以生于立宪民国，取则不远之故。专制君主之民，本无平等观念，故公司之制，中国亘古无之"，⑤ 但是这种卓越的认识，却被时代所淹没。

对公司认识的进步，也来自官方的推动。也许是经历了漫长的学习与摸索，也许是因为日本学者照搬照抄，清末《公司律》大致恪守了董事会制度的三个原则。首先，明确了两权分离，第 45 ~ 61 条明文界定了股东权利，选举董事，尽管没有明确董事会和股东会的权限划分，很难判断是否明确了董事会中心，除非对第 67 条进行扩大解释。

---

① 这方面的研究众多，例如杨勇《近代中国公司治理：思想演变与制度变迁》，上海人民出版社，2007。

② 钟天纬：《轮船电报二事应如何剔弊方能持久策》，陈忠倚辑《皇朝经世文三编》卷 26，户政三，理财下。

③ 《郑观应集》上册，上海人民出版社，1988，第 612 页。

④ 亚当·斯密：《原富》，严复译，商务印书馆，1981，第 115 ~ 116 页，"严复案语"。

⑤ 孟德斯鸠：《法意》，严复译，商务印书馆，1981，第 440 页，"严复案语"。

其次，确立了董事会共管模式，第 64 条规定了董事会三人到场即构成会议，并且遵守会议条例；第 89 条规定一人一票，第 91 条规定僵局时董事长有第二票；第 92 条规定必须有书面记录。最后，明确了董事会作为产生其他机构的中心，第 67 条规定"各公司以董事局为纲领，董事不必常住公司内，然无论大小应办应商各事宜，总办或总司理人悉宜秉承于董事局"；第 77 条规定"公司总办或总司理人司事人等均由董事局选派，如有不胜任及舞弊者，亦由董事局开除"。①

和日本类似，1908 年颁布的《公司律》是以照搬照抄的方式来实现的比较系统西化的法律版本，明确了董事会在公司治理中的核心作用。与日本不同的是，中国对公司及其特定治理方式的认识，从接触、尝试到施行，经历了近 100 年。这可以看成是原生文明的转轨或学习成本。

五　现有制度的检讨

中国对公司的学习路径，是从功能视角上、而不是从本质上来理解的，是为了满足自己一方富国强兵的特定需要而引入的，在学习过程中也缺乏系统的理论辨析，加上特定历史时期的理论影响，大清《公司律》对董事会制度原则的吸收，并没有沉淀为中国法律体系的一般知识。之后法律模式几经变化，当我们在 1978 年之后重新认识公司时，这些知识被遗忘了。

中国目前的董事会法律规则，采用了法条比较的研究方法作为基础，或者说"博采众长"，或者说"东拼西凑"。在一些形式规则上，和其他立法例之间颇为近似，比如股东会按资投票，董事会按人投票，多数决，甚至还有累积投票可供选择，新修订的法律中大幅完善了诚信义务，甚至试图将两大法系的不同做法熔为一炉。但仔细检验一下，

---

①　此处所引《公司律》，均源于《大清新法律汇编》，杭州：麟章书局，1910 再版，第 551～580 页。

对董事会的前述三个原则，现行法并没有明确的坚持。

第一，没有明确董事会作为公司管理的最高权威，第47、109条款中采用了列举方式界定了董事会职权，明确表述"股东会是公司的权力机关"，允许章程自行规定股东会和董事会的职权。许多行政规章会较为任意地改动股东和董事之间的分权界限，比如证监会的《上市公司章程指引》，将许多战略管理的权力给了股东会。在司法实践中，将公司看成是股东财产延伸的观念广泛存在。这和现实中广泛存在的董事会不过是控股股东对公司控制权延伸、董事席位是股东按资瓜分而不是选举的等诸多情形是吻合的。总体来说，当下主流公司治理理论是倾向于股东会中心主义的，在股东会和董事会纵向权力上的收缩，导致股东尤其是控股股东过度控制了董事会的成员，特别是，由于国有企业和家族企业作为公司中的主要构成，使得董事会的独立地位不能保证，董事会成员受控于其所提名或选举的股东，其向全体股东负责的诚信义务不能得到法律裁判的支持。这影响到了董事成员之间的平等，合议也常常流于形式。

第二，对董事会的共管模式，缺乏明确的原则，边界并不清晰。虽然规定了诸如一人一票、记录、合议、多数决（所有董事人数为基准）等，同时存在着法定代表人制度，并不存在董事独立对外代表公司的情形。但下列情形反映出现行法没有理解共管原则。（1）董事间相互授权并无实体限制，《公司法》第113条允许董事在不能亲自出席的时候委托其他董事行事，对授权次数和期限无限制。（2）董事产生方式是选举产生的，但并没有明确的规则反对席位瓜分等方式，而现实生活中采用董事派出制是典型的"潜规则"。（3）没有明确董事会的议事方式必须将实质辩论、说服与被说服等包含在内。

第三，责任原则是非常特别的，中国现行法中存在着不同层面。首先，无论是法条表述上、理论上、还是在实践中，董事对公司行为负有最后责任是明确的。在认定犯罪等行为的时候，一旦公司行为被认定为非法，作出决策的相关董事都应当承担责任。其次，董事会派生其他机关，尤其是总经理是明确的，但监事会、法定代表人与董事会之间的关系和协调是不明确的。最后，权利和义务并不对称，没有事前的最高权力，常常受到控制股东的直接指挥，但却要承担最后的决策责任，既没有业务判断规则保护，也缺乏权责一致的激励。

结　论

考虑到中国现行法不能坚持三个原则而有别于其他"普遍性"立法例，如果站在将公司等同于股东的延伸，纯粹从功能及经济效率来考虑的话，我们可以提出一些非常好的问题：董事会有什么意义？尤其是那些一年只开一两次会议，并不存在着实质交流、辩论的董事会。集体决策就一定好于个体决策？这种高成本维持的法律制度，究竟能获得多少制度收益？假如自然总是选择最短的道路，单纯从功能上认识，在中国人曾经探索的模式中，除了容闳模式的公司仍然是晋商式的，或者是可能被利用来为高级官员洗钱、获得干股等方式来从事不当行为之外，盛宣怀模式的独裁的总经理＋查账董事（事实上是监事）可能更加符合经济效率或者股东利益。为什么不能像盛宣怀所尝试过的那样，略略改造一下，股东会选举总经理，然后由董事履行查账功能？为什么还要啰啰唆唆地先选举一个董事会，然后由董事会（实际上也是代理人）选举一个管理一把手？

对董事会存在正当性的辩护，Eisenberg 的观点是其中的一种。在新的社会条件和理论背景下，董事会的战略管理职能已经被放弃，CEO 或总裁随着公司规模扩大越来越趋向于集权，他们拥有直接的顾问和智囊团，而董事会的角色则趋向于监督。监督需要选举和解职的能力，踩刹车式的决策和维护系统的职责，这需要斟酌和考虑更多的因素，通过辩论、讨论的方式来加强信息的沟通，消除偏见，更适合合议和共管方式。这仍然是从功能上论证的，并不能排除其他的选择项。

回答董事会制度的理性，应当回到公司的本质理论。确保组织的独立和持久存续，保证董事会向全体股东负责而不是只向某一部分股东负责，向公司的长期利益而不是单纯体现为股东意志的股东利益负责，才是董事会制度存在的理性所在。仅仅从功能、效率上去认识公司，而不是从公司的政治理论、独立地位和社会属性、董事会合议方式作为小型民主制度上入手；[①] 不是从强调公司的宪法特性、责任权威、审慎决策和可争论性入手，从组织的独立性入手考虑公司董事会的存在、功能和角色，是无法解释和判断董事会在其他法域中的行事方式与原则的。[②] 尽管公司的本质理论存在着二元对立甚至"精神分裂"，[③] 但公司董事会制度及其规则的政治和民主属性并不能因为"执其一端"而被忽略。

当下中国的公司法理论中，一些假定或基础知识被忽略了：公司是两权分离的实体，不仅仅是一个融资或扩大生产的工具。组织自治，才会产生董事会作为立法者和裁判者的角色的需要（商人冒险家公司），或者是内在的、自我选择选举最高领导者的举措（红衣主教团），或者是基于董事作为政治人的假定（说服、辩论和讨论的过程）的。换一个角度来说，公司法发展的历史逻辑是：公司在前，股东在后，才会产生已有的垄断性企业如何去扩大融资吸收新股东，进而发展出资本市场，发展出股票等工具。而效率理论也好，功能视角也好，则是从逻辑上颠倒过来，要解决的命题变成了股东如何利用公司去实现扩大再生产。

当下中国的公司治理模式和对董事会制度意识的淡薄，毫无疑问

---

① 参见 Mark M. Hager, Bodies Politic: "The Progressive History of Organizational Real Entity Theory," *University of Pittsburgh Law Review*, Vol. 50, 1989, pp. 575 – 654。

② 参见 Stephen Bottomley, *The Constitutional Corporation: Rethinking Corporate Governance*, Aldershot: Ashgate Publishing Limited, 2007。

③ 参见 William T. Allen, "Our Schizophrenic Conception of the Business Corporation," *Cardozo Law Review*, Vol. 14 (Nov. 1992), pp. 261 – 280。

受制于儒家法律传统中缺乏合议、共管、投票决策的知识，受制于现行体制下国有企业和家族企业构成主体的现实，受制于资本市场受到规制并被分割的规制模式，受制于在法学知识上倾向于股东会中心主义的思维习惯。但随着公司组织在今天的社会现实中的进化，重新认识董事会制度及其背后的深层逻辑，"认真对待"公司的政治属性，在董事会权威中心、合议和共管制度上继续不断学习，也许是我们的必然选择。

（本文原载于《中国社会科学》2011 年第 1 期）

商事法治与资本市场建设

证券交易异常情况处置的制度完善[*]

顾功耘^{**}

证券交易异常情况是证券市场的一种非正常状态。近年来，各国家和地区的主要证券交易所不时遭遇技术故障、错误交易等交易异常情况。2005 年东京证券交易所先后发生了"交易中断事件"以及"J-COM 大规模错误订单事件"，2006 年东京证券交易所再次遭遇"活力门震荡"事件，2010 年美国华尔街发生了"闪电崩盘"事件，紧接着日本大阪证券交易所又曝出"德意志证券乌龙指事件"。在我国，证券交易异常情况也时有发生，如 2000 年的"机场可转债事件"、2007 年的"ST 亚星对价事件"等。由于交易异常情况的发生会对正常交易活动产生极大的破坏力，对证券市场的参与者和市场秩序产生不利影响，因而必须及时处理和有效规制。

一　当前我国证券交易异常情况处置的制度检讨

我国现行《证券法》所规定的诸多制度都是以正常的交易环境为前提，对于交易异常情况的法律规制散见于《证券法》第 114 条、《证券交易所管理办法》第 30 条以及证券交易所的自治性规则中。这些制度对规范我国当前证券交易异常情况发挥了重要作用，却存在两个明显的不足。

---

*　本文为上海市第三期重点学科——经济法学（S30902）以及上海证券交易所 2010 年资助研究课题的阶段性成果。

**　顾功耘，华东政法大学教授、博士生导师。依对论文贡献度，本文其他作者依次为课题组成员胡改蓉、王东光、张敏、孙宏涛、何颖、陈岱松。

第一，制度的可操作性较弱。典型地体现在《证券法》和《证券交易所管理办法》中。《证券法》仅在第114条原则性地指出："因突发性事件而影响证券交易的正常进行时，证券交易所可以采取技术性停牌的措施；因不可抗力的突发性事件或者为维护证券交易的正常秩序，证券交易所可以决定临时停市。证券交易所采取技术性停牌或者决定临时停市，必须及时报告国务院证券监督管理机构。"该规定对于何为"证券交易异常情况"并未明确规定，对于交易异常情况的情形划分也极为笼统，处置方式也极为有限。证监会在其颁布的《证券交易所管理办法》第30条中也仅指导性地规定"证券交易所应当制定具体的交易规则。其内容包括：……（七）证券交易所的开市、收市、休市及异常情况的处理……"从该表述可以看出，其要求较之《证券法》第114条的规定更为笼统，不仅缺乏指引性且将规则的制定权完全下放给交易所，忽视了对交易所处置行为的规范和监督。

第二，制度的缺失现象严重。在《证券法》、《证券交易所管理办法》等有关规定缺乏可操作性的情况下，对交易异常情况的处置不得不更多地依赖于交易所的自治性规则。2006年，沪深证券交易所分别大幅度修订了各自的《交易规则》，专章规定了"交易异常情况处理"的若干规则。但因其内容过于概括，操作性不强，2009年11月2日沪深证券交易所又同时发布了各自的《交易异常情况处理实施细则（试行）》（以下简称《实施细则（试行）》），以细化其规定。《实施细则（试行）》虽然规定了因不可抗力、意外事件、技术故障等问题所引发的交易异常情况，并规定了技术性停牌、临时停市、暂缓交收等处理措施，但仍存在具体制度的缺失。尤其是对于错误订单等重大差错的认定及处理未有涉及、对交易异常情况出现后的撤销交易制度未加以明确、对有关主体的责任认定未进行明晰，因而大大影响了制度的实施效果。

上述分析可见，我国目前有关证券交易异常情况处置的法律规则仍十分有限，相关的具体制度设计尚处于起步阶段，因而通过对域外相关制度的比较分析，就引起证券交易异常的情形、处置措施、法律责任进行深入探讨，以期尽快完善相关制度，极为必要。

二　引发证券交易异常的情形认定及其补充

（一）我国现行制度对引发证券交易异常的情形认定

依据沪深证券交易所《实施细则（试行）》之规定，交易异常情况是导致或可能导致交易所证券交易全部或者部分不能正常进行的情形。从目前规定来看，依据交易异常情况发生的原因、机理、过程、性质的不同，引发证券交易异常的具体情形大致可分为不可抗力、意外事件以及技术故障，且都具有突发性、后果严重性等特点。[①]

不可抗力是不能预见、不能避免、不能克服的客观情况，是独立于当事人的行为之外，不受当事人意志支配的法律事件。自证券交易出现以来，证券市场就一直受到各种天灾人祸的影响，这严重妨碍了证券交易的正常秩序。我国沪深证券交易所的《实施细则（试行）》也都明确规定了因不可抗力引发交易异常情况的情形。当然，由于交易异常情况的处理后果事关众多市场参与者的利益，因而，对不可抗力的认定必须相当谨慎。一般而言，这类事件的发生必须达到严重程度。这种严重性取决于事件本身所带来的客观后果，而非人们的主观评价。当某些自然灾害或社会事件的后果并不严重，但由于公众的关注程度、政府的注意力以及媒体的兴趣，而凸显为热点话题时，并不构成交易异常情况。

除不可抗力外，《实施细则（试行）》将意外事件也纳入了引发交易异常的情形范畴。目前，我国立法者对意外事件内涵和外延的认定持有非常谨慎的态度，现行的基本法律还未对意外事件进行界定，而

---

① 需要指出的是，这里所讨论的证券交易异常情况，并不包括证券参加者出于投机心理等主观恶意而实施的违法违规行为，后者属于交易所和监管部门处罚的对象。

且涉及意外事件的直接规定也较少。或许正基于此，《实施细则（试行）》把"引发交易异常情况的意外事件"限缩为"本所市场所在地发生火灾或电力供应出现故障等情形"。但这种规定具有明显的不周延性。实践中，除了火灾、电力供应出现故障等情形外，意外事件还可能包括交易所为防止出现险情而停止交易系统运行的情形。因此，今后的制度完善应从意外事件的本质出发，尤其是注重与不可抗力的区分，对其可能引发的交易异常情形进行外延界定。这种区分主要体现在：意外事件可能是由第三人的原因造成，而不可抗力则是由于自然原因或社会原因造成；意外事件往往只是针对特定当事人具有不可预见性和不可抗拒性，而不可抗力具有社会性的无法抗拒力和难以预见性；意外事件虽然具有不可预见性，但它往往能够改变和克服，而对于不可抗力来说，即使预见到也不能避免和克服。

技术故障是引发证券交易异常情况的又一主要情形。这种技术故障或因交易系统引起或因通信系统引起，大都发生于交易所本身与交易参与人之间。沪深交易所的《实施细则（试行）》专门明确了引发交易异常的三种技术故障情形：（1）本所交易、通信系统中的网络、硬件设备、应用软件等无法正常运行；（2）本所交易、通信系统在运行、主备系统切换、软硬件系统及相关程序升级、上线时出现意外；（3）本所交易、通信系统被非法侵入或遭受其他人为破坏等。从该规定来看，引起系统故障的原因既可能为系统自身因素又可能为外力作用。

（二）相关情形的补充："重大差错"的制度引入

目前，我国沪深证券交易所《实施细则（试行）》对引发交易异常的情形认定中，遗漏了一种极为重要的情形，即重大差错。从境内外的证券交易实践来看，在交易过程中难免会出现因参与方的人为因素导致的信息传递失真，有些失真会使证券交易价格、数量等严重违背交易者的真实意图，这便产生了证券交易中的"重大差错"。值得注意的是，无论是不可抗力、意外事件还是技术故障，都可能引起"重大差错"，但这里的"重大差错"主要是人为因素引起，即在业务实施、流程衔接、操作运行等环节中因人为原因出现的重大误差。

尽管我国目前还未将"重大差错"正式引入法律制度范畴，但在现实中，已经出现过该类情形引发的交易异常情况。1994 年 1 月 26 日上海证券交易所集合竞价时，"广州广船国际股份有限公司"的股价以 20 元的天价开出，较前一日收盘价的 6.58 元上升 203.95%，原因是证券交易员所在公司的一名大户透支购入大量股票，为避免公司巨款流失，交易员得到指令，每天在开盘前将需锁定的数百万股以不可能成交的高价"卖出"。26 日，交易员按例将数百万股"广州广船"分多次以 20 元高价"卖出"，不料却将第九笔 81 万余股"卖出"打成了"买入"，导致了巨额损失。可见，该制度在中国的引入，已经具备了前期的实践基础。在今后的具体制度设计中，应依据交易异常情况的客观表现以及域外证券交易所的相关经验，将其细分为如下几种类型。

1. 价格错误

"对证券市场而言，交易所的功能就在于形成透明、公平、符合市场情况的价格。如果公布了不符合市场情况的价格并以该价格对客户委托进行清算，则无法发挥集中交易的功能。"① 因而，各地证券交易所都极其重视价格错误引发的交易异常情况。在价格错误的判断标准上，域外交易所主要有两种方式。

第一种方式是以交易价格是否严重扭曲了股票的市场价格，或者交易价格是否严重背离了股票的市场价格进行判断。例如《伦敦证券交易所规则指引》规定的交易所基于自己判断取消交易的情形就包括

---

① OLG Frankfurta. M., Urteilvom 4. Maerz 2009（16 U 174/08），WM 2009 1032.

股票的收盘价由于错误订单的进入发生重大扭曲的情况。^① 而美国《国家证券交易所规则》和纽约－泛欧交易所《明显错误交易规则》则规定：只有当买方交易价格过高或者卖方交易价格过低，并且等于或者一定程度上超过数字准则中规定的每种特定交易分类的参考价格，一个交易执行才有可能被认为是明显错误。（输入指令或者报价的差错，或者公司未能注意或更新报价，都不足以认定该交易是明显错误。）这也就是告诉我们，明显错误是符合一定标准的价格错误。这个标准就是各证券交易所采纳的"数字准则"。^②

第二种方式则是以错误的交易价格所造成的损失数额是否达到一定额度进行判断，即只有当错误的交易价格所造成的损失达到一定额度时才构成"价格错误"。如《柏林证券交易所交易条件》第59条第1款实施细则规定，当错误的交易价格产生至少5万欧元的损失时，该交易才属错误交易。^③《新加坡交易所规则》第8.6.3条也明确规定：交易差错对提起审核的一方造成的损失少于5000新加坡元的，交易所不予审核。

在这两种判断标准中，前者应更为合理。因为之所以要对交易的价格错误进行规制，就是为了保护证券市场的价格发现功能，并确保交易的公平公正。一旦有过高或过低的交易价格进入交易系统，必然会对正常的市场价格造成扭曲，此时，重点考虑的是对该类行为进行规制，而不是该价格给特定市场主体所造成的损失。在具体的标准设定上，美国《国家证券交易所规则》和纽约－泛欧交易所《明显错误交易规则》的"数字准则"值得借鉴，即通过设定一个市场价格的上下浮动比例（如10%），来确定合理的价格区间，超过该区间的价格

---

① 参见 Section 2120.4 of Rules of the London Stock Exchange。

② 参见 NYSE Euronext Clearly Erroneous Execution；Rule 11.19 of Rules of National Stock Exchange, Inc. (Updated through April 22, 2010)。

③ Aufhebung eines abgeschlossenen Börsengeschäfts, Mistrade Rule (Ausführungsbestimmung zu § 59 Abs. 1 der Bedingungen für Geschäfte ander Börse Berlin).

即为明显的"价格错误"。

2. 数量错误

在证券交易过程中，因证券交易参与人输错了交易证券的数量，并达到一定比例，足以导致或已经导致交易异常情形的，属"数量错误"。对此，《东京证券交易所业务规程实施细则》第 13 条规定，当某笔有价证券交易在数量或金额上超过规定，并且由于错误订单而产生严重的结算困难时，发出错误订单的交易参加人可以申请取消该笔交易；香港联交所《交易所规则》501E（3）也规定：每位延续交易证券的买方交易所参与者应复核在系统中以其名义记录的延续交易证券事务数据，并在发现当天输入的数据错误时，立刻在延续交易证券买卖结束前反驳错误的输入数据。因此，"数量错误"引起的交易异常不仅指交易"已经发生"并导致"严重结算困难"的情形，而且包括在"交易买卖结束前"交易参与者自己发现或者被证交所的实时监控系统发现的交易数量错误，此时，交易参与者或证交所可以采取相应的防范和补救措施。

3. 其他错误

除上述的价格错误和数量错误外，在证券交易过程中还可能出现证券名称、证券成交单位、交易编号等错误。《新加坡交易所规则》第 8.6 就规定，除数量错误和价格错误之外，还存在其他"交易所认为该交易是错误交易"的情形。美国《国家证券交易所规则》和纽约－泛欧交易所《明显错误交易规则》也分别规定：当任何交易条款，例如价格、股票数量、证券成交单位或者证券的名称存在明显错误，那么在交易所已执行的交易属明显错误交易。[1] 由于这种情况确实可能因为证券交易参与人的过失而产生，因此，我国在引入"重大差错"制度时，亦应将其纳入，以实现制度设计的周延性。

---

[1]　参见 NYSE Euronext Clearly Erroneous Execution；Rule 11.19 of Rules of National Stock Exchange, Inc.（Updated through April 22, 2010）。

三 证券交易异常情况处置可选择的措施及其拓展

证券交易所交易具有公开化、电子化和自动化的特征，交易的正常进行依赖于包括自然条件、社会条件、技术条件等在内的一系列外在因素。任何条件的瑕疵都可能导致交易不能正常进行。为维护交易参与人的利益和整体市场秩序，交易所有权力，也有义务针对交易异常情况采取相应的处置措施。

（一）目前我国证券交易异常情况处置可选择的措施

依据沪深证券交易所《实施细则（试行）》之规定，交易所针对证券交易异常情况的出现，可采取的处置措施主要包括临时停牌、临时停市以及暂缓交收等。

临时停牌是在证券交易过程中因重要事项或异常情况的出现可能影响该证券交易的正常秩序而由交易所采取的停止该证券在交易所内交易的措施，是"股票在场内市场交易过程的突然强制中断"。[①] 临时停牌可分为两类：一类是因发布业绩公报、召开股东大会、发布重大事项公告而采取的临时停牌，即政策性停牌；另一类是因突发事件、异常情况的出现而采取的临时停牌，即技术性停牌。在后一情形中，停牌是由交易所根据客观情况决定的。我国《证券法》第 114 条规定：因突发性事件而影响证券交易的正常进行时，证券交易所可以采取技术性停牌的措施。沪深证券交易所的《交易规则》中也都有关于技术性停牌的规定。

与停牌不同，停市是对在证券交易所上市交易的所有产品停止交易的情形。根据决定机关不同，临时停市可分为监管机关决定的临时停市和交易所决定的临时停市。监管机关决定的临时停市通常是出于某种原因而主动停市，并非客观上不能进行正常交易；而交易所决定的临时停市通常发生在因某种情况的出现导致交易所无法进行正常交

---

① 楚诚忠：《股票交易临时停牌制度比较研究》，《证券市场导报》1998 年第 12 期。

易的情形。我国《证券法》第 114 条和沪深证券交易所的《交易规则》也都对异常情形出现时的临时停市进行了规定。域外交易所的实践表明，在交易系统出现或可能出现技术故障时，临时停市是有效的处理措施之一。在 2006 年日本"活力门事件"中，面对投资者的大量抛售行为，为防止系统处理能力超负荷并引发故障，东京证券交易所根据其《业务规程》相关规定[①]，于 1 月 18 日下午 2 点 40 分采取了全面停止股票交易的紧急措施，比正常闭市时间提前了 20 分钟，这也成为东京证券交易所自 1949 年成立以来首次因系统处理能力超负荷而闭市的情形。[②] 2008 年 12 月 17 日的加拿大多伦多证券交易所也曾出现过因巨量交易指令超过电脑负荷，而不得不暂停交易的情形。这些措施的采取都及时避免了交易异常情况的发生，对维护证券市场起到了积极效应。

就目前沪深证券交易所而言，暂缓交收是又一不可或缺的处置措施。所谓"暂缓"便是"冻结"，即使该项交易暂不进入交收程序。由于暂缓交收并非最终的解决措施，其本身并不能解决问题，可以说只是为解决问题作出准备，因而交易所应在实施暂缓交收的同时，确定必要的解决问题的方式，即一旦交易被采取暂缓交收之后，交易所应以何种行动和程序解决争端。例如，交易所是否应组织交易双方进行磋商，若磋商不成，交易所可否视具体情况撤销交易或采取其他处置措施。同时，由于证券交易不能长时间处于不确定状态，而暂缓交收直接影响着证券的流动性和投资者对于证券、资金的使用效率，因而作为临时性措施，暂缓交收不应持续较长时间。然而，遗憾的是，目前无论是法律、法规，还是交易所的规则都未对暂缓交收的后续处理作出明确规定，这就使得处置过程处于无规则可循的不透明状态，

---

① 《株式会社東京証券取引所業務規程》（2009 年改正）第 29 条第 4 号。

② 《走出"活力门"丑闻阴影　东证所恢复正常交易时间》，《上海证券报》2006 年 4 月 25 日。

即使争议交易最终得到了处理，这种处理也缺乏公开性、确定性和普遍性。

（二）现有措施的拓展："撤销交易"的制度借鉴

证券交易的正常进行依赖于正确的指令和平稳的客观条件，一旦主客观条件发生错乱、异常，交易所必须采用及时、有效、适当的措施，以维护或恢复正常的交易秩序。在一定程度上，交易异常情况处置措施的有效性、多样性、合理性是衡量一个证券市场发展水平和成熟程度的重要标志。尽管我国已从制度层面设计了上述三种处置措施以纠正交易异常情况，但相对于西方成熟国家的规定，仍有改进的空间，尤其是应当尽快引入域外成熟的撤销交易制度。

实际上，与前述的"重大差错"制度相似，尽管目前"撤销交易"还未被正式纳入法律制度，但在我国的证券市场发展史上，也曾出现过证券交易所宣布交易无效的情形，这便是"327 国债事件"。[①]在该事件中，上海证券交易所认为，1995 年 2 月 23 日进行的 327 国债期货交易存在异常情况，并宣布该交易日最后 8 分钟所有的 327 品种期货交易无效，各会员之间实行协议平仓。交易所的这一处置措施便是典型的撤销交易。但令人不解的是，在随后的制度发展中，无论是《证券法》还是沪深交易所的《交易规则》抑或是《实施细则（试行）》，都未将该措施从法律层面或者是自治性规则层面予以确定，造

---

① "327 国债事件"中对应的期货合约品种是 1992 年发行的三年期国库券，该券利率是 9.5% 的票面利息加保值贴补率，但财政部是否对之实行保值贴补，并不确定。进入 1995 年 2 月后，其价格一直在 147.80 和 148.30 之间徘徊。但随着对财政部是否实行保值贴补的猜测和分歧，327 国债期货价格发生剧烈的异动。以万国证券公司为代表的空方主力认为不会贴息，坚决做空，而其对手方中国经济开发信托投资公司则坚决做多，不断推升价位。2 月 23 日，一直在"327"品种上联合做空的辽宁国发（集团）有限公司抢先得知"327"贴息消息，立即由做空改为做多，使得 327 品种在一分钟内上涨 2 元，十分钟内上涨 3.77 元。做空主力万国证券公司立即陷入困境，按照其当时的持仓量和价位，一旦期货合约到期，履行交割义务，其亏损将高达 60 多亿元。为维护自己利益，327 合约空方主力在交易结束前最后 8 分钟大量透支交易，以 730 万手、价值 1400 多亿元的巨量空单（该券发行总量为 240 亿元），将交易价格打压至 147.50 元收盘，使 327 合约暴跌 3.8 元，并使当日开仓的多头全线爆仓，造成了所谓的"中国的巴林事件"。

成了现行制度的缺失。

由于证券交易制度的目标在于提供健全的交易设施，并保证证券价格公平、有效地形成。[①] 这就要求证券交易信息必须能够准确反映市场真实情况。而不符合市场真实情况的错误交易必然影响交易信息的真实性、准确性，且会对市场参与者造成误导。也正基于此，有学者认为"错误交易可视为'过失'操纵股价的行为"。[②] 正是在这样的制度理念下，域外诸多交易所都针对错误交易建立了完整的撤销交易制度。该制度以维护证券市场的整体交易秩序为价值基础，通过严格的程序保证错误交易能够得到及时、公开、确定的处置。从域外交易所的经验来看，撤销交易的方式可分为依职权的撤销和依申请的撤销，这两种方式均有借鉴的价值和意义。

1. 依职权的撤销交易

在域外，证券交易所业务执行机构依职权撤销交易的情形主要有两种：第一，对保证正常的交易确有必要或交易不符合交易所正常交易的要求；第二，交易以不符合市场情况之价格达成。

第一种情形是以目的为导向的规定。为了维护正常的交易秩序，交易所拥有自由裁量权，对其认为妨碍交易所正常交易的情形可以采取撤销交易的处置措施。例如美国《国家证券交易所规则》就规定，在交易所电子通信和交易设备发生崩溃或者故障，或者存在特殊市场行情或其他为了维护市场公平和秩序、保护投资者和公共利益而需要取消交易的情形下，交易所执行官或者其他高级雇员、被指派人员可以自己提出动议审查这些交易，并可宣布该类情形下的交易无效。[③]在 2010 年 5 月 6 日华尔街的"闪电崩盘"事件中，纳斯达克交易所

① 参见杨邦荣《证券交易制度的目标取向及其冲突与协调》，《长安大学学报》2003 年第 1 期。

② Angela Lindfeld, Die Mistrade Regeln-Voraussetzungen und Rechtsfolgen der Stornierung von Wertpapiergeschäften im börslichen undausserbörslichen Handel, Nomos Verlagsgesellschaft 2008, S. 41.

③ §11. 19 (c) (1) － (3), Rules of National Stock Exchange, Inc.

在当天美国市场收市后，迅速宣布将取消当日下午 2 点 40 分至 3 点之间执行价格较美国东部时间下午 2 点 40 分前最后一笔成交价格高出或低出 60% 的交易，且各方不能对这一决定提出上诉，随后诸多交易所都采取了相类似的措施。这种"强硬"的处理态度表明，在极端市场环境下，为维护市场的公平、有序，并保护投资者和公众利益，交易所有权力决定撤销交易，且不接受交易商的申诉（在一般的"明显错误执行"中，交易所"明显错误执行"委员会将会复查交易所执行官所作出的取消交易的决定是否适当，同时，交易商亦可提出申诉请求）。

第二种情形则主要针对错误交易情形。在法兰克福证券交易所，依其《交易条件》之规定，如果交易不符合交易所正常交易的要求，尤其是确定价格时存在错误，交易所业务执行机构可以依职权撤销此类交易。这里的价格错误主要是指以公布的定价或区间之外的价格达成的交易。[1]《伦敦证券交易所交易规则指引》也列举了交易所可取消交易的情形，如对公司事件的信息传达明显错误、股票的收盘价由于错误订单的进入发生重大扭曲等。[2]

2. 依申请的撤销交易

除依职权撤销交易外，面对交易异常情况，证券交易所亦可依申请撤销交易。这通常发生于错误交易场合。当然，不同交易所对于申请程序、裁决程序以及裁决标准有着不同的规定。

关于申请程序，柏林证券交易所在其《交易条件》第 59 条第 1 款的实施细则中规定，只有交易的当事方才能向业务执行机构提出撤销交易的申请，且只有在交易达成后的一个小时内递交了填写完整的申请表，才被认为是提出了有效的申请。撤销申请应传真给业务执行机构的交易审查处，并且事先应以电话形式告知；申请表上应附电话和

---

① Bedingungen für Geschäfte an der Frankfurter Wertpapierbörse § 25 (3)；§ 35 (2).

② 参见 Section 2120.4 of Rules of the London Stock Exchange。

传真号码；撤销申请应说明理由。① 美国《国家证券交易所规则》则规定，申请审查的请求必须以书面形式通过电子邮件或者交易所规定的其他电子方式作出，且请求必须在交易执行发生起 30 分钟内被接收。请求必须包括关于交易时间、证券代码、股票数量、价格、交易方向（买方还是卖方）和确信交易明显错误的事实依据等信息。②

对于裁决程序，美国《国家证券交易所规则》规定，请求被接受后，交易所必须尽快（一般在接受审查请求后 30 分钟内）通知交易相对方。如被要求，交易各方必须在请求被接受后 30 分钟内提供书面证明信息。除非争议交易的双方同意撤销最初的审查请求，争议交易必须被审查且交易所执行官应对此作出裁决。裁决一般应在交易所接受请求后的 30 分钟内作出，但是绝不能迟于下一个交易日开始常规交易前。对于作出的裁决，交易所必须及时告知交易方。如果受到裁决影响的交易一方在规定时间内提出上诉请求，明显错误交易执行委员会将审查该裁决，审查内容包括明显错误交易是否发生、已作出的裁决是否正确。特殊情况下，如果交易所执行官认为考虑到受影响交易的数量过多，为维护市场的公平和秩序以及保护投资者和公共利益，裁决应为终局性，那么明显错误交易执行委员会将不会再审查执行官已作出的裁决。③

对于裁决标准，《伦敦证券交易所交易规则》规定，只有当交易所认为取消交易是符合整体市场的最大利益时，才会考虑接受会员公司的取消交易请求。在审查会员公司取消交易的请求时，交易所应当审查以下几方面要素：（1）交易双方当事人是否无法通过协商解决此问题；（2）向交易所提出的取消交易的请求是否在规定的时限内提交

---

① Form der Geltendmachung, Mistrade Rule（Ausführungsbestimmung zu § 59 Abs. 1 der Bedingungen für Geschäfte an der Börse Berlin）.

② § 11. 19（b）（1），Rules of National Stock Exchange, Inc.（Updated through April 22, 2010）.

③ § 11. 19（e）（1），Rules of National Stock Exchange, Inc.（Updated through April 22, 2010）.

到市场监管部门，即任何会员公司请求取消交易的请求应当尽可能快地提交给市场监管部门并不得迟于交易完成后的 30 分钟内，对于在 16：30 后进行的交易，会员公司必须在 17 点之前向市场监管部门提出取消交易的请求；（3）请求交易所取消交易的会员公司应向市场监管部门提交规定的重要信息；（4）会员公司在通过电子交易系统进行的自动交易中遭受了一定数量的损失。[①] 根据纳斯达克 OMX 集团公司北欧交易所（NASDAQ OMX Nordic）会员规则制定的取消交易准则规定，监督部门在决定某种具体交易是否需要被强制性取消时，也将考虑如下因素：（1）该交易必须是由于一个毫无争议的差错所导致的结果，例如错误的证券名称、价格或成交量的转变、额外的数据；（2）该交易必须引起了价格的实质性变化。该交易执行的价格必须相当大地偏离错误指令输入前该证券的市价；（3）考虑到当前行情和相关证券的交易活动，该交易须被视为不合理；（4）当前行情、市场活动、市场波动以及已经达成交易的证券的价值也应被纳入考虑范围。[②]

3. 我国的具体制度设计

基于上述制度经验，我国在引入撤销交易制度时，需要特别注意如下几点。

第一，尽管交易所基于市场秩序维护的需要，针对错误交易可以依职权撤销，但由于撤销交易毕竟会对交易双方利益产生直接影响，因此，是否撤销还需慎重。此时，交易所"可依职权撤销交易"并不表示必须或必然撤销交易，其在行使撤销权时还需要对不同利益和相关情况进行权衡和判断。在具体的考量因素上，可以借鉴《法兰克福交易所交易条件》的规定，包括：在撤销或保留交易时对交易方可能产生的可预见的损失、经许可在本交易所进行交易的企业对于交易存

---

① 参见 section 2120. 5 of Rules of the London Stock Exchange。

② Cancellation criteria of Guidelines for cancellation of trades based on NASDAQ OMX Nordic Member Rules section 5. 7. 3.

续的信赖、自交易达成已经过去的期间，等等。[①]

第二，对于依申请的撤销，交易参与人必须在规定时间内（如交易发生后 30 分钟内）依据规定形式向交易所提出申请，交易所应在所限定的时间内（如收到双方交易材料 1 小时内）作出是否撤销的裁决。之所以设计严格的时间限制，目的在于尽快确定争议交易的法律效力，满足商事法律制度的效率性需求。同时，交易所在进行裁决时，应当首先进行调解，确实无法达成调解的，交易所方可根据情形撤销交易，以尽量确保商事交易的有效性，维护商事交易的安全。对于交易所作出的撤销裁决，如当事人有异议，应当赋予其权利救济的途径，即可以向证监会提出复审请求，由证监会来对交易所的裁决进行监督，尽可能确保裁决的正确性和公正性。

第三，由于撤销交易的法律后果对双方当事人的利益影响重大（如果维持以明显偏离市场价格所达成的错误交易，则一方遭遇损失、另一方却获得了超出交易本身的"额外"利益；而如果撤销交易，则一方避免损失、另一方却错过了正常交易机会，丧失了可期待的交易获利），当交易被撤销时，就需要在法律上明确因撤销交易而遭受不利的一方可否主张民法上的权利救济。问题的关键在于分析错误交易撤销权与民法撤销权是否属于同一性质。通过对两类撤销权的比较可知，二者具有差异：首先，价值选择不同，前者乃基于交易公平的考量，聚焦于交易双方的利益划分，后者则是出于证券市场正常交易秩序的维护，以宏观市场运行秩序和公共利益为出发点；其次，主张对象不同，前者"以向撤销相对人发出表示的方式为之"，[②] 而后者则是向交易所提出或者由交易所依职权撤销；最后，前者是交易一方享有的形成权，后者则是处于市场监管地位的交易所的"准行政权"。因而，交易所的错误交易撤销权在性质上不同于民法撤销权。基于二者

---

① §25（3）；§35（2），Bedingungenfür Geschäftean der Frankfurter Wertpapierbörse.

② 〔德〕卡尔·拉伦茨：《德国民法通论》，王晓晔等译，法律出版社，2003，第 526 页。

的本质区别，在错误交易被交易所撤销的场合，证券交易的相对人不能因交易被撤销而主张民法上的损害赔偿请求权。这一点在域外交易所的规定中也可找到证据支持。例如，《法兰克福交易所交易条件》规定，"交易方不能因交易的撤销和调整提出民事请求权，民法上的交易撤销权也被排除。在业务执行机构撤销交易的情形中，交易双方不能向对方提出损害赔偿请求。"① 《大阪证券交易所业务规程》和《东京证券交易所业务规程》也原则上排除了相对方的赔偿请求权。②

四　证券交易异常情况引发的法律责任及其承担

证券交易异常情况引发的法律责任是对交易异常情况出现后相关主体间的责任分配。基于引发交易异常情况的情形不同，相关的责任制度亦应有所区别。

（一）法律责任的谨慎分配

不可抗力是独立于人的行为之外，并且不受当事人意志所支配的现象，具有社会性而非仅针对特定当事人的无法抗拒力和难以预见性。因而，不可抗力在各国法律中都是免责事由，除非法律另有规定，③ 以此保护无过错当事人的利益，维护法律的公平。该理念对于因不可抗力引发的交易异常情况同样适用，在该情形下，证券交易利益受损的当事人不得向交易所或其他市场主体请求损害赔偿。

意外事件则是非因当事人的故意或过失而偶然发生的事故。民法学界对于意外事件是否属于免责事由存有争议。在立法中，《合同法》第 117 条和《侵权责任法》第 29 条分别规定了不可抗力的免责事由，但是，都未将意外事件纳入。可以说，目前在民事法律中普遍不承认

---

① §28 Ausschluss zivilrechtlicher Ansprüche, Bedingungen für Geschäfte an der Frankfurter Wertpapierbörse.

② 《株式会社東京証券取引所業務規程》（2009 年改正）第 13 条第 4～5 項、《株式会社大阪証券取引所業務規程》（2010 年改正）第 13 条第 4～5 項。

③ 参见王利明《违约责任论》，中国政法大学出版社，2003，第 366 页。

意外事件的免责效力。① 但是，在证券市场，当意外事件引发了交易异常情况时，应将其作为免责事由。因为证券交易本身就属风险投资，投资者应当预见和评估可能遭遇的风险，这种风险不仅包括直接的股价跌宕，也包括诸如遭遇意外事件而导致的不利。

重大差错是在证券业务实施、流程衔接、操作运行等环节中因人为因素出现的重大误差。因重大差错而引发的错误交易往往可能被交易所依职权或当事人依申请予以撤销，若因撤销行为给一方当事人造成损失，在法律责任的分配上，应排除利益受损方的损害赔偿请求权。

由于交易异常情况的后果往往表现为交易所的服务提供不能，即不能使证券交易活动正常地开展、继续和完成。而证券交易所服务职能的发挥主要依靠交易、通信等系统来实现，因此，如果因交易所技术故障导致交易系统的软硬件无法正常运行，交易难以顺利完成，则极易导致相关主体的利益损失，也极易使交易所面临法律责任的风险。从域外经验来看，这种因技术故障引发的法律责任，应当以当事人的主观过错来分配和承担。当技术故障是因不可抗力、意外事件、黑客攻击或者现有技术水平限制所造成，那么，证券交易所对此种情形下相关主体的利益损失不负赔偿责任。例如《德意志证券交易所电子交易平台的格式合同》第 6 条就规定，证券交易所对非因自身过错而产生的损失无须承担责任。对于"过错"的认定，一般应坚持故意或重大过失的标准。《东京证券交易所交易参加人规则》第 15 条规定："交易所对于交易参加人因使用交易所内相关市场设施产生的损失不承担赔偿责任，除非交易所对此存在故意或重大过失。"《德意志证券交易所电子交易平台的格式合同》第 6 条也规定：德意志交易所原则上仅对因交易所及其从业人员故意或重大过失所引起的直接损失承担责任。对因一般过失引起的责任，仅限于基于交易所及其从业人

---

① 参见燕云捷、张渤《不可抗力与意外事件之法律比较》，《西北大学学报》（哲学社会科学版）2006 年第 2 期。

员因违反合同重要义务而产生的损失。之所以以"故意或重大过失"这样相对宽松的归责原则作为判断交易所是否承担责任的标准，主要是基于证券市场的特殊性考虑。[①] 其一，随着市场规模日益扩大，证券市场的技术支持系统已经是一个庞大而复杂的体系，即便交易所投入大量的人力物力，仍难以完全避免技术故障的发生。此时，如果技术保障方在履行技术保障义务过程中已经采取了证券业通行的做法、达到了该行业的普遍水准，如委托正规有资质的公司进行方案设计，选购了有品质保障的硬件产品，有一定的应急方案、处理技术故障的方式符合常规等等。那么，如果采用过于严格的责任承担机制，就会产生一种不公平的结果，即将本应由市场行为人共同承担的风险转移给某一方来承担。其二，证券交易所是证券市场发展的基本要素，如果采用严格的责任追究机制，那么一旦发生技术故障后，成千上万的投资者都可能向交易所提出索赔请求，交易所极易陷入困境，当其最终因巨额赔偿而难以为继时，证券市场的健康发展必然受到重创，这既不利于资本市场的建设亦不利于投资者利益的最终保护。

（二）因技术故障引发的法律责任之承担

由上述分析可知，证券交易异常情况所引发的法律责任主要是由交易所技术故障所引起。如果交易所系统故障是因其故意或重大过失所致，那么利益受损的相关者可以请求交易所承担损害赔偿责任。在具体的制度设计中，应从责任性质、举证责任配置以及赔偿的实现机制等方面进行详细规定，使其具有可操作性。

1. 法律责任的性质

对交易所会员而言，因其与交易所之间存有契约，提供安全、稳定、高效的交易场所和设施是交易所的基本义务，当因交易所过错致使交易系统出现故障时，可基于契约关系要求交易所承担违约责任；

---

① 参见"证券期货市场技术故障民事责任问题研究"课题组《香港地区证券期货市场技术故障民事责任研究》，《证券法制通讯》（2010 年合订本）。

但是，对身处市场的投资者而言，因其与交易所之间无直接的契约关系存在，其合法权益的维护则可依据侵权责任法来实现。一方面，因其符合侵权责任的构成要件；另一方面，证券市场投资者被认定为是"金融消费者"，对其进行倾斜性保护已成为各国金融制度发展的新趋势。需要特别说明的是，此时，交易所不得以自己的市场监管者身份主张民事责任豁免。因为，民事责任豁免原则仅限于交易所的正当监管行为，对于其提供市场服务的行为不能适用。[①]。

2. 举证责任的配置

尽管过错原则是交易所在此种情形下承担民事赔偿责任的基本归责原则，但由于在技术经验方面交易所相对于会员和投资者而言处于优势地位，且交易所也现实地拥有、控制、管理、运营着技术系统，因此，在举证责任分配上，应采用倒置原则，由交易所承担举证责任。必要时，可聘请有关专家进行技术检测，并出具鉴定意见。

3. 法律责任的承担

依据《证券交易所风险基金管理暂行办法》第2条的规定，证券交易所风险基金应用于弥补证券交易所重大经济损失，防范与证券交易所业务活动有关的重大风险事故。尽管对于具体的使用方向，该办法未详细列举，但是，因交易所在履行服务职能（也包括下述的监管职能）过程中所产生的赔偿责任显然应属于证券交易所重大风险事故，由此对证券交易所产生的损失也属于交易所的重大经济损失。因此，当交易所负有赔偿责任时，应当可以使用该风险基金。当然，在以风险基金赔偿相关主体的利益损失后，依据该办法第13条规定，证券交易所有权向有关责任方追偿，追偿款将被转入该基金。这里的责任方主要包括两类人：一是交易所自身有过错的工作人员；二是交易所以外的第三人，包括以各种手段恶意入侵交易所技术系统的人，也

---

① 美国第九巡回上诉法院法官在 Sparta Surgical Corporation v. NASD 上诉案中对此曾有明确阐述。Sparta Surgical Corporation v. NASD, 159 F. 3d 1209（9th Cir. 1998）.

包括受交易所委托、为交易所提供技术系统服务的技术开发商。由于技术开发商是受交易所委托开发技术系统，与交易所有着直接的技术服务合同关系，因此，若其提供给交易所的系统不安全（达不到行业标准），那么交易所因该系统缺陷给会员或投资者等市场主体造成的损失，在交易所赔偿后，应有权利基于服务合同向其追偿。

五　交易异常情况处置中正当监管法律责任的豁免

对证券交易进行监管，保障交易的公平、有序、高效，是证券交易所的核心职责之一。面对证券交易中出现的各种异常情况，交易所负有及时处置的义务。由于这种处置行为直接关系到交易所会员、投资者等各主体的切身利益，交易所在履行该监管职责时，时常面临各利益方的掣肘，不时陷入纠纷之中，因此，对此种情形下交易所的法律责任进行分析极为必要。

在交易异常情况处置过程中，证券交易所通常会采取技术性停牌、临时停市、暂缓交收甚至取消交易等方式制止错误交易的发生或履行。在此过程中，只要证券交易所没有过错，那么因上述措施造成的相关主体的利益损失，证券交易所不负法律责任，尤其是民事赔偿责任。

正当监管中证券交易所责任豁免的制度设计主要是基于交易所自律管理职能的客观需要。相对于政府而言，交易所对证券市场的监管在专业性、灵活性、及时性等方面具有天然的比较优势。为发挥这些优势，同时分担政府监管成本、缓解监管压力、提高监管实施效果，各国证券法均承认了证券交易所的自律管理者身份。而一旦法律对此予以了认可，就应当尊重证券交易所对监管事项的必要决定权、自治权和自主权。在交易所正当履行监管职责过程中，对被监管主体造成的利益损失，应当免除其法律责任，否则，交易所必然会因畏惧承担赔偿责任而裹足不前，无法正常履行职责。

　　对于交易所会员而言，因其与交易所之间签有协议，在交易所履行必要监管职责的场合，可以通过协议免除交易所因正当监管而给其造成损失的责任。问题是，对于与交易所没有直接合同关系的众多投资者而言，因交易所的监管行为给其造成的投资损失，交易所是否应同样免责？

　　这样的案例在国内外都曾发生过。在我国，极富代表性的案件是投资人陈友烈以上海证券交易所、中国证券登记结算有限公司上海分公司为被告而提起的"机场转债案"。该案中，原告诉称于 2000 年 3 月 16 日以 1200 元买入的 1000 张（每张面值 100 元）"机场转债"已经成交，但是因为上海证券交易所认定当日该证券出现异常交易而要求暂缓交收，为此原告要求两被告将其 1000 张"机场转债"转股的股票及利息过户，起诉金额约 10 万元。在国外，类似案件也曾出现。2003 年，美国的 Dl Capital Group，LLC. v. Nasdaq 案就是代表。[①] 在该案中，关于是否适用豁免原则的问题，原告提出，其代表的是个人投资者，不是交易所自律管理的直接对象，对于 Nasdaq 因取消异常交易给其投资造成的损失，交易所不能免责，应当向其承担赔偿责任。

　　在上述情况下，交易所是否负有赔偿责任？此时，问题的关键不在于投资者与交易所之间是否有私法上的契约关系，而在于交易所在

---

① 　Dl Capital Group，LLC. v. Nasdaq 上诉案中原告是一名机构投资者，代表多个投资者起诉 Nasdaq。案件起因于 Nasdaq 宣布取消涉及原告的股票交易。2003 年 12 月 5 日，Nasdaq 市场一只名为 COCO 的股票突然发生了异常交易。当日 10：46～10：58，该股票的交易价格从 57. 45 元急速下跌至 38. 97 元。Nasdaq 发现该异常交易系一投资者同时向多家具有交易撮合功能的电子交易平台（ATS）和 Nasdaq 市场提交了重复性的卖出申报所致。当日上午 10：58，Nasdaq 紧急停止了 COCO 股票的交易，并宣布上述异常交易是由于电子交易平台使用不当或出现运行故障所致。11：55，交易重新恢复。在 12：30 左右，Nasdaq 对外正式宣布将取消 10：46～10：58 之间的交易。原告诉称，其在 10：46～10：58 之间以低价买进了股票，但在交易重新恢复后至 Nasdaq 对外正式宣布将取消上述交易前（11：55～12：30 之间），卖出了股票，并获得了盈利。由此，原告进一步诉称，Nasdaq 没有在交易暂停后至恢复前这段时间，尽早宣布其停牌的意图和最终决定，在交易恢复后近 40 分钟才公布取消交易，信息披露出现了重大的误导和遗漏，构成了欺诈，使其在 11：55～12：30 之间的交易是在一个不公正、不确定的市场环境下完成的，故要求赔偿经济损失。

从事交易异常情况处置时的身份和行为目的。与一般的经济组织相比，证券交易所是市场职能和监管职能的统一体，具有明显的公共机构性质，① 对证券市场的一线监管正是其公共性质的典型体现。保护投资者合法权益、确保市场公正、高效和透明，降低市场的系统风险，是交易所所有监管行为的出发点。因此，"交易所在履行它们在资本市场的角色时，通常被认为是在履行公共职能，而且通常必须接受政府法定监管部门的监督"。② 此时，交易所的监管行为往往被认为是一种"准政府行为"，交易所及其雇员的身份也被认为是"准行政机构及其雇员"。在美国，对于交易所这种"准政府行为"的处理，法官的态度是，其享有民事损害赔偿的豁免权。③ 这是因为交易所和证监会的紧密联系、交易所的特殊地位以及如果允许对交易所纪律性处罚行为起诉，会对国会立法目的和目标的完成及其实施构成阻碍④，因此，在交易所等自律组织及其雇员因履行自律监管职能而引发的损害赔偿诉讼中，应赋予其绝对豁免地位，⑤ 即，只要交易所在善意地执行法律或者自己的规则，在履行自律管理的公共职能，那么即便给被管理者造成了利益损害，交易所及其管理人员亦无须承担违反契约或侵权的民事责任，主要是民事赔偿责任。

可见，在交易异常情况的处置过程中，交易所的正当监管行为有合法性基础。也正基于此，在上述的"机场转债案"中，原审法院驳回了原告的诉讼请求。原告上诉后，二审法院维持了原判，认为上海

---

① 参见谢增毅《证券交易所：公共机构抑或企业组织》，《城市经济与微区位研究——全国城市经济地理与微区位学术研讨会论文集》，2004。
② 参见 William Pearson，"Demutualization of Exchanges—The Conflicts of Interest（Hong Kong）"，in Shamshad akhtar, ed. *Demutualization of Stock Exchanges—Problems, Solutions and Case Studies*（Asian Development Bank，2002），p. 88。
③ 参见 Sprecher v. Graber, 716 F. 2d 968, 973（2d Cir. 1983）；另参见 Austin, 757 F. 2d at 692。
④ 参见 Hines v. Davidowitz, 312 U. S. 52, 67（1941）；另参见 Barnett Bank v. Nelson, 116 S. Ct. 1103, 1108（1996）。
⑤ 参见 Austin Municipal Securities, Inc. v. NASD,（1985）。

证券交易所对"机场转债"成交价格异常部分决定暂缓交收是依法行使职责。[①] 在 Dl Capital Group，LLC. v. Nasdaq 案中，美国第二巡回上诉法院也指出，Nasdaq 取消异常交易，并向市场公布，是自律管理职能的一部分，也为保护投资者利益所必需。就原告主张的个人投资者不适用豁免原则的问题，法院提出，只要交易所是在履行法定的自律管理职责，则不管原告是谁，都应当适用豁免原则。

实质上，对于交易所在监管中的免责制度，我国沪深证券交易所在各自的《交易规则》中分别进行了规定，但仍需进一步完善。《上海证券交易所交易规则》第7.7条规定："因交易异常情况及本所采取的相应措施造成的损失，本所不承担责任。"《深圳证券交易所交易规则》第7.7条亦规定："因交易异常情况及本所采取的技术性停牌或临时停市措施造成的损失，本所不承担责任。"由上述规定不难看出，两个交易所的免责规定过于绝对，并未区分交易所的主观状态，即如果交易所在处置交易异常情况的过程中，违法的不作为，或者程序违法，或者判断错误进而给相关利益主体造成损失，是否应承担不利后果？这在我国现行的两大交易所的交易规则中并未被特别考虑，而是"一律豁免"，其合理性值得推敲。

即使在美国，交易所的责任豁免也不是绝对的。如果原告能够证明交易所是在明知情况下而作为或不作为，且交易所的作为或不作为是"不可告人（ulterior）的动机的结果"，则可获得法院的支持。[②] 在上述的 Dl Capital Group，LLC. v. Nasdaq 案中，法官也认为，如果交易所主观有恶意的欺诈，则不适用豁免原则。在香港，立法者对交易所在履行监管职能时的责任认定也采取了区分原则。依据《证券及期货条例》SECT—22 中的规定"以下人士——（a）认可交易所；或（b）任何代表认可交易所行事的人……在履行或其本意是履行第 21

---

① 参见汕头市中级人民法院（2005）汕头中法民二终字第 102 号民事判决书。
② Ryder Energy Distribution Corp. v. Merrill Lynch Commodities Inc.，748F. 2d 774（Cir. 1984）.

条所规定的该交易所的责任时，或在执行或其本意是执行该交易所的规章授予该交易所的职能时，如出于真诚而作出或不作出任何作为，则在不局限第380（1）条的一般性的原则下，无须就该等作为或不作为承担任何民事法律责任，不论是在合约法、侵权法、诽谤法、衡平法或是在其他法律下产生的民事法律责任"。这种区分模式，值得我国在完善相关制度时予以借鉴。

六　交易异常情况处置中监管失当法律责任的承担

如上所述，交易所在正当履行其监管职能时，因其行为具备合法性基础，故而不负任何法律责任，对因监管行为给相关主体造成的利益损失，交易所享有民事赔偿的豁免权利。但是，当其监管行为有失当之处时，交易所就应承担法律上的不利后果。

（一）监管失当的情形

交易所在监管证券交易活动时，明知或应知存有交易异常情况而不作为，或对交易异常情况进行的处置行为违反相关规定，均属于监管失当，应承担法律责任。

首先，关于交易所的不作为。在日本 J-COM 事件中，[①] 市场对东京证券交易所的质疑，除了其提供的技术系统连续多次无法接受撤单申请这一重大缺陷外，还有一个质疑便是，事件发生后，东京交易所

---

① 2005 年 12 月 8 日 J-COM 公司在东京证券交易所创业板首日上市。上午 9：27，瑞穗证券公司大宗交易部的一名交易员将"以 610000 日元的价格出售 1 股 J-COM 股票"误输入为"以 1 日元价格出售 610000 股 J-COM 公司股票"。2 分钟之后，该交易员的助理发现了这一问题，于是该交易员与其助理马上向东京证券交易所的计算机连续多次发出了撤单指令，但均被交易所主机拒绝。与此同时，J-COM 公司股票一路暴跌。这一错误的卖单在跌停板（572000 日元）价位全部成交。由于 J-COM 公司实际发行股票数量只有 14500 股，瑞穗证券公司预约售出的股票数量是其发行量的 42 倍，属于卖空行为，因此瑞穗证券公司必须大量买入 J-COM 公司股票，以补足其卖空的数量。9：37，瑞穗证券公司决定买入 J-COM 股票。于是 J-COM 公司股票价格又一路被拉升至涨停板（772000 日元），但直至当天交易结束，仍有 96236 股未能购回。在该次事件中，瑞穗证券的损失总共达到400 多亿日元。2006 年 8 月瑞穗公司向东证所索赔 404 亿日元，遭东证所拒绝，于是 2006年 10 月，瑞穗将东证所诉至法院。

并不认为是他们的交易系统存在缺陷，而是要求瑞穗证券公司自己想办法解决问题，没有及时暂停这一异常交易，导致事态迅速恶化。那么，在此种情形下，当交易所已明知存在交易异常情况但却不采取有效措施，是否要承担对交易异常情况不作为的法律责任？

在证券市场发达的美国，此种情形下交易所不作为的责任认定实质是以"默示民事诉权"理论[①]的发展为依托，并经历了一个由宽松到严格的演进历程。在 20 世纪 50 年代开始的一些案例中，法院认为私人对证券交易所没有执行其规则存在诉因。1944 年发生的 Baird v. Franklin 案，被作为将默示民事诉权适用于交易所的第一案。法院确认纽交所未对会员执行规则，导致会员的客户利益受到损害，属于侵权行为，并推断《证券交易法》第 6 节关于交易所法定义务的规定中，存在默示民事诉权。Baird 案后，诸多裁决效仿其立场。[②] 但到了 90 年代，法院似乎又否定了这种诉因的存在。比较典型的案例是投资者对美国证券交易商协会（以下简称 NASD）的几起集团诉讼。投资者认为 NASD 做市商相互串通，不按他们自己报出的价格执行交易，损害投资者利益，而 NASD 对此坐视不问。美国证监会（以下简称 SEC）和美国司法部介入后，通过调查发现，NASD 没有执行《证券交易法》及 SEC 制定的规则，也没有充分遵守自己的规则，但法院并

---

① 美国《证券交易法》中的民事诉权，主要针对投资者与证券商及上市公司之间的利益冲突而规定的，是保护投资者权利的重要手段。其规定方式，多采用直接、正面之方式，典型的是明确规定当事人在特定情况下的损害赔偿请求权；或明确规定当事人之间的法律关系应当遵守的强制性规范，违反规定时，当事人当然享有要求确认合同无效之诉权。此类情形下，当事人的诉讼权利，被称为明示民事诉权。但同时，该法中，对投资者权利，很多时候是通过对特定主体施加"不作为义务"之方式来实现的，即禁止特定主体从事某些非法活动，但是，对该行为的受害者是否享有损害赔偿请求权未置可否。此时就出现了默示民事诉权问题。对此，美国法院在不同时期和不同情况下，曾援用"侵权责任"、"实现法律的一般原则"、"符合立法意图"、"补充明示诉权"等不同理论支持默示民事诉权。其中，普遍使用的是"侵权责任"、"符合立法意图"两项原理。

② 参见 Pettit v. American Stock Exchange, 217 F. Supp. 21, 28（SDNY 1963）.；Kroese v. New York Stock Exchange, 227 F. Supp. 519（S. D. N. Y. 1964）；SEC v. First Securities Company of Chicago, 528 F. 2d 449, 454（7th Cir. 1976）。

未基于此判决 NASD 承担责任，而是由行政机关对 NASD 作出行政处理，其结果是，NASD 在 SEC 的干预下，改组了组织结构，形成了以 NASD 为母公司、分设 NASD 市场与 NASD 监管公司的架构。美国法院关于默示民事诉权的这种立场转变，一定程度上反映出法院对交易所与投资者之间的诉讼案件实行的司法政策由相对宽松转为严格限制。之所以出现转变，或许是基于三个原因：其一，法院对自律监管的尊重；其二，法院难以判断交易所等自律监管机构应当作为而不作为的情形；其三，法院难以认定因交易所等自律监管机构不作为而给会员、投资者等相关主体造成的实际损失。

应当承认，交易所相对于政府以及司法机关而言具有天然的监管优势，尤其是在专业方面，其身处证券交易的一线，了解券商、投资者的各种投资行为，能够在第一时间掌握证券市场出现的各种情况，基于丰富的经验和先进的技术，可以敏锐地判断各种市场行为。之所以证券市场需要交易所的自律监管，也在于此。如果不对交易所的自律管理予以充分的尊重，而是任由政府机关或司法机构对其进行干涉，必然会使交易所的监管效果大打折扣。就这一点而言，法院对自律监管的尊重值得肯定。但问题是，如果交易异常情况已十分明显，交易所明知或应知却未采取相应的处置措施，那么，再对其采取"宽松"态度则有失公允。因此，应追究交易所监管失职的责任。

其次，关于交易所有过错的作为。面对交易中出现的异常情况，交易所有责任进行及时、适当的处置，以维持公平的交易秩序，保护投资者的合法权益。由于这些处置行为的方式和结果往往事关相关主体的切身利益，因此，必须恰当。若交易所的处置行为违反了法律的实体性规定或程序性规定，则应当承担相应的法律责任。在此过程中，若给相关主体造成损失，交易所理应赔偿。《东京证券交易所业务规程》第 13 条规定："交易参加人因为第 1 项或第 2 项下的交易被取消而遭受损失，向交易所提出损害赔偿请求的不予以支持，除非交易所一方存在故意或重大过失。"在我国，上交所虽然也颁布了《上海证券交易所交易异常情况应急处置预案》，设定了 30 种交易异常情况，且对每种交易异常情况均针对性地设定了处置方案和程序，但该预案缺乏对交易所行为的规范，如果交易所在处置中有程序和实体方面的过错，是否应承担法律责任，该方案并未明确。

　　我国的相关制度应予以完善，即当交易所在监管和处置交易异常情况的过程中存在故意或重大过失，则应承担相应的法律责任。这种责任或者是行政机关对交易所或有关责任人的行政处罚，或者是因其给投资者等利益主体造成损害而进行的赔偿。当然，在追究交易所的责任时，由于政府机构和司法机关缺少一线监管的经验和能力，对交易所异常情况处置行为的判断应当谨慎，特别是应坚持"程序审查为主，实体审查为辅"的理念。所谓的"程序"主要就是指交易所在处置交易异常情况的过程中应严格遵守相关的程序要求，注重规则及处理过程和结果的透明以及处置行为的及时；所谓的"实体"就是交易所在认定交易异常情况时需要综合考虑的各种因素。例如，《伦敦证券交易所规则》在其指引中规定，交易所取消交易需要考虑交易完成后的时间、交易的错误程度以及市场的反应。① 因此，当交易出现纠纷时，如果交易所处置交易异常情况的程序合法，那么其应论证所采取的处置措施的合理性，主要包括已有交易的负面后果、该交易对证券交易的安全性影响、投资者给予交易所的信赖性以及交易已达成的时间性等，以证明其处置行为符合证券市场整体利益的最大化，否则应承担相应的法律责任。

（二）监管失当时交易所法律责任的性质分析

　　对交易所监管失当引起的法律责任应如何定性，尤其是因其过错给相关主体造成损失时，其承担的究竟是民事赔偿责任还是行政赔偿责任？这是追究交易所法律责任时，首先需要明确的问题。因为责任

---

① 参见 Section 2120. 5 of Rules of the London Stock Exchange。

性质不同，适用的救济程序就不同。对该问题的解决，关键在于准确认定交易所监管权的权力来源，进而合理界定其监管行为的法律性质，因为行为性质的不同决定了行为后果和行为责任的不同。

一般认为，交易所监管权的权力来源有三种：立法授权、行政授权、契约约定。如果交易所的监管权来源于法律的规定或授予，则为立法授权（即以法律的形式将应由国家享有、政府机构具体行使的权力，转移给政府以外的组织或者团体来承担）；如果是由相关行政主体在法律法规许可条件下，通过合法的程序和方式，将本属于自己的行政职权授予交易所的，则为行政授权[①]；如果是源于交易所与市场参与者之间的各种协议、会员规章等，则为契约约定。那么，交易所所享有的对交易异常情况的处置权究竟来源于何种权源？

我国《证券法》第 114 条明确规定，在出现突发事件或不可抗力事件，或者为维护正常的交易秩序时，证券交易所可以采取技术性停牌或临时性停市。这些措施的运用，并非单独作用于交易所的某个上市企业或会员，而是面向整个证券市场，具有宏观性和整体性，是立法者将本应由自己的执行机构——政府行使的维护证券市场稳定发展的公共职责赋予了身处市场的非政府机构——交易所。这显然具有立法授权的含义。交易所这种基于立法授权的监管行为实质上就是交易所作为"法律、法规和规章授权的组织"在进行独立的行政活动，符合行政行为的强制性标准和公共职能标准。[②]

除上述立法授权外，交易所对交易异常情况的处置权也来自行政授权。在我国，证监会是代表政府对证券市场进行监管的主管部门，其主要职责之一便是依法对证券交易活动进行全面监管。尽管证监会在法律上的定位不是行政机构，但实际上，无论是从其组织机构设置、职能设定，还是从其制定部门规章、进行行政处罚，都可以认定其事

---

① 参见胡建淼《有关中国行政法理上的行政授权问题》，《中国法学》1994 年第 2 期。
② 参见周友苏《新证券法论》，法律出版社，2007，第 458 页。

实上的行政机关身份。目前，为进一步发挥交易所一线监管的优势，证监会也开始逐步放权，将部分监管职能授权由交易所行使。如，《证券交易所管理办法》第 30 条就规定："证券交易所应当制定具体的交易规则。其内容包括：……（七）证券交易所的开市、收市、休市及异常情况的处理……"按照行政授权的基本原理，交易所按照行政授权进行监管时，并没有改变所授权力的公共性特征，即这些权力起初是公共权力，在转交至交易所手中时，公共性仍然得到保留。[①]

对于交易所基于立法授权和行政授权进行的监管行为，不仅理论界认为其应属行政行为，而且司法实践对此也予以了认可。目前，极具代表性的案件就是胡欣华等三人以上海证券交易所为被告的"327 国债"案。[②] 在该案中，法院认为上海证券交易所宣布 1995 年 3 月 23 日进行的"327 国债"期货交易尾市成交无效的行为属于行政行为，其主体不属于一般民事主体，原告以民事赔偿起诉不属于法院民事诉讼受理范围，因此裁定不予受理。

交易所对交易异常情况的处置权除来自于立法授权和行政授权外，是否也来自其与会员之间的契约约定？从理论上看，市场参与者与交易所订立的会员章程，接受交易所的监管甚至处罚，是自愿让权利受到限制，将部分权利让渡给交易所。因此，交易所自律管理的权力产生于交易所这个组织体内部，来源于交易所成员的约定，而不是交易所外部的主体赋予。[③] 可以说，交易所的这种权力是一种私权力，是基于市场参与者的同意和权利让渡而取得的权力。[④] 由于交易所对

---

① Giovanna De Minico, "A hard look at self-regulation in the UK", *E. B. L. Rev.*, 193（2006）.

② 1997 年，原告胡欣华等三人分别以上海证券交易所为被告，向上海虹口区法院提出民事诉讼，称其 1995 年 3 月 23 日依法进行了"327 国债"期货交易，但就在成交的次日，交易所发布公告宣布"327 国债"3 月 23 日尾市成交无效，造成其损失，因此，要求上海证券交易所予以赔偿。参见上海市第二中级人民法院（1997）沪二中经受终字第 2 号民事裁定书。

③ 参见卢文道《证券交易所自律管理论》，北京大学出版社，2008，第 55 页。

④ 实施自律管理时，维护公共利益，保障市场的公正、有序、透明，保护投资者权益，是交易所的法定义务，就此而言，交易所具有明显的公共机构色彩，带有公法人的特征。其作为公法人，区别于典型意义上的公法人，关键之处在于，其行使的权力并非公权力，而是私权力。

交易异常情况的处置往往直接涉及会员，后者应服从交易所的管理，因而该权力从本源上来讲似乎也应属于契约约定的范畴。但随着证券市场的发展，证券交易对不特定社会公众的影响越来越大，为维护公众投资者利益，交易所基于契约而取得的"私权力"越来越"公法化"，具有强烈的公共性。交易所与会员之间的章程、制定的有关业务规则越来越受到国家的强制力干预，对于会员不符合业务规则的行为，交易所采取的处置措施与其说是在履行其契约权力，还不如说是在履行其法定义务，承担法定职责。① 因为其一旦不履行该"权力"，将会受到法律的制裁。此时，交易所的"私权力"更类似于行政机关的"职权与职责"，不得放弃。该思想体现在证监会颁布的《证券交易所管理办法》第98条中，即"证券交易所会员、上市公司违反国家有关法律、法规、规章、政策和证券交易所章程、业务规则的规定，并且证券交易所没有履行规定的监督管理责任的，证监会有权按照本办法的有关规定，追究证券交易所和证券交易所有关高级管理人员和直接责任人的责任"。就此而言，交易所具有明显的公共机构色彩，带有公法人特征。

综上，交易所对于交易异常情况的处置权应归属于公法的行政性权力，其行为属于行政行为。如果交易所对证券市场的交易异常有监管失当的行为，即应当处置而未处置，或者处置的程序或实体违法，则应承担行政责任。如果给投资者、会员、上市公司等利益主体造成权益损害，应进行行政赔偿。

（三）监管失当时交易所法律责任的承担方式

如上分析，当交易所对交易异常情况的处置有失当之处时，应承担行政责任。首先，证监会有权对其进行行政处罚。这一点，在上述的

---

① 1997年，原告胡欣华等三人分别以上海证券交易所为被告，向上海虹口区法院提出民事诉讼，称其1995年3月23日依法进行了"327国债"期货交易，但就在成交的次日，交易所发布公告宣布"327国债"3月23日尾市成交无效，造成其损失，因此，要求上海证券交易所予以赔偿。参见上海市第二中级人民法院（1997）沪二中经受终字第2号民事裁定书，第58页。

《证券交易所管理办法》第98条已有相应规定。当然，该规定还有待完善，因为该条仅规定了交易所不作为的情形，对于交易所错误的处置行为，证监会也应进行查处。其次，如果交易所失当的监管行为，造成了投资者等有关主体的利益损失，交易所应当承担行政赔偿责任。在具体赔偿时，需要强调以下几点：第一，相对人的损失必须是一种现实损失，而非仅仅是交易机会的损失；第二，相对人负有举证责任，证明其损失与交易所的错误处置之间有直接的因果关系。根据《最高人民法院关于对与证券交易所监管职能相关的诉讼案件管辖与受理问题的规定》，投资者对证券交易所履行监管职责过程中对证券发行人及其相关人员、证券交易所会员及其相关人员、证券上市和交易活动作出的不直接涉及投资者利益的行为提起的诉讼，人民法院不予受理。

结　语

为使证券交易异常情况处置的法律制度更加规范，应本着公开透明、公平公正、及时高效的原则进行制度完善。今后的相关立法，应重点从两方面落实交易异常情况处置的具体制度：一方面，改变《证券法》第114条过于原则性的规定，对交易异常情况的概念、引发交易异常的情形、交易所有权采取的处置措施以及交易所在处置上述事件中可能引发的法律责任作出明确规定，以增强法律规范本身的可操作性和交易所处置行为的正当性；另一方面，应由证监会出台专门的《证券交易所交易异常情况处理办法》，以部门规章的形式对《证券法》中的上述制度进行细化，尤其是详细规定不可抗力、意外事件、技术故障以及重大差错的内涵和外延，明确对交易异常情况的处理程序和处理措施，规定交易所的责任承担及承担责任的资金来源等等，以指导和规范交易所对证券交易异常情况的处置行为。

（本文原载于《中国法学》2012年第2期）

完善我国股指期货市场监管机制的法律思考

朱大旗[*]

沪深 300 股指期货于 2010 年 4 月 16 日上市，标志着我国资本市场改革发展又迈出了一大步——进一步完善了资本市场的运行机制和避险手段，形成了由一级市场、二级市场和股指期货风险管理市场组成的多层次立体市场格局，为金融行业的融合与创新发展提供了空间与动力。股指期货是以股价指数为标的的衍生证券，其价值取决或派生自构成指数的投资组合价格及其未来不确定性，表现为买卖双方约定在将来一定日期、按事先确定的价格交收某一股价指数的成分股票而达成的契约，其实质是投资者将其对整个股票市场价格指数的预期风险转移至期货市场的过程，即通过对股票价格趋势持不同判断的投资者的买卖，来冲抵股票市场的风险。国内外研究发现，股指期货具有价格发现、风险对冲与资源配置等功能，其最重要的功能无疑是分散、转移与对冲基础产品所带有的风险，故股指期货是国际资本市场重要的风险管理工具。[①]

---

[*] 朱大旗，中国人民大学法学院教授、博士生导师。

[①] 相关方面的论述，可参见郑鸣庄、金良、王云静《大陆与台湾股指期货价格发现功能比较研究》，《投资研究》2011 年第 12 期；杨阳、万迪昉《股指期货真能稳定市场吗?》，《金融研究》2010 年第 12 期；Min-Hsien Chianga, and Jo-Yu Wang, "Regime Switching Cointegration Tests for the Asian Stock Index Futures: Evidence for MSCI Taiwan, Nikkei 225, Hong Kong Hang-Seng, and SGX Straits Times indices", *Applied Economics*, 2008, 40, 285 – 293; P Srinivasan, "Estimation of Constant and Time-varying Hedge Ratios for Indian Stock Index Futures Market: Evidence from the National Stock Exchange", *the IUP Journal of Applied Economics*, Vol. 17, No. 2, 2011, 25 – 26。

　　实事求是地看，我国现阶段的股指期货市场与国际成熟市场和我国实体经济的要求相对照，还存在较大的差距。成熟的市场应该是在高度监管下按照市场规则运作的，但是面对股指期货市场的固有风险和我国新兴加转轨的特殊市场环境，我国目前尚无健全的风险控制和监管机制，亦无成熟有效的市场运行机制。如何顺应形势，加强股指期货法律法规建设，有效化解市场风险，保持市场的流动性、竞争性和高效性，保障投资者合法权益，创造一个安全平稳的市场运行秩序，已成为股指期货风险监控的重大课题。笔者认为，基于实现对经济建设与股票现货市场的风险转移与管理，以及资源配置优化，有效的价格发现，满足投资需求，为经济转型与持续发展服务，促进中国金融市场体系的全面、平衡、有序、高效发展的基本定位，结合我国资本市场基础性制度建设进展、股指期货市场运行现状、股指期货仿真交易运行情况和境外金融期货市场发展动态，建立和完善符合我国国情的股指期货市场的法律监管机制，应从以下五个方面着手。

一　应根据股指期货固有制度风险和我国特殊市场环境，找准五大风险监控难点

　　根据巴塞尔银行监管委员会的《衍生产品风险管理指南》，股指期货风险主要有"市场风险、信用风险、流动性风险、操作性风险、法律风险"。[①] 从股指期货交易机制设计出发，结合我国股指期货市场发展现状来看，保证金交易杠杆效应明显、市场流动性风险高、跨市场监管难度大、投机过盛套保功能不突出、市场深度不足价格发现功能发挥不足等，对我国市场监管理念、体系和交易、结算行为规制都提出了新挑战、新要求。

---

① 市场风险即因标的的资产价格波动而导致的股指期货价格波动风险；信用风险即合约的一方违约所引起的风险；流动性风险即由于市场急速变化导致无法及时处理或由于保证金不足而被强制平仓的风险；操作风险即在交易和结算中由于系统不完善导致的风险；法律风险即由于法律法规不健全所引起的风险。

相对于传统民商事法律上的股票和商品期货法律关系，股指期货法律关系具有三大特点：一是高度标准化，即股指期货合同除了价格条款之外，其他条款均是由交易所预先确定的，交易者无权变更其中任何一个条款；[1] 二是高度杠杆化，相对于全额交易方式，股指期货交易是以小博大的"杠杆式交易"，在这种交易方式中，一方当事人只需交纳相对较低比例的保证金，便可以与对方当事人从事百分之百的合同金额的交易；三是高度虚拟化，即股指期货法律关系的客体"股票价格指数"既非有形物，也非无形知识产权，而是由一组数字组成的纯粹虚拟化产品。在这类交易中，金融商品的交易合约具有了交换价值，实现了多重虚拟化。[2] 股指期货的三大特点，降低了交易成本，提高了交易便捷性和市场流动性，沟通了股指期货市场与股票市场，有利于"套期保值"和股票价格发现功能的实现，但也产生了股指期货固有的三大风险监控难点和相应需要法律监管的重点。

第一，交易的高度杠杆化和合同条款的高度标准化，降低了成本，便捷了交易，但是杠杆交易放大了市场风险。对股指期货参与者而言，他存入的保证金也许就是他愿意用于期货交易的全部资金，或者说他不愿或没有实力承担更大的风险，然而一旦价格突变，他遭受的损失完全可能超出这个限度。而客户违约时会产生连锁反应，相应的风险会经保证责任转移到期货经纪公司，如果期货经纪公司也无力承担，则风险会进一步转移至金融期货交易所。

---

① John, T. Marshall, *Futures and Option Contacting Theory and Practice*, South-Western Publishing Co., 1989: 8.

② 最初的经济形态是自然经济，交易是以易货贸易的形式进行的，此时并不存在虚拟经济；货币的产生，是人类经济的第一次虚拟化，货币首先在其自身的使用价值之上，被赋予了交换价值，并在随后的继续虚拟化过程中摆脱了使用价值的束缚，单纯以交换价值的形态参与流通；第二次经济虚拟化是股份公司的产生，即公司的股份被注入交换价值，除了可以获取对应股权的红利收入之外，还可以在市场中自由出售；第三次经济虚拟化是商品期货、期权的产生，即商品交易和约被注入交换价值，可以在市场中自由交易；第四次经济虚拟化是金融期货、期权的产生，即金融商品的交易合约开始具有了交换价值。参见侯东岳《经济多重虚拟化的危机——来自美国次贷危机的教训》，《中国市场》2010年第46期。

第二，高度虚拟化及杠杆交易，使交易规模迅速扩大，加快了财富的流动性，由此也会产生较高的流动性风险，即因为市场的急剧变化，股指期货合约持有者无法以合适的价格在市场上找到出售或平仓机会，或者由于资金的短缺无法满足保证金要求，其持有的头寸面临强制平仓，从而造成投资者高损失的风险。

第三，股指期货市场和股票市场客观上存在着联动性，信息和风险都可以跨市场传导。因此两个市场的联合监管问题一直是各国资本市场监管当局关注的焦点之一，国际证监会组织（International Organization of Securities Commissions，IOSCO）自成立以来也在许多公开文件（如 IOSCOPD154、IOSCOPD124 以及 IOSCOPD86 等）中对联合监管实践提供了指引。[1] 2007 年 8 月，在中国证监会统一部署和协调下，上交所、深交所、中金所、中国证券登记结算公司和中国期货保证金监控中心签署了股票市场和股指市场跨市场监管协作系列协议，就跨市场监管协作问题，构建了包括信息交换机制、风险预警机制、共同风险控制机制和联合调查机制等在内的跨市场联合监管协作机制。[2] 但目前良好的跨市场监管联合体系尚未建立，上述联合监管协作机制未完全落实，跨市场监管仍是股指期货市场法律监管的难点之一。

此外，我国资本市场处在新兴加转轨阶段，市场资源配置效率有待提高，市场监管理念有待更新，市场监管体系有待健全，成熟理性的投资者结构需进一步培育，由此产生了我国股指期货市场特有的以下两大风险点，从而影响了股指期货市场套期保值和价格发现功能的实现。[3]

[1] IOSCO（2003），Methodology for Assessing Implementation of the IOSCO Objectives and Principles of Securities Regulation，IOSCOPD155. IOSCO（2003），Objectives and Principles of Securities Regulation，IOSCOPD154.

[2] 游石：《双向制衡有助股票市场平稳运行》，《证券时报》2010 年 4 月 9 日。

[3] 参见张成栋《中国证券市场低效运作的制度缺陷与治理对策》，《金融研究》2005 年第 9 期。

其一，我国资本市场投机氛围过于浓厚，影响股指期货套期保值功能的充分实现。股指期货交易成本低，流动性好，采用保证金杠杆交易，资金效率更高，这些交易优势本身对投机者的吸引力很大。Cox、Finglewski 以及 Stein 等人都认为，上述交易优势能够吸引更多缺乏市场信息的投资者，而这些投资者很可能是进行投机活动。一方面，能够吸引投机者从股票市场转移至期货市场，立竿见影地降低股市炒作压力；另一方面，我国投资者没有完全树立理性投资理念，"羊群效应"流行，而监管机制不健全，会产生严重的做空现象和违规交易现象，致使股指期货市场投机行为严重，对股票现货市场形成严重的"打压"。统计数据显示，我国目前套期保值持仓量仅占期货市场持仓量的 30%，延续原来在股市、期市里运用方向投机策略的投资者仍是市场的主流；[①] 股指期货的套期保值功能并未很好地发挥。

其二，套期保值功能的不足影响了市场的参与面，使价格代表性不足，影响价格的权威性。期货市场的信息搜索和价格发现主要由投机者进行，在投机过盛的情况下，缺乏套期保值者时，投机者的操作可能会过度夸大价格信息对价格的影响，带来价格失真的问题。同时市场深度不足，流动性不够也会影响价格发现功能：短线交易盛行并非市场流动性好的标志，由于市场深度不足，短线波动较大，又进一步吸引了短线交易者，加剧了市场价格失真，而套利交易和价差交易不够方便也影响了不同合约、期货与现货之间合理价格的形成。另外，随着我国经济国际化程度的逐步加深，影响国内价格的国际因素比重越来越大，而期货市场对外开放程度不够也限制了股指期货价格的国际影响力。

---

① 参见赵燕、李月环《我国股指期货市场有效性研究》，《财会月刊》2011 年第 12 期；张孝岩、沈中华《股指期货推出对中国股票市场波动性的影响研究——基于沪深 300 股指期货指数高频数据的实证分析》，《投资研究》2011 年第 10 期。

要解决这些问题，应逐步出台相关的规定和机制，[①] 而这将对市场监管机制提出更大挑战和更高要求。

二 应完善监管法制，坚持四大监管理念

股指期货市场是竞争的市场，也应当是法治的市场，其健康发展的前提是市场监管法律制度的完善。金融市场的进一步改革和发展，要求构建更加集中、统一的金融监管体系，通过不断更新和完善，形成宏观和微观并重、单一、具体且广涉期货市场的监管法律规范体系，使市场监管法律规范蕴含于整个股指期货市场监管规范体系中。例如英国的期货市场监管法律规范中，基本法律是 1997 年制定的《金融服务及市场法案》（Financial Services and Markets Act，FSMA），在该法案之下，则是金融服务局（Financial Services Authority，FSA）颁布的一系列规则，主要包括《交易规则》、《关于高级管理合约、系统及监控》、《关于合格投资者准入条件声明的原则及操作代码》、《给银行、住房互助社、投资公司的审慎手册》。[②] 而法国的证券期货监管立法始于 1967 年第 67~833 号总统令——《证券交易委员会及向证券持有人提供信息令》，依该令设立了证券期货管理委员会（COB），并明确规定了其相关职责；1972 年制定了《证券推销法》；1988 年颁布了《证券交易法》，设立证券交易所管理委员会和证券公司协会；1996 年制定了《金融现代化法案》；2003 年颁布了《金融安全法》，决定设立金融市场监管局。法国的主要证券期货监管法律规范还有对第 67~833 号总统令所涉的证券期货监管机构进行细化规定的《证券市场安

[①] 针对影响套期保值功能发挥的问题，需要进一步加大宣传力度，优化投资者结构，发挥市场自律组织和中介组织的作用等；针对影响价格发现功能的问题，要增加各类实体企业和机构投资者的参与度，进一步提升市场流动性和市场深度，循序渐进地推进股指期货市场对外开放等。参见 Krishnasamy, Geeta, Santhapparaj, A. Solucis, Financial Market Integration in Asia: Analysis on Stock Index Futures Markets, Finance India, Mar. 2007, Vol. 21 Issue 1, pp. 133 – 141。

[②] 参见 http://fsahandbook.info/FSA/html/handbook/, 2012 年 3 月 7 日访问。

全与透明法》；被誉为"法国金融监管架构根本大法"的《货币与金融法典》；旨在通过多项经济改革，推动法国经济增长，促进就业和提高居民购买力的《经济现代化法》，及依该法颁布了多个执行金融市场改革的相关命令；2004 年更新制定了《金融市场管理局规章》；2010 年 10 月颁布了《法国银行和金融监管法》。德国的监管法律规范框架体系主要包括三个层次：一是基本法律规范，包括 1989 年《第一次金融市场促进法》及其附属立法《交易所法》、1994 年《第二次金融市场促进法》及其附属立法《证券交易法》、1998 年《第三次金融市场促进法》、2002 年《第四次金融市场促进法》（又称《统一金融服务监管法》）、2003 年的《投资法》；二是基于基本法律颁布的有关期货市场的条例，包括《定义操纵市场条例——进一步规定禁止操纵市场条例》、《金融工具分析规制条例》、《规制资产管理公司及股票投资公司和基金审查报告内容条例》等；三是负责德国金融市场全面监管的联邦金融监管局和各州制定与颁布的法令，包括《撤销禁止股票、债务证券及无担保信用违约互换的裸卖空交易的一般法令》、《联邦金融监管局关于未能显著减少保护买方的风险而禁止承包信用衍生工具或进行交易的一般法令、联邦金融监管局引入静卖空仓透明度义务的一般法令》等。从上述欧盟主要国家的证券期货监管法律规范体系来看，监管法律规范体系注重宏观和微观并重，既有基本层面的立法，又有基于基本法而产生的专门监管规范，同时强调监管法律法规的专门性、单一性、具体性和可操作性。此种类型的监管法律规范体系特点值得我国借鉴。

一是应结合我国股指期货市场监管现状，借鉴境外立法经验，建立科学合理的监管法律规范体系。迄今为止，我国有关股指期货的法律规定主要是《证券法》第 2 条第 3 款。而专门规制期货交易的最高层次法律为国务院制定颁布的《期货交易管理条例》，具体的相关规范则主要散见于监管机构的各种通知、暂行办法等行政规范性文件中，而且内容散乱，有关条文过于概括，其前瞻性也不足。为此，第一，应借鉴欧盟、美国和日本等的做法，尽快推出与期货相关的基本法律，以提升期货监管法律位阶，改变主要依靠法律效力相对较低的金融行政规章作为依据的局面，以此促进金融期货监管权威的树立。例如，应推出《期货交易法》，以此作为我国商品期货和金融期货的基本法，它应当具有一定的前瞻性，对监管机构及其监管职责、期货交易主体资格、交易规则、结算和交割制度等作原则性规定。第二，以《期货交易法》为基本法，制定专门的股指期货监管规制的配套法规，以证监会为主体起草或出台相应的金融期货交易方面的法规或规章等，由中国金融期货交易所出台和完善股指期货相关交易规则和实施细则、风险管理、会员管理、违规处理办法，以及异常交易行为监管指引等行业自律性规定。同时，要防止金融监管法律、法规和规章之间的矛盾和脱节，注重它们之间体系、内部结构的衔接和平衡。第三，市场监管的法律、法规、规章等规范的制定主体要符合股指期货专业性的特点：对于涉及基本权利保障、全国统一金融期货市场的领域应由立法机关制定狭义的法律来规范；有关具体金融期货规则，例如交易、结算、交割等规则交由行政立法，以期更加专业、有效和切合实际。但是金融行政立法不仅应有主管部门参加，更应有一定的制度和程序保证被监管单位、金融服务的消费者、专家学者的参与、论证或听证，以加强民主立法、科学立法。[①] 同时，应当严格各层级立法的位阶，维护宪法、法律的权威和效力，应建立违法审查、违宪审查的相应制度和体制、机制，从体制、机制上防止立法本位主义现象的发生。

---

① 这是经济民主的表现形式之一，也是政治民主在经济领域的延伸，它强调经济生产过程控制权的平等，关注的是经济管理和经济控制的大众参与。参见〔美〕乔·萨托利《民主新论》，冯克利译，东方出版社，1993，第12页。

　　二是由于影响新兴股指期货市场健康发展的因素是多重的，金融期货市场监管法律规制也应是多方面的，[1] 但在金融期货市场监管的立法、司法、执法中，均应遵循金融期货的内在规律，坚持科学的监管理念。第一，要坚持"依法治市，促进市场功能充分发挥"的理念。法治市场下的监管，不仅需要科学完善的监管法律规范体系，还要保证前述法律规范的有效执行、执行不力得到有效问责，以充分实现股指期货风险管理和价格发现的功能，更好地服务于现货市场。为此，应优化设计股指期货相关基础制度，包括完善相关制度，以适应投资者适当性制度、客户分户管理资产及投机、套利和套保等不同交易目的需求；简化套期保值申请程序，发挥套期保值功能，提高套期保值效率；明确交易成立、生效和认定的标准，防范纠纷发生；保护会员和客户的商业秘密等。第二，要坚持"严控风险，保障市场平稳运行"的理念。监管层应将风险控制放在首位，构筑严密的风险防控网，建立健全强制减仓制度、涨跌停板制度、结算担保金制度等；适时颁布投资者适当性标准，保证入市投资者的风险承担能力，"收紧"投资者持仓限额标准，加强异常交易行为监控，依法打击操纵市场、内幕交易的行为，实现股指期货市场的平稳有序运行。第三，要坚持"强化监管，保护投资者合法权益"的理念。通过加大监管力度，实现股指期货交易、结算、交割等全程全方位监督，进而促使股指期货市场中契约行为的正当合法化，保障投资者的合法权益。为此，要加强会员持续监管，强化会员及其从业人员应当接受交易所自律监管的要求，强调会员应对其客户的交易行为加强合法合规性管理，明确违规处罚情形，丰富交易所处罚手段等。第四，要坚持"适度创新，实现股指期货市场的发展符合实体经济发展需要"的理念。期货市场的

---

① Kenourgios, Dimitris, Katevatis, Athanasios, Maturity Effect on Stock Index Futures in an Emerging market, Applied Economics Letters, Jul. 2011, Vol. 18, Issue 11, pp. 1029 – 1033.

两大基本功能即套期保值和价格发现，是其服务实体经济并得以生存和发展的价值起点，因而股指期货创新应该围绕其功能的最大限度发挥而推进。虽然期货市场能最大限度地调动与优化资本资源，活跃民间资本投资理财活动，不断为社会创造、积累新的财富，因而其能大大促进实体经济的壮大，但资本市场为追求利润最大化而不择手段滥用金融创新，加上流动性泛滥及无节制的信贷扩张，往往产生金融危机。因此，股指期货市场的流动性应作为实体经济平稳运行的润滑剂，而不是资产价格泡沫产生的催化剂，要发挥"为资产价格降温、为实体经济加油"的结构性调整作用。[1]

三　应以强化功能监管和市场约束为导向，明确我国三类机构的监管职责

诺贝尔经济学奖得主埃克里·马斯金教授曾表示，美国次贷危机爆发的主要责任在于政府监管失误，金融监管体制的不足导致美国金融监管成本过高、效率降低，同时对相关主体的监管缺失等是美国金融衍生品市场监管的主要失误。[2] 欧盟主要国家的金融期货监管体系的基本状况是：英国形成的是 FSA、行业协会和交易所构成的权限分明的三级监管体系，FSA 在监管上注重监管金融机构的公司治理，推动金融机构加强内部管理和风险控制，提高自我约束能力，而投资管理监管组织（IMRO）、证券期货局（SFA）和私人投资局（PIA）等行业自律组织则负责审核获准公司是否具备从事投资业务资格，对获准投资的公司进行审慎监督等具体业务监管职能。金融危机之后，英国政府认为当时负责金融监管的英格兰银行、金融服务局和财政部的三方协调机制未能保证金融稳定，现有金融监管体系缺乏对宏观经济

---

[1]　金言：《促进实体经济健康增长释放资本市场运行风险——融资融券与股指期货推出的政策含义及其影响》，《财经时评》2010 年第 3 期。

[2]　参见马洪雨《后危机时代我国金融衍生品监管法律制度之完善》，《甘肃政法学院学报》2011 年第 119 期。

的把握，不能准确判断其中蕴含的风险，需要一个宏观审慎的监管机构（Macro-prudential Regulator）对整个金融系统进行总体把握。在法国，2003 年颁布的《金融安全法》授权法国政府设立金融市场监管局（AMF）以统一行使原来证券交易委员会、金融市场理事会及金融管理纪律委员会的相关监管职责，成为证券期货市场的统一监管机构，避免职能交错造成管理混乱。AMF 具有监管和制裁处罚的双重职能，增加了管理的效率和力度，其主要职责包括法规制定、审核、监察、执行四个方面。德国期货市场实行三级监管，第一层面是联邦金融监管局对整个金融市场实行的全面监管，其统一了银行、证券和保险行业的监管部门；第二层面是州政府设立的针对交易所的监管机构即州政府交易所监管局，负责批准交易所的设立、规章制度，监督交易所的法规制定和准确执行，对交易所进行调查处罚等；第三层面是交易所设立交易监督办公室，其法律地位独立于交易所，办公室负责人由州政府批准，直接向理事会负责，接受州政府的直接领导，德国充分尊重各期货交易所的自律监管。

在我国，从《期货交易管理条例》及中金所制定颁布的一系列制度规章来看，我国股指期货市场监管体系主要包含两个层面三类机构，即由证监会主导的政府监管和由行业协会及交易所负责的自律监管。[①] 与境外市场监管体系相较，结合我国市场监管需求来看，现行监管体制难以有效适应股指期货的监管需求，突出表现为金融监管权配置不清，存在权力重叠交叉的现象，监管主体之间缺乏有效的协调，降低了监管效率；自律机构尚未发挥有效作用，其法律定位不清，表层原因是现行法律法规并未清晰界定政府监管主体与自律监管主体之间的监管权划分，深层原因则在于政府职能定位和自律组织的地位不明。笔者认为，我国股指期货市场监管体系的发展趋势是政府监管更

---

① 从宏观层面上看，股指期货市场的政府监管涉及中国人民银行、证监会、银监会等监管机构，有的还涉及财政部，境外投资业务还涉及国家外汇管理局等。

加强调集中、统一和专业性，注重"机构监管"向"功能监管"的转变；注重建立和促进机构自我约束和自我控制风险，加强政府、行业监管的内外制度配套和自律监督互动，对社会和投资者认真负责；同时还要向市场借力，实现"市场约束"与"监管约束"的并行发展。

第一，我国金融市场是后发市场，应当根据我国国情，在发展初期重视并加强对股指期货市场的政府监管，针对金融全球化、金融创新日益复杂化的发展脉象，借鉴功能监管的理念，加强监管协调，减少监管盲区，防止监管套利，探索机构监管向功能监管模式的过渡，实现市场自律管理机构和监管机构的层级分工。首先，在股指期货多层次的监管体系中，政府监管机构应发挥主导作用。目前而言，最适合的机构是证监会，但是应根据证券与期货的不同特点，加强对股指期货监管的针对性以及跨市场的协调性；借鉴欧盟国家经验，为增强监管效率和力度，《期货交易法》应赋予中国证监会更多立法权和准司法权（对重大违法违规者的起诉权），[①]并尽量减少其对市场的行政管制和直接干预，通过对期货交易所和期货协会的指导和监督来间接管理股指期货市场，使股指期货的发展遵循市场规律。其次，充分发挥中国金融期货交易所身处市场第一线的监管功能，通过法律法规授权，使其成为最富效率的期货监管组织，保障其对交易保证金和涨跌停板幅度的调整、限期平仓、强行平仓、暂停交易、休市等具体风险控制措施的实施权；同时要强调期货交易所的法人性和非营利性，防止监管套利。最后，要发挥期货行业协会对会员的自律监管，与期货交易所建立监管协调关系，明确自律监管运作规范与规则。

第二，在强化"监管约束"的同时，要强调"市场约束"的重要作用，向市场借力，实现证券期货监管的杠杆化。证券期货监管存在陷入恶性循环的可能性：违法违规行为的形态和数量不断翻新增加，

---

① 具体论述，详见胡茂刚《我国股指期货三层监管体系的法律思考》，《政治与法律》2008年第 5 期。

而监管资源总是有限的，这就使违法查处的困境随着市场的纵深发展而不断增加。为解决这一难题，各国均试图采取有效办法。例如，美国《多德－弗兰克法案》第 748 条和第 922 条专门规定了"举报者激励与保护"条款，引入了向合格举报者提供 10% ~30% 罚没所得的激励机制，建立了"公私协同，罚没款分成"的证券违法查处模式。①此类方式将市场主体转化为私人监督者，以提高监管反应速度，降低执法成本，实现监管效能的倍增效果，其立法经验值得我国思考和借鉴。

四 加强跨部门监管协调和合作，健全跨两大市场的监管机制

股指期货是跨越现货和期货、证券和期货市场的复合型产品。因此，开展股指期货交易，对于股票市场和股指期货市场之间的关系需要准确把握，以使股指期货与现货市场能协调联动，健康、和谐、有序地发展。实际上，两者的关系能通过市场的价格发现功能得到较好的体现。② 现货市场的价格、成交量以及投资者的市场需求等都会影响股指期货交易的动向及价格；而股指期货市场则根据这些资料的集合，把握交易动向，形成其交易价格。股指期货市场集合资料较现货市场快速，所以其形成的交易价格反过来对现货市场的价格又会产生一定的影响。③ 在前述价格形成互动过程中，体现出了信息的跨市场传导，也必然产生风险的跨市场联动。因此要保障两大市场的平稳运行，就必须健全有效的跨市场监管机制。

当前，我国跨市场监管机制存在两大不足。一是跨市场监管机构

---

① 该条规定，监管机构应当对提供原始信息，促使监管行动成功实施，并获得总计 100 万美元以上罚没款的举报人支付罚没款的 10% ~30% 作为奖金，从消费者保护基金中列支。

② Yang Jian, Yang Zihui, Zhou Yinggang, "Intraday Price Discovery and Volatility Transmission in Stock Index and Stock Index Futures Markets: Evidence from China", *Journal of Futures Markets*, Feb 2012, Vol. 32, Issue 2, pp. 99 – 101.

③ 参见张艳莹《香港对股指期货市场实施监管和风险控制的经验及其启示》，《现代财经》2010 年第 7 期。

权限职责设置不科学，跨市场信息共享平台缺失，市场稳定机制不合理。现在证监会虽然拥有期货监管部，但股指期货业务触及股市和期市两大板块，期货监管部不足以承担如此特殊、跨市场的监管任务。而且相关业务监管还可能涉及央行、银监会、保监会、外汇管理局等，而相关机构并无对应监管机构设置，更未对其相应的监管权限进行规范。二是跨市场操纵行为难以监管。表现在相关法律法规对操纵行为无明确界定，致使监管机构进行相应监管时无法可依，而且对相关行为产生的损害无有效的责任追究机制。为增强跨市场监管的有效性，可以考虑进一步设置科学的金融期货监管机构，协调联动"一行三会"，完善信息共享平台，完善跨市场稳定机制，以增强市场透明度和安全性，保障市场的平稳运行。

第一，建立专门的跨市场监管机构，全面掌握跨市场金融活动动态以及相关信息，并对跨市场违法行为进行统一规制。初期，可在证监会增设金融期货监管部，承担证监会对包括股指期货在内的所有金融衍生品期货监管的职能，同时，为严控风险协调监管，"一行三会"（央行、证监会、银监会、保监会）中的央行以外的其他三个部门建立相应的监管机构。[①] 长远来看，为保证"一行三会"监管协调的及时性、有效性，有必要在将来成立更高级别的统一金融监管机构后，下设一个跨市场金融期货监管委员会，并制定专门的金融衍生品监管协调机制。

第二，完善跨市场信息共享机制和跨市场稳定机制。在尚未建立跨市场统一监管机构主导跨市场信息交流和各监管机构协调配合前，可建立由各监管机构组成的联席会议，以此加强各监管机构间的信息共享以及监管措施的协调配合。同时，应建立证券市场监管机构、交

[①] 中国证监会原有期货监管部业务重点仍然在商品期货领域，而金融期货监管部则履行对金融衍生品期货的监管职能。中国人民银行从整体着手，建立一套针对股指期货市场资金流向的监管体系；银监会和保监会则对银行和保险企业参与股指期货的资金流向进行监控。

易所、行业协会三个层次的跨市场信息监管部门，建立不同监管层次间与不同监管层次内的跨市场信息监管，真正实现信息在各市场的及时性、准确性和充分性。为防止价格波动过大，通过传导过度影响市场稳定，可考虑建立大盘熔断机制（又称断路器制度）。它是由价格急剧波动而触发的暂停交易措施，其基本原理是当前后两笔交易价格达到一定幅度（动态涨跌幅）或最新价格达到参考价格（如前一日收盘价）一定幅度时，该产品的连续交易中断，启动集合竞价，集合竞价后继续连续交易。它可以在不限制某个产品的涨跌幅的同时起到冷静市场、限制临时波动作用。目前，大盘熔断机制在美国等成熟市场是通用机制，我国可考虑于适当时机，在熔断制度和涨跌停板制度间作出取舍。

第三，在将来的《期货交易法》中，对跨市场操纵行为作出明确规定，对行为类型、行为构成、责任认定作出规范，跨市场操作行为造成中小投资者损失的，为其提供良好的救济渠道如代表人诉讼等。另外，可以将中金所的异常交易行为监管扩展至证券交易所，只要自动做市、动量发起、订单抢先在股市和期指市场的行为符合异常交易行为要件，就要由交易所对行为人采取监管处分措施。[1]

五　优化以专业性为核心分类依据的投资者适当性制度，加强股指期货交易行为规制

从股指期货的法律关系着手分析，股指法律关系中最为重要的是监督管理关系和契约关系，而契约关系中，最重要的又是股指期货交易关系，这从"中金所"《中国金融期货交易所交易规则》中也可以看出。以科学监管为视角，从交易关系的基本特点出发，结合相关制度，可以从主体及其信用维持（优化投资者结构，保障中小投资者的

---

[1]　参见上海证券交易所－招商证券联合课题组《股票与股指期货跨市场交易监管研究》，《中国证券报》2011 年 8 月 12 日，第 A18 版。

参与权，建立动态保证金制度）和行为及其异常规制（加强市场操纵、内幕交易行为规制，依法打击市场违规行为）出发，稳定市场，降低风险，保护投资者合法权益。

第一，构建健康稳定的金融期货市场，离不开成熟理性的市场投资者，同时应通过制度设计，平等给予各类投资者进行风险管理的机会。借鉴国外经验，[①] 应建立以投资者分类为依托的投资者适当制度，实现不同市场风险认知、承受、管理能力的投资者与其交易和结算行为实时匹配，以有效保护投资者的合法权益并促进充分市场竞争的形成。鉴于我国投资者适当性制度的现状，建议我国在未来应逐步重构以是否具备专业性为核心分类依据的投资者制度，将投资者分为专业和非专业两大基本类别，以有效区别投资者的风险认知能力、承受能力和管理能力，进而提供差异化的市场、产品和服务。同时，以专业性作为核心分类标准，可不再对中小投资者准入"一刀切"，对机构投资者和中小投资者一视同仁，根据风险大小和承受能力，提供平等的参与机会，实现良好的竞争互动局面。

第二，保证金制度对于股指期货市场意义重大，适度的保证金，既能保证投资者抵御风险的能力，维护市场稳定，又能促进股指市场的流动性。但是保证金过高或者过低，都会对市场产生不利影响，过低会影响风险承受力，过高则会降低市场的流动性。因此保证金水平应与市场的运行程度相匹配。由法律法规对保证金率进行统一规定，灵活性不够，不符合市场需求。可以规定保证金率的上限和下限，同时进行"放权"，由最了解市场的期货公司根据市场运行情况以及不同类别投资者的资信能力，确定相应保证金比率。

第三，要加强对内幕交易、市场操作行为的规制。长期以来，我国证券期货市场对政策高度敏感，例如"一行三会"、发改委、统计局、财政部、工信部等发布的宏观调控措施、金融政策、税收政策、

---

① 例如欧盟借助《金融市场工具指令》（MiFID）系列立法文件构建的投资者适当性制度。

经济数据、行业政策等敏感信息，对证券期货市场价格波动具有明显的影响，与股票指数的走势密切相关。股指期货推出前，监管部门重点关注的内幕交易和市场操纵行为大都是基于单只股票信息或者某种商品的信息，但是股指期货推出以后，基于指数的代表性和宏观性，宏观信息理论上可以成为直接利用的内幕信息，[①] 这对监管机构而言是重大的挑战。因此，最大限度地遏制利用政府源头的敏感信息进行股指内幕交易和市场操作行为，显得极为重要。对此要防治结合，预防为先。一是要从法制建设的角度，进一步明确禁止利用政府来源信息进行内幕交易和信息操纵。二是要从维护资本市场健康发展的角度，加强信息自律管理，严格规范政府的信息发布流程，堵住信息泄露渠道，对影响市场正常运行的不实信息，相关部门应及时予以澄清；要加强对媒体的管理和引导，倡导其社会责任感和职业素养，不报道、传播不实信息，对蓄意传播谣言、泄露重大信息的媒体，应予以严格规制。三是根据内幕交易及信息型操作违规成本低、司法判定难度大的特点，可在调查和处罚中探索引入举证责任倒置方式，减轻执法机构的证明义务，增强法律的威慑力。

就市场操纵行为而言，借鉴国外经验，[②] 结合我国金融期货市场反操纵立法和机制运行现状，[③] 完善我国金融期货市场反操纵体系（跨市场操纵行为监管在前文已经述及，在此不再赘述）应从以下几方面入手。一是在立法中要明确市场操纵的法律概念及其一般构成要

---

① 例如，GDP、CPI等主要经济指标的公布、加息的预期、汇率的变动预期、国家拟重点支持的地区和行业、税种的开征预期、大宗商品价格调整等信息，都曾在我国证券市场上掀起行情。

② 例如美国商品期货交易委员会（CFTC）为解释和补充《多德－弗兰克法案》第753条的规定，在2011年7月7日发布的反操纵条款实施细则。

③ 我国期货市场反操纵法律法规主要包括《期货交易管理条例》第3条、第43条、第74条，《刑法》第182条，前述法条与《证券法》第77条对操纵股市的三种操纵方式完全相同，差别在于《期货交易管理条例》多列了囤积操纵。这表明我国没有甄别不同市场在投资者结构与效率上的差别，而缺乏民事责任规定则意味着因操纵而受损的投资者将无法获得救济；同时，对操纵行为的构成要件未予明确，规定过于简单，导致监管者对行为性质认定不准确甚至存在争议。

件，从根本上确立市场操纵的实质内核，反映国家对金融期货市场操纵的基本态度，划定正常交易与操纵行为的界限。二是合理配置反操纵条款的剩余立法和执法权，在统一认定标准的基础上整合权力配置，赋予期货管理机构更多认定操纵行为的权力，例如针对各种操纵行为，制定专门的《期货市场操纵认定规则》，在其中对具体的操纵行为特殊构成要件加以明确。三是要建立期货市场操纵行为的民事、行政与刑事相贯通的责任追究机制，以及与其对应的有梯度的认定或证明标准。

（本文原载于《政治与法律》2012 年第 8 期）

商事法治与金融市场改革

金融功能异化的金融法矫治

徐孟洲　杨　晖[*]

自货币、信用、金融这些概念进入人们的视野时起，金融危机的魔影就始终挥之不去。发生金融危机的原因是多方面的，而金融功能的异化是其中重要原因之一。

一　金融功能定位的发展

功能是事物本质的体现，金融的功能就是金融本质的体现，其基本含义是金融对经济与社会的功效、效用、效应或作用。[①] 金融功能的实质是金融与社会经济发展的关系，有价值的金融是实体经济高效运转的润滑剂。金融功能不仅是外在人为设计的结果，也体现了市场经济运行的内在要求。

（一）金融功能的传统定位：交易媒介与信用尺度

金融是以货币为主角的价值运动，其功能定位依赖于货币职能的发展。在商品经济不发达的情况下，货币的功能主要体现为交易媒介和价值尺度的职能。货币媒介使商品交易在时空上发生分离，商品交易获得了时空范围内的纵深发展，货币就是一种流通性手段。传统金融参与经济活动是为了满足人们货币管理的需要，是商品交易的媒介和计价的尺度，即货币中性论：货币只有交易价值，对经济运行没有实质性的影响。正如亚当·斯密在《国富论》中所指出的，货币是一

---

* 徐孟洲，中国人民大学法学院教授；杨晖，中国人民大学法学院 2009 级博士研究生。
① 参见白钦先、谭庆华《论金融功能演进与金融发展》，《金融研究》2006 年第 7 期。

个国家资本中很有价值的一部分，虽然它并不产生任何东西。如果说金银是死的存量，货币则是活的存量，金银是"公路"，则银行业发行纸币的明智举动，则为经济发展提供了"空中"桥梁，并不受限于"公路"的实际承载力。

对金融功能的专门探讨是从银行功能开始的。在 18 世纪，因为对货币作为现时交易的媒介和未来交易的购买力的创造者的不同侧重，出现了"信用媒介说"和"信用创造说"。"信用媒介说"认为银行以"借短贷长"负债业务为主要职能，其短期负债业务——信用的创造，只不过是为企业生产提供成本较低的融资渠道，因此银行并不创造信用，只是信用的媒介。而"信用创造说"则认为信用是社会的血液，是财富，银行可以创造货币，同样也可以创造财富。不论是信用媒介还是信用创造，作为普遍接受的交易媒介与信用尺度的货币是建立在普遍接受的习惯上的，它的价值是建立在虚构的信念上的。以货币形态为主的金融功能定位于交易媒介与信用尺度，就具有了虚拟性的特征，这充分体现了经济对金融的决定作用，金融为经济服务。

（二）金融功能的现代定位：资产流通、资本运营与风险管理

随着社会经济的发展，人们对货币金融有了新的需要。一方面，社会财富的增加，通常表现为资产与资本，[①] 人们需要资产流通与资本运营来使这部分财富保值、增值，于是货币价值运动中货币与信用的机制被独立运用到商品价值运动之外。资产流通是指依托价值的特殊运动形式——信用杠杆[②]使静态的资产流通起来，以货币或准货币的形态，从资产持有者流转到融资者，转化为金融资产。资本运营则是从投资的角度，通过市场化活动，调节资本的供给与定价。另一方

---

① 资产、资本有多层次、多角度的含义，从通俗意义上讲，资本是指作为生产要素投入到生产经营过程中，并能带来经济利益的财产；资产则是指脱离生产经营过程，处于静态的财产。

② 马克思指出，信用是价值运动的特殊形式，"这个运动——以偿还为条件的付出——一般地说来就是借和贷的运动，即货币或商品的只是有条件的让渡这种特殊形式的运动"。《资本论》第 3 卷，人民出版社，1975，第 390 页。

面，现代金融的功能绝不仅仅是调剂货币资金的余缺，还要求实现资产的流动性、安全性与营利性的最佳组合。金融化运作资产、资本的丰厚收益伴随着巨大风险，通过不同的资产组合、利用多层级的信用杠杆，转移、分担风险，将风险控制在可承受的范围内，这就是金融的风险管理功能。

《新帕尔格雷夫经济学大辞典》将金融定义为："资本市场的运营，资本资产的供给与定价。"[1] 很显然这一定义将金融从传统定位转向现代定位，金融成为独立于货币与信用之外的范畴，涵盖的是储蓄者（资产持有者）与投资者（资本持有者）的行为。在现代金融的催生下商品经济转向了信用经济模式，即生产、交换、分配、消费整个经济链条都离不开金融的服务，同时又存在一个独立于商品再生产的资产（金融）价值运行过程——经济金融化的价值运动。对于国家经济的整体而言，金融的基本功能就是服务于实体经济，但同时又有相对独立于实体经济的资产流通、资本运营与风险管理功能。至此现代金融的功能完成了向资产流通、资本运营以及风险管理的转变。

二　金融功能异化的表现和原因

异化（alienation）首先是一个哲学范畴的概念，也译为"疏远"，指某物通过自己的活动而与某种曾属于它的他物相分离，以至于这个他物成为自足的并与本来拥有它的某物相对立的一种状态。异化不仅在哲学中，而且在其他社会科学和日常生活中得到讨论，以研究影响人类幸福的分裂、对抗或分化问题。[2] 异化是一种消极现象，但从历史发展角度来看，正像黑格尔把恶看成"是历史发展的动力借以表现出来的形式"[3] 一样，异化是事物发展过程的一种形式，是螺旋上升

---

[1]　《新帕尔格雷夫经济学大辞典》第 2 卷，经济科学出版社，1992，第 345 页。
[2]　《西方哲学英汉对照辞典》，人民出版社，2001，第 35～36 页。
[3]　《马克思恩格斯全集》第 4 卷，人民出版社，2001，第 233 页。

过程的插曲。

本文所称的金融功能异化，是一种脱离原有金融制度设计的服务功能价值目标倾向，甚至阻碍原有价值目标实现的变化。要对金融功能异化进行金融法矫治，就应当正确认识和捕捉金融功能异化的表现，揭示引发金融功能异化的原因，找出金融功能异化与金融创新的差别。

（一）金融功能异化的表现

金融功能有正、负之分，金融正向功能的发挥需要一定的条件，否则就可能劣化资源配置，出现负向功能，故而"成也金融，败也金融"。① 金融功能异化就是金融的负功能，主要是在脱离实体经济的极度逐利价值目标的指引下，虚拟经济的信用基础丧失，虚假成分成为主流，金融不仅不再服务于实体经济反而转向阻碍，甚至损害实体经济的发展。其具体表现为以下几点。

第一，在金融增值特性方面，金融功能异化导致严重背离实体经济，单纯追求货币增值，虚假促生金融泡沫。金融的逐利性极度膨胀，导致对实体经济的"挤出效应"。"一切资本主义生产方式的国家，都周期地患上一种狂想病，企图不用生产过程做媒介而赚到钱。"② 金融活动主体无论是金融经营者还是投资者都陷入了盲目"逐利"的泥潭，即行为金融学创始人之一罗伯特·希勒所称的"动物精神"（animalspirits）：面对"财富"泡沫的诱惑，金融经营者不再以实体经济的需要为基础来提供货币流动性，银行家们关心的不是虚拟流动性与实体经济资金需求的比例是否合理，而是关心如何才能创造出更多的货币流动性。投资者对财富的渴望进一步激发了金融的极端逐利性。虚拟经济活动主体不再关心实体经济的运行，完全陷入了"自娱

---

① 白钦先、主父海英：《功能观视角下"金融地位"问题研究》，《金融理论与实践》2009年第 10 期。

② 马克思：《资本论》第 2 卷，人民出版社，2004，第 67~68 页。

自乐"。这种不同于实体经济价值流动模式的虚拟价值交易建立在人们对未来的心理预期之上,收益丰厚,导致了实体经济被边缘化,更多的资金转战金融市场,泡沫丛生。"不论是就某一个具体的资产而言,还是就一国的资产总和而言,这一市场价格超过其经济基础的缺口部分具有魔术般的虚假性质,但终究会破裂,这就是泡沫所在。"[1]金融的传统功能被边缘化,它不再是实体经济运行的助手,转而成为投机者利用虚拟经济"呼财唤富"冒险行骗的推手。

第二,在社会价值方面,金融功能异化表现为财富急速增值,信用"无信无价"。资本的本性就是在循环中尽快增值。既然无须经过实体经济生产运作、仅仅通过货币自身循环就能生出更多的货币,越来越多的财富进入金融领域,谋求金融增值。金融资产增值的速度和规模惊人,在急速增值的过程中,信用严重虚拟化,理智演变为"非理智"。为了配合被无限夸大的财富泡沫,资产被多重证券化,信用完全脱离资产的原有价值基础,被无限杠杆化,最终达到了"无信"状态。此时的金融脱离甚至是背离了实体经济的发展轨迹,基于信任的预期失去了承兑的基础,无法如约兑付。此次全球金融危机就是有毒的金融衍生品完全不顾实体经济即房屋的实际价值,[2] 而通过高杠杆不断转嫁风险、大规模转移财富的"杰作"。投资人的财富在一夜之间蒸发得无影无踪,金融的名义价值被彻底架空,社会信用链条断裂,这一切都可以归结为金融的资产流通、资本运营功能的极度扩张。

第三,在思想动机方面,金融功能异化表现为热衷交易,使金融不确定性加剧。在银行体系中,资本市场越来越多地发挥着中介作用,银行业已从商业银行向投资银行转变。1980 年,银行存款占全部金融

---

① 戴相龙、黄达:《中华金融辞库》,中国金融出版社,1998,第 24 页。
② 到 2007 年年底,美国所有家庭住户及企业持有的房产价值增长了 14.5 万亿美元,这相当于 GDP 的 226.4%。而在 2001 年年底,其还只有 GDP 的 163.5%。这几年间,房产价值增长了 86.4%。见郭峰《新自由主义、金融危机与监管改革》,中国民商法网,http://www.civillaw.com.cn/article/default.asp? id = 48181,2010 年 3 月 9 日访问。

资产的 42%。到 2005 年前，这一比例已降至 27%。① 金融的社会公共政策目标受到严重排挤，追求私人利益最大化成为唯一目标，金融成为"异化"的资本。金融交易不再是为了实体经济的资本需求与货币流动性的平衡，风险被抛在脑后。为了"卖"而"买"，大量复杂的新型金融产品从传统债券、股票、大宗商品和外汇中衍生出来。国际互换和衍生工具协会（International Swaps and Derivatives Association）的数据显示，到 2006 年年底，利率互换、汇率互换和利率期权交易的发行在外账面价值达到 286 万亿美元（约为全球 GDP 的 6 倍），远高于 1990 年的 3.45 万亿美元。这些衍生品加大了管理风险的难度：由于市场上没有人准确知道谁拥有多少信用违约互换产品（Credit Default Swap，CDS）以及它所包含的风险有多大，因此，这种衍生品就如同地雷，一旦爆破，风险难以估量。天量的金融财富伴随着天量的金融风险，被无限拉伸的信用链条脆弱得不堪一击，金融介稳性被打破。

第四，在法律制度方面，金融功能异化使得逆向选择叠加道德风险，大量社会风险累积。在金融市场上，资金融入者是信息优势方，资金融出者是信息弱势方，信息优势方通常通过逆向选择以弥补自己掌握信息不充分的缺陷来降低风险，但这是以降低金融运行整体效率为代价的。在金融领域由于缺少公共政策目标的约束与有效的法律规治，尤其是与现代金融功能定位相适应法律调整制度的缺失，使得道德风险如脱缰野马。金融经营者往往隐瞒风险甚至编造利润，累积系统风险并扩大到社会范围，并最终酿成金融危机。"当一国的积累变为赌博场中的副产品时，积累工作多半是干不好的。"②

第五，在社会经济发展方面，财富的资本化定价及分配模式导致资源分配不公，贫富两极分化扩大。历史学家博罗代尔指出：货币是

---

① 〔英〕马丁·沃尔夫：《金融资本主义如何转型?》，http://hi.baidu.com/tiantiantu/blog/item/bcccf238d18e29c8d46225af.html，2010 年 3 月 9 日访问。

② 参见〔英〕凯恩斯《就业、利息与货币通论》，徐毓译，商务印书馆，1977，第 162 页。

在本国和国外剥削他人的一种手段，是加剧剥削的一种方式，是通过操纵一个社会的价值系统来谋利的一种特殊工具。[①] 在金融领域，通过以资本价值为主导的定价与分配方式，资产、资本的单独流动可以直接达到价值增值的目的。加之金融的虚拟特性使得金融功能发挥可以不受任何实物限制，那些有影响力的投机者可以通过掌控金融资本来投机掠取广大善良投资人的财富，使富者更富、穷者更穷。因此，缺乏监管的自由资本收入分配模式是富人剥削穷人的最理想工具，金融在实质上并没有创造出新的社会财富，却巧妙地利用财富资本化定价与分配方式，借助金融杠杆，以钱生钱，社会财富在短时间内重新分配。

（二）金融功能异化的原因

1. 本质原因：金融增值的特性

金融功能的异化与金融自身的增值特性有本质关系：价值运动是经济和金融共同具有的本质。整个经济过程就是一个无限循环的价值运动过程，经济过程的价值运动存在且只存在两种价值载体，其一为商品，其二为货币。金融增值本身并不创造财富，却分享和攫取生产的价值。通过货币的信用化、资本化，金融增值可以完全不受实体经济的限制，"为所欲为"的最终结果就是"虚拟"财富泡沫的破灭。

2. 思想原因：新自由主义的泛滥

自20世纪70年代起，新自由主义逐渐成为主流经济学观点。它主张抛弃凯恩斯国家干预理论，立足于古典自由主义的个人主义价值观，重新强调规模、强调自由，认为金融有其自身运行的规律，市场可以消化风险，过度的干预会限制金融效率，降低收益。金融自由化、放松管制的金融变革在这样的理论推动下席卷全球，追逐经济利益成为自由的唯一目标，个人的贪婪本性被充分释放。在"金融自由化"与"金融深化"的方向指引下，金融借助"创新"外壳，"债务"被

---

① 白钦先、常海中：《金融虚拟性演进及其正负功能研究》，中国金融出版社，2008，第225页。

重重"衍生"为"财富"。无限杠杆化的结果就是流动性过剩，房产泡沫激增。自由的过度膨胀最终成为金融功能异化的思想诱因。

3. 价值原因：社会公正价值的缺失

社会公正的价值观被人们淡忘，被财富泡沫冲昏了头脑的"猴子"们，[①] 义无反顾地投身于金融游戏中。金融经营者宁愿冒着道德风险来获取更多的经济收益，将投资者和消费者的金融安全抛在九霄云外。信用评级机构在收费后给金融创新产品 AAA 评级，并且在发起和销售阶段也没有充分履行尽职调查职责，社会监督更是形同虚设。更有甚者，有的评级机构与金融经营者沆瀣一气，欺骗社会。而投资者和金融消费者的非理性盲从与对财富的极端迷恋也难辞其咎。所有这些金融活动的参加者共同协力将社会公平正义价值与金融活动割裂，主观上将金融功能推向异化。

4. 制度原因：金融监管法律制度缺位

法律作为一种社会调控手段，具有某种滞后性。从 20 世纪 30 年代席卷世界的经济大萧条到 2008 年的次贷危机，法律监管的缺位和低效是主要原因之一。一方面，法律一味让位于市场的自我调控，强调效率而忽视公平，强调市场发挥资源配置的作用，任金融自由发展。另一方面，随着经济的金融化、虚拟化，金融从分业经营到混业经营，法律没有相应地作出调整，立足于实体经济模式的法律监管无法应对瞬息万变的金融发展。以美国金融法为例，由于长期放松监管，导致金融虚拟脱离实体经济而盲目发展，对冲基金、金融衍生品等高风险、高虚拟性领域都处于监管真空，金融泡沫无限膨胀，最终泡沫破灭而

---

① 金德尔伯格在《金融危机史》中用一个简单的比喻说明了金融危机形成的原因：猴子看，猴子学。眼看着一个个失去头脑和判断力的"猴子"义无反顾地冲入信用无限膨胀的虚幻泡沫中，然而泡沫终归是泡沫，无法承受人世间如此的"沉重"。就这样周而复始的上演着"金融危机"的悲欢离合。金融危机让经济学的假设基础"理性人"彻底破产。也许巴菲特的感觉最理性：每个人都会有贪婪和恐惧，我不过是在别人贪婪的时候恐惧，在别人恐惧的时候贪婪。加尔布雷斯在《1929 年大崩盘》中将金融危机的爆发归因于人们的贪婪和恐惧。

引发金融危机。

5. 经济原因：社会经济发展结构及模式的失衡

实体经济与虚拟经济，发达国家经济与发展中国家经济，生产与消费的广泛性结构失衡，以及盲目追求利润最大化的发展模式是金融功能异化的最终推手。首先，实体经济与虚拟经济是相互依存、相互制约的关系。虚拟经济其中的虚假成分造成了"经济泡沫"，而且实体经济中也有虚假经济，并且后者往往是前者的根源。金融可以在流通领域中创造独立的价值，这种价值流动形式使得虚拟经济不再单纯是为实体经济服务，有逐渐脱离实体经济并凌驾于其上的趋势。其次，发达国家利用其在全球经济中的主导权，通过金融的资产流通、资本运营和风险管理功能，以极低的成本转移债务、掠夺发展中国家的财富。发达国家的消费不足通过超前消费、借贷消费来掩盖，而发展中国家的消费不足则反映为生产投资过剩，而生产过剩与超前消费在金融泡沫的支持下暂时得到了平衡，但是实体经济的持续低迷，泡沫难以持续维系。最后，社会经济发展结构不均衡的最终原因在于一味追求利润最大化的发展模式，在这种发展思路下，实体经济投资让位于金融投资，资本化定价主导财富的分配，金融功能的异化在所难免。

三　金融法对金融功能异化的矫治

（一）法对金融功能异化矫治的可能性

矫治金融功能的异化，走出金融危机的宿命，就必须从金融体系外寻找出路。面对危机，作为一个法律人，美国现任总统奥巴马强调制度层面的改革："我坚信通过建立明确的制度，确保透明性和公平交易原则，我们就能够建立充满活力的市场，这将是我们改革的核心。"[①]

首先，金融功能需要法律的规范。金融作为现代经济的核心，已

---

① 参见 2009 年 6 月 18 日奥巴马就金融监管改革讲话，中国金融网，http：//mmm. zgjrw. com/News/2009621/Mmm/842863887700. html，2009 年 6 月 21 日访问。

经从经济发展的晴雨表成为经济发展的导航员，金融风险会迅速波及
整个社会经济，因此对金融增值的范围、方式控制，进而对金融行业
的风险控制是保持社会经济健康发展的内在需要，也是在保证金融功
能提升基础之上的金融发展的需要。而制度控制是最好的选择，法律
则是使制度科学化、民主化的有效途径。法社会学理论认为法学研究
不应仅仅局限于法律结构内在的逻辑一致性的思维习惯，而应从法律
与外部世界的关系来考察法律的"外部"视角；要采用功能主义思
想，从法律与社会整体的联系来考察法律问题，法的功能是为了满足
社会生活的需要，以系统的视角丰富法的功能，通过提升、完善法的
功能来矫治金融功能的异化。

其次，作为社会调整器，法律有必要对金融功能异化进行矫治。法
律通过社会控制——实现对权力的控制的同时来传播一种权威性的价值
准则。法律为人们能够在社会中共同生活创造了可能性；它组织了社会
及其划分，并保障了社会的融合与稳定。[1]"法律的真正职能就在于对错
误行为的社会抗议进行登记。"[2] 作为对社会生活需求的回应，面对金融
功能异化所引发的金融危机，法律也不能不有所作为。金德尔伯格在
《西欧金融史》中讨论了1914年以前的欧洲银行业发展情况后，总结出
了这一历史进程中11项银行功能的变化，[3] 银行对于一国贸易、工业乃
至政治结构的发展和稳定都具有至关重要的作用。但是，银行是实现经
济发展的必要但非充分条件。金融危机史警示我们，经济的发展还需要
除银行（金融）以外的、金融赖以运转的、包含法律、规章和惯例等因
素的社会政治矩阵，以及适当的政府政策。

最后，从功能主义的视角看，法律有能力对金融功能异化进行矫

---

① 〔德〕托马斯·莱塞尔：《法社会学导论》，高旭军等译，上海人民出版社，2008，第171页。
② 〔美〕罗·庞德：《通过法律的社会控制：法律的任务》，沈宗灵、董世忠译，商务印书馆，1984，第32页。
③ 参见〔美〕查尔斯·P.金德尔伯格《西欧金融史》，徐子健、何建雄、朱忠译，中国金融出版社，2007，第83~84页。

治。法律作为社会系统中的制度因素，对于社会整体而言，其功能就在于规范社会运行的秩序。"偶然的、变动不居的经济现象只有用反映市场规律的法律规则来解释和概括，其感性的琐屑成分才会被剔除出去，而留下能够指导社会实践的理论标尺。而对经济学来说，成熟的法学的基本特点，是能够用法律来预言和解释经济规律。"① 面对金融危机，或者说金融运动的客观规律，法律应该是最好的阐释者。经济法是社会法，它以社会系统的视角解释社会现实，以社会整体经济的平衡协调发展为目标。金融法具有经济法的这些典型特征。对金融功能异化的矫治，需要这样的社会法视角，在实体经济与虚拟经济的交织图景中，寻找金融的合适位置，明确金融的法律角色定位。

（二）价值层面的金融法矫治

金融作为虚拟的流通性手段，是名义价值的运动形式，其正当性关键在于创造合理范围内的货币流动性，合理的价值、理念对金融行为的指引必不可少。对金融功能异化的法律矫治，首先应该从金融价值层面着手。金融法作为经济法的一部分，必然秉承经济法的社会责任本位的价值目标，对金融活动进行调控，规范金融功能的发挥。通过金融法的价值指引，将社会公共政策目标纳入金融体系内部，即金融不能成为私人逐利的工具而任凭私欲膨胀，追求财富的意思自治必须受到社会公共政策的约束。

首先，金融在社会经济中的功能应立足于实体经济发展与财富增长的协调。将源于"虚拟"的金融价值实体化，这是金融摆脱危机的第一要务。实体化的过程就是金融重新回归理性的过程，通过社会责任本位价值目标的制约，使金融的功能与实体经济发展需要趋向一致。金融可以相对独立地运转，但是虚拟不等于虚假，不能脱离现实基础。

---

① 周林彬：《法律经济学论纲——中国经济法律构成的运行的经济分析》，北京大学出版社，1998，第11页。

　　其次，要从金融主体法、金融市场交易法、金融产品质量法、金融监管法等四个方面落实金融法的价值目标。价值目标的抽象性决定了必须通过具体的法律条文的细化来获得现实意义。金融主体法明确金融经营者、金融消费者作为虚拟经济活动主体的社会责任价值目标，划定追逐金融私利的法律界限，将金融经营者的社会责任法律化。金融交易法明确金融市场的社会公共政策目标，用金融行为的公共政策目标原则来限制追逐虚拟财富的金融活动。金融产品质量法通过明确金融工具的创新、存续与退出标准与程序的法律规范，以保障金融工具这种货币形态运动的信用基础。金融监管法明确金融监管的社会责任目标：防范金融风险，维护金融秩序，保障金融消费者的合法权益。监管机构的监管目标的单一化：不是为了监管者、政治家和行业利益，而是为了社会公众（消费者和投资者）以及国家经济利益。

（三）机制层面的金融法矫治

　　机制层面的矫治可以分为两个方面。一是金融经营机制方面的矫治。金融经营机制是指金融经营者作为一个工作系统的组织或部分之间相互作用的过程和方式，分工与协作的关系，实质上就是对混业与分业经营模式的选择。金融功能是影响金融经营机制的内在原因，因为金融经营机制的选择是围绕金融功能展开的。金融经营机制与金融危机的爆发并没有必然联系，分业、混业只要是适应金融功能发展的需要即可。法律作为一种外在因素，对金融经营机制的规范主要在于对金融经营的质与量的控制，在于金融法对实现金融功能的因势利导与规范限制。二是金融法律调整机制方面的矫治。对经济活动的社会控制机制可分为：伦理控制、政策控制和法律控制三个方面。① 金融活动是现代经济的核心部分，金融法律调整机制是规范金融活动与金融监管的法律规范的构型。面对现代金融的功能定位，仅仅依靠金融法难以完成对金融功能异化的全面矫治，需要多个法律部门的协调配合。

---

① 　参见徐孟洲《耦合经济法论》，中国人民大学出版社，2010，第 2~6 页。

首先，金融法的任务是根据社会经济发展的实际状况，为金融产业设计一个可行的、具有操作性的经营机制。其具体内容包括以下方面。

1. 选择合适的金融经营机制

就世界范围而言，经济金融化与金融全球化已成为不争的事实，强调金融"三性"平衡的金融功能的综合发展趋势决定混业机制将成为主流。在金融主体资格、金融行为界限、金融产品标准化、金融监管、金融市场退出的法律责任等方面的法律设计应该适应综合功能的趋势，以金融混业经营机制为基础制定金融法规范，将其划定在法律调整范围内以防止异化。①对混业经营模式的金融经营者提高资本杠杆的法定标准，提高自有资金的比例；②制定金融经营者的审慎经营规则，有效减少系统风险；③采取行为主义的监管模式，根据金融产品和服务的行为性质进行监管，对不同金融经营者的同类业务进行统一监管；④对金融衍生品进行强制集中清算，进行标准化设计，将其纳入交易所交易。

2. 控制金融经营机制的内在风险

混业经营机制的效率是有目共睹的，但是效率的价值体现还依赖于对风险的有效控制。通过市场规制法与监管法将主体资格限制、金融产品市场准入与退出、救济与责任与金融功能的执行密切联系；将金融经营者的规模和结构限制在可以有效监管的范围内，例如美国奥巴马政府建议要限制大银行的经营范围与规模；① 同时要鼓励金融创新，不以收益而以风险来制定创新的标准；充分促进市场自治作用的发挥，让市场来消化风险，促成标准化金融行为的自我生成；分类法律规制来限制金融发展的范围，注意法律的适用性与可操作性。重点

---

① 奥巴马采取行动限制大银行：根据这项拟议中的规定，商业银行将被禁止拥有、投资对冲基金和私募股权公司，或向其提供顾问服务。银行业监管机构将不仅仅是有权执行这些限制法规，而是必须执行。华尔街日报网，http://chinese.wsj.com/gb/20100122/bus102337.asp? source = whatnews2，2010 年 1 月 22 日访问。

从以下四方面着手。①改革证券化过程：促进发起人和投资者利益的协调；使发起人或者管理者承担最低风险（minimum risk Retention），有效地承担证券化债务的风险；端正发起人的动机，扩大其法律责任和强制最低限度的风险分担；评估抵押贷款和借贷证券化的合理性和恰当性，恢复公众对证券化的信心；强化发起人对保留利益的披露；加强发起人的代理作用、担保责任以及回购义务。②加强评级机构的责任：制定国际统一的信用评级标准；加大评级过程信息的披露。③充分考虑会计审计中两项原则的坚持：公平价值和账簿披露的诚实要求。④设置特殊破产程序来应对金融机构的支付危机。由监管者或者相应的金融保险机构来接管问题金融机构，保持系统的流动性，通过债务重组、出售股权等重组问题金融机构。

3. 金融经营机制发展方式的矫正

金融经营机制发展方式首先应该遵循客观社会经济的需要与规律。①金融法确定的利益分配规则应该有利于引导社会经济的发展从盲目追求利润的财富分配方式转向由劳动价值分配方式，或者说两者的协调配合，即在以劳动价值论为主导的财富增长、分配模式下，适当发挥资本化定价的作用，实现可持续发展的资本化定价模式。②设定与之相适应的配套法律机制，来确定金融机制的收益分配模式，通过限制资本化定价的金融产品范围，加大资本化定价的税收成本，加强资本化定价者的风险承担，充分披露资本化定价过程的信息来规范金融机制的发展方式。①

其次，建立以金融法为核心的多部门协调配合的金融法律调整机制。从法律规范的创制、法律关系的形成到法律规范的实现的法律调

---

① 2010年6月22日，德国、法国和英国三国已经发布联合通告，宣布开始征收银行税，所得资金将用来弥补金融危机带来的成本损失。6月23日欧盟也向第四次G20峰会提出征收全球范围内的金融交易税，美国提出要对银行的负债征收银行税，以此来让银行承担更多的金融经营风险。对于上述做法各国反映不一，但究其实质，征收银行税或者金融交易税只不过是让金融经营者自身为金融经营保险。

整的三个阶段①来完善对金融的法律调整机制。

1. 调整金融关系的法律规范的创制

法律规范的创制活动是调整机制运行的起始环节。现代金融关系的多样性，决定了金融法律规范种类的复杂性。金融活动一方面要遵循金融运行的客观规律，形成的大量金融关系是一种平等、等价、有偿的横向经济关系。反映和调整这类金融关系的主要是民法规范。另一方面，金融市场有其自身的弱点和消极方面，金融功能异化的现象需要国家对金融进行管理，所以金融规制关系、金融监管关系和金融宏观调控关系构成另外一个种类：经济法律规范。因此同一种金融关系，可以是宪法规范、民法规范、经济法规范、刑法规范等多个部门法共同调整的对象。

2. 调整金融关系中的法律关系的形成

法律规范的制定和颁布标志着法律调整机制运行的开始，金融法律关系的产生以存在相应的金融法律规范为前提。因此，调整金融关系的各类法律规范，就可能形成各类相应的法律关系。这样，金融法律调整机制中的法律关系手段，就包括民事法律关系、经济法律关系、行政法律关系、劳动法律关系、刑事法律关系等。在金融法律调整的实施阶段，金融法律关系、金融法律事实、金融权利主体能力等共同构成以金融法律关系为中心的金融法律调整机制的子系统。

3. 调整金融关系的法律规范的实现

法律规范的要求只有在实际生活中获得实现时，才能发挥它的调整社会关系的作用。金融法律调整机制运行的目标就是要切实实现金融法律规范的要求。金融法律规范的实现主要有两类形式或途径。一是以金融行为主体自己的行为主动地实现法律规范的要求。这体现了法的自我调整功能，表明了法的积极社会价值。二是通过法的适用而实现。法的适用即法律规范的适用，承担着再次运用国家权力，把一

---

① 参见徐孟洲《耦合经济法论》，中国人民大学出版社，2010，第12~14页。

般的规范运用到具体情况，使权利义务具体化或实现法律制裁的职能。

综上所述，金融法律调整机制是一个复杂的过程。它要经过法的创制、实施和实现三个阶段，要综合运用法律规范、法律事实、法律关系、法律适用、法律意识等一整套法律调整机制的手段，才能达到对金融的有效调整，从而矫治金融功能异化。

（四）制度层面的金融法矫治

法律制度的有效在于对规制对象的内在积极因素的有效利用和消极因素的有效防范。金融法矫治金融功能的异化，应采取内外结合的控制方式：一方面，通过金融主体角色的法律设置，金融行为的法律边界设置和金融行为主体责任的法律设置将金融法的规制内化为金融活动；另一方面，对一部分金融的内在运行活动进行外在调控。

1. 金融主体的法律规制

金融法律关系的主体分为三类：金融监管主体、直接参加金融业务活动的金融经营主体和金融消费主体。

（1）明确规定金融经营者的金融法主体资格。可以按其经营机制划分为单一经营者与混业经营者，对不同类型的金融经营者设置不同的市场准入门槛。除了根据不同业务领域设置最低资本要求外，还要严格对银行类金融控股公司和大型非银行类金融控股公司的资格审查，根据不同经营业务领域的综合责任设置最低杠杆比例、风险资本最低要求以及额外的资本要求。规定非银行金融控股公司的年综合收入 85% 以上是涉及金融领域的，或者其综合资产的 85% 以上是与金融活动有关的，则可以确定该公司主营金融业务。对于这类公司规定更加严格的审慎经营标准、报告及披露要求，并且这些标准与要求将随着公司的规模和责任等级而变化。可以强制要求这类公司提供信贷风险报告，设置公司集中限制（如果收购公司承担超过 10% 的全国金融控股公司的综合责任，则集中被禁止），限制短期融资金额。

（2）规定私募基金顾问的注册制。注册资本在 1 亿人民币以上的私募基金顾问必须向金融监管部门登记取得营业资格，记录并定期向监管部门报告其进行的私募基金活动。对内资和外资金融经营者发起或者投资私募基金或者对冲基金①设置更加严格的限制，规定定期"机密报告"，内容包括：①管理的总资产；②相关的杠杆工具；③投资回报；④投资组合；⑤信用交易对手清单；⑥交易策略纲要；⑦赎买政策说明。

（3）调整金融监管主体的机构设置与权力分配。目前我国的金融监管架构是"一行三会"，总体上还是适合我国金融业单一机制与混业经营并存的现状，要加强不同监管机构的沟通协作，实现监管信息、人员的共享，针对金融综合经营趋势，加强监管合作。在各监管机构内设置专业性的技术咨询委员会，由金融业务专家、法律专家、金融消费者代表、金融经营者代表组成。该委员会负责提出针对不同类型的金融经营者的监管政策、监管流程；定期开展监管执行工作的抽样调查以及时向监管机构反馈，提高监管的专业化。

（4）鉴于金融消费者与一般消费者的区别，可以单独制定金融消费者权益保护法，定义金融消费者是指个人或代理人、受托人或者作为个人利益的代表为个人、家庭成员或家用目的，购买或者使用金融产品或服务的自然人、机构。通过这一条款来扩大金融消费者的保护范围。明确自然人成为"经认可的投资者"的金融门槛。由监管部门根据经济发展情况制定并适时调整"经认可的投资者"的金融标准，以50万人民币为资金起点。金融监管部门自己组织或者委托第三方专

---

① 在国际对冲基金鲜有涉足的市场中，中国是最大的一个。目前我国已经成为世界经济的"双引擎"之一，但金融市场并不完善且处于重要体制转型时期。人民币汇率机制改革以来，累计升值幅度约6%，但远不足以平息人民币进一步升值的强烈预期。这些因素无疑是对对冲基金莫大的诱惑。虽然我国仍实行较为严格的资本项目管制，但对冲基金早已不满足于通过周边市场间接获利。QFII外国直接投资和贸易项目等资金往来渠道中，对冲基金的身影开始若隐若现；一些贸易合同、直接投资也成为其保护色。"灰色"的对冲基金已经开始尝试进入中国，虽然暂时还不具备在中国兴风作浪的条件，但仍然可以通过不同途径对中国经济和金融造成重要影响。

业机构进行"投资者测试":从投资知识、投资技能、投资心理等三个方面对自然人投资者定期进行测试,以保证其适当"理性"的投资状态。要想保持金融消费者的理性消费状态,需做到以下两点。①将消费者教育条款列入金融消费合同,明确金融经营者的教育义务、教育内容及相应的违约责任。通过金融消费者权益保护法将这种教育条款内容制度化。②金融监管机构负责建立专门机构定期引导金融消费者进行合理的消费,授予其必要的金融消费知识和辨别能力。可以参考美国的立法,[①] 在现有的"一行三会"的金融监管架构下,在央行内设置与货币政策委员会序列一致的金融消费者保护委员会,负责制定有关金融消费者保护的法律法规及政策,协调并监督"三会"下设的金融消费者保护部门及相关部门的执法状况;在"三会"内设置专门的消费者保护部门,对涉及消费者的所有金融产品进行分类专门监管,由具有专业知识的法律专家、金融专家、消费者代表、金融经营者代表组成,负责消费者投诉处理。赋予这类机构一定的准司法权力,它作出的有关金融消费者争议的裁决可以申请法院强制执行,从而改变以往由信访部门管理金融消费者投诉的非专业保护状况。

2. 金融行为的法律规制

现代金融在其产生之初就是私人参与和国家主导的结合。[②] 金融法公私结合的特征在对金融行为进行法律规制中有着很直接的体现。

(1)就金融经营者行为而言,设定其行为的诚信宗旨,限制私人逐利性。①规定金融经营者不能劝诱或者指导金融消费者购买、进行与其自身利益无关的金融产品和金融交易。金融经营者在进行金融经济、咨询业务的同时应该提出详尽的报告说明:消费者承担的交易风

---

① What's Next for Reforming Wall Street,http://www.opencongress.org/articles/view/1889-What's-Next-for-Reforming-Wall-Street,2010 年 5 月 23 日访问。

② 英国的现代金融发展历程就是如此,英格兰银行最初作为政府债务的代理人和财政资金的筹集人,交换得来私人垄断金融权;以金融行为主体为标准可以划分政府、公司、家庭、国际金融;从金融经营的目的和方式可以划分为商业性金融与政策性金融。

险及交易的成本、收益，经营者在该项交易中保留的风险责任比例。②规定资产在10000亿元以上的银行必须满足风险和规模方面更高的资本标准。对抵押贷款和其他贷款进行证券化的公司则需要自身持有一部分风险，并接受金融消费者保护机构的检查。迫使那些可以通过央行贴现窗口融资的大型商业银行分离各自的衍生品业务。③完善金融行为的信息披露制度，金融经营者通过信息报告制度，要充分、有效地阐释金融产品和服务的利益目标与风险负担。由金融消费者保护机构制定信息报告范本：一是要注意产品收益信息与风险、成本信息的平衡；二是要侧重重大风险和成本的信息披露以及合理的收益信息披露；三是要清晰、简明、及时地披露风险、成本信息，并能够为消费者所理解，使其作出理性的判断；四是要符合金融消费者保护机构的披露标准。

（2）金融产品的衍生化是通过多层级的证券化实现的，因此对金融功能异化的矫治要重点关注证券化过程。明确证券化人在转让、出售或传递给第三方的资产时应该在相应的信贷风险中保留一定的经济利益。如果转让、出售或传递的资产不是合格的住房抵押贷款，那么证券化人应该承担至少5%的信贷风险。如果该资产有相应的担保，那么证券化人承担的信贷风险可以低于5%。如果是出于公众利益或者为保护投资者而进行的证券化，包括发行资产或者由政府担保，那么就可以获得该法律规定的豁免。如果证券化的资产，即抵押的资产支持证券（Asset-Backed Security，ABS）是合格的住房抵押贷款，那么证券化人也可以免于保留风险。

（3）金融功能异化的表现在很大程度上与高管薪酬和公司治理有直接关系。因此，这方面也是法律制度矫治的重点。规定股东可以利用公司的代理声明来直接提名产生董事会成员，这样可以使董事会对股东利益更加负责。监管机构应该制定上市公司的高管薪酬指导标准，规定上市公司股东对高管薪酬的咨询投票权。公司必须向股东披露高管薪酬有关的所有信息：①关于确定公司高管薪酬的讨论和分析记录；②薪酬摘要表；③各项配套薪酬计划。公司要保证股东每年至少对高管薪酬进行一次投票。合理利用"金色降落伞安排"[①]：①对和将要进行的公司合并、收购、处置资产有关的公司高管的薪酬，公司必须给予股东不受约束的投票权，并且必须向投票的股东详细披露这些高管的具体薪酬计划；②对这些高管薪酬进行投票的股东必须和那些对该项公司交易进行投票的股东分开。股东也可以就高管薪酬提出新的计划。机构投资经理必须披露他们的薪酬投票情况，禁止那些不是实际利益享有者的经纪人通过代理来投票，除非实际利益享有者指导经纪人代表其利益投票。监管机构根据公司规模禁止没有设立独立薪酬委员会的公司上市（资产在 10 亿元以下的金融机构可以免除此项规定），通过此项规定引导上市金融机构充分披露以奖励为基础的补偿安排结构，禁止过度的薪酬、利益和费用或者导致重大金融损失的任何安排。独立薪酬委员会委员的定位应包括以下两个方面：①独立薪酬委员会委员只能因为提供顾问、咨询而获得报酬，而不能为董事会服务；②独立薪酬委员会委员不能是公司的附属机构或者加盟公司的成员或者为其服务。独立薪酬委员会应从以下五个方面来考察薪酬顾问、法律顾问以及其他咨询者提供咨询意见的独立性：①咨询、顾问公司提供的其他服务；②咨询、顾问公司从受评公司获得报酬的数额及这些报酬在咨询、顾问公司总收入中所占比例；③咨询、顾问公司有关限制利益冲突的规定；④咨询、顾问人与独立薪酬委员会成员的商

---

① 金色降落伞也称黄金降落伞，是指按照聘用合同中公司控制权变动条款对高层管理人员进行补偿的规定，金色降落伞规定在目标公司被收购的情况下，公司高层管理人员无论是主动还是被迫离开公司，都可以得到一笔巨额安置补偿费用。金色降落伞制度最早产生于美国，"金色"意指补偿丰厚，"降落伞"意指高管可规避公司控制权变动带来的冲击而实现平稳过渡。这种让收购者"大出血"的策略，属于反收购的"毒丸计划"之一。其原理可扩大适用到经营者各种原因的退职补偿。巨额的补偿方案使收购方的收购成本增加，成为抵御恶意收购的一种防御措施。但其弊端是也有可能诱导管理层低价出售企业。

业或私人关系；⑤咨询、顾问人持有受评公司的股份情况。独立薪酬委员会有权监督这些咨询、顾问公司的咨询行为，公司应该为独立薪酬委员会履行该职责提供充足的资金、信息等支持。独立薪酬委员会不必遵守咨询、顾问公司的意见，可以独立作出有关薪酬决定。公司必须在年度委托代理说明书中披露：①独立薪酬委员会聘请咨询、顾问的情况；②独立薪酬委员会在工作中产生的利益冲突及问题解决。

（4）规范金融消费者的消费行为。一方面，要强调行为风险控制，对于高风险的金融消费行为有预警法律机制，以此来限制非理性的消费行为；另一方面，建立举报人的保护制度，通过抵制欺诈等不良行为以降低金融消费行为风险。具体包括以下制度安排：①在金融消费者保护机构内设置专门的举报人办公室，专司保护举报人职责；②给提供金融违法行为信息、协助监管部门调查的举报人高额经济奖励，具体比例为金融监管机构对违法者 100 万元以上罚款的 10% ~ 30%，举报人提供的信息或协助对司法机关等其他部门的执法工作有帮助的，金融监管机构应该视情况给予举报人额外的奖励；③举报人获得奖励的必要条件是：举报人提供信息和协助必须是出于自愿，是基于举报人独立的知识和分析，而且金融监管机构并未掌握这些信息并有助于金融监管机构和其他机构的执法工作；④举报人自己是违法行为者但不承担刑事责任的情况下也可以获得奖励，奖励应该是其承担了民事责任范围之后的余额；⑤在领取奖励之前应该保证举报人的匿名状态；⑥举报人提供的信息有误，或者举报人是金融监管机构、司法机构的职员都不能获得奖励；⑦金融机构从投资者保护基金内支付对举报人的奖励；⑧加强对举报人的保护，如果举报人受到了直接或间接地解雇、降职、停职、威胁、骚扰等就业方面的不公正待遇，举报人可以向法院提起诉讼，要求双倍返还损失、复职、律师及专家帮助以及其他救济。

3. 主体责任的法律规制

责任是法律逻辑的终点，也是法律权威的现实承载。责任规范是矫治金融功能异化的最后法律防线。

（1）金融经营者的责任承担。金融法责任有其独立性。除了传统的民事赔偿责任、刑事责任、行政责任之外，金融法的资格责任、不名誉责任等特有责任承担方式，可以加大金融经营者的违法成本。金融法的责任规范可以采取层层推进的方式：即制定金融经营组织层面的综合责任，经营组织负责人的决策责任，具体业务人的执行责任。美国2009年消费者金融保护机构法案中提出将相关人的风险保留责任定在5%，这是一个大胆的尝试。监管机构可以在衡量以下因素：①相关人（金融行为有直接或间接关系的人，与金融消费产品和服务有关的人）的总资产；②相关人所涉及的金融消费产品和服务的数额；③相关人涉及金融消费产品服务的程度；④现有法律是否能为金融消费者提供充足的保护，来决定给予其相应的处罚。给予监管机构准司法裁决权和行政强制执行权，加大处罚力度。①

（2）评级机构责任。金融监管机构可以撤销提供虚假评级报告的全国公认统计评级机构（Nationally Recognized Statistical Rating Organization，NRSRO）的注册资格。可以对评级机构因故意或者疏忽而没有对事实进行合理调查，或者以非独立的渠道进行分析的行为提起诉讼。

（3）经纪人和交易商的受托责任。规定向零售客户提供有关证券的个人投资建议的经纪人和交易商承担受托责任。设立协调经纪人、交易商与投资顾问的行为标准，要求他们以"消费者的最佳利益"而不是经纪人、交易商或者投资顾问的金融利益为标准来开展金融经营活动，披露"实质性的利益冲突"。金融监管机构（证监会）要求经纪人在散户购买投资产品或服务前提供相关信息：①投资目的；②投资策略；③成本和风险；④经纪人的报酬；⑤经纪人或者中间

---

① Consumer Financial Protection Agency Act of 2009，http：//www. opencongress. org/bill/111 - h3126/text，2009 年 12 月 15 日访问。

人的其他金融动机。

（4）扩大间接责任。在证券法中规定"无意地"向金融违法行为者提供实质性帮助的人的协助和教唆责任。即直接或者间接地控制金融违法行为者的"控制人"，除非他可以证明自己是善意行为并且没有直接或者间接地诱发违法行为，否则要承担金融违法责任。

（5）金融监管者的责任承担。由于监管者大多具有行政色彩，因此在责任设置方面应该注重除行政责任以外的经济责任的追究，加大监管者监管不力的成本，使金融法的责权利效相统一原则得到充分体现。金融监管机构应该聘请独立的第三方对其内部运作、组织架构、经费使用、进一步改革、履行金融监管责任进行定期评估。评估报告提交给金融机构的上级主管部门，并根据报告对金融机构及其工作人员作出奖惩决定。

（本文原载于《法学家》2010 年第 5 期）

金融衍生交易的法律解释[*]

——以合同为中心

刘　燕　楼建波[**]

引　言

作为风险管理的工具，金融衍生交易[①]在过去 40 年间发展迅速、应用广泛，由此也导致这种新型交易形态与传统法律制度特别是民商事法律制度之间的冲突。金融衍生交易被公认为现代经济生活中最为复杂的商事交易形态，其精巧的交易结构、复杂的交易关系已经令非金融专业人士望而却步，而从市场实践中发展起来的一套特殊的交易规则与传统民商法理念之间的差异，更增加了法律人理解金融衍生交易的障碍。在我国，20 世纪 90 年代围绕着制定期货交易司法解释的

---

　* 　本文的基础研究得到北京市哲学社会科学"十一五"规划项目"美国次贷危机成因的政策法律分析及其对我国的启示"（09BaFX050）的资助。
　** 　刘燕，北京大学经济法研究所教授；楼建波，北京大学法学院副教授。
　① 　在巴塞尔委员会等国际组织的文件中，衍生（产）品（derivatives）、衍生工具（derivative instrument）、衍生交易（derivative transaction）、衍生合约（derivative contract）等概念常常不加区分地使用。我国有学者认为，从法律角度宜采用"衍生工具"的提法（参见王晓《金融衍生工具法律问题研究——以场外衍生金融工具为中心》，群众出版社，2008，第 1 页）。本文采纳此观点，但根据上下文需要而选择采用"衍生工具"、"衍生合约"或"衍生交易"等概念。具体而言，在交易品种层面讨论时采用"衍生工具"或者"衍生品"的提法；在合同层面讨论时采用"衍生（品）合约"的提法，就整个交易规则和市场层面讨论时采用"衍生交易"的提法。此外，本文对"衍生交易"与"金融衍生交易"这两个概念也不加区分地使用。尽管衍生交易的品种除利率、汇率等金融参数外，还包括小麦、大豆等大宗商品，且传统的商品期货交易也被视为商事交易而非金融交易，但如今人们一般都把衍生交易整体上作为金融交易的一部分。

争议，充分体现了场内衍生交易规则对传统观念的冲击。① 近年来，我国企业在与境外投行之间的金融衍生交易中遭受的重大损失以及以KODA血洗大陆富豪事件为代表的个人结构性理财产品纠纷，又将场外衍生交易推到国人面前，② 对司法机关、政府监管部门都提出了新的挑战。在某些结构性理财产品案件中，金融机构与客户、法律人士的观点截然对立，监管者与法院之间则相互推诿，有些纠纷甚至陷入"消费者维权，监管者建议走司法程序，法院因看不懂产品说明书而未予受理"的怪圈。③ 更多的时候，法院虽然受理了案件，但苦于裁判无以为据，或者对当事人提供的所谓"国际惯例"——由国际互换及衍生交易协会（ISDA）主持制定并广泛适用于全球场外衍生交易的主协议文本（以下简称ISDA主协议）——难以裁断。④

目前，我国有关金融衍生交易特别是针对场外衍生交易的专门立法几乎是空白，⑤ 而以ISDA主协议为代表的场外衍生交易惯例对国人来说也很陌生，更何况这些惯例源于纽约、伦敦两大国际金融中心，浓厚的普通法色彩俨然与大陆法系国家的传统法律观念相左。尽管近

① 例如关于期货经纪公司强制平仓行为的法律性质的争议。参见吴庆宝、江向阳主编《期货交易民事责任——期货司法解释评述与展开》，中国法制出版社，2003。
② 参见刘燕、楼建波《企业衍生交易重大损失事件研究——基于交易结构的分析》，《清华法学》2010年第1期；刘燕、楼建波《银行理财产品中的金融衍生交易法律问题研究——以"KODA血洗大陆富豪"事件为标本》，《月旦民商法杂志》总第26期（2009年12月）。
③ 胡俊华：《追踪：齐呼看不懂，渣打产品说明书竟成"护身符"》，《每日经济新闻》2008年11月21日。
④ 资料源于本文作者之一参加2010年10月13日上海市浦东区人民法院召开的"外资银行实务法律研讨会"时对与会法官的调研。
⑤ 我国场外衍生交易的法律规范主要为中国银监会2004年发布的《金融机构衍生产品交易业务暂行管理规定》以及近年来发布的一系列有关银行理财产品销售的通知。它们侧重于对金融机构衍生交易行为的监管。交易层面的规范性文件以中国银行间交易市场交易商协会发布的《中国银行间市场金融衍生产品交易主协议（2009年版）》（NAFMII主协议）文件群为代表，但该文件的法律层级很低。对NAFMII主协议与ISDA主协议之间的关系以及在中国法下的法律效力的一个比较全面的讨论，参见郭伟等《金融衍生产品与银行业务发展法律问题报告——场外金融衍生产品交易标准文本ISDA和NAFMII法律风险研究》，载中国银行业协会编《中国银行业法律前沿问题研究》第1辑，中国金融出版社，2010。

年来我国金融实务部门强烈呼吁承认金融衍生交易特别是场外金融衍生交易的特殊性，① 甚至出台了中国版的 ISDA 主协议——《中国银行间市场金融衍生产品交易主协议》（以下简称 NAFMII 主协议），但在立法未予回应之前，即使是奉行司法能动主义的法官也未必敢在缺乏法理支持的情形下贸然裁决。然而，当前学理上对金融衍生交易的研究却多集中于金融衍生交易的监管或规制问题，鲜少关注交易层面的法律冲突。即使是为数不多的针对微观问题的讨论，也常常套用金融或商业术语，如衍生交易的法律特征包括"虚拟性""杠杆性""高风险性"；或者走向另一个极端，醉心于某种高深玄妙的描述，如"远期、期货、期权、互换等的出现一方面模糊了传统物权和债权的界限，另一方面也使传统民事法律关系客体类别的划分出现了矛盾"等等。②

当然，金融衍生交易对法律人提出的挑战并非我国独有。从域外来看，2008 年以来，德国、韩国以及我国台湾地区等传统的大陆法系地区也相继出现围绕着金融衍生交易法律适用的重大争议。当地法官基于传统民商法理念作出的判决引发了全球金融市场的高度关注。③ 即使是在金融衍生交易最为发达的英美国家，针对衍生交易的司法实践也并不令人满意。美国著名的衍生交易法律专家帕特诺伊（Partroy）教授指出："普通法在这个领域中的规则严重匮乏。解决纠纷的代价非常昂贵，很少有公开的判决可以为当事人提供指南。即使是案件事实都很难从判决书中得到确认，当事人的诉求通常未能准确地描述其

---

① 前银监会主席刘明康在 2006 年就表达了对场外衍生交易规则与破产法、担保法之间冲突的担忧。参见刘明康《以参与者为本促进我国金融衍生产品市场健康发展——在中国金融衍生品大会上的演讲》，2006 年 10 月 24 日，http：//www. cbrc. gov. cn/chinese/home/docView/2829. html。

② 参见韩良《中国衍生品发展面临的法律挑战》，《期货日报》2005 年 9 月 21 日；宋晓明、王闯《中国场外衍生金融产品应用中的若干法律问题》，载最高人民法院民事审判第二庭编《最高人民法院商事审判裁判规范与案例指导》（2010 年卷），法律出版社，2010，第 44 页。

③ 有关德国案例的报道，参见 David Gordon Smith，A Costly Defeat for Deutsche Bank，in Reuters，March 30，2011，http：//www. spiegel. de/international/business/0，1518，752712，00. html；韩国及我国台湾地区的案例见后文。

所争议的衍生交易，遑论最终的司法意见……法官尽可能避免触及争议的核心问题，或者是害怕其创设的先例对市场可能产生的重大影响，或者是被争议的细节和复杂程度给吓退了。"①

其实，无论是将衍生交易法律问题神秘化还是对此感到绝望或排斥，都不是一种务实的态度。实际上，法律人对于理解金融衍生交易有着天然的优势。金融衍生交易作为商事交易，是建立在合同、担保等一系列民商事法律制度基础上的现象，甚至"衍生品"的定义就是一种"金融合约"，即"合同"。从"金融合约"到"金融商品"的转化，体现了衍生交易与传统商事交易的相异之处，但它依然是在合同的一整套逻辑之下展开的。从这个角度看，以合同为研究对象的法律人比其他领域的专业人士或者公众更有优势来获得对衍生交易的清晰认识。可以说，从"合同"入手来观察衍生交易，有助于我们由浅入深、由表及里地把握衍生交易的本质与逻辑，将看似错综复杂的衍生交易法律问题条分缕析、梳理清楚。本文的目的即以"合同"为中心，还原衍生交易市场规则背后的法律逻辑，最终提出关于金融衍生交易法律问题的一个完整的分析框架。②

一　衍生工具的合同属性：　当前订约、未来履行

衍生工具通常被视为一种金融商品，但其本质是法律上的合同。衍生工具的定义再清晰不过地表明了这一点。按照我国银监会发布的《金融机构衍生产品交易业务管理暂行办法》的界定，"衍生产品是一种金融合约，其价值取决于一种或多种基础资产或指数"。这也是各

---

① Frank Partroy, The Shifting Contours of Global Derivatives Regulation, 22 U. Pa. J. Int'l. Econ. L. 421, 448 – 450 (2001).
② 我国已有学者明确意识到金融衍生工具的合同属性，并对此进行了精辟的分析。参见王旸《衍生金融工具基础法律问题研究》，《法学家》2008 年第 5 期。但作者仅局限于以此描述金融衍生交易工具的法律内涵，并未用合同的逻辑进一步推广到衍生交易的规则解释，更没有整合场外、场内衍生交易的规则体系。

国以及各国际组织对金融衍生工具的标准定义。[①] 上述定义揭示了衍生工具的两点内涵，一为"合约"，二为"价值"。其中，"合约"为衍生品的首要内涵，从中派生出"价值"内涵。

衍生品作为一种合同，其内容类似于传统的买卖或互易合同，只是履行时间不在当下，而是未来的某个时日或者时段。市场公认的四种最基本的衍生工具——远期、期货、期权、互换，其定义都是用未来履行之合同的具体内容来描述的。例如，"远期"是双方约定在未来的某个特定时日按照约定的价格买卖标的物的合同。"期货"是标准化的远期合同，即由交易所对合同的买卖标的、数量、质量、履行期限等条款进行事先统一的规定，仅由当事人就价格进行协商、出价的远期合同。"互换"（或称"掉期"）是双方约定在未来的某一时段内按照约定的价格、数量交换一系列标的物或现金流的合同。"期权"则是赋予期权持有人在未来的某个时点或时段内按照约定的价格买入或卖出标的物的权利的合同。[②]

从作为合同内容的权利义务的视角观之，上述四种基础衍生工具可以分为两类：[③] 一类是远期、期货和互换合约，统称为"远期类合约"。它们属于双务合同，合同双方当事人各自享有权利并负有义务，在未来的特定时间完成对特定标的物的买卖或交换行为，除非合同按照约定的条件提前终止。另一类是期权合约，该合约项下双方当事人之间的权利义务是不对等的，一方当事人（称为期权持有人）有权利决定未来是否买入或卖出特定标的物，而对方当事人则有义务配合期

---

① 例如，国际清算银行（Bank of International Settlement，BIS）1994 年的《衍生工具风险管理指南》（*Risk Management Guideline for Derivatives*）的定义为："衍生工具是一种金融合同，其价值取决于一种或多种基础资产或指数的价值。"国际知名的金融智库——三十人小组（Group of Thirty）在 1993 年出版的《衍生品：实务与原则》（*Derivatives: Practices and Principles*）报告中的定义为："衍生交易是一种价值取决于（或衍生于）基础资产、参数（比率）或指数的合同。"

② "买入标的物的权利"称为"看涨期权"（call option），"卖出标的物的权利"称为"看跌期权"（put option）。

③ 国际清算银行：《衍生工具风险管理指南》，第 1 页。

权持有人履行，除非期权持有人放弃行使权利。① 按美国学者的说法，
"'以期权为基础'的合同赋予一方当事人购买基础资产的权利而非义
务，而'以远期为基础'的各类合同则强制要求一方当事人出售、另
一方当事人在特定的时间、以特定的价格购买基础资产。"② 实践中更
为复杂的衍生品，如近年来媒体关注的中信泰富杠杆式外汇合约、个
人理财产品中的 KODA 合约等，都是由上述四种基础衍生品组合而
成，即多种不同的未来履行的权利、义务叠加在一起。由此形成的新
合约也被称为"结构性衍生品"。

但是，仅仅定位于"合同"尚不能充分揭示衍生工具的本质属
性。衍生（品）合约与通常的买卖合同或互易合同相比，最大的区别
在于"当前订约、未来履行"，即合同的全部条款都已经谈判妥当，
但合同的履行、标的物的实际交付在未来的某个时日或时段进行。这
也是衍生品合约最核心的特征，有学者称之为衍生交易的"未来性"
特征。③"当前订约、未来履行"并非仅仅意味着订约与履约时间上的
分离，它带来了合同功能的根本性改变：从旨在促进交易的一纸法律
文书变身为具有可交易性的金融商品。这一转变源于从"当前订约、
未来履行"中派生出来的如下特征。

第一，衍生品合约不仅设定权利义务，更直接产生盈亏。

在合同订约日至履约日之间，如果标的资产有公开的市场价格，
合约双方可以将合约价与市场价相比较，从而确定哪一方在该合约下
盈利（体现为以比市价更便宜的合约价买入标的物或者以比市价更高
的合约价卖出标的物），哪一方在该合约下亏损。不过，在合约到期

---

① 当然，从合同公平性的角度出发，期权持有人为了获得这一权利，通常会支付给合同对
　方一定的对价，称为"期权费"。但也有一些期权是合同对方无偿给予的，如我国前些年
　股权分置改革时上市公司或者非流通股股东给予流通股股东的认股权证和认沽权证以及
　上市公司股权激励安排中给予高管的股票期权。
② Henry T. C. Hu, "Hedge Expectation: Derivative Reality and the Law and Finance of the
　Corporate Objective," 73 *Tex. L. Rev.* , 985, 996.
③ 参见宁敏《国际金融衍生交易法律问题研究》，中国政法大学出版社，2002，第53页。

前，这种盈亏状态是浮动的、变化的，随着基础资产市场价格的改变，买、卖双方的盈亏地位完全可能掉转过来。

由此凸显出衍生品定义中的第二个要素——"价值"，它代表了衍生品合约与传统合同的重大差异。传统上，合同仅仅描述当事人之间法律关系的内容，本身不直接表彰盈亏，而衍生品合约除了权利义务外，更直观地表现出盈亏效果。合约的盈亏或价值取决于或衍生于合同标的物（即基础资产）的市场价格变动，这也是"衍生"一词的由来。因此，描述衍生工具这个合同，仅说明双方当事人的权利义务是不够的，必须同时揭示这些权利义务在不同市场条件下产生的盈亏状况，换句话说，揭示衍生品合约的盈亏结构。

图1显示了一个最普通的远期或期货合约中基础资产的买方（称为多头）、卖方（称为空头）的盈亏结构。它不是一个固定的金额，而是表现为基于合同价与市场价的差异而形成的一个函数（即图中的收益线）。如果合同约定的执行价为10元，当标的物的市场价格超过10元时，合约下的买方（多头）可以获利；市价越高，获利越多。反之，当市场价低于10元时，多头亏损。合约下的卖方（空头）在该合约下的盈亏支付结构则与买方（多头）正好相反。

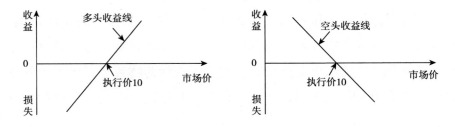

图1　远期合约/期货合约的盈亏结构

第二，衍生品合约的可计价性便利了合约的转让，从而使衍生品合约转化为金融商品。

衍生品合约下的盈亏体现了合约自身的价值，因此，衍生品合约是一种可以计价的合约。由于可计价，衍生品合约的转让也比传统合同更为方便。例如，在衍生品合约的履行期到来之前，有潜在获利的一方当事人可以通过收取不高于获利款的对价将合约转让给第三人。第三人愿意承接该合约下的权利义务，是因为他在该合约下依然有利可图。相反，有潜在亏损的一方当事人也可以通过向第三人支付该笔金额，把合约项下的权利义务转让给后者，相当于"付款赎身"。第三方愿意承接，一方面是因为已经从转让方收到了对合约项下损失的补偿款，另一方面则期待合约在到期前随市场价格的变化而转亏为盈，从而获得更多的收益。当然，不论是获利方还是亏损方转让合约，都需要取得原合同对手方的同意。

最易于转让的衍生品合约当属由交易所拟订了标准条款的期货合约。由于市场参与者众多，形成了公认的价格，因此期货合约转手非常方便。同时，交易所的业务规章还设定了"对手方默示同意转让"的前提条件，最大限度地降低合同转让的法律程序带来的交易成本。在期货市场中，人们可以通过交付、收取期货合约的潜在盈亏而将合同快速转手，以至于转让期货合约被直接称为"买卖期货合约"或者"买卖期货"。

这样，衍生品合约基于"当前订约、未来履行"的特点，派生出合约计价、转让、流通等一系列特征，这一纸合同也就从"法律关系"转化为"金融商品"。

第三，衍生品合约意味着当事人之间的"对赌"。

衍生品合约的存在，意味着合约双方在订约时对于标的物（基础资产）未来的价格走势有完全相反的预期，因此形成了买方与卖方、多头与空头两种对立状态。最终，市场走势只能与一方的预期一致，该方成为合约下的获利方，而另一方则因履行合约而遭受损失。从这个意义上说，衍生品合约都是"零和博弈"，它将财富在买、卖双方之间进行分配，但并不创造出新的财富。

　　然而，这种"对赌"对实体经济活动是有价值的。衍生交易最初的、也是最基本的目的是套期保值，即锁定实体经济活动中原材料、产品的价格波动风险，或者锁定影响筹资成本、换汇成本的利率、汇率的波动风险。这种锁定通过两种方式实现：一是直接在远期市场买入未来需要的原材料、外汇，或者出售未来生产的产品，提前锁定可接受的价格；二是将远期交易作为现货交易的对冲，即通过签订与现货头寸品种相同或类似但方向相反的衍生品合约，经营者可以用衍生品合约下结算的盈利或亏损来抵销实际经营的损失或成本节约，从而将成本控制在可接受的范围内。① 其中，第二种方式具有不受交易品种同一性的限制、采取现金结算而非实物交割等特点，有助于降低交易成本，提高交易效率，因此在实践中运用得更加普遍。无论是哪种方式，衍生品合约通过将当事人对未来的预期安排确定为合同条款，能够帮助生产商降低材料成本、产品售价的波动性，便利筹资人提前锁定融资成本，从而促进了企业生产经营活动的有序进行。

　　当然，衍生交易的高效率、低成本、交易品种广泛等优势也吸引了投机者或套利者的参与。他们追求潜在的、可能出现的收益，并承受特定的风险。不可否认，投机者的介入令衍生交易毁誉参半，但这并没有改变衍生交易对于实体经济生产者的套期保值意义。有研究指出，如果缺乏投机者作为对手方，实体经济中的生产商要订立套期保值的衍生品合约将遭遇高昂的交易成本。②

---

① 例如，制造商如果担心未来产品价格下跌，可以事先订立未来出售产品的衍生品合约。未来价格果真下跌，其在衍生品合约下有收益，可以用来弥补现货市场上实际出售产品时价格下跌的损失；如果未来价格不跌反涨，其在衍生品合约下有损失，但该损失可以被现货市场上以更高的价格出售产品而增加的收益所吸收。对衍生交易套期保值原理的一个通俗易懂的介绍，参见〔美〕迈克尔·德宾《金融衍生品入门》，崔明香译，中国青年出版社，2008，第16页以下。
② 参见〔美〕默顿·米勒《默顿·米勒论金融衍生工具》，刘勇、刘菲译，清华大学出版社，1999，第120页以下。

二　衍生工具的合同特征引发的法律争议

1. "对赌"性质的衍生品合约能否在法律上强制执行

这一点国内已有众多学者论及。[①] 传统上，大陆法系有"射幸合同"，英美法系有"赌博合同"，二者在法律上属于非法或者不能强制执行的合同。衍生交易兴起后，基于其作为风险管理工具的积极意义，以期货为代表的场内衍生交易通常都通过各国期货法或类似立法而获得合法性，但场外衍生品特别是某些奇异衍生品依然可能受到传统法律的挑战，即使是在衍生交易比较发达的英美国家也不例外。例如，英国19世纪末的判例认为，就标的资产在不同日期之间的价格差额进行支付的"差价合同"（Contract For Difference）属于英国赌博法下的"赌博合同"，不得强制执行。[②] 近一百年后，英国仍然有法官认为现金结算的衍生品合约属于"差价合同"，仅在英国1986年金融服务法案明确豁免其适用赌博法的前提下，才可以强制执行。[③] 甚至对于场外衍生交易中最常见的利率互换合约，[④] 英国1995年 Morgan Grenfell & Co. Ltd. v. Welwyn Hatfield D. C. 案的判决中还这样写道："与真实借贷交易相联系的利率互换合约不会被视为赌博合同"，言下之意，纯属投机性质的互换合约或许依然无法强制执行。[⑤]

不过，从目前大多数国家的实践看，衍生品合约的"对赌"争议主要是观念上的障碍，立法上通常将衍生交易作为赌博合同的例外处

① 参见宁敏《国际金融衍生交易法律问题研究》，中国政法大学出版社，2002，第115页以下；顾功耘主编《金融衍生工具的法律规制》，北京大学出版社，2007，第66页。

② Universal Stock Exchange v. Strachan, [1896] AC 166.

③ City Index Ltd. v. Leslie, [1991] 3 WLR 207. "现金结算"指当事人双方不实际交割合约项下的标的物与价款，而是按照标的物在订约日与结算日之间的价格差异，由一方支付相应的现金给另一方。这是衍生交易常见的履行方式之一。

④ 利率互换合约是最常见的管理利率波动风险的工具。在该合同下，一方当事人交付按固定利率计算的利息，另一方当事人交付按浮动利率计算的利息。

⑤ Rasiah Gengatharen, Derivatives Law & Regulation, Kluwer Law International, 2001, p.100.

理。特别是对于金融机构作为一方当事人的衍生品合约，鉴于金融机构在现代经济生活中扮演的风险管理中介的角色，不论是套期保值还是投机、套利，都被视为金融机构的正常业务活动。[①] 因此，对于有金融机构参与的衍生交易，通常不论其交易目的而完全豁免赌博法的适用。[②] 当然，在特定情形下，一些国家也会暂时限制某些形式的衍生工具用于单纯的投机目的。例如，信用违约互换合约（CDS）通常是债券持有人用来防范债券发行人违约风险的衍生工具，但是，如果不拥有基础债券的人也订立 CDS（称为"Naked CDS"或"无担保CDS"），就类似于投保无保险利益的保险合同，其投机性很强。[③] 2011 年欧洲债务危机愈演愈烈，许多国际炒家大肆订立无担保 CDS，下注希腊、意大利等国的政府债券将违约。欧盟认为此举提速了欧洲债务危机，遂于 2011 年 11 月 15 日通过立法禁止在欧洲进行无担保CDS 交易。[④]

　　在我国，衍生品合约的"对赌"性质并不构成法律上的争议。尽管时有媒体给某种受到非议的衍生品贴上"赌品"或"类赌品"的标签，[⑤] 但我国证券法第 2 条确认了"证券衍生品"的法律地位，《期货交易管理条例》确认了期货合约的合法性，而中国银监会的《金融机构衍生产品交易业务暂行管理办法》则为金融机构推出的各类场外金融衍生工具的合法性奠定了基础。目前，我国法律上并没有禁止金融机构或个人为投机的目的参与衍生交易，只有国有企业例外。国资委曾发文要求国有企业参与衍生交易必须以套期保值为目的，以避免国

---

① 国际清算银行：《衍生工具风险管理指南》，第 2～3 页。
② 参见 Schuyler. K. Henderson，Henderson on Derivatives，Lexis Nexis Butterworths，2002，§12.8。
③ 无担保 CDS 被公认为是助长金融海啸期间市场暴跌的罪魁祸首。参见 Houman B. Shadab，*Guilty by Association? Regulating Credit Default Swaps*，4 Entrepren. Bus. L. J. 407（2010）。
④ 《欧洲将禁止无担保信用违约掉期》，www.sina.com/finance，2011 年 11 月 15 日访问。
⑤ 参见田园、吴宇宸《荷银新品是理财还是豪赌　银行与理财师各执一词》，《成都商报》2009 年 6 月 22 日。

有资产承受过度风险。①

总体上看，衍生品合约本身的"对赌"性质并不会导致其被认定为无效合同或不得强制执行。但是在特定时期，针对特定衍生工具和特定交易主体，一国立法可能会限制或禁止衍生工具用于纯粹的投机目的。

2. 衍生品合约的条款安排是否公平

实践中，当一方当事人特别是企业、政府机构、个人等衍生品最终用户在衍生品合约下发生重大损失时，由于合约"零和博弈"的特征，己方的损失就是对方在合约下的盈利，因此往往对合约的公平性提出质疑。衍生品合约下的盈亏直接来自合约价与市场价的差异，主要受制于市场变化这一客观因素，但盈亏程度也受到合约初始定价水平、合约规模以及内嵌的杠杆等合约条款设计因素的影响。由此产生的一系列法律问题是：合约确定的执行价是否公平？合约中权利义务的安排是否公平？当市场出现重大变化时，是否应基于民法上的公平、诚实信用或情势变更等原则而调整或者终止合约？

如果一个合约仅仅涉及一种基础性、常规的衍生工具，权利义务关系清晰，合约的盈亏结构也很直观，那么合同计价问题一般不会成为争议点。例如，导致中国远洋运输（集团）公司（以下简称"中国远洋"）2008 年爆出 40 亿元损失的运费远期合约（FFA）就是一个标准的远期合约。它以波罗的海干散货运价指数为标的，类似我国的股指期货合约。中国远洋在 FFA 下是多头（买入方），合约平均执行价为 4000 点。2008 年 5 月国际货运最兴旺时，波罗的海指数涨到 11793 点。但 2008 年 9 月后受金融海啸影响，价格急剧下跌，至 2008 年 12 月 31 日跌至 744 点，远低于中国远洋的平均执行价。中国远洋编制 2008 年年报时，不得不确认数十亿元的公允价值损失。② 没有人对该

---

① 参见国有资产监督管理委员会 2009 年 2 月发布的《关于进一步加强中央企业金融衍生业务监管的通知》（国资发评价〔2009〕19 号）。

② 参见刘燕、楼建波《企业衍生交易重大损失事件研究——基于交易结构的分析》，《清华法学》2010 年第 1 期。

合约的公平性提出质疑，因为远期合约的盈亏表现一目了然。如果市场价没有受到操纵，执行价也由当事人合意确定，最终的亏损结果属于合约下的正常市场风险，合约当事人必须接受。

但是，有一些合约的权利义务比较复杂，而且表面上看，盈亏结构似乎对一方很不利，此时就容易产生公平性争议。这方面的典型代表是中信泰富杠杆式外汇买卖合约，它由多个期权组合而成，属于结构性衍生品。[1] 以其中的澳元合约为例，中信泰富持有 1 个看涨期权（call option），银行方面持有 2 个看跌期权（put option），二者行权价相同（为 1 澳元 = 0.87 美元）。此外，合约还对中信泰富的看涨期权设定了失效条件，但未对银行的看跌期权施加同样限制。这种复杂的权利义务构造，使中信泰富在该合约下呈现"收益有限、损失无限"的盈亏结构。

中信泰富事件曝光后，国内舆论多认为合约本身不公平。一些专业人士还针对合约中的期权作了计算，结论是中信泰富持有的期权价值远远低于银行持有的期权价值，中信泰富签订合同时"一份合约就亏损了 667 万美元"。[2] 不过，中信泰富并没有基于合约公平性而起诉对手方。原因是多方面的，其中合约定价公平性判断的困难当属关键因素之一。衍生工具毕竟是建立在对未来市场走势的预期基础上，天然具有不确定性。尽管由诺贝尔奖得主们提出的 Black-Scholes 期权定价公式、二项式期权定价公式等金融数学模型极大地方便了期权价格的计算，[3] 但计算公式中涉及的基础资产波动率、贴现率等因素依然无法摆脱人为估计的痕迹，而看涨与看跌期权组合、失效条件等因素的加入进一步增加了计算的难度。[4] 如果一个复杂的衍生品合约有公

---

① 参见刘燕、楼建波《企业衍生交易重大损失事件研究——基于交易结构的分析》，《清华法学》2010 年第 1 期。

② 朱益民：《中信泰富 186 亿港元巨亏内幕全揭秘》，《21 世纪经济报道》2008 年 12 月 11 日。

③ 参见汪昌云编著《金融衍生工具》，中国人民大学出版社，2009，第 321 页以下。

④ 朱益民：《中信泰富 186 亿港元巨亏内幕全揭秘》，《21 世纪经济报道》2008 年 12 月 11 日。

开市场交易，尚可用市场价格作为公允价值的标准；如果是金融机构为特定客户量身定做的合约，无市场交易或类似合约作为参照，对合约的估值就只能依赖于金融数学模型。由于市场参与者使用的模型或者估值技术不同，要想获得公认的结果殊为不易。在此情形下，由法官来裁判合约的公平性更是力所不逮。

韩国在 2008 年金融海啸后发生的 KIKO 合约案，清楚地展示了通过司法程序确定衍生品合约公平性的努力与艰难。[①] 韩国许多中小出口企业为避免韩元升值导致出口收入缩水，与国际投行签订了 KIKO 合约，其权利义务结构与中信泰富杠杆式外汇合约大同小异。金融海啸中韩元贬值，韩国企业在 KIKO 合约下遭遇重大损失，遂起诉国际投行的 KIKO 合约不公平。原告韩国企业方面的专家证人是 2003 年诺贝尔奖得主、金融计量经济学家罗伯特·F. 恩格教授，其发明的 ARCH 模型在金融风险和波动性的计量方面卓有成效；而被告银行方面的专家证人是曾任美国金融学会主席的斯蒂芬·罗斯教授，他是套利定价理论（APT）的创始人以及二项式期权定价模型的提出者之一。两位世界顶级专家对 KIKO 合约是否公平的看法截然相反，对期权计算公式中波动率等参数的选择各不相同，令主审案件的韩国法官难以取舍，最终不得不搁置对公平性的争议直接裁断。[②]

3. 衍生品合约是否适用情势变更原则

与公平性原则有密切联系的是另一个民商法基本原则——情势变更原则。具体到衍生交易领域，在衍生品合约成立后，当基础资产的市场走势受客观因素影响而发生异乎寻常的变化时，是否应基于情势

---

① 对 KIKO 案交易结构的分析，参见刘燕、魏大化《韩国 KIKO 案件的交易结构分析》，《证券市场导刊》2010 年第 2 期。对于 KIKO 案提出的情势变更原则的适用问题，参见楼建波、刘燕《情势变更原则对金融衍生品交易法律基础的冲击》，《法商研究》2009 年第 5 期。

② 参见《罗伯特·恩格教授：KIKO 合约就是不公正交易》，〔韩〕《每日经济》2009 年 12 月 17 日；《罗斯教授：KIKO 不是只利于银行的产品》，〔韩〕《经济今日》2010 年 1 月 21 日。

变更原则变更或解除衍生品合约?

在韩国 KIKO 案件初审中,法官考虑到企业一方因标的资产(韩元汇率)在金融海啸中的下跌幅度远超过预期而损失惨重,曾适用情势变更原则终止了衍生品合约的继续履行。此举引起了全球场外衍生交易市场的不安,[1] 因为情势变更与衍生交易的本质不相容。作为风险管理工具,衍生交易本来就是合约双方当事人对未来的不确定性进行博弈。不同合约的盈亏结构清晰地显示了潜在的盈利或者亏损,包括无限损失的可能性,这是缔结衍生品合约的当事人应有的合理预期。因此,不论是标的资产发生异常变化还是一方遭受极端损失,都不宜贸然适用情势变更原则。若以情势变更原则解除合同,反而挫败了合约当事人对风险的配置意图,扭曲了衍生品合约本应实现的效果。

总的来说,在衍生品合约这个层面上,基于"当前订约、未来履行"之特征派生出来的合约对赌、盈亏计价等特征中,目前尚存争议的主要是合约计价问题。它与民法上的等价有偿或公平原则有一定的交集,而民商事交易中的等价性或者公平性判断历来被公认为是最困难也最富争议的问题,司法介入的能力也相当有限。另外一个不容忽视的因素是,衍生工具的首要功能是套期保值,即衍生交易下的盈亏与现货交易中的损益之间存在对冲关系。工商企业虽然在衍生交易下发生亏损,但在现货交易中可能存在盈利或成本节约。从这个角度看,仅仅纠缠于衍生交易下的盈亏可能有失偏颇。[2] 一般来说,如果不存在缔约过程中的欺诈或信息披露瑕疵,法律上很难简单地以一方在衍生品合约下的损失直接推论衍生品合约本身不公平,更不宜以情势变更原则直接推翻当事人之间对风险的分配方案。

---

① 参见 Keith Noyes, "KIKO" CASES: Misconceptions and Undesirable Legal Precedents, www. isda. org, 2009 年 4 月 15 日访问。

② 对此的一个例证是,在 2008 年年底我国企业相继曝出衍生交易的重大损失后,上海证券交易所要求相关上市公司对年报中披露的衍生交易信息进行补充公告,不仅说明衍生交易的损失,同时须说明其对应的现货交易中成本节约或下降的情况。参见中国国航 2009 年 5 月 13 日发布的补充公告"关于油料套期保值对降低公司油价波动风险的作用"。

三　衍生品合约履行环节的特殊风险与防范机制

订立合同的基本目的是通过履行合同来实现当事人的经济意图。衍生工具这种合约也不例外。尽管实践中许多衍生品合约在履行前被转让或者终止，但"履行"依然是衍生品合约的题中应有之义。[①] 然而，衍生品合约之"当前订约、未来履行"的本质特征，意味着其履行将面临重大风险。正是为了应对这一履约风险，实践中产生了一套围绕着衍生工具的特殊交易模式，促成了场内衍生品的一系列制度建设以及场外交易下 ISDA 主协议等法律文本的出台。

与传统合同法下的履行相比，衍生品合约最终能否履行存在较大的不确定性。特别是那些基础资产有公开市场报价的衍生品合约，只要合同执行价与市场价格出现差异，合约权利义务下的盈亏就马上表现出来，在合约下有潜在亏损的一方存在着未来逃避履行的强烈动机。然而，衍生品合约不能履行的后果非常严重。对合约下的潜在获利方来说，虽然对方不履约意味着自己在合同项下的义务也不必履行，但合约下潜在的获利却无法实现，这将导致衍生品合约作为风险管理工具的计划完全落空。因为根据套期保值的原理，衍生交易的获利正是用来弥补现货交易中的损失，它已经被当事人纳入消除生产经营或财富管理的风险的计算当中。正因为如此，保证衍生品合约得到切实履行，控制对手方的违约风险，是衍生交易市场法律秩序的重中之重。

传统合同中虽然也存在一些履约风险较大的类型，如有较长履行期的借款合同、加工合同、租赁合同等，存在借款人到期不还款或者承租人、委托人不付租金、加工费的风险，但这些交易中的履约风险是单向的（即针对确定的债权人），风险大小也相对固定（即合同主

---

① 即使是衍生品合约的提前终止或者转让，其法律后果也相当于合约已经得到有效的履行，因为提前终止、转让与实际履行三者都意味着当事人在合约项下的盈亏得到了兑现。详见后文。

债权），因此传统的担保制度（如质押、抵押、留置等）足以防范风险。相比之下，衍生品合约下的信用风险（即对手方履约风险）是双向的、变动的。需要担保的并非传统意义上的合同主债权，而是一方当事人在合约下可实现的预期收益，该预期收益因对方可能违约而暴露在风险中，行业术语为"风险敞口"（risk exposure），从而需要对方提供担保品以消除风险。相对于传统合同主债权的固定性或确定性，衍生品合约的风险敞口在合约整个有效期内方向和金额都是变化的，它源于合约下的潜在盈利随着基础资产的市场价格而波动，因此对履约风险控制机制的要求也更高。

正是衍生品合约固有的高履约风险以及传统民商法的局限性，导致市场中发展出一套远较传统民商法的担保制度更为丰富的风险控制措施。它以"兑现衍生品合约下的潜在收益"为基本思路，不仅体现为衍生交易特有的担保安排，而且贯穿于合同履行、提前终止、违约责任追究诸环节，旨在彻底消除潜在损失方的机会主义行为。这一套风险控制措施通常被人们称为"衍生交易规则"。例如，在以期货交易为代表的场内衍生交易中，保证金交易、每日无负债结算、强制平仓、清算所作为中央对手方等一整套安排都是为了防范履约风险。它们作为交易所的规章制度获得了法律认可，能够强制适用。[①] 相比之下，场外衍生交易不存在集中交易场所和中央结算机制，而是金融机构之间或金融机构与客户之间一对一的交易关系，只能依赖合同安排来保证衍生品合约的履行。实践中，全球场外衍生交易的主要参与者组成了国际互换与衍生交易协会（ISDA），逐渐形成以 ISDA 主协议为基础的一整套标准化合约。[②]

---

① 参见吴志攀主编《金融法概论》，北京大学出版社，2011，第 423 页以下。

② 其中，ISDA 主协议解决履行条件、履行方式、合同提前终止、违约责任计算等问题，而《信用支持附件》（Credit Support Annex）提供了消除信用风险的担保机制。对全球场外衍生交易法律问题以及 ISDA 主协议的一个非常详尽的比较法研究，参见 Philip R. Wood, *Set-off and Netting*, *Derivatives*, *Clearing System*, The Law and Practice of International Finance Series, Vol. 4, Sweet & Maxwell, 2007；参见宁敏《国际金融衍生交易法律问题研究》，中国政法大学出版社，2002。

场内交易与场外交易的规则虽然在法律渊源、法律效力上存在差异，但两套规则的内容和功能是基本一致的。与传统民商法相比，衍生交易的风险控制机制在担保安排、合同终止、支付方式与违约责任追究四个方面有其独到之处。

1. 消除风险敞口的担保安排

担保安排在场内衍生交易中称为"保证金交易规则"，在场外交易的 ISDA 主协议中称为"信用支持制度"，我国的 NAFMII 则称为"履约保障安排"。从功能上看，衍生品合约的担保安排与传统民商法下的担保物权相同，都是通过在特定物上设定担保，消除当事人违约的风险。区别仅在于，衍生交易下的担保需要根据风险敞口（即一方当事人的潜在盈利）及时调整金额、方向，即不断进行担保的重新设定，或者用期货交易规则的术语来说，就是当事人需要不断"追加保证金"（在潜在亏损增加时）或者有权"取回保证金"（在浮动盈利增加时）。

因此，衍生品合约的一项最重要、持续性的附随义务，就是在合约存续期间随时确定合约的风险敞口（潜在盈亏）以及担保是否充分。当事人（通常是金融机构一方）按照特定程序计算、确定合约预期给哪方带来多大的潜在收益，从而确定担保金额以及担保品的缴付义务人。这个程序也称为"对衍生品合约进行估值"。[①] 在特定时点进行估值所得出的合约潜在盈亏一方面反映了衍生品合约在该时点的公允价值，另一方面也体现了合约风险敞口的大小。合约下的潜在亏损方必须提供与风险敞口值相等的担保品，从而令"不履行合同"的违约行为毫无意义，因为潜在盈利方可以通过变现担保品而实现衍生品合约下的全部收益。

[①]　衍生品合约的特点就是其价值随着基础资产的市场波动而变化，因此一般是通过比较基础资产的合约价与市场价来确定合约的价值。这一方法也被称为"盯市计值"（Mark-To-Market，MTM）。参见宁敏《国际金融衍生交易法律问题研究》，中国政法大学出版社，2002，第 234 页。

实践中，衍生品合约当事人可以约定以每日、每周或每月作为一个估值周期。估值周期越短，担保越可靠，风险防范力度越大，但交易成本也越高。在这个方面，以期货为代表的场内衍生交易堪称风险防范的最佳典型。它采取每日估值的做法，每个交易日终了对未平仓合约的浮动盈亏进行计算，确定当事人应补交的保证金或者可以提取的浮动盈利，这被称为"每日无负债结算制度"。①客户未及时追加保证金将导致"强制平仓"的后果，即尚未到期的合约被交易所、经纪公司强制卖出，从而锁定合约项下的损失不会超过其已缴纳的保证金数额，避免对手方的相应收益落空。

此外，基于金融衍生交易的效率性考虑，为避免传统民商法对物权担保的程序要求（如登记）造成的交易阻滞，担保品一般限于现金或流通性强的证券，采取直接过户的方式，即担保品直接进入担保权人控制的保证金账户（如场内交易）甚至担保权人的日常账户（如场外交易）。"过户"行为的法律性质依准据法以及当事人之间的合同安排而有区别，既有认定为质押的担保，也有认定为转移所有权性质的担保。②同时，为了最大化地提高资金的利用效率，不论将担保定性为质押还是所有权转移，当事人之间的担保合同都可以赋予担保权人占有担保品之后对担保品（现金及现金等价物）的使用与处分权以及担保人对担保品的替换权。当债务人违约时，担保权人可以直接变现担保品以实现自己的担保权益，多余部分则退还债务人。③

---

① 参见我国《期货交易管理条例》第 11 条。

② 例如，ISDA《信用支持附件》有四种，包括依据纽约州法、英格兰法、日本法的质押式信用支持附件以及基于英格兰法的转让所有权式信用支付附件。参见宁敏《国际金融衍生交易法律问题研究》，中国政法大学出版社，2002，第 232 页。我国 NAFMII 主协议中将这两种担保安排的法律文本称为"质押式履约保障文件"和"转让式履约保障文件"。

③ 我国的期货交易法规明确规定，期货交易所向会员收取的保证金属于会员所有；期货公司向客户收取的保证金属于客户所有；期货经纪公司或者期货交易所不得挪用保证金。参见《期货交易管理条例》第 29 条。而在域外，期货交易所的业务规章以及期货经纪人与客户之间的合同往往授权经纪人使用该资金。场外衍生交易中，ISDA《信用支持附件》的各种文本都支持担保权人对担保品的使用和处分，只要其到期能够归还担保品即可。

2. 兑现合约价值的合同终止机制

衍生工具的套期保值或者保险作用直观地表现为衍生品合约下的收益（或损失）与当事人在现货交易中的损失（或收益）对冲。因此，套期保值功能的实现有赖于合约项下的收益得到完全兑现，不论合约是否实际履行——这一理念也贯穿于合约终止与违约责任追究的环节。具体而言，当衍生品合约一方当事人因合约下出现潜在亏损而拒绝履约或者拒绝按照风险敞口支付或追加担保品时，守约方可以宣布合约提前终止，了结双方之间在合约项下的权利义务，兑现合同项下的全部浮动盈利。在场内交易中，守约方的角色由交易所扮演，[①]它通过强制平仓、扣收保证金等措施来实现合约价值。在场外衍生交易中，ISDA 主协议以及我国 NAFMII 主协议都确定了终止净额结算的方法。[②] 按照该方法，作为合同当事人的守约方有权要求违约方支付合同项下尚未履行部分以提前终止日的市场价格计算出来的浮动盈利。

这一合同提前终止的处理方式与传统民商法的处理方式完全不同。在传统民商法下，合同提前终止也即解除合同，意味着尚未到期、尚未履行的部分不再履行，已经履行的部分则计算守约方的实际损失，多退少补予以清结。但在衍生交易中，合同提前终止后依然要兑现尚未履行部分的全部盈亏。换言之，衍生品合约提前终止的效果与假定合同在终止日全部履行完毕的效果是一样的。制度如此设计正是基于衍生品合约作为风险管理工具的属性。对此，ISDA 主协议（2002版）第 6 条（e）（v）款中表达得很清楚："支付该数额的目的是补偿交易的未能实现和预防风险安排的丧失。" 也就是说，不能因违约方的过错而影响守约方利用衍生品合约套期保值目的的实现；违约方需

---

① 期货交易所或其下属的清算机构作为集中清算制下的中央对手方，需要对获利方进行偿付，从而相应获得了向违约方追索潜在亏损额的权利。关于中央对手方的法律地位，可参见我国《证券登记结算管理办法》第 78 条的定义："共同对手方，是指在结算过程中，同时作为所有买方和卖方的交易对手并保证交收顺利完成的主体。"

② 参见 ISDA 主协议第 6 条，NAFMII 主协议第 9 条。

要补偿守约方其本该获得的风险管理收益，就如同其正常履行了衍生品合约一样。

此外，即使衍生品合约不是因一方违约而提前终止，而是双方自愿协商提前终止，或者一方将合同转让给第三人而解脱自己在合同项下的权利义务，其结算程序和效果也与违约下的提前终止完全相同，即合约下的潜在损失方需要按照终止日的市场价格将合同项下的全部潜在盈利支付给对手方，或者当潜在损失方是合约的转让方时，他要将相当于潜在盈利的金额支付给合约的受让方。① 与前述因违约而提前终止结合起来，可以说，衍生品合约的提前终止与实际履行没有本质区别，差异仅在于：实际履行是按照最终履行日的市场价兑现合约的全部盈亏，而提前终止则意味着按照终止日的市场价兑现合约的全部盈亏。

3. 减小风险敞口总量的支付方式

衍生品合约项下的款项支付通常采取净额结算（netting）的方式，目的是从总量上减少衍生交易当事人之间的风险敞口，提高交易效率以及资金使用效率。

净额结算是从银行业传统的轧差清算方式发展起来的一个概念，指合约当事人将各自对对方的支付义务相互冲抵后，仅由一方支付净差额的支付方式。它类似于传统民商法下的"债之抵销"，但适用范围比抵销更广。② 基于双方的合同约定，净额结算不仅可以将衍生品合约双方之间的同期支付义务相互冲抵，也可以将当事人之间不同合同的支付义务相互冲抵，还可以在合同提前终止的情形下将未来的应

---

① 用期货交易来说明此点可能更清楚。投资者开仓买入或卖出期货，相当于订立了衍生品合约。此后投资者每日按市场价格结算浮动盈亏。合约到期前，投资者可以卖出合约（即平仓）。其中，投资者自愿平仓相当于提前终止合约或者转让合约，被强制平仓相当于因违约而被提前终止合约，二者效果相同，都表现为投资者承担平仓价格与当初买入价之间的差额。

② 参见 Philip R. Wood, *Set-off and Netting*, *Derivatives*, *Clearing System*, The Law and Practice of International Finance Series, Vol. 4, Sweet & Maxwell, 2007, p. 15。

付义务互相冲抵或与本期支付义务冲抵。在多边协议下，净额结算可以实现多个当事人之间的支付义务相互冲抵，从而极大地减少了当事人实际支出的现金额。金融交易多为金钱之债，往往呈现交易数量多、金额大、频率快等特点，因此以相互冲抵后的"净额"加以履行是非常必要的，这样也有助于维护交易安全，稳定市场秩序。

实践中，场内衍生交易、场外衍生交易均以净额结算作为履行方式。其中，多边净额结算是场内交易集中清算机制的基础，双边净额结算是 ISDA 主协议、我国 NAFMII 主协议确立的场外衍生交易基本原则之一。近年来，我国金融实务部门、学界、司法界对净额结算问题已经有很多讨论，对净额交易的积极作用基本形成了共识。[①]

归纳上述三方面的制度设计，净额结算方式力图减小当事人之间的风险敞口，从总量上降低对手方违约可能带来的损失；担保安排则顺应衍生交易中风险敞口快速变动的需要，确保担保的足额、及时到位；合同提前终止、转让与合同完全履行的结果相同，都意味着合同下的潜在获利方兑现合约带来的全部收益。这些制度安排被统称为"衍生交易规则"，服务于控制衍生品合约履约风险的最终目的，兑现衍生品合约的价值，从而保证衍生交易作为风险管理工具的职能得以完整实现。

四　衍生交易规则与传统民商法的冲突与克服

毋庸置疑，衍生交易规则与传统民商法的履约风险防范措施之间存在不同程度的冲突或差异。冲突有观念上的，也有制度层面的。对此，场内衍生交易规则往往通过一国的期货立法而获得合法性。但在场外衍生交易中，以 ISDA 主协议文件群为代表的标准合约范本，其法律地位仅仅是合同，至多被视为行业惯例，因此司法实践中不时遭

---

① 参见赵柯《关于场外衍生产品的风险管理和终止净额结算关键法律问题研讨会的报告》，载最高人民法院民事审判第二庭编《民商事审判指导》2007 年第 1 辑，人民法院出版社，2007，第 231 页以下。

遇挑战。然而，仔细分析这些冲突可以发现，它们并不意味着场外衍生交易与传统民商法之间存在不可调和的矛盾。①

1. 担保机制争议

衍生交易的担保安排被公认为是与传统民商法特别是担保法、物权法、破产法之间冲突最大的领域。相关的冲突可以归为两大类：一是担保理念上的冲突；二是担保权性质及权限内容方面的冲突。

先看第一类理念上的冲突。衍生交易下担保安排的变动性、② 独立性、③ 账户化④与传统民商法下担保物权的公示性以及背后隐含的被担保债权的确定性、担保权人与担保人身份的稳定性、担保品的固定性等理念发生冲突。此外，衍生交易担保安排的变动性也会与破产法发生潜在的冲突。例如，如果担保人在破产申请前一年内因风险敞口转移到对方而交付担保品，是否构成我国破产法第31条所称"对没有财产担保的债务提供财产担保"？担保人替换担保品的行为是否会触发上述欺诈性转移条款？

实践中，衍生交易的这种变动性担保方式还可能给不熟悉衍生交易规则、习惯于传统民商法担保理念的市场主体（主要是企业、个人等衍生交易的最终用户）带来意想不到的灾难。他们往往因为无力支付突然之间急剧上升的保证金而触发违约责任。我国企业在金融海啸后的第一例衍生交易跨国诉讼——海升果汁控股公司（以下简称"海

---

① 当然，ISDA 主协议与传统法律制度之间还存在其他冲突，如交易资格和授权、法律选择等，本文囿于主题与篇幅不再赘述，有兴趣者可参见陶修明《国际金融衍生交易的相关法律问题》，《国际金融研究》2001 年第 1 期。

② 变动性指在衍生合同到期之前，风险敞口经常在合约双方当事人之间发生转移，金额大小也会发生变化，由此导致被担保人、担保人的身份转换以及担保义务的金额在整个合同期限内的变动不居。

③ 独立性指衍生交易的担保合同与主债权合同之间的关系不属于主从合同关系，担保合同不是从合同，而是构成了一份独立的合同。

④ 账户化指不进行登记，而是债务人提供的资金与证券直接进入担保权人控制的保证金账户甚至日常账户。

升"）与摩根士丹利（以下简称"大摩"）的诉讼大战就是因此而起。2008 年 7 月间，海升与大摩签订了长达五年的外汇掉期合约，每月以固定汇率向大摩出售 800 万美元；同时签订了 ISDA 主协议下的《信用支持附件》。但海升显然并不了解"信用支持制度"的具体内涵。合同履行的最初几个月中海升都是盈利的，净额结算的结果是海升累计获得大摩的净付款 7 万多美元。然而金融海啸之后，市场出现急剧变化，大摩依照汇率走势计算出自己在该合约下的潜在盈利高达 1.4 亿元人民币，存在风险敞口，故要求海升支付担保品。在扣除大摩提供给海升的 1000 万美元信用额度后，海升需要缴付的担保金依然高达 7000 万元人民币。如此大额的现金流支出将严重影响海升的正常经营活动，故海升拒绝支付。由此引发了大摩在英国伦敦诉海升违约，海升则在中国西安诉大摩欺诈的跨国诉讼对峙。[①]

在第二类冲突（即有关担保权限范围）中，场外交易的 ISDA 主协议以及域外一些期货交易所的业务规程都承认担保权人对担保品的使用、处分、变现抵债的权利，这与传统民商法的处理方式（包括"禁止流质"规则）不合。考虑到这个因素，我国在制订 NAFMII 主协议时对于是否采纳 ISDA 主协议的担保安排争议很大，最终的结果是"精神分裂式"的：一方面，基于物权法的限制，《中国银行间市场金融衍生产品交易质押式履约保障文件》（简称"《质押式履约保障文件》"）不承认担保权人对担保品有处分权和直接抵债的权利；[②]另一方面，《中国银行间市场金融衍生产品交易转让式履约保障文件》（简称"《转让式履约保障文件》"）又大胆引入了物权法、担保法都未承认的转让所有权式担保。然而，由于缺乏明确的法律

[①] 最终双方庭外和解，大摩起诉书要求的违约赔偿金额为 2600 万美元，海升实际赔付大摩 700 万美元。有关海升—大摩案的分析，参见楼建波《场外衍生品交易担保之信用支持制度研究——以"海升—大摩案"为分析蓝本》，《法商研究》2011 年第 1 期。

[②] 我国物权法第 226 条规定了在合意的情形下，占有股票、基金份额等担保品的债权人可以处分担保品，但要求变现证券的款项必须用于提前清偿债务或提存，而不能由担保权人自由使用。

依据与公认的法理论证，金融实务界、司法部门都对转让式担保的法律效力心存疑惑。[①]

本文认为，上述两类冲突虽然都集中于场外衍生交易或 ISDA 主协议，但严格说来，它们并非植根于场外衍生交易的特性，而是体现了整个衍生交易甚至包括基础金融交易在内的整个金融市场交易对担保机制的需求。第一类理念差异如变动保证金、保证金账户化等，大多已经在我国场内衍生交易中落实为具体的交易规则，并被国务院发布的《期货交易管理条例》以及中国证监会、期货交易所发布的一系列规章或业务指南所确认。[②] 我国司法实践在经历了 20 世纪 90 年代的争议后，也已经完全接受了期货市场的保证金交易规则，承认了期货经纪公司、期货交易所的强制平仓权利。海升—大摩案实际上就是客户因保证金不足而被强制平仓的例子，若发生在期货市场中，恐怕就不会有争议了。从这个意义上说，基于场外衍生交易而引发的上述担保理念差异并不能构成真正的法律冲突。

至于有关担保权的法律性质与权限内容方面的差异，需要特别强调的是，金融交易中的担保品并非各种物品，而是现金、证券这类特殊的金融财产。它们充当担保品时，传统民商法下禁止流质规则的适

[①] 金融实务界的困惑是，由于"转让所有权式担保"是我国法律上不存在的概念，这就使得《转让式履约保障文件》陷于一种两难境地：如果被认定为担保，则该文件中规定的"担保权人有权处置担保品直接抵偿"的内容就因违反担保法、物权法而无效；如果被认定为担保品的买卖，上述担保权人的处分权合法了，但担保人又担心在担保权人破产时无法主张破产法下的别除权。资料来源于本文作者参加的由中国人民银行 2009 年 11 月 18 日在北京举办的"国债回购主协议法律问题国际研讨会"的会议讨论部分。司法部门的困惑，宋晓明、王闯：《中国场外衍生金融产品应用中的若干法律问题》，载最高人民法院民事审判第二庭编《最高人民法院商事审判裁判规范与案例指导》（2010 年卷），法律出版社，2010，第 44 页；参见赵柯《关于场外衍生产品的风险管理和终止净额结算关键法律问题研讨会的报告》，载最高人民法院民事审判第二庭编《民商事审判指导》2007 年第 1 辑，人民法院出版社，2007，第 231 页以下。

[②] 参见我国《期货交易管理条例》第 38 条："期货交易所会员的保证金不足时，应当及时追加保证金或者自行平仓。会员未在期货交易所规定的时间内追加保证金或者自行平仓的，期货交易所应当将该会员的合约强行平仓，强行平仓的有关费用和发生的损失由该会员承担。"

用意义其实是非常有限的。① 实践中，2002 年欧盟议会及理事会通过的欧盟《金融担保品指令》② 以及 2009 年国际统一私法协会（Unidroit）外交会议通过的《中介化证券实体法公约》③，对于现金、证券等金融担保品上担保权人的权利都采纳了与场外衍生交易下 ISDA 主协议基本相同的规则，即担保权人可以使用、处分担保品（但负有到期归还同类担保品的义务），可以担保品直接变现偿债（但负有退还担保人多余担保金额的义务），担保的设定既可以是质押，也可以是转让所有权的方式。欧盟《金融担保品指令》适用于欧盟境内金融机构之间的交易以及金融机构与非金融机构法人之间的交易；《中介化证券实体法公约》适用于证券市场中的担保交收、融资、融券交易。因此，从国际金融市场的实践看，不论是基础金融交易还是衍生交易，针对金融担保品的法律规则已趋于一致。从某种意义上说，这可能代表了一种新的、正在形成过程中的"金融担保规则"，需要民商法体系来吸收、接纳。

当然，海升—大摩案也折射出衍生交易的担保规则隐含的对金融机构有利的一面。由于衍生合约下的盈亏确定或风险敞口的计算属于技术性很强的领域，企业、个人等最终用户缺乏定价能力，只能接受金融机构的意见，因此，衍生交易担保的话语权基本上掌握在金融机构手中。由此产生的金融机构滥用优势地位欺诈客户之弊也不能忽视。场内衍生交易由于市场透明度高，定价机制健全，这一问题尚不

---

① 传统担保法禁止流质，主要是针对非现金担保物的估值困难，如果担保品直接归属于担保权人，可能因其价值大大超过被担保债权而导致担保权人获得暴利，损害债务人利益。但金钱、证券作为担保品时，因其价值一目了然或存在客观的市价标准，通常不会产生暴利问题。更何况金融担保的规则同时要求担保权人将变现担保品超过债权的金额归还担保人。

② Directive 2002/47/EC of the European Parliament and of the Council of 6 June 2002 on *Financial Collateral Arrangements*, Article 4 – 8. 对欧盟《金融担保品指令》与传统民商法之担保物权规则之间差异的分析，参见 Thomas Rudolf Maria Pius Keijser, *Financial Collateral Arrangements*, Kluwer 2006, p.65。

③ Unidroit, *Convention on Substantial Rules regarding Intermediated Securities*, 2009, Article 31 – 34, 37.

突出，但场外衍生交易就不同了。这恐怕也是场外交易纠纷频发的原因。不过，此一问题可能已经超出了民商法担保规则的能力范围，而需要金融监管的介入。①

2. 合约终止规则争议

如前所述，衍生品合约提前终止与实际履行没有本质区别，都必须兑现合约项下的全部损益，以保障衍生交易发挥预期的套期保值功能。它虽然与传统民商法的合同终止理念不符，但因符合衍生交易的基本目的，从理论上说不应受到挑战。不过，偶尔参与场外衍生交易的企业或个人未必了解这一规则，可能因无法承受合约项下的全部潜在损失而挑战规则。此时，法官若以传统民商法理念为据，则可能拒绝认可衍生交易的处理方式。

我国台湾地区最高审理机构 2008 年判决的宝来证券案就是一个例子。宝来证券与某企业签订了一份三年期利率互换合约，本金 1 亿台币，每个季度末双方分别按约定的固定利率、浮动利率标准支付利息，净额结算。最初三期的结算中，宝来证券是净付款方，企业有净收益。此后市场利率变得对企业极其不利，至第四期支付日，企业需要向宝来证券支付的净利息将超出其前三期净收益之和。预见到未来的支付义务更重，企业方要求解除合约。宝来证券以企业违约为由提前终止了利率互换合约，并要求企业支付合约尚余部分（共八期）的利息净额。企业拒绝接受并诉诸法院。法院认为："上诉人（即宝来证券）主张仍可请求未届至之各期净额，与上开总契约（即 ISDA 主协议）条款之内容不符，将使契约形式上虽终止，但无退场机制，仍要求系争商品之投资人之被上诉人赔偿未到期部分之各期净额，将使解约或终止契约之约定形同具文而无意义。"法官最终判决宝来证券"不得

---

① 例如，美国证券交易委员会在 2008 年金融海啸后针对多家金融机构滥用复杂结构性衍生品定价权的行为提起了行政诉讼，www. sec. gov/spotlight/enf-action-fc. shtml，2011 年 11 月 10 日访问。

于系争契约效力终止消灭后，仍请求第五期以后尚未届至之各期净额给付"。①

台湾宝来证券案在全球场外衍生交易市场引发了很大震动，因为这是 ISDA 主协议问世以来第一次在合约提前终止规则上遭遇法律挑战。② 当然，该案中金融机构一方在合同缔结过程中对于衍生合约提前终止的法律后果存在误导性陈述，这也是法官判决其丧失合约下潜在收益的一个主要理由。不过，判决行文中显现的大陆法系法官以传统民商法思维看待衍生交易的方式更为人们关注。大多数衍生品合约的结局都是提前终止而非最终实际履行，若不认可 ISDA 主协议的提前终止规则，场外衍生交易的法律秩序恐将陷入一片混乱，衍生工具的风险管理功能也将难以实现。

3. 净额结算机制争议

净额结算履行方式与传统民商法的冲突主要体现在破产法领域。当一方当事人破产时，衍生品合同提前终止，尚未履行的权利义务按终止日市价确定盈亏并进行净额结算，其效果是令衍生品合约当事人从破产债务人处获得了优先、全额清偿，这与破产法传统上奉行的保护破产债务人财产的完整性、公平对待债权人等原则之间发生冲突。以《中华人民共和国企业破产法》（以下简称《破产法》）为例，净额结算机制主要与三方面条款发生冲突：一是《破产法》第18条下破产管理人对待履行合同的选择权，可能挫败净额结算规则的适用；二是《破产法》第31条、第32条涉及的优惠性清偿或欺诈性转移，可能禁止终止净额结算下的款项相互冲抵；三是《破产法》第40条中关于抵销例外的规则，可能导致非破产当事人因破产事件而取得的债权被排除在净额结算（抵销）范围之外。

严格来说，净额结算机制与破产法之间的冲突并非衍生交易的特

---

① 2008 年台上字第 2543 号。

② Jing Gu, *Turbulence in Taipei*, in Asia Risk, October 2009, 72 – 73.

有问题，而是所有金融交易的共性问题，因为净额结算是金融市场化
交易普遍采用的履行方式。鉴于净额结算的意义已经得到一致公认，
因此，化解冲突的方式无非是立法明确承认净额结算在破产程序中的
优先地位。实践中，美国通过对破产法、联邦储蓄保险法等法律的多
次修订，将各种金融合同的净额结算机制逐步纳入特别保护名单；[1]
英国颁布了专门立法——现代净额结算法案，赋予净额结算机制在破
产程序中的优先地位；欧盟则通过《交收终局性指令》、《金融担保品
指令》、《破产清算规章》等一系列指令文件来明确净额结算的法律效
力。[2] 在我国，2005 年修订后的证券法事实上已经对证券市场交易中
净额结算的优先地位给予了某种程度的确认。[3] 从这个意义上看，衍
生交易不过是下一个需要立法给予认可的金融交易领域而已。

　　总体而言，本部分所讨论的围绕场外衍生交易的主要争议，直接
针对的是 ISDA 主协议文本，但并不表明 ISDA 主协议的制度安排存在
根本瑕疵，从而无法与现行民商法体系相容。事实上，这些制度安排
大多已经在现行的场内衍生交易规则中得到了立法、司法和学理上的
认可。其中的某些制度设计，如净额结算、担保权人对担保品的处分
权等，不仅对于衍生交易，而且对于其他类型的金融交易都有普遍的
适用意义。可以说，冲突的根源主要在于建立在实体经济活动基础上
的传统民商法尚未顾及衍生交易市场特别是场外衍生交易市场的发
展，缺乏对衍生品合约这一"当前订约、未来履行"的新类型合同的

---

① 参见冯果、洪治纲《论美国破产法之金融合约安全港规则》，《当代法学》2009 年第3 期。

② 以立法方式统一解决冲突的另一个原因是，金融合约当事人与破产债权人之间的利益权
衡蕴含着一国对金融衍生交易的定位以及对金融市场安全性的政策导向，必须通过立法
程序来协调。这里不仅涉及是否承认净额结算机制的问题，还包括许多技术性问题，如
哪些金融合同可以参加净额结算，仅衍生品合约还是全部金融合同？哪些主体可以包括
在内，仅金融机构还是包括各种企业？可以享受优先地位的净额结算范围越大，对破产
法基本原则的冲击也越大。

③ 参见证券法第 167 条："证券登记结算机构为证券交易提供净额结算服务时，应当要求结
算参与人按照货银对付的原则，足额交付证券和资金，并提供交收担保。在交收完成之
前，任何人不得动用用于交收的证券、资金和担保物。"

特别关注。化解冲突之道不外乎两条：要么修改原有的民商事立法，容纳衍生品合约，要么针对场外衍生交易进行专门立法，承认其特殊的规则，如同针对场内衍生交易的期货立法一样。当然，鉴于衍生交易规则天然地"亲近"金融机构而"疏远"企业、个人等最终用户，如何平衡不同主体之间的利益也是金融监管者无法回避的问题。

五　构筑金融衍生交易法律问题的分析框架

在以衍生工具的合同属性为主线梳理了衍生交易规则与传统民商法的主要争议之后，司法实践中纷乱无头绪的衍生交易纠纷也变得脉络清晰起来，乍看上去错综复杂的衍生交易法律问题也可以分门别类地加以归纳整合。

1. 衍生交易法律问题的类型化

金融衍生交易是受管制的商事交易，因此，相关法律问题可分为两大类：构成交易基础的民商法问题以及监管层面的法律问题。

在民商法方面，前文着重分析了衍生工具的合同属性所引发的两个层面的争议：一是直接源于衍生工具之合约特征的争议，如对赌合同争议、合同定价是否公平、合同是否无效或者可撤销，等等；二是针对衍生品合约履行环节的争议，具体表现为对以 ISDA 合约文本为代表的、以防范履约风险为目的一整套场外衍生交易规则的异议。在司法实践中，这两个层面的问题通常与确定衍生交易的损失原因相关。例如，中信泰富衍生交易的损失主要源于其合约特有的权利义务安排（获利有限、损失无限）。相反，在海升－大摩案中，海升遭遇的现金流危机既有第一个层面的因素（外汇掉期合约的正常价格波动风险），也有第二个层面的因素（海升对衍生交易担保规则的陌生）。受到损失的一方通常力图借助挑战衍生品合约的合法性、有效性或者衍生交易规则的合法性、合理性而摆脱独自承担损失的结果。

　　除此之外，典型的衍生交易纠纷还涉及第三个层面的法律问题，即针对衍生品合约订立过程的争议，它往往决定了前两个层面的因素引发的衍生交易损失最终由哪一方当事人承担。例如，衍生品合同的缔约过程是否符合平等、自愿、协商、诚实信用等民商法原则，当事人（尤其是掌握信息优势的金融机构）是否充分披露了相关信息，是否存在欺诈、误导等。其中，参与衍生交易的当事人之间法律关系的性质是核心问题。金融机构与客户之间仅仅是合同对手方关系还是存在着金融机构对客户的信义义务，对这一问题的回答经常决定了案件最终的责任分配结果。① 可以说，围绕着衍生品合约缔约过程中信息披露充分性、适当性的争议是所有衍生交易纠纷都必然存在的环节，同时也是诉讼双方争执最甚的领域。

　　需要指出的是，在上述第三个层面，除民商法外，金融监管法也开始扮演积极的角色。这是因为，在金融机构与客户之间的衍生交易中，双方的缔约过程实际上也是衍生工具这种金融产品的销售过程，金融机构是卖方，客户是买方。鉴于衍生工具的复杂性以及金融机构与客户之间在衍生交易中呈现出的信息不对称，一国的金融监管者从保护客户或大众投资者的立场出发，通常会采取一些监管措施。例如，对衍生交易设置市场准入条件，要求参与交易的非金融机构当事人必须是机构投资者或者合格投资者，或者对金融机构在销售衍生产品时的信息披露义务提出更高的要求，甚至要求金融机构判断相关交易对客户是否具有"适当性"，等等。② 实践中，不同国家的金融监管理念

① 在英美国家的司法实践中，对衍生交易下的金融机构与客户之间是否存在"信义义务"存在很大争议。美国法下的讨论，参见 Richard A. Rosen & Kristine M. Zaleskas, "The Scope and Nature of Common Law Duties of Financial Institutions to Customers and Counter - Parties: A Brief Survey of the Leading Cases", *The Futures and Derivatives Law Report*, Vol. 21, No. 8, November 2001。英国法下的讨论，参见 Alastair Hudson, *The Uses and Abuses of Derivatives*, Paper Presented at the Cambridge Symposium on Economic Crime for a Session Titled "Internal Controlsfor End-Users and Sellers", 1998。

② 参见 Daniel G. Schmedlen, Jr., "Broker-Dealer Sales Practice in Derivatives Transaction: A Survey and Evaluation of Suitability Requirements", 52 *Wash & Lee L. Rev.*, 1441。

不同，对投资者的保护程度有异，金融机构在缔约过程中的"说明义务"范围差别较大。

当然，对衍生交易的监管不限于金融机构信息披露义务的范畴。衍生品合约的对赌性质、内在的履约风险、金融机构与客户之间的利益冲突等，都要求对衍生交易进行有效的监管。事实上，衍生交易的监管模式与制度设计是当前争议更大的领域。2008 年金融海啸之后，各国金融监管者都在反思本国对衍生交易的监管模式，包括监管理念、监管思路、监管机构与手段的配合等等。众多国际组织也在探讨全球金融衍生交易的监管格局蓝图。在不同的监管理念下，金融衍生交易的监管覆盖范围可以很广，从衍生交易的合约类型到交易模式、市场结构、主体资格等，无所不包。[1]

此外，实践中还有一些与衍生交易相关、但严格说来并非衍生交易本身的法律纠纷。例如，基于公司衍生交易重大损失可归因于公司内部控制失效，股东起诉高管违反了对公司的信义义务。这些纠纷更多地应当属于公司治理纠纷，衍生交易只是一个引子。再如，衍生工具由于借助合同灵活地安排当事人之间的法律关系，因此经常被当事人用于逃避监管的目的，称为监管套利。如为避免证券立法对要约收购的管制，收购方不直接购入股票，而是与控制股东签订股票互换合约，实际取得股东权益；[2] 或者为规避一国对境外投资者取得股息收入课征的预提所得税，境外投资者不直接购买上市公司的股票，而是通过与现有股东签订股票互换协议而事实上取得股息所得。[3] 如果相

---

[1]　顾功耘主编《金融衍生工具的法律规制》，北京大学出版社，2007，第 66 页。

[2]　代表性的案例参见 CSX Corp. v. The Children's Investment Fund Management （UK） LLP, *et al.*, 562F. Supp. 2d 511 （S. D. N. Y. 2008）。代表性的学术研究参见 Henry Hu & Bernard Black, "The New Vote Buying: Empty Votingand Hidden （Morphable） Ownership", 79S. *Cal. L. Rev.*, 811 （2006）。

[3]　有关衍生品用于税收征管套利在美国引发的重新定性及相关诉讼，参见 John D. Finnerty and Kishlaya Pathak, "A Review of Recent Derivatives Litigation", 16 *Fordham J. Corp. & Fin. L.* 73, 99 - 102。

关领域的监管者对衍生交易进行重新定性,挫败当事人的交易目的,就可能引发相应的纠纷。从法理上看,这些纠纷应分别属于公司法、证券法、税法的范畴,当然,理解衍生工具的功能与交易机理有助于妥善解决上述部门法领域的问题。

2. 金融衍生交易法律问题的分析框架

基于上述对衍生交易法律问题的分类与分层,本文尝试提出一个完整的分析衍生交易法律问题的框架。金融衍生交易的法律问题可以分为衍生交易自身的法律问题以及外围法律问题。其中,衍生交易自身的法律问题是指围绕着衍生工具作为一种风险管理工具而派生出的一整套法律问题,它呈现如图2所示的结构,以衍生品合约为基础,逐步展开为合约履行、缔约过程、监管等不同层次,共同组成了一个有关衍生工具(合约)、衍生交易以及衍生交易监管的规则体系。衍生交易的外围法律问题则泛指因衍生工具的多方面应用而引发的其他部门法下的问题,如前述的衍生交易与公司内部控制与治理问题,衍生交易用于监管套利所引发的证券监管、税收征管、外汇管制、进出口管制等领域的冲突,等等。

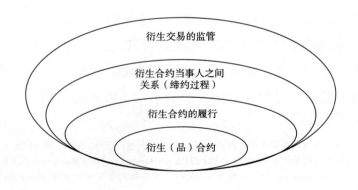

图2 金融衍生交易法律问题的层次结构

采用图 2 所示的结构来描述金融衍生交易法律问题及规则的体系，主要是因为衍生工具的合同属性（即衍生品合约）是从法律角度理解全部问题的出发点和关键所在。从衍生工具的合同特征到该类合约的履行风险、缔约过程、监管的逐步扩展，一方面呈现了衍生交易纠纷在司法实践中渐次展开的逻辑轨迹，另一方面也体现了衍生交易在现实世界中的制度形成、发生、发展的自然演进过程。不同层次上的问题既各自独立，又彼此有相关性，每一个内层（或下层）都可以引申出对外层（或上层）的制度需求，而每一个外层（上层）的制度安排则覆盖、包容了内层（下层）的全部问题。例如，履约风险源于衍生工具独特的合同属性；缔约环节的信息披露则覆盖从合同特征到履约风险防范机制的各个方面。至于最外层（上层）的监管规则，更是投射到衍生交易的全部层次和不同维度。

这样一个结构也表达了我们对衍生交易的民商法与监管法之间对立统一关系的理解。衍生交易作为受到监管的商事交易，交易是基础，由当事人在市场中自主进行，以民商法为依托；监管必须建立在对交易的了解、理解之上。同时，衍生工具的交易与监管又并非截然分开。监管以国家强制力为依托，可以穿透衍生交易的全部层次；离监管越近的层次，民商法与监管法之间的交融就更加紧密。例如，在下数第一个层次（衍生品合约）上，监管可能对特定衍生工具采取限制或禁止的立场，从而影响相关衍生工具（合约）的存续，如前文提到的欧盟对无担保 CDS 的禁令。在第二个层次上，衍生品合约的履约风险控制机制虽然主要体现为民商法规则，但在场内衍生交易中也掺入了监管因素。诸如期货交易中的涨跌幅限制、持仓限制等规则，都属于从监管角度控制履约风险额外增加的措施。在第三个层次（衍生交易的缔约过程）上，我们更是可以清晰地发现合同法、信托法、监管法的交织作用。

3. 分析框架的意义与局限

这样一个金融衍生交易的分析框架，借助于对复杂问题的分解，能够给我国的司法实践提供比较清晰的理论指引。同时，它也有助于澄清、消除当前有关衍生交易监管实践以及学理研究中的一些误区。不论是场内交易与场外交易之间的规则衔接，还是监管规则与民商法基础之间的协调，抑或是国内立法对域外立法或者国际金融市场惯例的吸收、借鉴，当我们厘清了衍生交易的基本法律逻辑后，起初认为不可逾越的一些障碍不复存在，对剩下的"真问题"也能够更加有针对性地作出回应。

当然，一个分析框架仅仅是提供分析问题的基本进路，并未而且也不可能对所有问题提供答案。前文的讨论显示，在衍生交易法律问题的每一个层次上，都存在一些尚未解决的重大争议，需要进一步深入研究。它们包括但不限于：（1）衍生品合约中权利义务设计的公平性；（2）衍生品合约履约风险防范机制隐含的向金融机构的利益倾斜；（3）衍生交易下金融机构与客户之间的关系，特别是法律上是否应当对金融机构科加信义义务或受托义务；（4）衍生交易的监管模式、手段、监管边界，等等。从某种意义上说，上述争议恐怕也都不是单纯的法学研究所能解决的。它是一个永恒的实践命题。这里既有快速发展的金融市场交易与法律制度之间的落差，也反映了金融机构与投资者、金融业与社会公众之间内在的利益冲突。金融与计量技术的进步、监管的改进、学术研究的深入都有助于逐步减轻但不可能彻底消除法律与市场的落差以及主体间的利益冲突。

（本文原载于《法学研究》2012 年第 1 期）

信用卡套现责任体系之完善

郭　雳[*]

随着信用卡的普及，各种利用其牟取非法利益的活动也纷纷涌现。其中，信用卡套现更由于现象普遍、手法多样、性质模糊而备受争议。信用卡套现是指持卡人违反与发卡机构的约定，将信用卡中的透支额度通过销售点终端机具（POS 机）或者其他途径，全部或部分地直接转换成现金的行为。目前比较常见的套现模式主要有持卡人与特约商户（POS 机主）相勾结，通过虚假交易套取现金；通过电子商务网站等支付平台，虚假消费套取现金；通过刷卡购买航空机票等，然后退票套取现金；通过电信服务商提供的银行卡与手机号绑定充值业务，充值后销卡退款套取现金等，其中又以持卡人与特约商户、中介机构勾结，通过虚假交易进行套现——"勾结型"套现最为典型。[①]尽管信用卡套现在我国的滋生具有深刻而复杂的制度因素和现实根源，但我们仍有必要构建完整的预防和惩治体系以及合理配置和运用法律责任。

---

[*]　郭雳，北京大学法学院教授、博士生导师。

① "勾结型"套现违反国家规定及与收单机构的约定，使用 POS 机等方法，以虚构交易、虚开价格、现金退货等方式，变相将信用卡授信额度转化为现金交与持卡人。其具体又呈现出四种形态。（1）持卡人在熟识商户的 POS 机上刷卡套现。这种套现是由个人与特定的商户协商完成的，涉及的资金额不大，使用持卡人本人的信用卡，一般到期后可及时偿还。（2）企业团体套现。某些企业因经营需要流动资金，但无法通过正常信贷渠道办理贷款，就以为员工办信用卡的名义套现。（3）中介机构勾结商户内部人员通过退货套现。由于大型商场的资金流量很大、周转很快，所以银行较难监控。（4）中介机构自己设置 POS 机专业套现。这些中介套现公司没有正常业务，专司代持卡人套现，收取交易金额的 1%～3% 作为手续费，涉及金额往往较大。

一 信用卡套现行为难掩其违法性

关于信用卡套现行为的定性问题，一直以来都有观点认为信用卡套现属于巧妙的理财行为，并不违法。其源于目前信用卡直接取现成本高且限制多：一是总额限制，一般限定为授信额度的 30% ~ 60%；二是单日金额限制，每卡每日取现一般累计不得超过 2000 元人民币；三是较高的手续费，往往最低为几十元；四是不能像刷卡消费一样享受免息期。① 笔者认为，这些理由虽然反映了一定现实且有一定的道理，但下面的法律分析却显示出套现活动具有违法性的一面。信用卡套现主要涉及三方之间的法律关系，即持卡人与特约商户、持卡人与发卡行、特约商户与收单行之间的法律关系。这与信用卡正常交易流程在形式上并无差异，但关键在于套现行为中的持卡人与特约商户进行的是虚假交易。

首先，由于持卡人与特约商户之间的买卖合同是虚假的（目的在于套取银行的现金），属于交易双方恶意串通、损害第三人利益的合同。根据我国《合同法》第 52 条的规定，恶意串通，损害国家、集体或第三人利益的合同属于无效合同，无效合同自始无效。而该交易如无效，发卡行可因基础交易的缺失，拒绝向特约商户付款。

其次，经由信用卡使用，持卡人和发卡行之间则先后具有委托合同和贷款合同关系。② 这两种合同关系并非独立，其成立须以持卡人遵循申请信用卡合约为前提。在各银行的信用卡合约中，都或概括或具体地约定持卡人不得有不诚实的用卡行为，例如，在中国工商银行牡丹卡章程中，就明确规定持卡人"不得利用牡丹信用卡进行虚假交易等欺诈活动套取资金、积分、奖品或增值服务"。在信用卡套现中，持卡人与特约商户的虚假交易违反了与发卡行的申请合约，不仅委托

---

① 参见任丽丽《如何防范信用卡"套现"》，《山西财经大学学报》2009 年第 2 期。
② 参见刘燕《消费金融的法律结构分析》，经济日报出版社，2007，第 237 页。

付款法律关系不成立，银行可拒绝向特约商户付款，而且其可根据合约规定对持卡人的违约行为采取相应措施，如冻结信用卡。如果恶意串通行为尚未造成发卡行实际损失的，持卡人应当承担违约责任；而当套现行为损害了发卡行的实际权益，持卡人还可能进一步承担侵权责任。

最后，发卡行是通过银联和收单行与特约商户建立联系的。在这一链条中，收单行负担对特约商户的审核监督义务。发卡行与特约商户之间建立法律关系的基础是受理协议，该协议一般规定特约商户受理信用卡的义务和发卡行对商户的保证付款义务。在信用卡套现中，特约商户与持卡人恶意串通欺诈发卡行的行为显然违背了与发卡行的约定。根据民法对先履行抗辩权的规定，特约商户未按约定履行其先履行义务，发卡行有权不履行保证付款义务，并且可对持卡人的违约行为采取适当措施，如取消其 POS 机。同时，如果套现行为造成了发卡行的实际损失，特约商户还可能承担连带或补充责任。

当然，信用卡套现的违法性并不限于民事法律关系。一方面，民事责任无法给予银行充分的保护，也不能对套现者施加足够的威慑。由于套现行为往往比较隐蔽，等到发现时已积累了大量欠款无法偿还，中止履行等合同法事中救济一般只能停留在理论层面，即便是违约或侵权的损害赔偿判决也每每因为被告没有财产而无法执行。另一方面，信用卡套现还同时触犯了其他社会利益，其中最突出的是违反了我国现金管理制度的规定，同时放大了银行的信贷风险。[1] 由于银行具有外部性和系统风险特征，其公共属性获得了不同程度的认同。基于对自身利益的考虑，其自然有动力超越民事法律关系，去寻求行政和刑事领域的进一步保障。

需要指出的是，我国设置现金管理制度的目的已经和正在经历着

---

[1]　参见赵永林《信用卡安全机制与法律问题的理论与实践》，法律出版社，2009，第81页。

转变。该制度起源于 1950 年中央人民政府《关于统一国家财政经济工作的决定》，目前主要的法律依据则是 1988 年 9 月 8 日国务院颁布的《现金管理暂行条例》及其实施细则。长期以来，管控的初衷是把现金当作调节货币供给的主要手段，试图通过现金的投放回笼来调节流通中的货币供给量，达到货币政策的最终目的。但后续研究表明，与物价涨幅密切相关的是广义货币供给量 M2，现金投放的增量与通货膨胀并无必然的联系。[①] 于是，我国现金管理的主要目的也逐渐转移到保障资金安全，鼓励转账结算，防止利用现金进行违法犯罪活动（如赌博、洗钱）上，即现金管理制度的功能已从宏观层面向微观层面转移。但无论就哪个层面而言，信用卡套现显然都与之相背离。

信用卡套现对银行利益的危害主要在于扩大了银行的信贷风险。我国现有的信用卡基本上属于一种无担保的借贷工具，实践中又没有个人破产制度和完善的征信体系，即便确认持卡人无法偿付信用卡透支额度，发卡机构也很难对其采取有效的应对措施。而从持卡人的心理分析，相比刷卡消费，现金的诱惑更大，这进一步驱使持卡人不计后果进行套现，最后导致无法还款的风险增大，如此往复形成恶性循环，更不要说团伙恶意套现了。同时，信用卡套现也减少了银行潜在的收入。信用卡套现意味着持卡人无偿使用了银行的信贷资金。乍一看，这种行为似乎并无不妥，因为持卡人无论消费还是套现，在一定期限内都是免息的，而且信用卡套现至少能使银行收取特约商户的交易手续费（扣率）。但事实上，其对银行的危害是间接而深远的。因为套现行为减少了潜在的银行贷款和 ATM 取现，而信贷是银行收入的主要来源，ATM 取现也是信用卡业务的收入来源之一。不适格的持卡人、膨胀的借贷需求、溢出的业务收益，长此以往银行系统的安全必然面临威胁。

---

① 参见高勇《对我国现金管理制度的思考》，《云南金融》1999 年第 4 期。

二　信用卡风险防范的法律规范体系渐趋充实

近年来，相关主管部门针对信用卡风险防范相继颁布了多项规范，相关内容直指信用卡套现。例如，2006 年中国人民银行、银监会《关于防范信用卡风险有关问题的通知》，2007 年银监会办公厅《关于银行卡发卡业务风险管理的通知》，2008 年银监会办公厅《关于信用卡套现活跃风险提示的通知》，2009 年中国人民银行、银监会、公安部、国家工商总局《关于加强银行卡安全管理、预防和打击银行卡犯罪的通知》，2009 年银监会《关于进一步规范信用卡业务的通知》等。据悉，国务院法制办正在制定的《市场违法行为处罚办法》、《现金管理条例》等也已将打击信用卡非法套现及不法中介行为的内容列入，欲提升其规范层次。①

2009 年 12 月 15 日，最高人民法院、最高人民检察院联合发布了《关于办理妨害信用卡管理刑事案件具体应用法律若干问题的解释》（以下简称《司法解释》），明确将信用卡非法套现行为纳入刑事打击的范围，从而改变了以往针对信用卡非法套现行为主体只能采取收回 POS 机具、取消或降低持卡人授信额度等软性处罚的局面，结束了信用卡套现"违法不犯罪"的时代。2010 年 1 月 11 日，深圳市福田区人民检察院对外通报，三名被告利用 POS 机非法套现，因非法经营罪被判入狱 3 年 6 个月至 1 年不等，并处人民币 10 万元至 1 万元不等的罚金，成为首例依据"两高"《司法解释》获刑的案件。②《司法解释》第 7 条规定："违反国家规定，使用销售点终端机具（POS 机）等方法，以虚构交易、虚开价格、现金退货等方式向信用卡持卡人直接支付现金，情节严重的，应当依据刑法第二百二十五条的规定，以

---

①　参见《银联：打击信用卡违规套现，推动产业有序发展》，http：//finance. sina. com. cn/money/bank/bank - hydt/20090508/10546200248. shtml，2010 年 2 月 10 日访问。

②　参见《深圳首例 POS 机非法套现案宣判 3 人获刑》，《法制日报》2010 年 1 月 12 日。

非法经营罪定罪处罚。实施前款行为，数额在 100 万元以上的，或者造成金融机构资金 20 万元以上逾期未还的，或者造成金融机构经济损失 10 万元以上的，应当认定为刑法第二百二十五条规定的'情节严重'；数额在 500 万元以上的，或者造成金融机构资金 100 万元以上逾期未还的，或者造成金融机构经济损失 50 万元以上的，应当认定为刑法第二百二十五条规定的'情节特别严重'。持卡人以非法占有为目的，采用上述方式恶意透支，应当追究刑事责任的，依照刑法第一百九十六条的规定，以信用卡诈骗罪定罪处罚。"

简言之，《司法解释》对信用卡非法套现的规制中，并没有单独开设新的罪名或增加新的条款，而是通过对刑法的扩张解释对持卡人与协助方分别适用了原有的不同罪名：以非法占有为目的的持卡人适用恶意透支型信用卡诈骗罪，协助方适用非法经营罪。对于所谓"恶意透支"，该《司法解释》第 6 条作了界定，"持卡人以非法占有为目的，超过规定限额或者规定期限透支，并且经发卡银行两次催收后超过 3 个月仍不归还的，应当认定为刑法第一百九十六条规定的恶意透支"。而对于何为"以非法占有为目的"，其也进一步列举了六种情况：一是明知没有还款能力而大量透支，无法归还的；二是肆意挥霍透支的资金，无法归还的；三是透支后逃匿、改变联系方式，逃避银行催收的；四是抽逃、转移资金，隐匿财产，逃避还款的；五是使用透支的资金进行违法犯罪活动的；六是其他非法占有资金，拒不归还的行为。

笔者认为，《司法解释》对信用卡套现特征的概括具有较强的包容性，其入罪条件和具体数额标准，有利于实务操作中的可执行性。但是刑罚应是国家为达其保护法益与维护法秩序之任务的最后手段，能够不使用刑罚，而以其他手段亦能达到维护社会共同生活秩序及保护社会与个人之目的的，则务必放弃刑罚的手段。[①] 从此角度出发，

---

① 参见张明楷《刑法学》，法律出版社，1997，第 18 页。

在整治信用卡非法套现的过程中，不能一味地将重心放在刑事制裁上，而应科学有效地进行预防和控制，强调综合治理而非简单地动用刑罚手段，只有这样才能从根本上遏制信用卡套现趋势的蔓延。

除此之外，《司法解释》中还存在以下两个方面的问题。其一，对于明显是在利用这项规定，反复大额实施套现却又选择在被催告后、最后期限到来前还款的，虽无法认定为"恶意透支"而适用刑罚，也应补充相应的、较严厉的行政处罚和民事责任。这种行为恶意明显，本具有独立的可罚性，并有"玩弄"法律之嫌。不对其有所处理，目前的解释框架难免会面临"纯粹以结果（无法归还）归罪"的诘难。还须注意的是，刑罚适用中的数额标准应当是一个累计的数额，而非单次套现的数额，这样才能避免持卡人单次套现数额低于标准而逃避法律制裁的情况发生。其二，对于团体套现，特别是公司为满足自身的资金需求，通过为员工办理信用卡实施套现，或者通过本公司的 POS 机直接刷卡进行循环套现的，力求勿枉勿纵。此时，所谓"协助方（公司）"实际上居于绝对主导，持卡人则处于附属地位。如果仅因持卡人与协助方在形式上的不重合，而对后者只简单地以非法经营罪论处，则容易出现机械适用法律、放纵罪魁祸首的局面。在这种情况下，对于公司及其主要责任人，应依照非法经营罪从重，或者考虑作为信用卡诈骗罪的共犯（主犯）处理。

三 预防和惩治体系的构建与法律责任的合理配置

在相当程度上，信用卡套现也无法完全归咎于这些违法实施者，其更多折射出的是许多基础制度和发展路径上的缺失。例如，中小企业和个体经营户融资渠道不畅，正常资金需求难以得到满足；信用征信制度仍处于由局部试点过渡到全国性普及的阶段，《个人征信管理条例》于 2009 年 10 月向社会公开征求意见但尚未正式颁布，民众对个人信用的认识淡薄。就银行而言，申请信用卡门槛较低，审核不严，

"跑马圈地"扩大规模，发卡"外包"模式禁而难止；信用卡受理市场建设滞后，设置 POS 机具环节进退失据；"重发卡、轻管理"，对信用卡使用过程监管不到位。当套现累积的风险无法通过民事法律关系的途径消化，整体制度框架的补建难以一蹴而就，而银行又缺乏改进自身业务操作的足够动力时，监管者只能有些被动地走向前台，实施干预。

截至目前我国对信用卡套现的处理仍比较简单：主要是由银行监测，发现有信用卡套现嫌疑的，可冻结持卡人的信用卡、取消特约商户的 POS 机，由此而引起的纠纷依信用卡合同纠纷解决。信用卡套现只是作为信用卡纠纷中的一个考虑因素，银行较少对其单独提起民事诉讼。如果信用卡套现导致无法还款，银行追债无果，一般以"恶意透支"为由进行刑事诉讼，按信用卡诈骗罪定罪量刑。《司法解释》明确了刑事追诉的标准，客观上强化了上述路径。一方面，这是为信用卡套现甚为猖獗的形势所迫；另一方面也反映了目前仍以国有控股为主的银行业在争取政策资源上的强势地位。然而，单纯依靠"以刑问罪"并不能从根本上化解矛盾，甚至会产生积聚风险、错失提前介入时机的反效果。因此，我们还有必要继续探索一套完整的责任体系，解决目前"民事责任少依据、行政责任欠协同、刑事责任有缺憾"的问题。笔者在前文中已结合《司法解释》对刑事责任进行了分析，以下着重对民事责任和行政责任方面的改进展开探讨。

1. 民事责任方面

完善合同条款。特别是对于无明显恶意的偶发套现者，应主要运用民事手段处理，可以在信用卡章程或申请合约中约定，对违约行为应承担的责任以及银行可采取的措施。目前相关文件中大多未明确约定此类违约责任，特别是停卡之外的赔偿责任。对于屡次套现但又达不到《司法解释》刑事追诉标准的，合约中应规定较重的民事责任，以体现差异化和威慑力。同样需要加强的是收单银行与特约商户之间的合同联系。《关于加强银行卡安全管理、预防和打击银行卡犯罪的通知》中提到，收单机构应与商户签订书面协议，明确各方的权利、义务和责任，这也是它们之间日后追究民事责任的基础。在此过程中，银行（发卡行、收单行）应结合实践，合理设计合约条文和责任范围，避免因作为格式条款的提供者而使上述规定效力受损，徒劳无功。①

此外，实践中当发卡行监测到套现行为时，采取的措施通常是冻结信用卡，即银行单方解除合同关系。但银行冻结信用卡后可能未及时地通知持卡人，实践中曾经为此发生过诉讼。依据我国民法，一方违约后，相对方应当要求其恢复履行，否则相对方有权解除合同。银行在冻结信用卡之前，应当履行对持卡人的警告义务。如果持卡人仍不悔改，发卡行方可冻结信用卡，并且履行通知义务。

2. 行政责任方面

着力管束特约商户、收单机构。特约商户、收单机构是信用卡套现不可缺少的环节，但以往却因其超出了银行部门监管的范围而较少受到管束。2009 年，四部委联合发布的《关于加强银行卡安全管理、预防和打击银行卡犯罪的通知》注意到了这个漏洞，提出要深刻认识加强银行卡安全管理、防范和打击银行卡违法犯罪的重要性和紧迫性，充分发挥人民银行、银监会、公安机关、工商行政管理部门各自的职能作用和部门间的协同作用，共同采取有效措施，从源头上防范、治理银行卡违法犯罪行为，建立健全银行卡违法犯罪的联合防控机制。

工商行政管理部门是绝大多数特约商户的行政监管部门。《关于加强银行卡安全管理、预防和打击银行卡犯罪的通知》要求其强化对信用卡相关广告的规范管理，提示广告发布者加强对信用卡相关广告的审查，广告中不得含有"信用卡提现""信用卡贷款""POS 消费提现""刷卡取现""办卡刷卡一条龙服务""代还信用卡透支款"等内

---

① 我国《合同法》第 39 条至第 41 条规定了格式条款的公平原则、合理提示义务以及依"不利于提供格式条款一方"进行解释等要求。

容，依法查处发现的违法广告。同时，要依法打击不法中介，不得为企业经营范围核定信用卡咨询、金融咨询、资金借贷等业务，防止咨询类中介企业以金融咨询的名义非法从事信用卡贷款业务，并配合人民银行、公安部的清查工作。

收单机构实际上扮演着特约商户一线监督者的角色。《关于加强银行卡安全管理、预防和打击银行卡犯罪的通知》中强调以下几点。第一，发展特约商户要建立严格的实名审核和现场调查制度，充分利用联网信息、信用核查系统进行核实。第二，建立健全对特约商户的现场检查和非现场监控制度。严格对消费撤销、退货、消费调整等高风险业务的交易授权管理。第三，发现商户涉嫌违规受理银行卡的行为时，收单机构要及时调查核实，并予以纠正。对有疑似套现行为的，收单机构可暂停其银行卡交易。对确有套现违法行为的商户，收单机构应立即终止其银行卡交易，并向公安机关报案，将有关情况报告中国人民银行，报送中国人民银行征信系统和银联银行卡风险信息共享系统。这些措施不仅明确了特约商户、收单机构应尽的义务，而且加重了其违规成本，从而使它们更有可能自觉地成为信用卡套现的监督员，而非串通者。《关于加强银行卡安全管理、预防和打击银行卡犯罪的通知》虽然初步显示了多部门携手干预的趋势，但要真正形成有效的监管合力，尚需机制、人员、财务等方面的大量协调。

四　技术支持的加强与利益链条的拆解

根据中国人民银行发布的《2009 年第四季度支付体系运行总体情况》，截至 2009 年年底，全国累计发行银行卡 20.66 亿张，其中信用卡发卡量为 1.86 亿张，中国的信用卡事业确实取得了长足的进步。但也必须坦言，银行一方面对于信用卡使用过程疏于监控，客观上促成套现频发，另一方面，当风险凸显、损失浮现后，又冀望于监管部门、司法机关一味地通过加大行政或刑事打击力度来解决问题，这样做显然只能事倍功半，并且造成激励和约束的进一步扭曲。因为任何外部调整力量的干预都有其边界和局限，并且不无成本，过犹不及，所以对于信用卡套现风险的识别和消化，银行自身必须首先负起责任。

首先，应加强科技投入，借助现代信息技术实现识别和预警。信用卡套现行为虽然常常比较隐蔽，但也必然会呈现出一些行为轨迹特征，这就为运用信息挖掘和整理技术提供了基础。从持卡人的交易记录来看，其往往呈现以下特征。（1）支付数额较大或者经常"分单交易"。（2）上述操作后，总额非常接近持卡人信用卡的信用额度，而这在一般刷卡消费中很少出现。（3）账单日后几天刷卡，记账日前几天还款，周期性明显。（4）短时间内持卡人的某张借记卡内有接近且略低于信用额度的金额入账。（5）刷卡套现地点相对固定。①

从特约商户和收单情况来看，前者往往呈现出"四低"的特点：一是刷卡扣率低，多为1%以下或采用固定费率的批发类商户；二是注册资本低，新《公司法》实施后，这种注册资本几万元的民营贸易、咨询公司更加普遍，有些甚至是个体工商户；三是经营成本低，营业场所偏僻、员工少、采取定额纳税；四是知名度低，网络上难以检索到其经营信息。但在收单方面，却呈现出"四高"的特点：一是刷卡总金额高；二是平均单笔金额也较高，两者与其经营情况明显不符；三是全部刷卡记录中，信用卡比例畸高，借记卡使用则较少，与两者的正常分布反差极大（目前借记卡在我国仍是主流，在 POS 机交易金额中约占 7 成）；四是刷卡群体关联度高，工作单位或户籍同一或接近。② 通过对以上特征的梳理，有助于银行建立模型，从海量多维数据中发现异常值，从而提前加以警示。

其次，解析利益驱动，多部门携手重塑监管格局。笔者在调研中发现，套现、代偿等所催生的信用卡市场"虚假"繁荣，这实际上也

---

① 参见周洋《数据挖掘技术在检测信用卡套现上的应用》，《企业导报》2009 年第 5 期。
② 参见熊欣《信用卡套现的审计方法探析》，《审计月刊》2009 年第 8 期。

符合诸多相关主体至少是眼前的利益，另外，银行体系内部的机制设计也未尽合理。近年来，设备经销商或租赁商不遗余力地推广设置POS机具，看中的是每单刷卡约2元的收益，为此甚至不惜与特约商户合谋，通过修改机具代码等方式违规将其设定为公益、中介类等低扣率乃至使馆等零扣率主体。收单银行对此采取默许态度则是因为其希望获得与收单相伴随的往来业务，从而占用结算沉淀存款，即便其意识到存在套现嫌疑亦不愿深究。可见，银行体系内部收单行和发卡行的利益并不一致。即便是同一家银行，发卡职能往往放在垂直管理的信用卡中心，而收单职能落到各地分支行，其间的利益分歧不难想见。此外，两大环节事实上都普遍存在的"外包"操作，则更加剧了这种冲突。

目前，中外信用卡行业的生态差异很大，国外的盈利源于放贷利差，而国内主要是靠交易流量。套现等行为可实现交易数量上的扩张，确实可以帮助满足各方面的短期利益，使其甘于玩火。而且，后台监控职能基本在总行，分支行对于防控信用卡套现缺乏主动性，有时为冲收单量更会对其听之任之。如何更合理地设计银行之间、部门之间的利益分配和绩效评估，非常关键。只要实现总行与分支行上下联动，数据分析和现场核查交替运用，才能更有效地抑制非法套现。为此，笔者认为有必要落实收单机构的义务：特别加强对低扣率、零扣率商户的审查；建立商户交易数据库和监控系统，设置可疑交易监控和分析指标，根据特约商户的经营状况和规律，建立风险控制模型；建立对特约商户的定期现场检查制度，对新签约商户、出售易变现商品（如珠宝、电器等）的商户以及发生过可疑交易、涉嫌欺诈交易或涉嫌协助持卡人套现等的高风险商户，提高对其进行现场检查的频率。

监管者也须认识到这种自律困境和自查盲点，加强部门之间的协同合作。中国人民银行、银监会要切实履行管理职责，公安司法部门要保持对信用卡犯罪的高压态势，工商行政管理部门则要加强对信用卡特约商户端的规范管理。对乱设商户编码、变相降低费率等违规拓展商户的收单机构或确认为套现商户布设 POS 机具、开展收单业务的收单机构，要规定更加明确和更加严厉的处罚措施。

五　结论与建议

综上所述，笔者提出以下完善信用卡套现责任体系的建议。（1）银行积极完善信用卡服务，重视市场细分，适当降低信用卡取现费用、提高取现额度，① 设计推出能够满足合理现金需求的提现卡、余额转移卡等新产品。（2）银行合理设置发卡手续，严格发卡门槛条件，同时根据申请人的信用状况发行不同等级的信用卡。（3）银行加强信用卡使用过程中的风险监控，加大科技力量的投入和应用，建立信用评价机制、信用动态跟踪机制等，通过对交易信息的技术整理，尽早识别和控制信用卡套现嫌疑客户。（4）对于无明显恶意的偶发套现者，应主要运用民事手段解决。银行有必要梳理、完善与持卡人、特约商户之间的书面协议条款，明确各方的权利、义务和违约责任，并且在发现和处理套现过程中注意履行告知义务。（5）在合理布局、动态考评的基础上继续开发信用卡受理市场，减少信用卡使用障碍和现金需求。严格扣率设定，对特约商户按性质、风险度、诚信记录等实施分类监管。（6）强化银监部门对收单机构、工商行政管理部门对特约商户的行政管理职责，健全对套现高发行业、对象的现场检查和非现场监控，落实和加大行政处罚，使收单机构、特约商户自觉地充当信用卡套现的监督员而非串通者。（7）借助《司法解释》的规定，

---

① 事实上，各银行已开始纷纷降低信用卡取现的手续费、增加取现额度以压缩信用卡套现的市场空间。招商、光大等银行境内取现手续费都已降至交易金额的 1%，建设银行更降至交易金额的 0.5%，交通银行推出的 Y-POWER 信用卡，取现手续费更是降至每笔 5 元，与取现金额不挂钩。在取现额度方面，一般的银行卡仍维持在信用额度的 30%～50%，但广发银行信用卡已把部分卡种的取现额度调整至 100%。交通银行 Y-POWER 信用卡的取现额度也达到 100%，由于该卡的取现手续费为每笔 5 元，比套现的手续费都要低，但比套现要多收每天万分之五的利息。

运用刑事责任来制裁和震慑严重违法套现者，加大公安机关对该行为的侦查和打击力度。对 POS 机管理者所主导的团伙套现，则应考虑施加较为严厉的惩戒。（8）尽快修订《银行卡业务管理办法》或出台《银行卡条例》，并在此基础上制定一部调整从发卡、使用、受理到纠纷解决的信用卡全过程权利义务关系的法律，重点强化对持卡人合法权利的保护。（9）拓宽融资渠道，加强金融创新，发展适合中小企业或个人融资需求的新型信贷形式，在试点摸索的基础上适时逐步放松对小额贷款公司、消费金融公司等的限制。（10）推进我国征信制度的发展，完善中小企业和个人征信系统，强化银联等机构信息与服务中枢的作用，充分利用共享机制实现风险防控。

实践中，信用卡套现防范面临的最大困境常常表现为执行力度不够。套现行为的隐蔽性导致信用卡违法违规套现行为发现难、追究难，各个利益主体能否放弃眼前利益遵守相关规定，其实也考验着政策法律制度安排的合理性。如果在信用卡使用中不能有效地抑制失信，如果卡奴、代偿、套现等负面形象持续被媒体报道，那么和谐社会的建设必将遭受影响。笔者认为，根治我国信用卡套现顽疾，必须有赖于一套激励与约束相容、权利与责任匹配，各部门有效协同，民事、行政、刑事手段并举，互利共赢的整体性解决方案。

（本文原载于《法学》2010 年第 12 期）

市场型间接金融：集合投资计划统合规制论

杨　东[*]

杨　东*

金融是经济的血液，经济发展方式转变的首要核心在于金融发展方式和金融形态的转变。被称为"第三金融"的"市场型间接金融（intermediated market transactions）"是金融市场发展的一个趋势，是连接直接金融市场和间接金融市场的平台，是打通间接金融和直接金融的纽带。笔者认为，应该对我国目前各类活跃的理财产品、私募基金、民间集资等"市场型间接金融"进行统合规制，使其更好活络经济血脉，实现从偏重间接金融到间接金融和直接金融并重的转变，使其更好地服务于经济的发展。

实践证明，以非银行金融中介机构为核心的市场型间接金融则会成为中小企业融资的新兴手段，通过基金、信托公司等金融中介机构的介入，将大量闲散的资金集中并投资给经营能力较好、信誉度较高且有创新能力的民间企业，帮助其扩大生产规模、提高经营利润，这将极大地扩展其融资渠道，从而缓解目前中小企业融资难的困境。

当下我国频发的民间借贷危机即根源于正规间接金融市场和资本市场的缺陷。如何突破现有融资结构的不平衡，改造单纯的间接金融模式，有条不紊地实现从间接金融主导，向间接金融和直接金融等各种金融方式共存的模式转变，是解决民间借贷危机的可行路径。具体

　　杨东，中国人民大学法学院教授、博士生导师。

可以借鉴发达国家的成功经验，引入"市场型间接金融"，实现传统间接金融的"市场化"，逐步加大市场在金融资源配置过程中的作用，提高投资者的专业知识和风险耐受力，打通直接金融市场与间接金融市场，使其相互融合和平衡，构建和谐共存发展的金融市场。

在我国，虽然经济学和金融学界已经开始研究市场型间接金融，但在法学界尚属于学术空白。笔者认为，集合投资计划是对市场型间接金融的法律进路的回应和体现，其本身亦包含各种以合同、合伙、信托等形式组成的各类集资方式，通过导入集合投资计划，不仅可以对目前各类正规金融机构实施的凌乱复杂的理财产品进行统合规制，还可以对游离于国家监管体系之外的各类具有集合投资性质的民间集资进行法律规制，为中小型企业提供多元化融资渠道，并最终促进市场型间接金融的健康发展。

一　市场型间接金融：基本理论与中国困境

（一）　市场型间接金融的基本理论

以金融中介为标志的间接金融的出现具有十分重要的现实意义，西方学界一直试图对其进行论证。Fama（1980）认为银行的产生是为实现财产转移需求与提供投资机会间的范围经济，Santomero（1984）对先前的交易成本效益法进行了重新计算，而与此不同的是，现代金融学理论假设金融市场信息不完全，为金融中介的发展提供了理论基础。[①] 20世纪90年代初Merton等学者提出的功能论开启了金融中介理论的新视角，他们从动态角度重新审视了金融体系的功能，超越了金融中介与资本市场相互替代的传统视角，从二者之间的动态联系中找出它们的互补性及其重要意义。Thakor也认为虽然直接金融与间接金融因性质不同而存在着竞争关系，但不断出现的资本市场技术创新能

---

① 参见 Sudipto Bhattacharya, Arnoud W. A. Boot, and Anjan V. Thakor, *Credit*, *Intermediation*, *and the Macroeconomy—Modelsand Perspectives*, Oxford University Press, Inc., 2004, p. 426。

够为间接金融风险管理提供新的商业机会。[①] Allen and Gale 也认为近几年来由于金融技术的发展，金融创新产品及其新型交易市场不断涌现，金融中介不但没有减少反而增加，强化了间接金融与直接金融的相互融合。[②]

根据金融交易对象的确定与否，金融交易可以分为一对一型（固定型）和一对多型（市场型），固定型是指与特定交易对象之间进行的、相对长期的金融交易；而市场型金融则是指与不特定多数经济主体通过交易所等市场形态进行的金融交易。据此，间接金融又可被细分为固定型间接金融与市场型间接金融。固定型间接金融就是传统意义上的家庭将资金存入金融机构，企业从特定金融机构获得贷款的融资方式，即传统型间接金融。而市场型间接金融是在间接金融既定框架下，引入市场要素并充分利用市场机能优势的一种金融交易模式。[③]

市场型间接金融构想由金融自由化改革相对迟缓的日本最先提出并予以实践，日本为重建金融体系，促进储蓄向投资的转化，发挥金融体系中直接金融和间接金融的融合功能，依靠专业的金融中介实现金融资源的最优配置并构建高效率的信用风险社会分担机制，实施"金融资本主义"的折中道路，即一方面着眼全球竞争，促进资本市场发展，提高资金使用效率；另一方面在以银行为中心的间接金融为主导的大环境下，发掘企业的价值发现功能，构建价值创造型金融，修正美国式的"市场裁定型金融"，避免资金游戏和金融危机。日本政府于 1998 年正式提出了市场型间接金融体系的设想。该设想是继"金融大爆炸"后日本金融体系重建的一个重要环节，对全球后危机

---

① 参见 Anjan V. Thakor，"The Design of Financial Systems: An Overview"，*Journal of Banking and Finance*，No. 20，1996，pp. 917 – 948。

② 参见郑蔚《日本"传统型"向"市场型"间接金融转化的经济分析》，《现代日本经济》2010 年第 4 期。

③ 参见刘红《日本企业融资模式转换的新进展——从相对型间接金融到市场型间接金融》，《时代金融》2012 年第 3 期下旬刊（总第 475 期）；〔日〕池尾和人、财务省财务综合政策研究所《市场型间接金融的经济分析》，日本评论社，2006，第 8～10 页。

时代各国金融体系重建也具有一定的启示作用。①

市场型间接金融概念于 1982 年由日本学者蜡山昌一最早提出②，后经庆应义塾大学池尾和人等教授和实务界人士③的大力推广，近年来受到广泛关注。但是其概念界定亦未统一④，比如堀内昭义、池尾和人认为市场型间接金融是"发生在投资者与投资顾问或基金公司之间的资金转移行为"；大村敬一认为市场型间接金融是"一种充分利用资本市场的间接金融"；村本孜认为市场型间接金融是"间接利用市场机制引进多种资金形式以达到风险分散目的的方法"；⑤鹿野嘉昭则认为市场型间接金融表现为"家庭通过投资信托、养老金和保险等渠道的资产运用，以及企业通过证券化、债权流动化以及协调融资等方式进行的资金筹集"。⑥

实现从传统型间接金融向市场型间接金融转变的关键在于将单一投资方式转变为集合型投资方式，日本政府 1999 年召开的金融审议会提出的"集合投资计划"即是市场型间接金融在法律制度上的表现。该计划明确了构建多渠道投资方式的重要性，并指出市场型间接金融体制是日本版"金融大爆炸"改革以来一项重要的金融改革潮流。⑦为了进一步规范市场型间接金融，构建集合投资计划法制环境，日本

---

① 参见郑蔚《日本"传统型"向"市场型"间接金融转化的经济分析》，《现代日本经济》2010 年第 4 期。

② 参见〔日〕蜡山昌一《市场型间接金融序论》，《财务译论》2001 年第 4 期。

③ 参见〔日〕高田创、柴崎健《银行的战略转换：日本版市场型间接金融的道路》，东洋经济新报社，2004。

④ 参见〔日〕小谷范人《市场型间接金融的机能和风险——以学说、历史和实务为视角》，《经济学、管理学和信心科学杂志》2006 年 6 月。

⑤ 参见郑蔚《日本"传统型"向"市场型"间接金融转化的经济分析》，《现代日本经济》2010 年第 4 期。

⑥ 参见刘红《日本企业融资模式转换的新进展——从相对型间接金融到市场型间接金融》，《时代金融》2012 年第 3 期下旬刊（总第 475 期）；〔日〕池尾和人、财务省财务综合政策研究所《市场型间接金融的经济分析》，日本评论社，2006，第 8~10 页。

⑦ 参见刘红《日本企业融资模式转换的新进展——从相对型间接金融到市场型间接金融》，《时代金融》2012 年第 3 期下旬刊（总第 475 期）；〔日〕池尾和人、财务省财务综合政策研究所《市场型间接金融的经济分析》，日本评论社，2006，第 8~10 页。

2005 年召开的金融审议会提出《投资服务法》立法建议。2006 年，日本制定了《金融商品交易法》，"吸收合并"了《金融期货交易法》和《投资顾问业法》等法律，并彻底修改了《证券交易法》，正式在立法上导入"集合投资计划"的概念，以上立法改革实现了金融投资法制的横向统合规制，最大限度地将具有投资性的金融商品、投资服务作为法的规制对象，避免产生法律的真空地带。① 日本对间接金融制度的保留以及强化金融立法的做法使得日本的金融行业及金融产品处于全面监管范围内，这与以自由经济主义为主导的美国监管模式形成了鲜明的对照。这也是为什么日本并未在美国 2008 年爆发的次贷危机和由此引发的迪拜主权债务危机甚至欧债危机等一连串危机中遭受太大影响的一个重要原因。事实上，美国金融危机的爆发使得在盎格鲁—撒克逊市场经济模式下的美国式直接金融制度在金融危机的重创下受到了质疑。②

进入 21 世纪以来，日本对传统间接金融体制进行了修正，以引进市场型间接金融制度为契机展开了间接金融与直接金融互补的实践。对直接金融制度的吸收一定程度上克服了传统金融模式的弊端，提高了金融市场活力和金融机构国际竞争力。对间接金融制度的保留以及强化金融立法的做法使得日本的金融行业及金融产品处于全面监管的范围内，因而在金融危机中没有出现大问题。③

日本等国的经验告诉我们，实现市场型间接金融的关键在于集合投资计划法制的完善，而这主要是通过统一的金融商品交易规则和金融服务法制的完善来完成。

（二）中国困境

随着宏观经济政策和货币政策的不断调整起伏等金融大环境的

---

① 参见杨东《论金融法制的横向规制趋势》，《法学家》2009 年第 2 期。
② 参见田中景、牟晓伟《美国金融危机对中国完善金融监体系的启示》，《东北亚论坛》2009 年第 6 期。
③ 参见郑蔚《日本"传统型"向"市场型"间接金融转化的经济分析》，《现代日本经济》2010 年第 4 期。

影响，我国的信托公司、私募股权投资基金、证券投资基金、社保基金、保险公司等各类机构的理财产品不断发展壮大，资产流动化、证券化业务也在逐步扩大，这也意味着"市场型间接金融"在我国的迅猛发展。在所有市场型间接金融产品中，具有公募性质的理财产品依托于银行、证券公司等大型金融机构的天然优势，已然经过了初步发展，具备了间接融资市场化的典型意义，另外，规模已经超过公募基金的各类私募基金的发展也是导入市场型间接金融的重要原因。

与我国各类公募、私募的理财产品市场快速发展极不协调的是相应监管体系和法律法规的严重滞后、体系不明且条理不清，尤其是各类具有集合投资性质的理财产品市场的法律环境恶劣。主要的困境和问题包括以下五个方面。

第一，理财产品法律关系不明确，规则体系混乱。如何理清各种理财产品的法律性质是一个非常棘手的问题。理财产品该由谁来监管，三方权力在监管中如何协调，如何避免理财产品监管缺位和监管真空是当前的重要课题。大多数理财产品在性质上为信托法律关系，但除了信托公司的集合资金信托计划已经被明确为信托法律关系之外，其他各类理财产品并没有相关规定对其信托性质予以明确，而实务界和理论界对此也一直没有定论，各金融机构对"信托性质"都纷纷回避。这也导致各地司法机关在审理理财产品相关案件时定性不同，司法实践混乱。

第二，理财产品市场的不公平竞争环境。我国金融业目前仍实施分业经营的模式，但银行业、证券业、保险业、信托业在理财业务领域形成了共同竞争的格局，不同监管部门对相同问题的监管规则和力度明显不一致。宽严标准不一，从事金融机构经营同样的产品却需要接受不同标准的监管，因而形成不公平的竞争环境。从长远来说，非常不利于理财产品市场乃至金融市场的健康发展。

　　第三，除公募性质的理财产品之外，大量私募性质的金融产品还游离于法律法规之外。我国私募基金不断发展，近几年已经超过公募基金的资金规模。但如此规模的资金运作却因为监管的缺失而带来种种问题和潜在风险。例如私募基金具有不规范、高风险的特征，且普遍采用"保底收益"或"保底分成"的做法，具有"非法集资"之嫌，但同时也存在运作规范的私募基金，因此其成分较为复杂。① 更为严重的是由于缺乏监管，不少私募基金甚至操纵市场或发放高利贷，造成投资者的巨大损失，并对金融市场秩序造成极大破坏，资金来源的监管真空使部分投资机构从银行获取的大量贷款流入私募基金，获取超额回报，形成监管套利，加剧了银行资产的风险和资本市场的泡沫，隐藏着严重的系统性风险。

　　第四，集合性质理财产品的金融消费者保护问题严峻。近年来，出现了很多集合性质的理财产品侵害金融消费者的案件，比如银行理财领域的中信银行理财产品身陷诉讼风波案件、华夏银行私卖理财产品巨亏事件，信托理财产品领域的金新信托事件，保险公司投资连结保险纠纷案件以及跨境理财的内地投资者购买 KODA 理财产品巨亏事件，都引发了广泛关注。由于金融机构与消费者之间存在严重的信息不对称，金融机构会出现不遵守说明义务和适合性原则甚至欺诈等行为，消费者也会出现购买与其风险承受能力不匹配的产品、过度投机等非理性行为。消费者权益受到侵害后，进一步影响到整个市场的信心，最终损害市场功能，金融机构自身利益也受到侵害。

　　第五，近期频发的民间借贷危机中具有集合性质的各类民间集资的中介组织起到了推波助澜的作用。温州、鄂尔多斯等地的民间金融问题不断爆发，既有高利贷、集资诈骗，又涉及部分非正规金融组织的金融活动。尤其是公司、合伙、信托等组织跟各类灰色、黑色的民

---

① 参见郭锋主编《投资基金法的若干问题》，载《证券法律评论》第 4 卷，法律出版社，2005，第 473～474 页。

间集资活动有着千丝万缕的联系。各类非正规金融组织大多具有集合资金的特征，虽然其也发挥了重要的民间资金融通纽带的作用，但也成为非法集资的温床和媒介，助长了民间金融问题的复杂化和风险扩大化。这些中介组织实质上属于市场型间接金融的范畴，应该将其纳入集合投资计划等相关的市场型间接金融的法律规制体系中，这对于维护民间金融秩序和社会稳定具有重要意义。

总之，我国市场型间接金融的各类表现形式已经大量出现，但法制环境尚未构建。如何构建市场型间接金融的法治之路是当务之急。

二　市场型间接金融的法律进路：集合投资计划统合规制

市场型间接金融是我国顺应当下经济发展方式转变和融资体制变革、促进金融改革发展的重要着眼点，在资金筹集、运作过程中发挥着日益显著的作用。在此背景下，对市场型间接金融这一新兴金融样态进行法律规制构成我国金融法制变革的重要组成部分，亦成为金融法理论界面对的重要课题。笔者考察具有代表性国家的市场型间接金融的法律进路，认为集合投资计划是对市场型间接金融进行法律应对的最佳路径。

（一）集合投资计划的横向统合规制趋势及类型区分

世界范围内金融理论的发展以及金融产品、市场的差异催生了对市场型间接金融表现各异的规制路径。近年来，世界上主要国家对理财产品和金融商品的监管改革一般通过修改和完善金融商品、服务法制来推进。以英国、澳大利亚、日本、韩国等国家为代表，金融法制出现了从纵向的金融行业规制到横向的金融商品规制的发展趋势，出现了根据功能性监管模式来重新整理和改编原有的多部与金融市场、资本市场相关的法律，而将传统银行、保险、证券、信托等金融投资业整合在一部法律中的趋势，特别是将各式各类的具有投资性、集合性质的金融产品都进行横向统合规制的趋势。①

　　集合投资计划是金融商品统合规制的典型代表，针对前述市场型间接金融分为"资产管理与运用"的 A 型与"债权证券化"的 B 型两类，集合投资计划的法律形态也有两种：资产管理型和资产流动型。前者是从不特定多数投资者（包括私募）筹集资金进行各种投资运用，称为投资运用型集合投资计划，后者是把特定的资产加以组合后卖给不特定多数投资者的构造，称为证券化型集合投资计划，②两者的区别在于，集合资金产生现金流还是利用资产的现金流来集合资金。这种差异必然会导致两者在结构和信息披露制度上的不同，因此，针对这两种类型，需要制定横向统合的规则体系，具体包括交易规则、市场规则、业者规则等各类规则。投资运用型集合投资计划是以产生现金流为核心的运作、分配等规则为中心。因此，除了投资运用业者的一般规则外，还包括该投资计划设计者的规则、投资者参与治理的规则、投资者保护和权利救济规则等。证券化型集合投资计划以确保与既有的现金流相分离、保持现金流不断产生（安排、保管）和实现适合市场的各类形态的创新（功能相同的商品性、强化信用）等构造性的规则为中心。③因此，在构建集合投资计划法制时需要解决的一个问题就是，不论其组织形态（公司、信托、合伙等）如何，均应适用统一的交易规则，进行统合规制。

　　对此，以英国、日本、韩国等为典型代表，通过金融商品、金融服务的统合立法，明确导入抽象化概括性的"集合投资计划"概念，最大限度地把几乎所有具有投资性的金融商品和投资服务纳入适用对

---

① 参见杨东《论金融法制的横向规制趋势》，《法学家》2009 年第 2 期。
② 参见〔日〕神田秀树《完善集合投资计划法制的思路》，载《关于集合投资计划的工作组报告书》，野村资本市场研究所，2005，第 42 页。
③ 参见〔日〕上村达男《集合投资计划的思考和金融服务法》，载《关于集合投资计划工作组报告书》，野村资本市场研究所，2005，第 55 页。

象，进行统合规制。英国在 1986 年《金融服务法》和 2000 年《金融服务与市场法》中率先导入集合投资计划定义。在金融服务法的国际潮流和发展趋势下，传统的大陆法系国家开始从传统证券法转型为金融服务法，有价证券的定义方式也纷纷转型，在原来的列举主义方式的基础上积极地导入抽象概括主义的定义方式，尤其以日本、韩国为代表。日韩两国分别在 2006 年《金融商品交易法》、2007 年《资本市场法》中引入英国法上的集合投资计划的概念，并以此为基础全面导入了抽象化概括性的金融投资商品和金融商品的定义，为其他国家的金融商品、金融服务立法树立了典范。

但日韩两国导入集合投资计划的统合规制路径和方式有所不同。在本部分，对英国的集合投资计划的概念定义进行分析后，着重对日韩两国的集合投资计划的统合规制模式进行比较研究，以探索市场型间接金融的法律进路的不同方式。笔者将英国的集合投资计划模式称为"最宽泛统合规制型"，将日本集合投资计划的模式称为"兜底性统合规制型"，韩国更为大胆全面，构建了集合投资计划机构的规制体系，笔者称其为"体系化统合规制型"。

1. 最宽泛统合规制型：英国

英国为了实现对理财产品和金融商品的统合规制，根据 1985 年欧盟《可转让证券集合投资计划指令》（UCITS 指令），在 1986 年《金融服务法》中（The Financial Service Act，1986 年 FSA）（第 75 条第 1款）导入抽象化概括性的集合投资计划概念：投资集合计划是指与包括金钱在内的任何财产相关的安排，其目的或效果是使参与该安排的人获得因收购、持有、管理或处分该财产而产生的利润或收入，或利用该利润或收入支付的款项。集合投资计划具有以下三个特征：第一，无论其是否有权接受咨询或发出指示，参与者不对该财产的安排进行日常的控制（第 75 条第 2 款）；第二，参与者的出资集合在一起；第三，这一财产由该计划的发起管理人或其代表者进行整体性的管理

（第 75 条第 3 款）。

2000 年的英国《金融服务与市场法》（Financial Service and Market Act 2000，2000 年 FSMA），在 1986 年 FSA 的基础上进一步对集合投资计划的内容（第 17 部分）进行了详细的阐述。对集合投资计划的定义及特征的表述除了句式表达上的细微差异以外，并没有实质上的改变。[①] 但有一个明显的改变体现在排除性的规定上。1986 年 FSA 第 75 条第 5 款（a）至（c）及第 6 款（a）至（k）的较长篇幅列举了不属于集合投资计划的类型，2000 年 FSMA 中将所有排除性情形归结为第 235 条第（5）款：在下列情况下，财政部可通过命令规定某种安排不属于集合投资计划：（a）特殊情况；（b）安排属于特定类型。这就将排除在集合投资计划范围之外的财产性安排的决定权赋予了财政部，从而更为灵活，说明了统合规制看似严格管制、全面覆盖，但实质上也是机动、灵活、弹性、多元的。

总体来说，英国的集合投资计划定义对于出资财产的种类、出资人的出资形式、运营者的管理范围均未加以限制，是一个非常广泛的概念。它与美国证券相关法中的投资合同的定义[②]基本一致，不同之处在于，出资范围更加宽泛，并不限于金钱。英国无论是在 1986 年 FSA 还是在 2000 年 FSMA 中均明确了集合投资计划是与"任何财产"（包括金钱以外的财产）有关的安排。英国的集合投资计划，与美国投资合同一样，与股份、公司债等传统投资商品一样适用信息披露制度、不公正交易禁止规制、业者规制等证券法上制度。不仅如此，还

---

① 参见 2000FSMA 第 235 条第 1～3 款。

② 美国法虽然并未明确提出"集合投资计划"的概念，但 1940 年的《投资公司法》是最早的关于集合投资计划的法律，这里的投资公司的投资对象是证券，而美国在 1933 年《证券法》第 2 节（a）（1）和 1934 年《证券交易法》第 3（10）条定义的"证券"范围极为宽泛，基本上只要是向公众发行的，即使不是公司的股权，如可以自由转让的有限合伙合同（权利），也被认为是"证券"，同时将抽象化、概括性极强的"投资合同"（investment contract）的概念涵盖其中。英国的"集合投资计划"的定义，与美国法中的投资合同的定义基本一致。日本法、韩国法中的集合投资计划以及韩国法中的证券的抽象类型化的定义也借鉴了投资合同的定义。

需获得行政监督部门的许可，管理者与受托者必须是分别获得许可的业者。若不被许可，则不得从事对集合投资计划的劝诱行为等。还适用构建行为、组织设立、资产运用、内部治理、信息披露等制度。[①]

2. 兜底性统合规制型：日本

日本是第一个导入集合投资计划概念的大陆法系国家，在 2006 年《金融商品交易法》制定之际，作为有价证券定义的兜底性概念而导入集合投资计划。作为典型的传统大陆法系国家，日本难以摆脱传统的负重，未能实现夙愿导入抽象化概括性的有价证券定义，也未能像韩国那样实现从有价证券到金融商品概念的全面概括主义的华丽转身。只能在传统大陆法系的列举主义的基础之上，借鉴英国的经验，以导入部分抽象化概括性定义的方式，将集合投资计划作为兜底性的概念来界定有价证券，最大限度地把原来游离于法律之外的处于灰色地带的新型金融商品，如依据合伙合同、信托合同进行投资的各类金融商品和投资服务都纳入规制对象，予以统合规制。因为进入 21 世纪以来日本依据合伙合同的基金的投资对象扩展到众多领域，出现了大量投资者利益受损的严重事件。因此，迫切需要对依据合伙合同的各类投资基金纳入集合投资计划的范畴予以法律规制。

日本旧《证券交易法》对有价证券的定义较为狭窄，不包括很多新型投资形态或投资基金。与《证券交易法》相同，《金融商品交易法》把有价证券分为两类：发行了证券、证书的权利（有价证券）和未发行证券、证书的权利（准有价证券）。该法第 2 条第 2 款的后半段是关于将应该表示为证券、证书的权利之外的权利视为有价证券（即准有价证券）的规定，具体列举了信托的受益权、无限公司和两合公司的社员权等之外，专门列举了集合投资计划份额。该法第 2 条第 2 款第 5 项规定：集合投资计划是基于民法上的合伙、商法上的隐

---

① 参见〔日〕财团法人企业财务制度研究会编《证券化的理论与实务》，1992，第 105 页以下。

名合伙、投资事业有限责任合伙（LPS）①、有限责任事业合伙（LLP）
的权利②以及社团法人的社员权等该权利拥有者以金钱出资进行的事
业而产生的收益分配或该出资对象事业相关的财产分配的其他权利。
该定义创设"该权利的拥有者以金钱出资进行的事业而产生的收益分
配或该出资对象事业相关的财产分配的其他权利"这一兜底性的抽象
化概括性条款。③

　　从该条款可以归纳出集合投资计划的定义主要由三个要件构成：
（1）接受投资者金钱的出资；（2）利用出资的金钱进行事业、投资；
（3）将该事业所产生的收益等向出资人进行分配的计划的相关权利。
可见，日本集合投资计划的定义构建了从投资者处汇集资金，该资金
由专业人士进行管理。因此该定义指出了集合投资计划的三个条件：
金钱出资、共同事业性和被动性。上述条件都具备的权利，无论采取
何种法律形式和进行何种事业，均属于集合投资计划份额并成为《金
融商品交易法》的规制对象。④ 对于上述三个要件具体分析如下：要
件一：金钱的出资或支出。集合投资计划原则上是以金钱出资或支出
的。一般的借贷或者以特定财产和服务为支付对价的，则不是"出
资"或"支出"性质的金钱支付。因此，日本法的集合投资计划的范
围比英国法狭窄。要件二：共同事业性。出资或支出的金钱运用于一
定的事业。这里的"事业"是指为达到一定目的反复持续进行同一种

---

① 《关于投资事业有限责任合伙合同的法律》第 3 条第 1 款规定的投资事业有限责任合伙
　合同。

② 《关于有限责任事业合伙合同的法律》第 3 条第 1 款规定的有限责任事业合伙合同的各种
　权利。

③ 日本著名学者岩原绅作认为，所谓的集合投资计划，是经过历史发展阶段逐渐形成的，
　从产生金融商品的过程中经过人们自觉地抽象出来，再重构成一种能持续性产生新的金
　融商品的模式，实质是由此而进行的一种金融商品现代化的尝试。因此，从集合投资计
　划这种模式看，以股份公司为组织形态的集合投资，也属于集合投资计划的一部分。参
　见〔日〕岩原绅作《金融服务法试论》，载《关于集合投资计划工作组报告书》，野村资
　本市场研究所，2005，第 67 页。

④ 参见〔日〕花水康《集合投资计划的规制》，载《商事法务》第 1778 号（2006 年 9 月
　25 日）。

行为，是比"投资"或"营业"范围更大的概念。因此，将各类私募基金纳入规制范畴。要件三：被动性（分红、分配），将事业产生的收益向权利的持有者进行分红或者财产分配。如果没有进行定期的利益分配，也可以以剩余财产分配等形式将出资对象事业所产生的利益分配给权利持有者。①

总之，《金融商品交易法》在继承旧《证券交易法》中准有价证券定义的同时，导入集合投资计划，作为有价证券概念的兜底性的抽象概括条款，实现了有价证券概念的扩大化和横向统合规制。也反映了具有一百多年大陆法系的有价证券传统的日本，实现从有价证券到金融商品转变的艰难和阶段性特征。但其兜底性的统合规制模式的创新做法，给其他大陆法系国家提供了参考借鉴。

3. 体系化统合规制型：韩国

受日本的一定影响，2007 年韩国也借鉴英国的做法，导入了集合投资计划的概念。韩国于 2007 年出台了《关于资本市场和金融投资业的法律》（以下简称《资本市场法》，2009 年 2 月实施），实现了从传统的"有价证券"提升扩大为"金融投资商品"② 的转变，并采用概括加排除的方式，即一改过去的"肯定列举主义"方式，转为"抽象概括主义"方式，将具有投资性的金融商品统一定义为"金融投资商品"并进行统合规制。在大陆法系国家第一次以成文法的方式对金融商品进行抽象化概括化的定义③，以高度抽象概括的语言来解释。属于这个抽象定义的全部具有"投资性"的金融商品均成为监管对象，实现对金融商品的横向统合规制。并且，为了实现各类公私募基金和

① 参见〔日〕三井秀范、池田唯一监修，松尾直彦编著《一问一答金融商品交易法》，商事法务出版社，2006，第 91 页。
② 该法第 3 条规定了金融投资商品的定义，明确了金融投资商品应符合的要件，即目的、风险、金钱的转移、合同上的权利。参见董新义《韩国资本市场法》，知识产权出版社，2011。
③ 韩国金融投资商品的抽象概括性定义，主要是参考了澳大利亚 2001 年《金融服务改革法》的相关规定。

理财产品的设立与运用的自由化，在《资本市场法》中导入了"集合投资计划"概念，以统合规制繁乱复杂的各类集合性质的金融产品，并统一规制集合投资机构。

《资本市场法》出台前，聚集大众资金进行资产运用，所得收益分配给投资者定义为"间接投资"，受《间接资产管理运用法》的规制，但间接资产管理的组织机构限定为投资信托、投资公司、投资专业公司、两合公司等，难以适应多样化的投资需求。因此《资本市场法》首先在第 6 条"金融投资业"中对"集合投资"做了定义：指通过向两人以上进行投资劝诱筹集的金钱等，或者《国家财政法》第 81 条规定的盈余资金在不受投资者或者各基金管理单位日常运用指示的前提下，通过取得、处分或者其他方式运用具有财产价值的投资对象资产，并将其结果向投资者或者各基金管理单位分配。

随后，在该法第 9 条中以列举的方式对"集合投资机构"专门进行了定义，将信托投资基金、股份公司形态的投资机构、有限公司形态的投资机构、两合公司形态的投资机构、合伙形态的投资机构、隐名合伙形态的投资机构、两合公司形态的私募投资专业公司等指定为从事集合投资业务的机构。该法以"具有财产价值的所有资产"等为集合投资的对象，使各类投资机构得以灵活设立。因此，该法在第五编"集合投资机构"中对有关集合投资计划的相关制度进行了全方位体系化的阐述，构建了庞大的抽象化、类型化的集合投资机构的统合法规制体系。

总之，该法构建了体系化的集合投资机构的规制架构后，各类投资于资产的基金即可自由灵活设计其形态，各类基金可依据市场状况的变化，自由改变其投资对象。韩国《资本市场法》是大陆法系国家迄今为止最为全面和系统规制集合投资机构的典型法律，为其他国家市场型间接金融的法制变革提供了重要的参考和借鉴。

（二）统合规制模式比较及借鉴意义

上述集合投资计划统合规制的三种不同模式和路径，体现了构建市场型间接金融的法律进路的特点。

第一，从集合投资计划的立法模式可以发现，金融市场中出现的各类复杂的市场型间接金融的法律演进的一个共同特点是，一方面积极导入以经济功能为基础的抽象化概括性概念，另一方面又保留列举主义传统，或列举出具体对象或排除适用的具体对象，从而减少立法和执法上的不确定性。具体而言，需要构建法律、法规、法令（行政法规、部门规章）和监管部门、地方政府的规定、手册、指南等三层次金融服务法规制体系①，前两者属于硬法规则、后者则属于软法规则。只有实现抽象概括与具体列举相结合、法律规定与行政执法相结合、硬法与软法相结合，才能适应不断创新的金融产品和融资形态的市场型间接金融高速发展的需要。

第二，通过对集合投资计划的规制模式的比较分析，我们可以印证世界范围内金融法的发展趋势，即金融商品的横向统合规制。笔者认为，金融商品横向统合规制的一个重要特征是法律的核心概念（以集合投资计划为代表）具有包容性与概括性，更多原则性的法律条文增强了法律的灵活性和适用性。将金融商品、金融服务、金融组织、金融消费保护等进行统合规制能减少立法的空白，使金融法具有一定的前瞻性，为统摄不断丰富的和创新性各类集合性质的金融产品以及为市场型间接金融的发展提供了路径和保障。集合投资计划这一概念是原理性的而非模式化的，是对传统证券、基金等金融商品运作程式和法律关系的抽象，是对各类公募、私募相关法律所规制不到的各种游离于法律之外的市场型间接金融形态的兜底性的抽象概括。因此，对于各类具有集合性质金融商品的市场型间接金融的法律进路应当以统合规制为基本原则。

第三，如前所述，针对市场型间接金融分为"资产管理与运用"的 A 型与"债权证券化"的 B 型两类，集合投资计划的基本类型有两

---

① 参见〔日〕上村达男、神田秀树、犬饲重仁《金融服务市场法制的宏大设计》，东洋经济新报社，2007，第 223～224 页。

种：资产管理型和资产流动型。一方面，集合投资计划的法制完善需要针对这两种类型制定包括交易规则、市场规则、业者规则在内的横向覆盖的规则体系；另一方面，不管组织形态上采取公司、信托、合伙等形式，都应该课以统一的规则。具体包括注册或备案规则、金融业者的销售劝诱等行为规则等。

第四，构建集合投资性质金融产品的消费者保护统合法体系。以英国、日本、韩国等为代表的国家在金融商品无缝隙的规制监管中，取得了良好的效果，有效地防止了监管漏洞、监管套利，实现了金融服务市场健康有序发展，保护了各类集合投资性质的金融产品的投资者利益。市场型间接金融的法律进路和集合投资计划的统合规制要以保护金融消费者为核心目标，一方面能较好地平衡金融立法与金融创新之间此消彼长的关系；另一方面可以促进市场型间接金融的发展，以涵盖金融商品的设计、发行、推介、交易、清算、结算等多个环节，比传统金融法以监管为核心的规制方式更加全面系统，能更有效地保护消费者权益。

我国集合性质的金融产品市场发展混乱，各类公私募基金层出不穷，导致法律真空，有必要在充分考虑我国现实国情的基础上，借鉴英、日、韩等国家的经验，为各类理财产品、私募基金等集合性质的金融产品和金融组织（包括正规和非正规组织）构建多元化的横向统合规制体系，只有这样才能促进理财市场、基金投资等第三金融、市场型间接金融的健康发展，有效保障消费者的合法权益。

三　我国市场型间接金融的法制构建

市场型间接金融的发展与规制是当下中国经济发展方式转变、金融体制改革的迫切问题和重要出路。比较考察英、日、韩等代表性国家对市场型间接金融的法制状况，尤其是作为大陆法系国家的日韩两国导入集合投资计划的不同规制模式，体现了市场型间接金融的法律进路的异同，笔者拟对我国面临的市场型间接金融发展的困境，提出具体的法制构建建议。

（一）我国集合投资计划统合规制的顶层设计

1. 我国集合投资计划概念的设计

概念设计是法律体系构建的逻辑基础和起点，因此顶层设计的首要任务是集合投资计划的概念设计。明确导入集合投资计划概念可以为市场型间接金融法制以及金融服务法体系的形成和完善提供基础，在"机构性监管"基础上实现"功能性监管"，为各类集合性质的金融产品的规制确立基本的监管规则，弥补金融创新类产品监管空白。

2008 年次贷危机后的法治现实愈加体现出政府调控监管的规律和模式应逐渐转变为：法律概括授权、政府自由裁量和问责制，[1] 事前规制立法主要强调前两者，首先必须在法律层面对集合投资计划作概括定义，并对典型的集合投资计划作列举。但同时，法律又不可避免地具有滞后性，即使先知先觉的立法者也无法周全各种复杂的可能情形，尤其是理财产品和各类基金。金融创新每时每刻都在发生，法律如果将其规定得太死就会扼杀金融创新的生命力。因此，可以借鉴英、日、韩等国的经验，赋予金融监管部门自由裁量的空间，通过监管行为的实时性和灵活性来弥补法律的滞后性。当然，这种法律概括授权下的自由裁量不是毫无边界的，需要在法律规定的抽象化概括性定义的指导下进行。因此，对于我国集合投资计划概念的设计，应当采取概括主义和列举主义相结合的模式。

笔者认为，集合投资计划的定义可以界定为：由该计划的参与人以金钱出资形成集合性资产，由资产管理人将其开展事业，并将由此产生的收益分配给参与人的，包括但不限于以公司、信托、合伙等组织形态的各类公、私募基金等金融产品，具体由金融监管部门列举指定。要件构成为：（1）以金钱出资形成集合性资产；（2）由资产管理人开展事

---

① 参见史际春主编《经济法学评论》第 9 卷，中国法制出版社，2009，卷首语。

业；（3）将所获收益向参与人进行分配。这一概念既具有统领性，也具有兜底性。它成为法规、规章等对具体类型的集合投资计划进行详细列举时的依据，当法规规章等未列举而又符合这一定义要件的金融创新产品出现时，该兜底性条款可以成为金融监管者进行有效监管的依据。

2. 基本原则和立法目标

（1）基本原则：统合规制

英、日、韩等国家已逐步推进金融监管一元化，并对集合投资计划等金融商品进行了统合规制的立法改革。我国监管机构也很早认识到了问题的严重性，提出对金融市场应进行统一监管的改革思路。实务界也早就开始呼吁对相似的理财产品，尤其是高风险的理财产品，不同行业的监管标准要统一，进行统合监管。[①] 需要强调的是在此过程中，要着重把握整体性原则，将理财产品市场作为一个统一整体，加强对各监管部门的协调。同时，也应该注意到统一监管和统合规制是一项长期的工作，应当分步骤分阶段地推进。另外，必须注重降低监管成本，防止重复监管，提高监管效率。

（2）统合规制的目标

如前所述，在实践层面上，我国侵犯金融消费者利益的现象时有发生，理财市场信誉出现了严重的问题。其中的原因在于忽视金融公平，没有确立金融消费者保护的目标，没有建立切实保护金融消费者利益的机制。金融产品市场监管的目标，现仍停留在维护国家或政府以及本行业的利益，仅仅注重经济效应和发展。在客观上，金融消费者与金融机构相比，由于信息、财力、能力上的不平等，也处于相对弱势地位，尤其是在集合性理财产品领域，拥有丰富专业知识、经验并且财力雄厚的金融机构作为集合资金的管理者，对资金运作进行直接管理，而金融消费者却作为个体零散地存在，这更加加剧了其弱势地位，使其容易遭受权益损害。保护处于弱势地位的金融消费者是在

---

① 参见范勇宏《对所有理财产品建立统一监管标准》，《中国证券报》2011年4月13日。

现代经济法治背景下向弱者倾斜的法律原则的体现。因此，我国的集合理财产品的统合规制应以金融消费者保护作为立法目标，维权型监管以及配套法律制度的建立不仅有助于实现金融稳定，而且也是当前引导理财行业摆脱困境，促进理财业务快速增长的切入点。总之，确立金融消费者保护的目标是维持金融市场的信心和金融行业的长久生存之道，是确保金融市场功能、维护金融安全等金融法目标的基础。

3. 导入集合投资计划概念的意义

（1）实现"机构性监管"基础上的"功能性监管"

我国现有的理财产品基本是按照行业来划分，导致有关理财产品的各项法规也是以商业银行、证券公司、信托公司等发行主体为中心，显示出了"机构性监管"的特点，其按照金融机构的类型设立监管机构，不同的监管机构分别管理各自的金融机构，但某一类型金融机构的监管者无权监管其他类型金融机构的金融活动。[1] 机构性监管是我国长期以来监管格局的体现，其优势在于针对金融机构各自的特点制定监管规则，同时各监管机构各司其职，避免不必要的交叉监管。机构性监管具有一定程度的合理性，然而理财产品中占绝大多数的集合类理财产品的性质和法律问题都极为相似，却由于监管部门及其针对不同金融机构制定的监管规则的差异而导致监管的不统一和不平等。这不仅会导致监管成本的增加，而且也导致各金融机构通过联合开发理财产品就可以逃避相对严格的监管规则的适用；换言之，金融机构可以选择最为宽松的监管规则。[2] 在短期内无法实现从分业监管向综合监管转变的大背景下，引入集合投资计划概念，则可以要求所有发行主体和发行产品都必须符合这一概念的要件，并通过针对发行主体和发行产品的特征制定监管规则，实现功能性监管，即抓住相同经济性质金融

---

[1]　参见陈雨露、马勇《金融业组织形式变迁与金融监管体系选择：全球视角与比较分析》，《货币金融评论》2008 年第 6 期。

[2]　参见崔文思《论我国集合投资计划的法律规制》，载《金融服务法评论》第 2 卷，法律出版社，2011，第 446 页。

产品的特征，根据金融产品的功能来制定监管规则，而忽略其发行主体和所处行业的差异，相同功能的金融产品适用相同的监管规则（本来由同一个监管者来监管是最为理想的），这样可以实现不同监管部门之间的协调，避免资源的浪费和监管上的不平等。笔者认为，功能性监管是对机构性监管缺陷的弥补和完善，起到过渡性作用，实质上也是统一监管的体现，最终目的是营造出统一、平等的监管环境。

（2）填补金融创新产品监管的空白和漏洞

创新是实现"中国梦"的一个源泉，也是金融市场充满活力和不断发展的保障。近年来随着我国金融市场的不断发展，金融创新类产品层出不穷，但是，目前我国采取的是出现一种理财产品就针对其制定相应的监管规则的做法，立法的滞后性导致了监管空白的发生，最典型的是各类私募基金，私募基金的灵活性、高收益性等特点决定了其能够为金融市场注入一股新鲜的血液，但很多私募性质的资产管理业务比如私募股权基金、风险投资基金甚至各种民间融资形态等游离于法律之外，形成各种微观风险和系统性风险（媒体上甚至表述为"中国式次贷危机"）。引入集合投资计划的概念，以抽象化概括性的定义方式最大限度地实现私募基金、各类民间集合融资方式以及各类新型金融产品的合法化、阳光化、规范化，弥补立法滞后的缺陷，填补金融创新类产品监管的空白和漏洞，实现金融市场又好又快、健康稳定地发展。

（3）构建我国金融服务法体系的基础

我国应顺应英、日、韩等国为代表的金融服务法制的横向规制趋势，对理财产品、各类私募基金、民间金融等市场型间接金融的形态进行横向统合规制，但是这一统合规制的过程是金融法制的重大变革，不可能一蹴而就，而集合投资计划概念的引入恰恰可以作为一个催化剂或起爆点，有效推进我国金融商品、金融服务法体系的形成和完善。我国的各类集合性质的金融产品种类极为丰富，而且还存在监管职责不明、产品法律性质不清、法律关系界定模糊、纠纷增多、消费者维权难等问题。因此，导入集合投资计划概念，将凡是符合集合投资计划要件的金融产品统统囊括进去，实现市场准入规则、交易规则、信息披露规则、劝诱规则、金融消费者保护规则等的统合规制，为实现金融服务法体系打下坚实的基础。

（二）我国集合投资计划统合规制的实现路径

从长远来看，我国应大力发展资本市场和直接金融主导的金融体系，使其成为整个金融市场体系的核心力量。但从短期来看，这个目标难以实现。而且，中国金融体制改革也不能简单地从间接融资模式过渡为直接融资模式，而是应该结合本国的具体国情，在以间接融资主导的金融体系中引入以市场功能发挥为基础的新型融资模式：市场型间接融资，即在市场服务体系下依靠专业的金融中介实现金融资源的最优配置。目前发达国家（无论是以资本市场为主导的美英还是以银行为主导的德日）都已经或正在尝试将其金融体系向"市场型间接金融"的模式转变。

笔者认为，实现市场型间接金融的法律进路是集合投资计划统合规制。借鉴英、日、韩等国的集合投资计划的最宽泛、兜底性、体系化三种统合规制模式的经验，我国当前无法实现英国式的最宽泛规制模式或韩国式体系化统合规制模式，相对而言，日本式的兜底性的抽象概括规制模式比较符合我国国情。为了适应金融创新，我国还需借鉴英、日、韩三国都采取的抽象概括与具体列举相结合、法律规定与行政执法相结合、硬法与软法相结合的层次化金融服务法规制体系。笔者从硬法和软法规则两个方面，对我国集合投资计划的统合规制的实现路径阐述如下。

1. 硬法层面的规制路径

第一，出台保护金融消费者的《金融商品销售法》或《理财产品监督管理条例》。将《证券投资基金法》改组成《投资基金法》是一种理想模式，由于政府部门的监管权限之争等问题，统一监管模式的实现并非易事。但保护金融消费者不能因为监管权限之争而被忽视，因而我国应借鉴日本对金融商品进行横向规制的立法（事实上《金融商品销售法》也是国际上第一部全面规制金融产品销售的法律），出台相应法律或由国务院出台《理财产品监督管理条例》。即由国务院法制办牵头协调银监会、保监会、证监会对统一的集合投资计划的基本概念进行界定，作为各自理财产品统一规制的上位概念和兜底条款。并对包括银行、保险、证券公司、基金公司、信托公司、投资公司等主体发行的各类公私募理财产品、融资计划等，规定其销售、劝诱的具体内容，对从金融机构课以损害本金风险的说明义务、适合性原则、损害赔偿责任等。[①] 对理财产品风险最大的销售环节予以有效法律规制，最大限度地解决理财产品法律风险的主要矛盾，保护金融消费者。

第二，修改《证券法》，导入抽象概括的兜底条款，扩大证券概念范围。制定完善了对理财产品进行统合规制的法律法规之后，还要考虑与其他相关法律的协调配合。《证券法》作为我国投资性金融产品的基本法律，应该发挥重要作用。借鉴韩国直接导入美国法上内涵极为广泛、以投资合同为主要内容的证券概念是不现实的，因而可以借鉴日本利用《证券法》修订之际，一方面将符合一定条件的集合投资计划份额作为证券加以列举，另一方面导入抽象概括化的集合投资计划概念，作为证券的兜底性条款，扩大证券的定义、范围和适用对象。当然，将集合投资计划概念纳入《证券法》也并非就意味着对所有符合集合投资计划的证券运用完全一致、毫无灵活性可言的监管手段，而是在总体上相同的监管原则指导下，不排除对个别具有特殊性的证券种类加以特殊规制。在整体全面统合、动态有机而无缝隙的基础上实现有效规制的同时，对于具体内容采取和导入差别化、类型化、柔性化（弹性化）、浓淡化、灵活化的规制方式和规制内容。

第三，部门规章层面实现横向统合规制。无论是由国务院出台

[①]　参见黑沼悦郎《金融商品交易法入门》，日本经济新闻社，2007，第14页。

《理财产品管理条例》或由修改《证券法》导入集合投资计划的抽象概括定义，具体规定都还需要交由相应的部门制定规章，对集合投资计划的概念进行解释或列举说明。通过整合不同监管机构关于理财产品的监管规定，实现监管部门间的统合规制。各个监管部门的规章都应强调"集合投资计划"概念的运用，加强对集合类理财产品的发行主体资质、产品内容、销售劝诱行为等的统一规制。部门规章层面的统合规制不能仅局限于本部门内部监管的一致性，更应着眼于不同监管部门之间的集合类理财产品的横向统合。

第四，最终制定我国的《金融商品交易法》。制定我国的《金融商品交易法》是对理财产品等投资性金融产品进行统合规制的最终目标，即在《投资基金法》和《证券法》修改完成的基础上，对其加以有机整合，形成我国的《金融商品交易法》或《金融服务法》，从而对理财产品市场以及各类私募基金等进行统合规制，实现无缝隙监管。未来我国《金融商品交易法》的出台，并非是一种对现有相关法律法规的简单叠加，而是在金融消费者保护理念的指导下，针对当前理财产品市场存在的诸多问题进行的一部统合立法，以"集合投资计划概念"为核心，实现对"市场型间接金融"的统合规制，必将促进我国理财产品市场的诸多理财纠纷的公开、公平和公正的解决，促使金融消费者合法权益得到有效保护，并进一步繁荣我国的理财市场和资本市场，从而推动整个金融市场的健康有序发展。

2. 软法层面的规制路径

如前所述，市场型间接金融的主要形态是正规金融机构推出的各类理财产品，也是一国金融监管体制应予重点监视的对象。然而，在正规金融监管体制之外，存在大量集合投资计划性质的民间融资形态，比如当前我国频频爆发的民间借贷危机中大量存在的，符合金钱出资、投资事业、收益向出资人分配等集合投资计划的构成三要件的集资行为，实际上应该纳入市场型间接金融的法律规制范围内。但我国民间金融的独特性和复杂性十分突出，而正规金融监管和法律体系尚不健全，无法实现有效规制，应探索更具针对性的、灵活机动的规制方式。因而，软法层面的规制路径，特别是地方政府可以根据本地区实际情况颁布相关软法规范，探索对于民间金融的集合投资计划的统合规制路径尤显重要。

2012 年年初推出的温州金融改革的重要举措之一的民间资本管理公司，即是利用市场型间接金融探索规制民间金融的有益尝试。现有正规金融监管体系外的市场型间接金融组织形式。温州以地方政府规范性文件的方式创设了民间资本管理公司①，集合民间私人过剩资本进行项目融资和短期财务性投资，是吸取了私募股权投资基金和投资公司、信托公司等的优点加以组合而进行的金融中介组织创新，这种创新直接纳入当地政府（具体是金融办）的监管范围，不需要现有正规金融监管体系的审批监管，具有方便、灵活、高效等优点。民间资本管理公司既可以以私募方式吸收民间资本，又可以进行战略性和财务性投资。由于政府相关部门会对民间资本管理公司予以一定限制，又建立了相应的监管体制，因而它的推出有利于整顿民间不规范金融组织和金融行为（如影子银行），有助于化解民间融资风险，也是建立完善合法的市场型间接金融制度的新探索。

民间融资乱象丛生，或高利贷或集资诈骗，但最大的危险存在于资金的集合运用，极易产生巨额损失，波及不特定的广大普通民众。将符合集合投资计划三要件的各类民间资金集合投资界定为集合投资计划加以规制，无疑是将民间金融引向正规化的正确路径。另外，又可以修正将民间资金集合投资行为作为非法资金或集资诈骗予以刑事处罚甚至判处死刑的极端化处理方式。吴英案的死刑改判也让我们看到了民间集资规制模式转变的可能性。

---

① 2011 年 11 月，温州市政府颁布了《关于开展民间资本管理公司试点工作的指导意见（试行）》；2012 年 12 月，乐清市颁布了《乐清市民间资本管理公司试点暂行管理办法》。

总之，温州等地民间金融危机的爆发再一次证明我国现行的间接金融体制和直接金融体制的融资渠道并不能满足民间的资金需求，民间金融领域的市场型间接金融成为补充传统金融甚至担负起民间资金融通大任的新的制度探索。在地方政府的软法规制体系下推出的民间资本管理公司即是市场型间接金融组织创新的一种形式。笔者相信来自民间的制度创新必将最终促成我国市场型间接金融的规范发展和繁荣进步，真正实现金融市场与实体经济的完美融合。

结　语

大力发展市场型间接金融无疑是对金融自由的扩大，促进金融产品的不断创新。但囿于我国的金融投资环境并不完善、金融消费者保护法制尚未形成体系等因素，防范金融风险将成为与金融改革相生相伴的永恒课题。对市场型间接金融进行统合规制很好地回应了这一难题。较为全面严格的规制是否会抑制金融创新自由，阻碍原本发展缓慢的中国金融市场？笔者认为答案恰恰相反。构建法律规制体系的目标和价值追求一方面在于确保人类社会价值增值和知识增量的创新自由，另一方面还在于维护既有秩序伴随社会创新、变革而不断纠偏继而重新达到稳定状态。且秩序并非一种从外部强加给社会的压力，而是一种从内部建立起来的平衡。[①] 通过导入市场型间接金融和集合投资计划并对其进行统合规制，可以在金融市场创新和法律规制间找到合理平衡点，实现金融法制安全与效率的平衡，最终服务于金融发展与经济发展方式转变的目标。

（本文原载于《中国法学》2013 年第 2 期）

---

① 参见〔英〕弗里德利息·冯·哈耶克《自由秩序原理》（上），邓正来译，三联书店，1997，第 183 页。

商事法治与新型市场发展

商事信托：制度特性、功能实现与立法调整

施天涛　　周　勤[*]

比较法学者认为，11 世纪起源于英国的信托制度是普通法系与大陆法系最具标志性的差异之一。[①] 但现在这种差异却因为许多大陆法系国家对这一制度的引进而逐渐消失。信托制度所具有的特性，如简单易行的设立条件、灵活弹性的制度安排、独特的税收优惠、法律保障的财产分割与风险隔离，正是大陆法传统的制度缺失。按英美法传统，信托分为私益信托和公益信托。一般而言，私益信托是指为了私人利益而设立的信托，这是一种最主要的信托形式。公益信托是指为了公共利益或者不特定多数人的利益而设定的信托。我国信托法将信托分为三大类：民事信托、营业信托和公益信托。[②] 其中，民事信托与营业信托均为私益信托，与公益信托相对。这里所谓的营业信托即商事信托，我国信托法将营业性的商事信托专门规定，突破了传统信托法的立法模式，可见我国信托法对商事信托之重视。但对于什么是商事信托，商事信托的功能如何实现，法律如何进行规整，人们的认识依然比较模糊，有鉴于此，本文将对这些问题予以专门讨论。

---

[*]　施天涛，清华大学法学院教授；周勤，清华大学法学院 2005 级民商法学专业博士研究生。

[①]　参见〔美〕亨利·汉斯曼、〔意〕乌哥·马太，《信托法的作用：比较法与经济分析》，焦津洪译，载吴敬琏主编《比较》第 9 辑，中信出版社，2003。

[②]　参见《中华人民共和国信托法》（以下简称《信托法》）第 3 条规定："委托人、受托人、受益人在中华人民共和国境内进行民事、营业、公益信托活动，适用本法。"

一　民事信托和商事信托的分野

民事信托和商事信托这两个概念的对应使用仅存在于大陆法系。
在英美法中，由于没有和大陆法系相对应的严格概念体系，尚不存在
"民事信托"（civil trust）这样的术语。在英美信托法下与之相类似的
有无偿信托（gratuitous trust）、个人信托（personal trust）、私人信托
（private trust）和家庭信托（family trust）等概念，但是这些概念均有
其不同的侧重，与民事信托并非完全一致。

至于商事信托，英美法中有两个类似的概念：business trust 和
commercial trust。与本文所谈的商事信托相对应的是 commercial
trust，而非 business trust。① 在美国，"business trust" 的含义非常有
限，它是一种组织形式，特指以信托形式组织起来的一种自愿的
联合体，基于当事人之间的信托契约而成立，以区别于依照法律
规定而成立的企业组织。② commercial trust 是一个上位概念，是一
个由多种具体信托形式构成的类名；而 business trust 是其下位的一
种组织体，是属名。美国 business trust 的典型代表是 20 世纪 40 年
代的马萨诸塞信托（M. B. T）。③ 而 commercial trust 的内涵则宽得
多，包含年金信托、共同基金、地产投资信托、油气特许开采权

---

① 参见 Michele Graziadei，Ugo Matteiand Lionel Smith，*Commercial Trusts in European Private Law*，Cambridge，UK；New York：Cambridge University Press，2005，p. 4。

② 参见谢哲胜《信托法》，元照出版公司，2007，第 50 页；沈四宝《商事信托制度的现代发展》，《甘肃政法学院学报》2005 年 7 月号。

③ 马萨诸塞信托是英美法中以营利性信托为实质内容的某种商事组织。它最早产生于英国的北美殖民地之一的马萨诸塞州，由此得名。在马萨诸塞信托中，财产授予人将其财产交给受托人并取得类似于股权证的证书，成为信托受益人；而受托人须为证书持有人的利益经营管理该信托财产。马萨诸塞信托又可分为不同种类，其中以下两种具典型特征。（1）"马萨诸塞商事信托"，它是以不动产投资信托作为实质内容的某种非法人组织；与购买公司证券的合股购买方式大体相同。（2）"商事公司不动产信托"（trust estates as business companies），它组成以不动产信托经营为内容的法人组织；财产授予人交付财产后取得可流通的股份证书，受托人为群体性公司经营者，由股份公司持有者选任；受益人及受托人的具体权利由信托文件载明。此类信托适用普通法上的有关规则，故有的又称"普通法信托"。

信托、资产证券化等。①

　　英美法系信托法学界认为，商事信托与传统的无偿信托或个人信托的区别在于信托的基础究竟是财产的无偿转让（gratuitous transfer）还是有偿转让（bargained transfer）。若委托人设立信托的目的是为了进行财产的无偿赠与，该信托为个人信托；若设立该信托的目的是为了从事商事交易，则为商事信托。② 但是，在英美法系，对个人信托的论著可谓汗牛充栋，而关于商事信托的论著则寥寥无几。其中原因，首先是英美法传统上将信托视为一种赠与，由此造成了商事信托在法律上的定位暧昧，对各种商事信托往往是通过专项立法和判例法进行规制，而不是直接使用传统信托法上的规则，如对企业年金信托的专项立法英国有 1993 年的《养老金法》、美国则有 1974 年的《员工退休收入保障法》（ERISA）；其次是商事信托是近年才出现的，相关案例需要时间的积累，学者研究的步伐跟不上新的商事信托类型涌现的速度；英美学者往往也不采用大陆法系的概念体系，将各种商事信托综合研究，而往往只研究某一类型的商事信托，如年金信托或者资产证券化等；同时，这些新型信托往往由金融律师或者券商推动产生，而传统的信托法律师对之尚属陌生;③ 最后，传统信托法的很多原则与商法的规则是不相容的，尤其是衡平法的救济会给商事行为带来很大的不确定性。④

　　从信托法的起源和发展来看，从 11 世纪起民事信托就是传统的信托类型，而商事信托则在现代工商社会中大放异彩。对于移植其的国

---

① 参见 Richard Edwards & Nigel Stockwell, *Trusts and Equity*（5th edition），London：Pearson Education Limited，2002，pp. 53 – 64。

② 参见 Bernard Rudden，"John P. Dawson's Gifts and Promises"，44 *Mod. L. Rev.*，1 ～ 3（1981）。

③ 参见 John H. Langbein，"The Secret Life of the Trust：The Trust as an Instrument of Commerce"，107 *Yale L. J. p.* 186；"The Oregon Uniform Trust Codeand Comments"，42 *Willamette L. Rev.*，195，2006，p. 204。

④ 参见 Alastair Hudson，*Equity & Trusts*（2nd edition），London，Cavendish Publishing Limited，2001，p. 645。

家而言，真正的兴趣似乎在于商事信托。对于民事信托和商事信托的分界线，目前主要有目的说、行为说和受托人身份说三种学说。

目的说认为，如果为了个人或家人的目的，而不是为了企业经营或公益目的，则为民事信托，以从事商事行为为目的的信托是商事信托。[①]

行为说认为，民事信托和商事信托的区别在于受托人接受信托之行为是否具有营业性或者说是否以营业为目的。依此学说，商事信托是受托人以营业为目的而接受的信托，相反，民事信托的受托人接受信托并非以营业为目的。[②]

受托人身份说认为，民事信托和商事信托的分别在于受托人是否专门经营信托业务，与委托人、信托目的等因素均无直接关系。委托人为自己和他人的利益，委托普通的自然人（如自己的亲朋好友）为受托人从事一般民事活动而设立的信托，是民事信托，也可以称为非营业信托。委托人为了自己和他人的利益，委托专门经营信托业务的商业机构（包括银行和证券公司等从事信托业务的金融机构）担任受托人从事商业活动而设立的信托，即属商事信托。[③] 在英美信托实践中，还有一些信托是以律师、会计师等专业人士为受托人的，依此理论，这些信托也属于商事信托，因为律师、会计师等均属于特殊领域的专门执业人员，在一定意义上具有商事行为的性质，需要规范和管理。[④]

[①]　参见谢哲胜《信托法》，元照出版公司，2007，第 50 页；潘秀菊《信托法之实用权益》，永然文化出版股份有限公司，2003，第 92 页；徐孟洲主编《信托法》，法律出版社，2006，第 49 页。

[②]　参见中野正俊、张军建《信托法》，中国方正出版社，2004，第 36 页；赖源河、王志诚《现代信托法论》，中国政法大学出版社，2002，第 39 页。

[③]　参见周玉华主编《信托法学》，中国政法大学出版社，2001，第 43 页；何宝玉《信托法原理研究》，中国政法大学出版社，2005，第 26 页。

[④]　不过对于这种信托，有学者倾向于认定其为非商事信托。因为律师或会计师事务所对其客户所提供的信托服务，往往是专业服务之外的附带服务，通常时间较短，亦不以专业理财为重心。方嘉麟：《利害关系人交易问题探讨——兼论信托财产运用之限制》，《月旦法学杂志》2002 年 11 月号。陈春山：《信托及信托法专论》，台北金融研训院，2000，第 135 页。

比较而言，笔者以为，以行为作为划分民事信托和商事信托的界限更具有合理性。其理由如下。首先，目的说没有分清信托目的和委托人目的，信托目的并不当然等于委托人目的。信托的基本原则是，信托总是为了受益人的利益而设立，但是往往委托人与受益人之间还会存在利益冲突。① 究竟以谁的目的为准来划定民、商事信托的分界线？比如，在中国内地的证券投资基金中，信托的目的是为了从事商业经营，而委托人即投资者的目的却往往是为了个人或家庭的利益，如果以信托目的来判定，则证券投资基金必然为商事信托，若采用委托人的目的作为判断的标准，则可能产生认定其为民事信托的误解。因此，这一学说无法清楚地说明民事信托和商事信托的区别。其次，虽然商事信托的受托人往往是具有专业资格的金融信托业机构，但是，对于一些由于客观条件的限制无法明确定性的信托业务，采用受托人身份说可能会面临现实的困难。比如，我国银监会颁布的《信托公司管理办法》② 第2条规定，其所谓信托公司，是指依照公司法和该办法设立的主要经营信托业务的金融机构。其所谓信托业务，是指信托公司以营业和收取报酬为目的，以受托人身份承诺信托和处理信托事务的经营行为。而我国是采取金融业分业经营、分业监管的国家，我国的法律又没有规定商业银行、证券公司、保险公司等其他金融机构可以经营信托业务，③ 根据这样的规定，在我国若采取受托人身份说则只有信托公司作为受托人的信托才可以被认定为商事信托。

对于目前我国信托公司开展的一项主要业务——集合资金信托，银监会还专门颁布了一部具有信托业法性质的规章即《信托公司集合

---

① 比如说在企业年金信托中，委托人即企业往往希望用信托基金来购买本企业的股票以稳定本企业的经营，但是受益人却不希望将信托财产如此运作。因为一旦企业破产，信托财产也会受到拖累。

② 参见中国银行业监督管理委员会〔2007〕2号令。

③ 参见《中华人民共和国保险法》第104条，《中华人民共和国商业银行法》第3条、第43条，《中华人民共和国证券法》第131条。

资金信托计划管理办法》。① 根据《商业银行个人理财业务管理暂行办法》,② 我国商业银行可以开展个人理财业务;根据《关于证券公司开展集合资产管理业务有关问题的通知》证券公司可以进行集合理财业务,③ 而所谓的"个人理财"与"集合理财"与信托公司的"集合资金信托计划"并无本质区别,产品设计原理和受托人责任几乎完全相同,其制度架构全部为信托型,符合我国《信托法》对于信托的定义。④ 但是囿于我国分业经营的金融政策,除信托公司外,其他主体从事的信托业务都不约而同地对"信托"这个概念避而不谈。如果根据受托人身份说,商业银行和证券公司的理财计划就不能被认定为商事信托,那么它们在法律上究竟如何认定?是代理?委托?还是其他法律关系?仔细辨析之,除了信托之外的其他任何法律制度均无法准确阐释其制度内部架构,若仅因为其受托人身份并非我国法规认定的信托业务机构,从而否定这些理财计划的信托属性,就无法正确地认清其法律本质。

综上分析,笔者认为只有行为说才能较为准确地揭示商事信托的本质。据此,若受托人接受信托是以营业为目的,则为商事信托,否则即为民事信托。以此标准,上述"个人理财"与"集合理财"中,产品设计的内部架构均为委托人(一般也是受益人)将一定的金钱财产转移给银行或者券商受托人,由该受托人为了受益人的利益而独立管理财产并将所得的收益交给受益人,这是典型的信托架构。银行或者券商接受这种委托是以营利为目的的持续性的商行为,完全符合商事行为的一般性特征。

与传统的民事信托相比,"商事信托最为重要的内容在于其管理

---

① 参见中国银行业监督管理委员会〔2007〕3 号令。
② 参见中国银行业监督管理委员会〔2005〕2 号令。
③ 参见证监机构字〔2004〕140 号。2006 年中国证券业监督管理委员会《证券公司集合资产管理业务实施细则》已经向社会公开征求意见。
④ 参见《中国信托业发展报告 2006》,中国经济出版社,2007,第 237～239 页。

机制的组织化特征。"① 具体而言，商事信托正是通过商业性设计，由受托机构负责管理信托资金或者执行信托事务，受益人则享有类似于投资其他企业模式所获得的利益。商事信托区别于民事信托的最为重要的一点也在于其组织法性质，具体体现为以下四个方面。

第一，商事信托的设定并不以信托财产的现实存在为前提。商事信托往往以商业性制度架构为前提，旨在通过相应的制度设计，使受托机构取得委托人（往往也是受益人）投资的资金，并由受托机构从事资产管理，使闲散的资金汇集起来投向资金需求较强的行业，这也是许多国家引入商事信托的初衷；② 而民事信托的设定则一般要求信托财产已经现实存在并发生移转。

第二，商事信托中受益人（往往与委托人是合一的，即投资者）取得受益权，一般均属于有偿取得。具体来说，与传统英美法中的民事信托（非营业信托）相比，商事信托产生于商事组织建立的需要，通过发挥财产转移与财产管理、资金融通、资本积聚和社会福利等方面的功能，实现财产增值的目的。③ 这就使得营利性成为商事信托的基本特点。受托人管理信托财产以有偿为原则、无偿为例外，④ 而受托人的所得即为受益人取得受益权支付的对价。如前所述，民事信托一直是作为财产无偿转让的手段而存在的，受托人往往被视为一个"导管"，受益人的受益权的来源主要是委托人，受益人只是一种"荣誉性的角色"（honorary positions），若为他益信托，则民事信托通常被视为一种赠与，受托人通常是无偿的；若为自益信托，则民事信托的受托人也不会收取报酬，只会从信托财产中支付由于管理而产生的费用。因此，其受益人取得受益权一般均不需要付出对价，这也正是英

---

① 王文宇：《信托法原理与信托业法制》，《月旦法学杂志》2000 年 10 月号。
② 参见霍津义主编《中国信托业理论与实务研究》，天津人民出版社，2003，第 41 页。
③ 参见陈开琦《信托业的理论与实践及其法律保障》，四川大学出版社，2001，第 24 ~ 31 页。
④ 无偿的商事信托往往只发生在受托人与委托人间存在多个信托的情况下，其中的部分信托没有收费，但是从总体上看受托人提供的还是有偿服务。

美国家长期以来一直将信托法视为无偿转让法的一个分支的原因。

第三，民事信托比商事信托更强调对委托人意愿的尊重。民事信托中除了反永续原则（ruleagainst perpetuities）等特殊情况外，① 委托人拥有在法律允许的范围内根据自己的意愿设计信托条款的自由。而与民事信托重视委托人的意思相比较，商事信托更为重视投资人的需求以及金融市场的实际情况。② 具体而言，商事信托必须视金融市场的实际状况或投资人的需求而定，而非单凭委托人或受托人的意思而定。在商事信托中，这一意思有时由委托人作出（如一般的证券投资信托），有时由受托人作出（如投资型单位信托），有时又由委托人和受托人共同作出（如金融资产证券化中的特殊目的信托）。

第四，在商事信托中，委托人和受益人的利益受到特别保护。虽然，在民事信托中，受益人的权益也受到受信义务的完整保护，但是，在商事信托中，信托机构是信托产品和信托服务的提供者，而广大的信托业需求者即委托人和受益人则是这些产品的消费者和投资者。可以这么说，现代信托业法治框架的一个基本职能就是要充分保护信托产品的消费者也即广大投资者的利益。信托业的法律体系，其实是另一类"消费者权益保护法"，即金融消费者保护法。③ 例如一般信托法中，受托人违反受信义务，应对受益人或委托人负损害赔偿义务，但若受托人破产或者有其他支付困难的情形产生，则不利于投资者利益的保护。故信托业法中可以规定信托业者应提存赔偿准备金。④ 为了让投资者更清楚地了解受托人的情况，信托业法往往还规定了信托公

---

① 这种特殊情况还包括由于税法上的考量，不可撤销的合同信托的委托人不能在信托条款中为自己保留控制信托的权利，参见 Richard B. Stephensetal.，*Federal Estate and Gift Taxation*，p. 1. 02〔2〕〔b〕（8th ed. 2002）。
② 参见王志诚《跨越民事信托与商事信托之法理——以特殊目的信托法制为中心》，《政大法学评论》第68期。
③ 参见孙飞《信托治理优化论》，中国经济出版社，2005，第28页。
④ 参见我国台湾地区"信托业法"第34条第1项。

司的信息披露义务。① 民事信托中则无此类制度。

二　商事信托法的现代发展

对于信托的起源，学者有不同的见解，目前大约可以分为四种：日耳曼法说、② 伊斯兰法说、③ 罗马法说④和英国法说。⑤ 除了伊斯兰法说是为了宗教目的而设立信托之外，其余三种都是为了现实的世俗化目的而成立信托。日耳曼法说和罗马法说主要是为了遗产继承方面的需要，为了克服委托人或者受益人能力方面的不足而设立信托。而目前绝大部分学者公认的信托的起源地英国，最早设立信托则是因为委托人和受益人要逃避土地上所附随的封建义务或者战败土地被没收的风险而将土地或者其他不动产转移给受托人所有，受托人仅仅是持有土地并在得到指示的时候将土地的所有权移转给受益人，受益人往往就在这块土地上生活，享受土地带来的一切收益。⑥ 可见，从信托的起源上来看，信托的设立都是为了私人的目的（逃避义务或者遗产继承），而没有商业因素的存在。

---

①　参见我国台湾地区"信托业法"第 41 条、第 22 条第 2 项等。

②　这种学说认为日耳曼法上具体的、无排他性、没有绝对性的物权观念蕴含着中世纪产生用益制度及后来英美法产生信托制度的可能性。参见谢哲胜《信托法》，元照出版公司，2007，第 50 页；潘秀菊《信托法之实用权益》，永然文化出版股份有限公司，2003，第 26 页；李宜琛《日耳曼法概说》，商务印书馆，1943，第 98~100 页。

③　这种学说以 Wigmore 教授所主张的 wakf 说为代表。所谓 wakf，是指委托人将其财产的所有权转移给神祇，而指定受托人为公益或特定人的利益以管理财产的法律行为。赖源河、王志诚《现代信托法论》，中国政法大学出版社，2002，第 2 页；参见谢哲胜《信托法》，元照出版公司，2007，第 50 页；潘秀菊《信托法之实用权益》，永然文化出版股份有限公司，2003，第 26 页。

④　这种学说认为信托起源于罗马法中的遗产信托（fidei commissum）。所谓遗产信托是指遗嘱人以遗产的全部、一部或特定物委托其继承人（即受托人），在他死后移转于指定的第三人（受益人）。参见唐义虎《信托财产权利研究》，中国政法大学出版社，2005，第 8 页。

⑤　这也是目前学界的通说。此说认为信托起源于英国的用益（USE）制度。用益设计的结构是：甲将自己的财产转移给乙，由乙为丙的利益管理处分该财产。参见周小明《信托制度比较法研究》，法律出版社，1996，第 77 页。

⑥　参见 Michael R. Houston, Estate of Wall v. Commissioner, "An Answer to The Problem of Settlor Standing in Trust Law?" 99 *Nw. U. L. Rev.*, 1723, 2005, p. 1733。

英国最早的信托是个人承办的。当时随着英国经济的发展出现一些特殊需要，如单身妇人、孤儿的财产管理，遗嘱的执行和管理以及资助公益事业的财产管理等，推举有地位和可信赖的人士充当受托人管理财产。① 早先受托人不收取任何报酬。1906 年和 1907 年英国政府分别颁布了《官营受托局条例》和《官营受托局收费章程》，② 1908 年英国成立"官营受托局"，实行以法人身份依靠国家经费来受理信托业务。例如，管理小额信托财产，保管有价证券及重要文件，办理遗嘱或契约委托事项等。这种方式虽收取报酬，但受托业务范围狭窄。当时，主要为参加战争的英国军人提供方便，办理遗嘱信托，不以营利为目的，虽然按商业原则经营，但本质上仍是政府机关。尽管官营受托局在当时的英国信托业中居重要地位，但因英国工业革命后生产突飞猛进，社会上出现了大批富人，他们对财产的管理和运用有了更多的要求，传统民事信托中开始出现了商事信托的种子，伦敦出现了私营信托机构，③ 英国的信托业进入了盈利阶段。在当今的英国社会，主流的信托形式仍然为民事信托，在受托人方面，英国信托发展过程中的受托主体有三种，即个人、官选个人和法人，个人承受的业务量占 80% 以上，而法人受托则不到 20%。④

英国至今还没有统一的信托法，但 2000 年的《受托人法》在原有的《受托人条例》和《受托人投资法》的基础上进行了完善，对受托人的行事原则、投资权限和衡量投资的标准、代理人和保管人的任命以及受托人报酬的收取等方面都作出了原则性的指导。为了更好地指导信托业务的开展，英国在涉及信托行为的金融活动法律中都做了相应规范，如《信托投资法案》、《信托土地法案》、《土地信托和任命

---

① 参见孙飞《信托治理优化论》，中国经济出版社，2005，第 127 页。
② 也译作《公共受托人法》，参见余辉《英国信托法：起源、发展及其影响》，清华大学出版社，2007，第 131 页。
③ 参见 RPM Meagher and WMC Gummon, Jacobs Law of Trustees, Butterworths, 13th edition., Sydney, 1986。
④ 参见孙飞《信托治理优化论》，中国经济出版社，2005，第 127 页。

受托人法案》、《金融服务与市场法案》以及《养老金法案》等都有规范信托业务发展的内容。根据《2000 年金融服务与市场法案》，金融服务局通过授权、调查、取消资格等方式，对信托公司以及信托业的从业人员和法人进行直接监管。此外，英国金融服务局也通过颁布各种法规来规范信托市场各参与方的行为，如《商业行为规则》、《集体投资计划参考手册》和《开放式投资公司规则》等。

17 世纪以后，随着英国移民潮涌入美国，信托制度也随之被引入美国。但是，在美国，不存在类似英国的利用民事信托制度的社会背景，受托人纯粹是为了谋利而接受信托，故美国的信托制度发展呈现与英国不同的景象。虽然美国采纳英国的法律传统也将信托法作为财产无偿转让法的分支，但这与美国的信托实务是脱节的，在美国大多数的信托行为都有其商业目的，而非无偿转让。商事信托掌握了全美国约 90% 的信托资产。[1] 而居美国前 100 位的大银行管理的信托财产占美国信托财产的 80% 左右。[2] 美国的民事信托也仍然在发展，美国西北大学教授 Robert H. Sikoff 和 Max Schanzenbach 根据银行、信托公司等金融机构公布的数据研究发现：在美国已经施行信托非永久存续法（Uniform Statutory Rule Against Perpetuities 1986）的 20 个州中，有超过 1000 亿美元的资产在个人信托的管理之下，占金融机构持有的民事信托总量的 10%。[3]

美国目前没有单独的关于信托业的全国性法律，而是由各州立法对信托业进行规制。信托机构在开展信托业务的过程中，具体的信托业务会受到相应的联邦法律的制约，如《1913 年联邦储备银行法》《1933 年格拉斯·斯蒂格尔法案》《1934 年证券交易法》《1940 年投资顾问法》《1974 年雇员退休收入保障法》《1982 年加恩·圣日耳曼

---

① See John H. Langbein, The Secret Life of the Trust: The Trust as an Instrument of Commerce.
② 也译作《公共受托人法》，参见余辉《英国信托法：起源、发展及其影响》，清华大学出版社，2007，第 165 页。
③ 转引自《中国信托业发展报告 2006》，中国经济出版社，2007，第 181 页。

法》《1986 年美国国家税收法典（修订）》《1998 年金融服务业法案》
《1999 年金融服务现代化法》等。

美国全国统一各州法律委员会为了解决信托法律规定多而分散的
问题，通过积极努力，向各州提供了多项统一信托成文法规草案，包
括《统一信托法》《统一遗嘱认证法典》《统一受托人权力法》《统一
受托人法》《统一审慎投资人法》《统一本金及收入法》《统一托管信
托法》《统一向未成年遗赠法》《统一公益目的受托人监督法》《统一
信托证券转让简化法》《统一遗嘱信托法》《统一禁止永占全成文规
则》等，建议各州采用或据此制定各自的信托法律。其中《统一信托
法》（the Uniform Trust Code，UTC）为各州存在分歧的信托法律问题
提供了统一规则，作为一部缺省法（default rule），只适用于明示信
托，主要旨在调整遗产计划或其他赠与情况下产生的信托法律关系，
几乎没有涉及商事信托。①

作为大陆法系第一个引入信托法的国家——日本，从一开始就是
将信托作为一种金融工具从英美法系移植过来的。由于日本没有信托
的历史传统，并且直接引进了在美国发展起来的商事信托制度，所以，
一般都认为日本的信托全部属于商事信托，民事信托制度几乎没有得
到运用。在日本，虽然也存在一些民间团体作为公益信托的受托人而
设立的信托，但从表面上看，这些信托确实不存在类似英国民事信托
的特征，并且，英美法所承认的所谓宣言信托，在日本也得不到法律
的承认。② 但是，从裁判所的判例来看，可以称得上民事信托的判例
却随处可见。③ 从这个意义上讲，可以说在日本还是存在民事信托的。

---

① 《统一信托法》主要的蓝本是《信托法重述》（以下简称"《重述》"）。《信托法重述》
（第二版）也没有提到商事信托。Langbein 教授认为这主要是由于《重述》的报告人
Austin W. Scott 对商事信托的排斥，Scott 固执地认为信托只是一种赠与，而不是交易。参
见 John H. Langbein, The Secret Life of the Trust: The Trust as an Instrument of Commerce,
p. 167。
② 参见〔日〕中野正俊《中国民事信托发展的可能性》，《法学》2005 年第 1 期。
③ 参见〔日〕中野正俊《从判例看民事信托》，《信托法研究》29 号，第 1 页。

只不过民事信托由于其性质上的原因，与商事信托相比，在判例中没有明显地表现出来而已。

　　1922 年日本颁布的《信托法》和《信托业法》奠定了日本信托业发展的基本制度框架，并实现了信托业务与银行业务的分离。之后几十年中，围绕金融混业和分业经营的问题，陆续出现了一批规范信托业务的法律法规，如 1943 年通过的《关于普通银行兼营信托业务的法律》、1948 年的《证券交易法》、1998 年的《金融体制改革法》等。

　　1952 年日本制定了《贷款信托法》，创设贷款信托，以便为资源开发和产业发展提供长期资金。根据 1962 年《法人税法》和 1965 年《福利养老金保险法》，日本信托银行开办年金信托业务，2001 年实施的《确定缴款年金法》允许信托银行受托管理确定缴纳年金计划。在 1998 年公布的《金融体系改革法》、2000 年修订的《资产流动化法》和《证券投资信托及证券投资法人法》中，对投资信托制度进行了重大修改，对投资信托形式、发行方式、行业准入资格、信托资产投资范围等作了新的规定。① 2000 年施行的《资产流动化法》中创设了特定目的信托制度，规定了特定目的信托业务的申报、受益权转让、权利人的权利内容及行使方式等内容。此外，日本对于不动产信托、遗嘱信托、公益信托、特定赠与信托以及信托银行兼营业务等都作了相应的法律规定。

　　由于韩国和我国台湾地区的信托法在很大程度上是对日本信托法的引入，故而在韩国和我国台湾地区民事信托亦非常少见，而商事信托同样占据了主流地位。1961 年韩国制定了《信托法》和《信托业法》，1969 年又推出了《证券投资信托法》。我国台湾地区开展信托业务要适用 1931 年颁布的《银行法》、1970 年颁布的《信托投资公司设立申请审核原则》、1973 年颁布的《信托投资公司管理规则》。1974

---

① 参见中诚信托课题组《中外信托公司经营环境比较研究》，http：//www. trustlaws. net/studyLIst/list. asp？SelectID＝1031&ClassID＝9，2007 年 12 月 5 日访问。

年颁布的《信托投资公司管理办法》对信托主体及运作加以规范，1984 年我国台湾地区颁布投资基金的有关法规，形成信托特别法，但一般信托法则是经过几十年信托实践后，才于 1995 年年底出台了《信托法》，随后又颁布了《信托业法》，对信托经营者加以规范。

其他一些大陆法系国家和地区虽然未引入英美的信托法和信托制度，但是商事信托却对其产生了深刻的影响。如瑞士在 20 世纪 30 年代就开始发展商事信托如投资信托和不动产信托。而意大利、法国、德国等也纷纷制定法律如证券投资基金法等来保护商事信托财产不受追索。①

我国继受商事信托肇始于 19 世纪末 20 世纪初，1919 年聚兴城银行上海分行设立信托部，从事信托业务，这是中国历史上第一个信托部，可以说是中国现代信托业的发端。1921 年 8 月 21 日，上海通易信托公司成立，信托公司开始登上中国舞台，并得到很快发展。这一阶段，信托机构侧重于经营房地产和证券业务，有的还兼营保险业务，都是纯粹的商事活动，民事信托和公益信托基本不存在。② 改革开放后，我国开始重建信托市场，但由于创立初期，其业务经营范围没有核心的方向，从而导致中国信托业长期以来一直推行"高度银行化的混业经营模式"，致使本业严重缺位。2007 年年初，银监会发布了《信托公司资金信托业务管理暂行办法》③ 和《信托公司管理办法》，④ 使我国的信托从金融工具回归到信托的本质——财产管理工具。因此，从我国信托业的发展路径来看，未曾有民事信托的一席之地。

目前，我国的信托市场上，证券投资基金业已经逐渐形成一个独立行业且发展很快。其余的主流信托产品是商事信托中的资金信托，

---

① 参见陈雪萍《信托在商事领域发展的制度空间——角色转换和制度创新》，中国法制出版社，2006，第 255～256 页。

② 参见周小明《信托制度比较法研究》，法律出版社，1996，第 178～179 页

③ 参见中国银行业监督管理委员会〔2007〕3 号令。

④ 参见中国银行业监督管理委员会〔2007〕2 号令。

这是一种委托人将一定的财产（主要是金钱）转移给专门的职业性受托人（信托公司、银行或者券商），委托其为了受益人的利益而从事财产管理以获取增值利润的行为。信托公司、银行或者券商接受这样的委托是为了赚取管理费。信托公司以专业从事受托业务为营业，而银行或者券商的相关从事理财业务的部门接受委托也是一种持续性的经营活动，尽管其在法律法规方面可能还存在一些灰色地带。目前，我国的房地产信托也有一定的推动，但是由于房地产市场的高风险性、高度的政策敏感性，进展还很缓慢。而民事信托如子女教育信托、抚养信托、赡养信托、生活护理信托、遗产信托等信托产品还处于起步阶段，但是由于民众对于信托理念的缺乏、社会信用环境差、信托税收和登记制度的缺失等，民事信托在我国形成规模还需要相当长的时间。[①] 在信托领域的立法方面，我国于 2001 年颁布了《中华人民共和国信托法》（简称《信托法》），这是信托活动的基本法。2003 年颁布的《证券投资基金法》是信托业的特别法，但是我国还没有统一的信托业法。2007 年，银监会虽因经济生活中资金信托占据了信托业务的绝大多数的现状发布了《信托公司集合资金信托计划管理办法》[②]和《信托公司管理办法》，[③] 可以发挥信托业法的部分功能，但是立法的层级较低，权威性不足。在信托法律体系上难谓健全。

三　信托制度与现代商行为的内在契合

当今社会，商事信托由于其资产规模巨大且横跨货币、资本、产业三大市场，而且作为一种组织形式在很多商事领域与公司、合伙等企业形式形成了强有力的竞争关系。商事信托已经成为现代国家的四大金融支柱之一，在世界范围内，采信托架构的基金占据了主导地位。

---

① 参见《中国信托业发展报告 2006》，中国经济出版社，2007，第 170～179 页。

② 参见中国银行业监督管理委员会〔2007〕3 号令。

③ 参见中国银行业监督管理委员会〔2007〕2 号令。

商事信托出现的历史不过百年，是什么原因使其对一个国家乃至世界的经济生活产生如此深刻的影响？归根结底，取决于信托的内在特性。

第一，信托的设立和运营简单方便。在普通法系，信托的设立非常方便，仅需委托人有设立信托的意思即可，衡平法注重委托人的意图而不追求形式，对设立信托的具体方式采取宽容的态度，只要能够表明委托人设立信托的意图即可，不管采取什么形式，遗嘱、契据、合同、行为等方式均可以设立信托，甚至委托人的一句话、一个便条都可以有效的设立一项信托，[①] 衡平法院均予以承认。大陆法系信托法普遍承认以合同、遗嘱等形式设立信托。但日本、韩国未限定信托合同必须采取书面形式，我国《信托法》第 8 条则规定设立信托必须采取书面形式，同时各国信托法均规定以依法应当办理登记、注册的财产设立信托的，应当办理登记或注册。相对而言，公司的设立，尤其是股份有限公司的设立是一个涉及公法、私法和实体法、程序法等诸多领域的法律关系和问题的复杂过程。

而在信托和公司的运营方面，这种对比则更加明显。首先，在公司的内部治理结构上，信托无须像公司一样成立董事会、监事会以及股东大会等法定机构，同时公司的这些机构的产生和运作必须经过法定程序，如董事会必须经过专门召开的股东大会选举产生。而商事信托中不存在这样的强行规定，与公司相比，商事信托的组织形式耗费的代理成本及其他成本相对较低。其次，公司增加股东数目和增加股份数量以及数额时一般需要经过股东大会通过，而商事信托中则不存在类似要求。尤其是开放型投资基金中，由于基金份额可以比较自由的申购和赎回，信托资产和委托人随时在变化。所以商事信托中与会议相关的成本相应降低。[②] 最后，在剩余索取权人的权利方面，公司

---

① 参见何宝玉《信托法原理研究》，中国政法大学出版社，2005，第 83 页。

② 参见 Philip H. Newmanetal, *Legal Considerationsin Selecting the Form and Jurisdiction of Organization of a Mutual Fund*, A. L. I. – A. B. A., Continuing Legal Educ., May 11, 1995, pp. 21, p. 23。

的剩余索取权人（即股东）有权选举和开除公司董事，并能够参与公司重大事务的决定；因此董事会在进行公司决策的时候不能摆脱股东的影响。而信托的受益人并不能控制信托财产的管理，信托的受托人有相当大的自由裁量权，处理信托财产的管理事务时顾虑较少。因此，有学者指出，"即使是最自由的商事公司法也不可能实现信托关系所具有的组织结构上的灵活性"。[①]

第二，信托治理规则独特。对于投资人来说，选择了"信托"这个标签，就意味着"受信义务（fiduciary duty）"的自动适用。受托人为了管理信托财产，必须具备许多项权力，尤其是自由裁量的权力，但是这些权力的行使必须受到受信义务的制约。受信义务由两部分构成：忠实义务（duty of loyalty）和勤勉义务（duty of diligence）。[②] 忠实义务意味着受托人必须为了委托人和受益人的利益从事，要尽量避免利益冲突交易。在存在多位受益人的场合，受托人还负有公平对待的义务（duty of impartially），受托人不能为了一部分受益人的利益而侵害另一部分受益人的利益。这样就可以避免公司实务中控制股东对小股东的欺压状况的发生。勤勉义务意味着受托人管理信托财产必须像处理自己的事务一样尽责。在信托法发达的普通法系国家，信托法下的受信义务已经发展出一套细致而成熟的规则，现在公司法上所讨论的受信义务亦是从信托法演化而来。[③] 投资者选用商事信托的企业模式，即无须在合同或章程中一一规定这些规则的内容。

同时，信托的内部治理结构也和公司不一样。信托中的受托人独立于委托人和受益人，而不像公司中董事会由股东会选举产生故而常常将股东的利益置于债权人的利益之上。股东设立公司的目的是追求

---

① Henry Hansmann & Ugo Mattei, "The Functions of Trust Law: A Comparative Legal and Economic Analysis", *New York University Law Review*, May, 1998.

② 一般情况下受信义务分为"忠实义务"和"注意义务"（duty of care），但我国法律使用的是"勤勉义务"，"注意义务"与"勤勉义务"可作同意解释。

③ 参见 Harold Marsh, Jr., "Are Directors Trustees? Conflicts of Interest and Corporate Morality", 22 *Bus. Law* 35, 1966。

投资回报的最大化，因而可能要求董事会冒比较大的商业风险来追求高回报率。但是这样做的后果可能是使公司的责任财产减少，伤害了公司债权人的利益。而在信托中，受托人可以用信托财产进行投资的种类、范围、方式都受到《谨慎投资人法》等法律的限定，信托财产的管理风格也以稳健、谨慎为主，不会迎合投资人追求高风险高回报的要求，所以不会造成剩余索取权人和债权人之间的利益冲突。以美国为例，资产证券化中的特殊目的机构（SPV）可以采取公司形式也可以采取信托形式。但是债权人担心，若采取公司架构，可能 SPV 的董事会在经营不善的情况下为了减少股东的损失不顾债权人的付款请求而申请 SPV 破产。[①] 美国的银行不属于联邦破产法的调整范围，在 SPV 破产的情况下，银行的利益可能无法得到保障。所以通常情况下，涉及银行的资产证券化会选择信托形式的 SPV。[②]

第三，信托有税收上的优惠。税收上的优惠对待一直是信托作为商业工具得到极大发展的主要动力之一，其根本原因在于，信托制度的灵活多变的特性非常适合避免税费和监管。在世界各国，用信托进行避税是一种普遍现象。[③] 在很多国家和地区信托也有着税收上的巨大优势。[④]

如在美国，由于其所得税采用的是独立税制，因此相对于信托，公司组织面临着双重课税的问题，即作为法人组织的公司必须缴纳营业税（entity-leveltax），同时公司股东就其所得分配的股利也必须缴纳个人所得税，这必然会造成交易成本的提高。而依照信托原理，受托人对信托财产仅享有名义上的所有权（nominal ownership），受益人才

---

① 参见 Steven L. Schwarcz，"Rethinking a Corporation's Obligations to Creditors"，17 *Cardozo L. Rev.*，647，1996，p. 684。

② 参见 Steven L. Schwarcz，"Commercial Trusts as Business Organizations: An Invitationto Comparatists"，*Duke J. of Comp. & Int'l L*，2003，p. 335。

③ 参见张建棣《信托收益所得税法律制度研究》，中国政法大学 2002 年博士论文，第17 页。

④ 参见 Richard Edwards & Nigel Stockwell，*Trusts and Equity*（5th edition），London：Pearson Education Limited，2002，p. 54。

是信托财产的真正所有人，因此使用信托形式从事商事活动可以在一定范围内免除法人实体层面上的税务负担。[①]

日本遵从"一元所有权"原则。为消除信托财产上与其存在的法律冲突，日本信托税制主要遵循导管原则，即将信托视为所得流动的导管，由受益人负有最终纳税义务。在受益人享有财产绝对收益权的情况下，各种与信托相关的纳税义务均由受益人承担。[②]

我国台湾地区"金融资产证券化条例"第 38 条规定，因移转资产而产生的印花税、契税及营业税，除受托机构处分不动产时应缴纳之契税外，一律免征；不动产、不动产抵押权、应登记之动产及各项担保物权之变更登记，得凭主管机关之证明向登记主管机关申请办理登记，免缴纳登记规费；因实行抵押权而取得土地者，其办理变更登记，免附土地增值税完税证明，移转时应缴税额依法仍由原土地所有权人负担。受托机构依资产信托证券化计划，将其信托财产让与其他特殊目的公司时，其资产移转之登记及各项税捐，准用之。因此，对于商事从业者来说，税收上的诱惑是其采用信托型商事组织的一个重要诱因，其可以利用特殊的税收政策达到资产最大化以及资金周转率提高的目的。[③]

第四，信托具有破产隔离功能。所谓"破产隔离"（bankruptcy-remote），是指在委托人或受托人支付不能或破产时，受益人仍然能够就信托财产保持其受益，可以对抗委托人和受托人的普通债权人。这

---

① 关于信托纳税义务的理论主要有两种：信托应税实体理论和信托导管理论。应税实体理论认为信托拥有独立的法律人格，因此应对信托本身独立课税。在这种情况下，受托人被视为与受托资产相分离的自然人实体，信托所得税的计算不因受托人个人纳税地位和受托人的变更而改变，而受益人从信托获取的收益可以不纳税。导管理论则认为信托只是作为委托人和受益人之间单纯的财产输送管道，应由受益人对信托财产带来的纳税责任承担义务，委托人和受托人作为利益的传输媒介不予课税，参见李青云《信托税收政策与制度研究》，中国税务出版社，2006，第 93 页。

② 参见李青云《信托税收政策与制度研究》，中国税务出版社，2006，第 180 页。

③ 一般企业的投资所得必须在支付完税款之后才能继续用来再投资。而在一些免于征收资本利得税和所得税的商事信托中，投资所得的资本可以立即再用来进行投资，故资金的周转率会大为提高。

项功能是由信托财产的闭锁性和信托财产的拟人性决定的。依照信托的基本结构，信托一旦设立，委托人除在信托文件中保留相应权限外，即退出了信托关系。信托财产独立于委托人、受托人和受益人而存在，委托人和受托人的债权人不得追及，在一些情况下，受益人的债权人也不得追及受益人的受益权，如浪费者信托和保护信托等。而受托人的更换或者缺位对信托财产的运行都不产生影响。因此，虽然在目前立法上，信托财产没有独立的人格，但它常常独立化运作，[①] 此即信托财产的闭锁性和拟人性。

信托的这项机能对于其在金融领域的发展起到了关键性作用，可以避免或者减弱金融业的系统风险。当创始机构将金融资产设定信托于受托机构时，如果创始机构（委托人）破产，委托人的债权人对于信托财产不得强制执行。这样，金融资产的受托机构就与创始机构的破产风险相互隔离，使资产组合的偿付能力与原始权益人的资信能力分隔，从而不至于影响到购买该金融资产的投资者。同样，在受托人破产的情形下，由于受托人是为受益人的利益而管理、处分信托财产，所以无论其本人或其债权人均不得对信托财产有所主张，即信托财产亦不得用以清偿其对受托人的债权人的债务。所以投资者亦不受受托人破产的影响。

破产隔离的重要性在于隔离原资产持有者可能发生的信用风险或破产风险，使其不至于影响到该资产的投资人。反之，它也同样隔离了该资产发生的风险，使其不致影响到原持有者。在更广的意义上，破产隔离的法律设计，使该信托本身彻底摆脱了信托目的以外的其他因素的干扰，从而能够以拟人化的方式独立存续，进而贯彻其原有的目的。

四　商事信托法和商事公司法的互动

由于信托具有上述四个方面的独特性，信托型商事组织模式在世

---

① 参见方嘉麟《信托法制理论与实务》，中国政法大学出版社，2004，第30~31页。

界范围内运用得越来越多。但是信托法并不是一个一成不变的体系，在商事信托与公司竞争的过程中，信托法与公司法也经历了一个互相竞争、互相影响和互相转化的过程。以下以美国法为例说明之。

第一，信托法对公司法的影响。在 20 世纪 80 年代，美国马里兰州修正了其公司法，允许投资公司模仿商事信托灵活的治理结构，可以在章程中规定取消股东会。80 年代末的一个调查表明，有一半新设立的共同基金采取了信托形式，另外有 28% 按照马里兰州公司法组建，[①] 可见商事信托中的制度创新被吸收到了公司法中。

第二，公司法对信托法的影响。传统英美信托法的受托人忠实义务规范奉行单一利益原则（sole interest rule），要求受托人只为受益人的利益管理信托，而不得为自身谋取利益。单一利益原则被视为信托法的基本原则，[②] 不仅为英美法律所接受，而且为世界各国和地区信托法所接受。

2005 年耶鲁大学法学院 John H. Langbein 教授就对传统信托法忠实义务的单一利益原则提出了质疑，指出与单一利益原则确立时的情况相比，社会环境已经有了深刻的变化，单一利益原则显示出明显的不合理性。Langbein 教授认为，公司法中处理管理者利益冲突交易的方法为信托法的单一利益原则提供了有益的借鉴。[③]

起初，公司法吸收了信托法的单一利益原则，不考虑交易的公平性直接认定管理者个人与公司的交易是无效的，从 19 世纪晚期开始，公司法认为如果交易是公平的，则即使该交易未获得无利害关系的股东认可，也可以允许其成立；而如果交易根据公平程序获得无利害关系的股东许可，则通常会对交易进行程度更轻的审查，即有条件地承

---

① 参见 Sheldon A. Jonesetal.，"The Massachusetts Business Trust and Registered Investment Companies"，13 *Del. J. Corp. L.* 422，1988。

② 参见 George Gleason Bogert & George Taylor Bogert，*The Law of Trusts And Trustees*，§543，1993，p. 217。

③ 参见 John H. Langbein，"Questioning the Trust Law Duty of Loyalty: Sole Interest or Best Interest?" 114 *Yale. L. J.*，2005。

认利益冲突交易的有效性。① 美国法律学会的《公司治理原则》中放弃使用忠实义务（duty of loyalty）条款，② 转而使用公平交易义务（duty of fair dealing）条款。③ 现代公司法关于管理者与公司的交易强调三项原则。其一，进行交易的管理者必须披露冲突交易及所有重要信息。④ 其二，是否批准该项交易由其他管理者作出决定。⑤ 其三，作出决定的管理者要考察交易对公司是否公平。⑥ 如未遵守上述程序导致诉讼，进行冲突交易的管理者要承担证明交易公平的举证责任。⑦

Langbein 教授认为，信托法单一利益原则绝对禁止冲突交易使得信托丧失了很多有利的交易机会从而给受益人造成了损失。在此基础上他认为，在信托领域中绝不能一概禁止所有的利益冲突交易，因为有太多的证据表明，在受托人与受益人利益冲突的交易中，受托人为受益人带来了最佳的利益。信托法也认识到了这一点，增设了单一利益原则的若干免责规定与例外规定。因此，在信托法中应该用最佳利益原则（best interest rule）取代单一利益原则。此为信托法对于公司法发展的借鉴。

此外，1988 年，以极度自由主义的公司立法而闻名全世界的特拉华州制定了一个开放型的《商业信托法》，⑧ 规定共同基金可以通过重组为特拉华州商业信托来避免公司的特许权税收，结果有 16 个州效仿

---

① 参见 Pumav. Marriott, 283 A. 2d 693（Del. Ch. 1971）；Harrimanv. B. L. du Pantden Emourn & Co. , 411 F. Supp 138, 142（D. Del. 1975）；Rosenblstty Getty Oil Company, 493 A. 2d 929（Del. 1985）。

② 参见 Guciv. Loft, Inc. 5A. 2d 503, 510（Del. 1939）；Imarsh's California Corporation Law § § 11. 7, 11. 9（1990）。

③ 参见 Principles of Corporate Governance, § 5. 02。

④ 参见 Principles of Corporate Governance, § 5. 02（a）（1）、《美国商业公司法（MBCA）》第 8. 60 条、1985 年《英国公司法》第 317 条、英国《示范公司章程》第 85 条。

⑤ 参见 Principles of Corporate Governance, § 5. 02（a）（2）（B）、《美国商业公司法（MBCA）》第 8. 62 条、美国法学会《公司治理原则》第 5. 02 条。

⑥ 参见 Principles of Corporate Governance, § 5. 02（a）（2）（A）。

⑦ 参见 Principles of Corporate Governance, § 5. 02（b）。

⑧ 参见 Delaware Business Trust Act, 66 Del. Laws 279（1988）。

特拉华州，纷纷立法批准了商业信托。①

第三，税收优势不再是信托的专利。并非所有的商事信托类型都符合唯一税收（Conduit Taxation）的要求。而且各国立法中也逐渐出现了一些专门限制商事信托减少税费的条文，如美国联邦税法在修正后采纳的"check-the-box"规则就属此类，它们有时按信托征税，有时按公司征税，有时则按合伙纳税，有时根本不纳税，这完全取决于其具体的组织结构特征。② 类似规则的采纳使信托型组织实现减免企业税的可能性不断减少。而美国，一些公司形式也可以享受到单层征税的优惠，如"Scorporation"和"Limitied Liability Company（LLC）"。因此，税收优势不再是信托的专利，商业组织的设计者作出抉择前必须仔细权衡具体的企业模式所对应的究竟是怎样的税收政策。

在两种制度相互借鉴的过程中，公司和信托这两种形式在美国已经趋同，原因是，一方面，商事信托法律已对信托进行规范化和明确化；另一方面，公司法由于强制规范的减少而日益变得契约化。但是，商事信托仍不能取代公司的位置，因为在制造业和其他一些产业领域，公司模式更能适应投资人的需求，而商事信托更适合金融业；商事信托是否足以确保受益人承担有限责任仍然存在疑问。③ 按照普通法规则，如果信托受益人对受托人的行为有"实质性控制"（substantial control），受托人将被视为受益人的代理人，受益人应对受托人在管理信托财产过程中所发生的债务承担个人责任。事实上，这是一种"揭开信托面纱"（piercing theveil of trusts）的规则。由于对何为"实质性控制"一直缺乏明确的界定，因此上述规则的适用范围便很模糊。根据这一规则，法院有时会判定，即使受益人仅仅有权选择

① Irving S. Schloss, Some Undiscovered Country: The Business Trust and Estate Planning, 22 Tax Mgmt, Ests, Gifts & Trs. J. 83, 1997, p. 83.
② 参见〔美〕亨利·汉斯曼、〔意〕乌哥·马太，《信托法的作用：比较法与经济分析》，焦津洪译，载吴敬琏主编《比较》第9辑，中信出版社，2003。
③ 参见〔美〕亨利·汉斯曼、〔意〕乌哥·马太，《信托法的作用：比较法与经济分析》，焦津洪译，载吴敬琏主编《比较》第9辑，中信出版社，2003。

受托人，① 就足以构成对信托的实质性控制，并把这一主体视为合伙组织，受益人因此必须对信托的债务承担个人责任。1947 年，麻省法院判定这一规则不适用于马萨诸塞信托，但其他各州并没有完全采纳同样的观点，因此在其他各州，即使对设立在麻省的商事信托仍可能适用上述规则。而且，受益人对信托有其他形式的控制也可能导致受益人承担个人责任。② 可见，即使在商事信托最为发达的美国，商事信托的组织性和准人格性仍然没有得到普遍的承认，在目前的法律环境下，投资于商事信托可能要面对不能得到有限责任保护的风险。

五　商事信托的发展与我国信托法律体系的完善

如前所述，我国目前信托市场的主体为商事信托，但是我国相应的法律环境还非常不健全。尤其是信托法理念上的混乱和信托业法及相关法规的缺位。

第一，信托法理念上的混乱给商事信托带来的困扰。具体表现在如下三个方面。（1）信托财产移转的含混不清造成信托财产归属不明。我国《信托法》第 2 条所规定的信托，是指委托人基于对受托人的信任，将其财产权"委托给"受托人，由受托人按委托人的意愿以自己的名义，为受益人的利益或者特定目的，进行管理或者处分的行为，而非采纳传统信托法中的"转移"给受托人管理。用"委托"这种表达不能揭示出信托的本质属性，反而会使信托与行纪、代理等法律关系相混淆，也不利于确定信托财产的归属，违反了信托的基本理念。这种易于混淆的提法与我国对所有权的"一物一权"原则的机械理解有关。在民事信托中，由于当事人较少、法律关系相对较为简单，这一条所造成的困扰还不算明显。但是在高度讲求效率、交易频繁、

---

① 传统信托法上，在生前不可撤销信托中，委托人无权撤换受托人；而受益人要想更换受托人，也必须证明受托人有违信行为，且通过司法程序进行撤换。

② 参见 David B. Parker & Anthony R. Mellows, *The Modern Law of Trusts* (5th edition), London: Sweet & Maxwell, 1983, p. 262。

涉及面广的商事信托中，财产归属不明则属于致命伤，也是很多纠纷产生的根源。（2）现行信托法关于信托财产独立性的规定构成对商事信托的束缚。现行信托法的一些规定虽然初步保证商业信托所必需的破产隔离功能，① 但有些规定却对商业信托的发展构成了极大的束缚。如《信托法》第 7 条规定，设立信托，必须有确定的信托财产；第 11 条规定，信托财产不能确定的，信托无效。而对于某些类型的商业信托来说，例如金融资产证券化信托中，进行证券化的金融资产是持续性发生的将来债权，从一般意义来讲其并不具有确定性，只具有可预期性或者是"可确定性"，这使得其能否成为我国信托法上的信托财产颇具疑义。因此在信托法适用于商事信托时，对于信托财产的"确定性"要作灵活务实的解释。（3）现行法中关于受托人义务的规定过于笼统概括。我国《信托法》第 25 条第 2 款规定："受托人应当遵守信托文件的规定，为受益人的最大利益处理信托事务。受托人管理信托财产，必须恪尽职守，履行诚实、信用、谨慎、有效管理的义务。"这种规定虽然将"诚实信用"和"谨慎勤勉"规定为受托人的受信标准，但并没有进一步明确"谨慎勤勉"的具体标准，尤其是缺乏受托人在信托投资活动中的行为指南，在实际应用时操作性较差。

　　第二，制定信托业法刻不容缓。信托业立法的缺失已经给我国信托市场的发展带来很多的负面影响。为了使信托制度真正地在我国的法制土壤中生根发芽，制定统一的信托业法已是刻不容缓。首先，本文第一部分提到目前国内委托理财市场的乱象，其深层次原因是我国目前没有对信托业务的一个统一认识。不同的受托主体，采用的规则都不一样。这就会造成不公平的结果，应该制定统一标准和规则。而制定信托业法就可以将不同名称的制度纳入统一的调整框架中，避免各行其是的状况发生。并且可以规定受托主体资格的取得、退出、信

---

① 如《信托法》第 15 条规定了信托财产与委托人其他资产的分离，第 16 条规定了受托人自有财产之间的分离，第 34 条规定了受托人承担支付信托利益的义务以信托财产为限。

息披露、治理结构等，以维持整个行业的信用度。其次，在信托业务中涉及融资、债券承销、代保管、同业拆放、贷款等很多业务，目前大多还需要"参照"我国《商业银行法》《证券法》等法律法规来操作，当初这些立法并未考虑到信托业的特点，这种信托业适用银行业法律的做法不论业务上还是法律上都不合适，而在我国台湾地区，由于其信托业法出台之前，主要借鉴的也是银行法，在实践中已经产生了一些不良后果。① 因此，这种具有强烈的信托属性但是又有行业交叉性特征的业务应该由专门的信托业法来规定。最后，信托和银行、保险、证券并称为现代国家的四大金融支柱产业。但从立法效力等级层次看，信托法律体系上有全国人大常委会的信托基本法，下有银监会两个规章，中间并没有国务院这个层次的法规。当然也没有专门的司法解释，即使信托业的典型判例也很少见，留下了太多的法律真空地带，对于商事信托活动中遇到的具体问题不是无法可依就是法律规定的效力层级太低，无法普遍适用。这种法律现象和银行业、保险业、证券业相比足以说明，我国信托法律制度相当不完善。② 而商事信托与民事信托相比，其业务的触角是多方面的，碰到的法律问题也是多角度的，需要更加细致完备的立法体系。因此，应当提高信托立法的档次，加大信托立法的权威性与法律效力层次。

第三，应立即制定相关配套法律。信托业作为一个独立的行业，它的有效运转需要多种法规的支持与配合。而目前我国在基本法律尚不完备的状况下，配套法律更是付之阙如。尤其是与信托业务息息相关的信托登记、破产和税制等法规。

我国信托法中虽然规定了信托财产的登记，但是目前我国根本不存在专门的信托登记制度和信托登记机关。而关于商事信托的定位不

---

① 方嘉麟：《利害关系人交易问题探讨——兼论信托财产运用之限制》，《月旦法学杂志》2002 年 11 月号。
② 参见孙飞《信托治理优化论》，中国经济出版社，2005，第 40 页。

明，信托破产也没有法律可以调整，除了证券投资基金行业之外也没有专门为信托设计的税收制度。这些配套制度不完善，信托业就无法发挥充分利用资产、节约交易成本的功效。但是"皮之不存，毛将焉附"，当信托业还没有作为一个独立的行业进行立法的时候，又如何能够奢望这些配套立法制度的完善呢？

现代工商社会中，在市场规模、发展活力、与其他行业的融合度、适用的广度等多个方面，商事信托的重要性已远远超越传统的民事信托。我国的信托制度系从普通法系移植而来，并未曾经历一个内生的民事信托的黄金时代，目前信托市场大多为商事信托。商事信托是我国融入现代世界经济发展体系的一个环节，但是传统的信托法规却是针对民事信托的本质特征设计的，并不完全符合商业信托的发展需求，任意性、理念性、概括性条款过多，而缺少信托这一金融行业所必需的程序性规范的支撑。此外，我国的信托法还存在很多立法技术上的缺陷，导致了信托实务中相当多的困扰。应重新审视信托业发展的现实需要和世界各国信托法律制度的发展进程、完善现有的信托法规体系，修改信托法、制定信托业法和其他相关法律法规，我国的信托行业才可以得到深远的发展。

（本文原载于《清华大学法学院》2008 年第 2 期）

信托财产权的法律性质和结构之我见*

贾林青**

信托财产权作为民商法范围内的一类特殊的财产权利，是构建信托法律关系的基本内容，在信托法律关系中处于不可替代的法律地位。何谓"信托财产权"？笔者认为信托财产权应当是我国信托法律制度中一个特有的法律概念，具体是指信托关系中的受托人和受益人在信托关系存续期间围绕信托财产所享有的权利总称。在法律层面上，信托财产权是确定信托人、受托人和受益人各自法律地位和权利义务的依据，为信托关系的运作提供了必要的法律条件。而在经济层面上，信托财产权实质上是用于平衡信托法律关系各方当事人之间利益冲突的经济支点，对于信托目的实现具有重要作用，有利于深化现代社会分工和实现社会资源的合理配置。

一　信托权利在大陆法系信托法领域中遭遇的法律障碍

信托法律制度的核心是信托财产的运用和获取收益之权利，而研究信托财产之权利的法律属性，首先涉及两大法系有关的法律理论。按照英美法系的私法理论，信托权利是其财产权的具体类型之一，是英美法系的财产权法律制度之法律特点的集中反映。基于英美法系的历史渊源，从英国中世纪的封建土地保有制度演变发展的财

---

* 本文系作者所主持的国家社会科学基金项目"中国信托市场的法律调控"的研究成果之一。
** 贾林青，中国人民大学法学院教授。

产权制度，在英美法系各国具有多种的使用环境。① 其中，最为典型的意义是用以确认财产的归属关系，相当于大陆法系的财产所有权，其内容包含着诸多子权利项目。按照英美法系的理念，切忌将财产权视作单一的权利，而是若干项独立权利的集合体。因此，法律允许权利人可以根据社会经济活动的需要，灵活地进行组合和分解，从而，在同一财产之上可以并存着"多重财产权"。产生于英国的信托法律制度正是其财产权法律制度上述特点的法律结果。因为，"在英美法学家看来，将信托的本质理解为受托人和受益人对信托财产分享所有权，在理论上丝毫无不妥之处，在实践中也不会产生什么问题"。② 即针对同一信托财产，受托人享有"普通法上的财产权"，而受益人享有"衡平法上的财产权"，于是乎，"所有权的某些属性即法律上的所有权属于受托管理人，而另一些属性即衡平法的所有权属于受益人"。③ 因此，尽管英美法学家对于"信托"给出的定义可谓五花八门，但是，在信托财产转移所有权意义上的财产权却是众口一词。相应地，对于信托权利的法律属性认定为受托人和受益人双重财产权并存，这在英美法系各国也是一个毋庸置疑的信托法律基础。

　　但是，在大陆法系领域内，如何认定信托权利的法律属性则面对着不可逾越的法律障碍——"一物一权"原则的限制。根据大陆法系的民商法理论，源自古罗马法的"一物一权"原则强调所有权的排他性，④ 确认在同一物上只能有一项所有权，不得存在多重所有。按照大陆法学家的看法，财产所有权作为民事主体对于自己的财产享有的完全、单一的物权，是建立在特定的权利人占有和支配自己财产的基础之上的，使得所有权具有绝对的、排他的特性。可见，大陆法系意

① 参见〔英〕戴维·M. 沃克，《牛津法律大词典》，北京社会与科技发展研究所翻译，光明日报出版社，1998，第 729 页。

② 周小明：《信托制度比较法研究》，法律出版社，1996，第 29 页。

③ 〔法〕勒内·达魏德：《当代主要法律体系》，漆竹生译，上海译文出版社，1984，第 331 页。

④ 佟柔：《中华法学大词典》，中国检察出版社，1995，第 764 页。

义的财产所有权截然不同于英美法系的财产权，突出了其单一性、排
他性，而缺乏灵活性和兼容性。这恰恰是与信托法律制度的本质格格
不入的。因为，信托法律制度的本质在于信托财产的占有、支配与信
托财产的受益相互分离，而其法律表象便是同一信托财产上并存的
"普通法上的财产权"和"衡平法上的财产权"分属于信托法律关系
中的受托人和受益人。信托法律制度的这种法律设计显然与大陆法系
的"一物一权"原则基础之上的所有权理念形成法律冲突。

　　即便如此，透过其特有的诸多法律属性，大陆法学家仍然意识到
信托法律制度作为一种独特的财产管理方法，对于市场经济发展的促
进作用难以被其他法律制度所取代。于是，从20世纪初开始，日本、
韩国等大陆法系国家着手移植英美法系的信托法律制度，将其纳入大
陆法体系中。而我国的《中华人民共和国信托法》也确立了信托法律
制度在我国法律体系中的一席之地。不过，在协调英美法系的信托法
律制度与大陆法系民商法律传统的过程中，大陆法系各国进行了很多
有益的尝试。但是，如何突破上述法律障碍而确立信托财产权利的法
律属性，成为构建大陆法系国家的信托法律制度面临的一个棘手的法
律问题，至今尚未得到彻底的解决。

　　虽然，大陆法系的学术界对于信托权利法律属性的观点①颇多，
而大陆法系的国家或者地区的信托立法，均笼统地规定转移信托财产
的财产权，并回避了所转移财产权利的法律性质，尤其是没有明确规
定信托财产所有权的归属。例如，1923年1月1日施行的《日本信托
法》第1条便明文规定："本法所称信托者，是指实行财产权转移或
者其他处分，使他人依一定目的而管理或者处分其财产。"显然，为
了保持其所移植的英美法系的信托法律制度的固有本质，该信托法确

---

①　大陆法系各国法学家就信托财产之权利的性质所提出的学说中，具有代表性的是：物权
　　一债权说、法主体说、财产权机能区分说等，参见周小明《信托制度比较研究》，法律出
　　版社，2001，第30~34页。

定了信托的法律基础是转移信托财产的"财产权"这一立法内含抽象、外延宽泛的词语。虽然，日本法学界通常将此处的"财产权转移"解释为其结果是"使受托人取得了信托财产的完全所有权，成为所有人；而受益人则拥有向受托人要求支付债权的权利"，[1] 这一解释却难以取代立法用语。

《中华人民共和国信托法》则将"信托"定义为："委托人基于对受托人的信任，将其财产权委托给受托人，由受托人按委托人的意愿以自己的名义，为受益人的利益或者特定目的，进行管理或者处分的行为。"应当说，我国《信托法》定义的信托与上述的大陆法系国家或者地区的《信托法》所定义的"信托"不尽相同。因为，我国《信托法》所定义的信托强调委托人的委托意愿，很容易让人将信托与委托合同关系混为一谈。虽然，我国《信托法》以委托合同为基础所定义的信托较为接近我国的法律理念和社会传统，但是，该信托定义与英美法系的信托法律制度的本质相去甚远。因为，综观各国所适用的信托法律制度，在以转移信托财产权利为基础的问题上大体一致。而且，公认信托法律制度是一种财产管理方法，其内容本质和法律结构设计均与委托合同关系有着根本性区别。

而我国的司法实践也充分证明了建立在委托合同理论基础之上的信托财产权利难以解释现实生活中所存在的信托法律关系，也不利于解决信托纠纷。这可以通过上海岩鑫实业投资有限公司诉华宝信托公司的信托纠纷案件得到充分的印证。[2]

因此，我们决定引进信托法律制度，必须是在保持信托法律制度固有本质的前提下，结合中国的特有国情加以移植。否则，只能是建

---

[1]　周玉华：《信托法学》，中国政法大学出版社，2001，第153页。

[2]　2004年8月4日，21世纪经济报道，翁海华、李进报道。主要案情是，上海岩鑫公司与华宝信托公司签订《资金信托合同》，岩鑫公司作为委托人将一笔资金委托华宝公司管理，用于竞拍望春花股权，此后，委托人又指令受托人将所得股权以低价转让给社会投资者。受托人以上述转让有转嫁风险，谋取暴利为由拒绝执行。委托人以其违反信托合同为由诉至法院。

立徒有其名的信托制度。这必然涉及信托权利的法律设计。因此，探讨信托权利的法律属性便是信托法理论研究的重点课题。为此，笔者明确地将这一信托权利称为信托财产权，并且，将信托财产权设计为一种组合性权利。

二   独创性的内部构造——信托财产权为新型权利的价值研判

基于大陆法系民商法的高度抽象性和稳定性的习惯，论证一种新型民商权利应当为其提供充分的价值研判，以便经得起实践的检验。笔者之所以将信托权利称之为信托财产权是立足于信托法律制度体系而言，而判定其法律价值，则在于考察以下三方面的因素。

（一）设计信托财产权的现实必要性

历史悠久的信托制度自其发端于英国以来已风靡英美法系各国，几乎覆盖了社会生活的方方面面。据统计，至 20 世纪初，英国财产的1/20 已成为信托财产。[①] 由于信托在转移与管理财产上具有长期规划性、弹性空间及受益人可获得优越保障等特有功能，使其成为金融服务业的重要支柱之一。在我国，2001 年通过的《信托法》，标志着我国信托已成功地走向法制化的道路，促使重新整顿后的信托市场呈现一片欣欣向荣的局面，相继出现了新上海国际大厦项目资金信托、上海磁悬浮交通项目股权信托投资计划、北京商务中心区土地开发项目资金信托计划等创新性信托产品。

我国信托市场的巨大需求，对于完善信托各方当事人的利益保护提出新的要求。而解决这一现实问题的出路在于完善信托立法，所以，明确信托财产权的法律内涵，并准确地将其予以法律定位，恰恰是实现信托法理论上突破的关键点。

---

① 刘和平：《中外信托制度比较研究》，转引自 Trust ABC. com。

（二）信托关系设计的特创性决定着信托财产权构造的独创性

笔者之所以将信托财产权的内部构造分解为受托人的权利和受益人的权利组合，是取决于信托财产内部构造所体现的特有法律理念：一是以财产利用关系而不是财产归属关系为权利本位；二是信托财产利用主体和受益主体的分离。

信托财产权作为创新性民商法理念突破了传统的民法观念，由于大陆法的物权制度始终没有将财产利用关系作为独立的调整对象，却被融入于财产归属关系之中，使得所有权成为解决一切民商法问题的起点和终点。[①] 但是，信托财产的全部内容体现着信托财产的利用和收益。即使多数论著仍然将受托人称为信托财产的"所有人"或者"名义所有人"，面对信托财产的特征，学者们也不得不承认这种所有权又是不完整的。[②] 受托人的权利只是按信托目的，以善良管理人的义务对信托财产加以管理利用。同时，受益人仅享有受益权，也不是所有权人。因此，在信托关系中，信托财产的归属主体是缺失的。信托财产权所确立的信托财产的利用与收益关系已构成对传统物权理论的挑战，应当重新考虑该权利的构造。

信托财产权构造依赖的另一个法律理念是信托财产的利用主体与受益主体相分离，即受托人管理、利用信托财产，而由此所获利益却归受益人。虽然，这一主体分离状态体现的是受托人与受益人之间的利益冲突，但是，笔者认为现代民商立法的社会本位宗旨决定了任何一种民商权利的确立都必须从有利于社会关系稳定发展的目标出发。因此，设计信托财产权的初衷就必须是有利于信托关系的稳定和运作，既要正视受托人与受益人两者间的利益冲突，又必须充分肯定受托人与受益人之间的利益统一，不宜过分强调前述的利益冲突而忽视利益统一。基于这一认识将信托财产权设计为一种

---

① 孟勤国：《物权二元结构论》，人民法院出版社，2002，第7页。
② 周小明：《信托制度比较法研究》，法律出版社，1996。

新型的权利组合，用以反映构成信托基础的信托财产利用与受益分离的法律独创性。

（三）信托财产权难以按照大陆法系的法理逻辑纳入民法固有的权利形态

信托财产权内部构造上的独特性，使它难以归入现有的民法权利体系之中。因为，在信托关系中，信托财产的利用关系取代其归属关系而成为财产关系的本位。再就信托财产权的内部子系统来看，受托人的权利在性质上具有物权性，而受益人的权利实际上是对受托人交付信托财产收益的请求权。因此，信托财产权既有物权理念上的创新，又对传统物权的内容进行了重新整合，是一种同传统物权既相联系又相区别的新型财产权。而就内容来看，信托财产权结合了物权和债权的属性，同时还包括了知情权等其他权利现象，在现有民法权利体系中无法实现对应性定位。为此，应以独立的权利形态确立其在民事权利体系中的地位，扩展了民法权利体系。信托之构造价值在于财产管理设计，因此，围绕信托财产所存在的权利状态必须适应管理的要求。因此，受托人对信托财产的权利并不是严格意义上的所有权，而只是以使用和管理为中心的权利，是一种新型的权利组合。

三　信托财产权的法律设计

笔者明确提出信托财产权为民商法范围内一种新型的组合性权利，是建立在下述理论分析基础之上的。

（一）信托财产权的理论依托是物权"二元论"

信托财产权作为一项新型权利组合的理念，是以我国民法学者所提出的物权"二元结构论"[①] 为基础的。按照大陆法系传统的民法理论，财产归属是构建物权法律制度的唯一理论支点。而财产在现实生

---

① 孟勤国在其所著《物权二元论结构》（人民法院出版社，2004）一书中，创造性地阐述了关于中国物权制度的理论重构的观点，即物权二元结构论。

活中存在的因归属者与占有者不同而形成的财产所有权与其权能分离理论，对应着自物权与他物权的划分。然而，有的民法学者对此种物权分类赖以存在的所有权与权能分离理论提出质疑：权利（包括所有权）与权能实为一体。权利是一般抽象的法律现象，"只有主体实施了特定行为，权利方可成为一种具体的实在，才能产生实际的利益"，① 而权能则是权利的具体表现形式，它从特定行为的角度表现着所有权。"由此看来，权利与权能，不是整体与部分的关系，而是本质与表现形式的关系。一个权利有多种权能，不意味着权利是多个部分的组合，而是指权利可以有多种表现形式。"② 所以，如果遵循所有权与权能分离理论的话，其结果是所有权因丧失具体的表现形式而成为虚无缥缈的"空中楼阁"。此理论者大胆地突破传统的物权法理论体系，提出中国物权制度应当建立在财产归属和财产利用的二元结构基础之上。

笔者深以为然。概括社会经济生活的实践，人们所从事的涉及各种财产的活动均可以归结于财产归属或者财产利用的范畴内。而且，当今社会着眼于最大限度地合理利用财产资源，导致财产利用与财产归属呈现出高度分离的状态，例如，土地以及其他各种自然资源的使用者与所有权人的分离、公司经营者与公司投资人的分离已经成为人们运用财产，实现相应财产利益的普遍手段。这表明财产利用作为人们追求财产使用价值的形式，已经被提升到与财产归属同等重要的地位，成为建立现代物权制度不可忽视的立足点。而普遍存在的财产归属和财产利用分离，势必构成财产利用者与财产归属者之间的财产利用利益与财产归属利益的冲突，需要民商法律加以规范和调整。从而，现代物权法律制度应当基于财产归属和财产利用两个并重的理论基础构建其法律体系，其中，针对财产归属关系，物权制度的目标是确立

---

① 孟勤国：《物权二元结构论》，人民法院出版社，2002，第15页。
② 孟勤国：《物权二元结构论》，人民法院出版社，2002，第16页。

和保障财产所有人的利益；针对财产利用关系，物权制度的目标是确立和保障财产利用人的利益；而就财产归属与财产利用相互之间的关系，物权制度的立法宗旨则在于调整财产所有人与财产利用人之间的法律冲突。这对于确立信托财产权为新型权利组合的法律理念具有重要的指导意义。

信托关系是建立在信托人、受托人和受益人三方当事人之间的，彼此之间的利益冲突可说是泾渭分明，但是，他们各自的职能作用又意味着缺一不可，尤其是受托人与受益人的相互对立与相互依存关系，决定着法律调整的必要性，信托财产权的法律理论和立法规则便是其中的关键环节。鉴于受托人和受益人在信托关系中各自所处的独立地位，相互之间围绕着信托财产呈现出财产利用与财产归属分离的情况。具体而言，信托财产处于受托人的直接控制之下，受托人需要拥有法律所赋予的依法独立管理和支配信托财产并且免受他人非法干涉的权利，实现其追求的针对信托财产的利用利益。与此不同，受益人虽然对于信托财产所得收益拥有所有权，但是，却不得与信托财产的管理和支配发生联系，相应地，信托立法应当明确规定受益人的受益权，用以保障受益人的财产归属利益。同时，信托财产权作为一项组合而成的民商权利，对外又代表着受托人和受益人基于信托关系而形成的共同利益——对抗第三人非法干涉信托活动的权利。应当说，对于信托权利的这一组合设计的合理性和科学性在于：它既符合大陆法系的法律理念，克服了因"一物一权"规则引起的法律障碍；又与信托活动的运作机制和我国社会公众的财产意识相吻合。

总结大陆法系的立法实践，之所以在信托权利法律属性的认定问题上形成诸多观点。笔者认为原因是大多学者局限在传统民法范围内寻找出路，势必与大陆法系长期形成的法律理念和法律规则发生碰撞。因此，必须超越传统民法的藩篱，在更广大的法律领域中探讨信托财产权的法律属性。这并非标新立异，而是顺应社会经济生活的客观需要。由于大陆法系的民商法体系形成于 19 世纪初期至 20 世纪初期，反映了自由资本主义制度向垄断资本主义发展过程中的基本要求，物权与债权是构成其民商法体系的基础。不过，在人类社会步入 21 世纪的今天，社会经济活动的形式和方式、科学技术的发展水平均发生了翻天覆地的变化，在诸如投资途径和方式、企业经营管理模式、贸易结算方式、智力成果的归属和运用等新的领域需要法律予以规范和调整，大陆法系各国的民商法正是在适应这些客观需要的过程中不断发展创新，这已是不争的事实。

既然如此，信托法应当成为中国民商法领域的特别法，同样应当在理论上发展创新。因为，信托法律制度不是中国固有的法律现象，在中国的土地上缺少信托法律制度得以产生的社会环境、民族传统和思想意识，传统的民法体系内无信托的一席之地。只是到了 20 世纪初，信托始作为舶来品伴随着西方列强的殖民入侵传入中国。因此，它应当是在遵从中国民事基本法的基本法律原则和统一适用的民事规则的前提下，专门用于规范中国信托市场的特殊法律规范体系，从而，包括信托财产权在内的信托法律概念和信托法律规则便具有区别于民事基本法的诸多自身特点。其中，研究信托财产权的法律属性，自然应当根据中国信托市场的实际情况探求新的法律突破点。

（二）信托财产权作为民商权利家族中的"新成员"，是一种物权与管理权组合而成的新型权利

笔者借助物权"二元论"的法律理念设计信托财产权，是一种物权与管理权的统一体。一方面因其权利内容主要是处分信托财产而使其具有物权属性；另一方面因其所包含的管理信托事务等非物权的权利内容，属于管理权的性质。

1. 信托财产权的基本属性在于其属于物权范畴

认定信托财产权具有物权属性的原因在于，信托财产权所追求的最终目标是为了实现信托目的而支配信托财产，其中，受托人支配信托财产是为了使其增值，而受益人支配信托财产则是为了分取信托收益。在此意义上，信托财产权的法律属性与物权基本吻合。其一，信托财产权的权利主体是特定的，也就是说特定的信托权利人所享有的信托财产权面对的是包括信托法律关系的其他各方当事人在内的所有不特定的义务人。因而具有排他性。其二，信托财产权作为物权是以信托财产为客体的，同一信托财产上并存着受托人的信托权和受益人的受益权。其三，信托财产权作为物权的具体种类，其权利内容可以归纳为支配权能，即权利人立足于相应的物质利益需求而支配信托财产。不过，受托人与受益人各自支配信托财产的侧重点有所区别。受托人支配信托财产时强调的是利用信托财产，因此，权利内容包括占有、使用和处分。而受益人支配信托财产则是着眼于信托财产的归属，从而，其受益权的内容是获取信托收益。

2. 信托财产权同时又具备管理权的性质

在确认信托财产权的基本性质为物权属性的同时，还必须承认信托财产权所具有的管理权性质。其理论依据是建之在民商法的管理权学说基础之上。现代社会经济生活的内容日益丰富多彩，其实现方式亦不断创新，呈现出多样性的趋势。相应地，逐步形成了以专门为他人管理事务或者财产为职业的行业和以完成专门的管理职能为内容的独立权利，即管理权。目前的民商法理论尚未将民商管理权作为独立的权利类型加以研究，但是，笔者认为，此类管理权在民商法领域内早有存在，例如，监护人的监护权、受托人的受托权往往包含着为被监护人或委托人管理财产或者管理事务的内容，尤其是伴随着商事活动的发展，管理商事财产或者商事事务的独立活动在公司或者企业的经营管理、专业理财、专业投资、专业运输中的理货或者管理船舶等经济环节中已是司空见惯的，因此，有必要按照权利的内容和作用形式，赋予管理权以独立的民商权利的法律地位。信托财产权恰恰是此类管理权的具体类型之一。

因为，从权利功能出发，信托财产权具备管理权的各项特点。

首先，信托财产权作为管理权的主体具有特定的身份性。笔者认为，信托关系作为一种财产管理方式赖以存在的是当事人的信用，因此，只有委托人（信托人）基于对于特定的个人或者团体组织之信用水平和管理财产能力的了解，才会赋予其受托人的身份。尤其是作为商事信托的受托人，委托人（信托人）对于其的信任还应当是建立在其具备法定商事主体资格和从事相应信托业务范围的前提下。缺乏这种信任基础或者法定商事主体资格，任何个人和团体组织无从取得受托人的身份。

其次，信托财产权作为管理权，其客体具有信托财产和信托事务的统一性。由于信托活动适用范围的灵活性意味着信托可能涉及各个行业、各个领域，其活动内容多种多样，难以限定。从而，受托人行使信托财产权所针对的可能是管理信托财产，也可能是处理信托事务，而很多情况下则是管理信托财产与处理信托事务的统一。

最后，信托财产权作为管理权的内容是管理信托财产或者处理信托事务。如果单就行使信托财产权的直接效果来讲，受托人管理信托财产或者处理信托事务并不能产生直接的信托收益，因为，管理信托财产的目的在于维持其应有的良好状态，达到保值的结果；而处理信托事务则是信托目的的组成部分或者是为实现信托目的创造条件。可见，社会经济的发展使得人类活动的方式日益细化，管理信托财产或者处理信托事务的行为已经逐渐的与占有、使用、收益和处分财产的行为分离开来，成为具有独立的活动内容和活动方式的行为，发挥着独立的社会功能。而设计信托财产权法律意义正是在于确认其所具有的管理权功能。虽然，信托财产的经济价值不会因为受托人行使信托权利的管理权能而增加，但是，通过受托人行使信托财产权的管理权能却是直接关系到信托目的的切实实现，包括信托财产价值的增加。

3. 信托财产权的内容具有复合性，主要是由信托权和受益权组合而成

由于受托人与受益人在信托法律关系中分处不同的法律地位，各自追求的利益目标不一样。这决定了信托财产权的内容设计，必然要适应各方当事人的利益需要，构建出代表不同利益、相互制约的若干项子权利的组合。从自益角度讲主要表现为受托人的信托权和受益人的受益权。而在共益意义上，则是由排除非法干涉权、物上请求权和抗辩权等组成。

（1）受托人的信托权

受托人的信托权立足于其直接管理和支配信托财产的法律地位，强调该项权利的功能在于实现信托财产的有效利用并获取收益，因此，信托权的核心内容是一种财产管理权，即法律赋予受托人独立管理信托财产的权利。信托活动的目的决定了应当赋予受托人以信托权，受托人只有通过行使信托权，才使得其管理和支配信托财产的行为具有合法依据，切实完成信托任务，实现受益人获取收益的结果。显然，信托权既是受托人合法身份的直接表现，也是受托人得以发挥其信托职能、履行各项义务的法律条件。

至于该信托权的内容范围，笔者认为应当在充分肯定的前提下进行科学的概括归纳。首先，受托人的权利宜冠以"信托权"之名。具体理由如下：第一，"信托权"一名的词义明确，可以直接表现出该权利作为信托法律关系组成部分的特定内涵，避免与相似法律活动所涉及的权利相混淆；第二，信托活动存续的长期性和适用范围的灵活性，导致受托人行使权利的范围广泛、内容复杂多样，因此，以"信托权"之名统领受托人的各项权利整体。这样的处理既合乎大陆法系追求的立法技术成文性和法律理论系统性的习惯，又可以避免权利列举上的局限而为信托活动的实际需要保留必要的权利空间。其次，笔者提出的"信托权"一词是具有丰富权利内容的法律概念。包括：①受托人在信托法律关系存续期间占有和管理信托财产；②为了实现受益人的受益利益而处分信托财产；③管理和处理信托事务等权利。

（2）受益人的受益权

受益人的受益权是与受托人的信托权相对应的另一权利。如前所述，受益人作为信托关系的一方当事人，根据委托人（信托人）的安排而获得信托收益则是其目的所在，不言而喻，受益权是信托目的的直接表现，该项权利的享有和行使对于信托目的的实现同样具有举足轻重的作用。为此，受益人的受益权是各国信托立法公认的受益人享有的权利。

在此，笔者认为承认受益人之受益权的内容是请求权，然而，并未因此否认信托权利的物权属性。相应地，对于大陆法系国家的信托法学学者提出的信托权利是以"物权一债权"为基础的观点便持有异议。因为，站在请求权与债权"非同一说"①的立场上所得出的结论是两者绝非同一。即债权当然是请求权，但是，请求权则不拘于债权。与此同理，信托关系的受益人所享有的受益权之内容虽然表现为请求权，但是，不能为此将受益权定位在债权之列。其理由除了上述法律观点以外，更为重要的是信托实践的客观需要。总结信托法律制度在各国的适用经验，保护受益人的受益利益成为信托立法的主要调整目标。由于受托人与受益人作为信托关系的当事人，事实上各自所处的经济地位并非完全平衡，相比较而言，受益人处于实际的弱势地位。有鉴于此，《信托法》有意识地将法律调整的天平向受益人倾斜，力求达到受托人和受益人之间的地位在法律上和事实上的平等，确保信托目的的真正实现。因此，将该受益权归结到物权范围之内是构建我国信托法律制度，设计新型信托财产权的法律基础。

不过，我们在此研究受益权的出发点却是要强调其权利内容也不是仅仅局限于单纯获取信托收益，而应当将该受益权放在信托法律关

---

① 关于请求权与债权的关系，学术界存在着同一说与非同一说之争。同一说认为"请求权即为债权"，参见王利民《民法本论》，东北财经大学出版社，2001，第117页；非同一说则认为请求权包括债权、物上请求权等权利，参见刘清波《民法概论》，开明书店，1979，第196页。

系的整体环境中探讨其法律地位和职能作用。正是按照此理，笔者认为受托人的受益权是与受托人的信托权相互依存而构成信托权利的组成部分。持此观点的理由在于：第一，信托权与受益权作为完整之信托权利的两个组成部分，始能充分体现受托人与受益人在信托活动中对立统一的利益关系。第二，将信托权与受益权纳入统一的信托权利范围内加以规范和运用，可以满足信托关系赖以建立的信托财产的利用与归属相分离的物质基础提出的调整需要，实现法律对于信托活动的高效率调整。第三，建立由信托权与受益权统一组合而成的信托权利，是在大陆法系国家的民商法背景下构建信托法律制度所进行的一种探索，以便解决突显英美法系之法律烙印的信托制度与大陆法系固有民商法理念之间的矛盾，适应现代社会生活条件下民商法律制度的发展趋势。

（3）受托人和受益人共同享有的共益权

针对信托关系的受托人和受益人之间对立统一的利益关系，如果从其统一的利益角度出发，受托人和受益人应当享有相应的共益权，用以依法对抗第三人和委托人（信托人）的非法干涉。对于此类权利，不论大陆法系国家和英美法系国家的信托法理论虽然未认可其"共益权"的性质，但是，仍然确认双方在信托执行过程中共同享有的权利。

笔者认为，有必要研究受托人和受益人的共益权，并且，将其在信托立法中付诸实施。其原因表现在，信托的执行关乎信托目的的实现，不仅涉及受益人的受益利益，而且与受托人的管理利益也息息相关，以此为契机形成了受托人与受益人之间利益上的共同点。受托人或者受益人行使此类权利，既保护行使者的个体利益，也维护了双方的共同利益，当然，具有共益权的属性。故确认受托人和受益人的共益权，对于信托法理论的完善和信托活动的立法调整所产生的积极影响由此可见一斑。

为此，笔者考虑下述具体权利，应当列入共益权的范围：第一，就信托财产的强制执行向法院提出异议的权利；第二，排除第三人和委托人（信托人）非法干涉信托活动之行为的权利；第三，就第三人和委托人（信托人）侵害信托财产的行为寻求法律保护的权利等。

四　对我国《信托法》关于信托权利之立法规定的评价与思考

（一）对我国《信托法》关于信托权利规定的评价

我国《信托法》通篇没有关于信托财产权的条文，仅仅是在该法第2条给出的信托定义中涉及信托关系赖以存在的权利基础，即"本法所称信托，是指委托人基于对受托人的信任，将其财产权委托给受托人，由受托人按委托人的意愿以自己的名义，为受益人的利益或者特定目的，进行管理和处分的行为"。鉴于同样的法律难题，我国《信托法》采取了与日本、韩国等大陆法系相同的对策，即回避转移信托财产所有权给受托人这一法律焦点，使用法律含义比较宽泛的"财产权"一词，并且以"委托"取代"转移"来淡化权利移转的法律后果。客观地讲，我国立法对于信托概念的上述处置方法虽然可以达到既摆脱法律理论上的争议，又易于为习惯东方思维方式的中国大众所接受的效果，但是，其过于强调实用性而忽视法律定义的科学性与合理性的痕迹也是十分明显的。

从信托法理论角度讲，建立在委托基础之上的"信托"，不具备信托应有的法律本质，难以发挥信托法律制度特有的职能作用。因为，信托法律制度作为一种财产管理方法，其固有本质是以法律手段固定财产利用与归属相互分离的事实，确认受托人与受益人的法律地位彼此独立，前者立足于财产利用，后者则立足于财产归属（追求获取信托收益）。而且，为了有效地平衡各方当事人之间的利益冲突，在强调信托财产具有独立性的同时，赋予受托人独立的信托权，并且，以法律手段保证其行使该权利所需要的独立自主的身份资格和灵活的权利运用空间。这成为信托法律制度区别于其他法律制度的根本特点。相比较而言，我国《信托法》按照委托模式设计的信托制度便不能体现该特点，存在明显的法律漏洞。

第一，按照委托原理设计信托法律关系，混淆了信托法律制度与委托代理制度之间的区别，极易造成适用上的混乱。因为，信托制度与委托代理制度是彼此性质根本区别的两个法律制度。因此，我国《信托法》第 2 条所描述的以委托合同为基础的"信托"，与间接代理如出一辙，无从依据该定义界定信托制度与委托代理。信托立法上存在的缺陷直接影响到该项法律制度在我国信托市场的适用状况。如果将我国《信托法》定义的信托运用到信托实务中，其极有可能误导人们按照委托代理的法律关系构建信托关系。即要求受托人在其授权范围内为作为受益人的自己或者第三人的利益需要，管理和处分信托财产。这种模式的信托并不具备信托的特殊本质，导致我国的信托法律制度所追求的立法目的付之东流，完全可以被委托代理制度所替代。

第二，就具体的信托关系来讲，按照委托原理设计的信托制度，掩盖了受托人在信托关系中应有的独立法律地位，使其失去了自主独立行使的权利。因为，信托制度的灵魂便是通过确立受托人在信托关系中处所的独立法律地位，赋予其充分的管理和处分信托财产的独立权利。然而，我国《信托法》所规定的"信托"局限于委托代理的范围内，意味着受托人是在委托人的授权界限内管理和处分信托财产。而该授权范围很容易成为信托人动辄干预受托人行使权利借口，难以充分发挥受托人管理和处分信托财产的自主性和创造性。其适用结果恰恰是与《信托法》的立法宗旨背道而驰的。

第三，就信托法律制度的实施效果而言，按照委托原理设计的信托法律关系，导致该类信托制度缺乏应有的活力，难以发挥其特有的法律功能。因为，信托制度作为一项独特的财产管理方法，其典型的经济价值就是最大限度地增强信托财产的流动性，在保证其安全的前提下实现最大限度的收益率。只要有利于实现信托收益的，受托人就得以独立自主地管理和处分信托财产，却不受委托人（信托人）之意志的左右。但是，按照委托合同设计的"信托"，则仅仅可以取得委托代理的法律结果。究其原因，是其受托人处于委托代理的受托人地位，行使权利的法律依据是委托人的授权范围，无法摆脱委托人的制约，其结果必然是受托人管理和处分信托财产的过程完全是唯委托人马首是瞻，无法发挥出信托制度特有的财产管理法律功能。

（二）完善我国《信托法》有关信托财产权规定的建议

基于以上分析思考，笔者深感有必要对于我国《信托法》的信托定义以及信托权利的规定提出完善建议，为我国信托法律制度的健全和中国信托市场的发展尽绵薄之力。当然，解决上述法律问题的出路在于对症下药，重新设计信托权利。目标是在协调大陆法系与英美法系之间所存在法律理念冲突的前提下还信托制度以本来面目，即按照信托应有的本质特征构建我国的信托法律制度。

因此，笔者建议我国《信托法》应当以信托财产权为中心将信托制度的定义确立为："信托人基于对受托人的信任，将信托财产的信托权赋予受托人，由受托人根据信托目的作为信托权人独立地管理和处分信托财产，并将信托收益交付给享有受益权的受益人的法律行为。"该信托定义较之现行《信托法》第2条所定义的信托，有5点实质性变化。

第一，用"信托人"的称谓取代"委托人"一词，明确信托法律制度与委托代理制度的法律界限。正如以上有关我国《信托法》的信托定义所作的法律分析，将实施信托设立行为，表达设立信托之意愿的一方当事人称为"委托人"，未能在主体称谓上突出其作为信托法律关系的当事人特有的法律价值和活动内容。尤其是面对信托法律知识十分淡漠的中国信托市场来讲，社会公众缺乏辨别信托制度与委托代理制度的能力，因此，以规范调整中国信托市场为己任的《信托法》所确立的信托制度，应当力求直接表现信托制度的各种特色，而主体称谓自然首当其冲。

第二，突出信托财产权的转移，用以明确信托制度的核心内容。本文的上述理论分析和论证的核心目标，就是证明信托作为一项财产管理方法，其赖以成立和存续的灵魂是信托财产权的转移。如何适应信托的这一根本特性，要求我国《信托法》应当寻找新的出路。因此，笔者提出的上述信托定义所使用的"信托权"概念，便是此方面的尝试。因为，"信托权"是以信托财产为对象的独立权利，通过信托人基于对于受托人的信任，并且按照《信托法》的要求赋予受托人该项权利，使得信托财产脱离了信托人权利控制而转变了其归属和利用的状态。由此可见，"信托权"的提出是实现信托财产权转移的具体途径，包含了信托法律制度的核心内容，而修正了现行《信托法》因回避信托财产权转移而给出的含混的信托定义。

第三，赋予受托人信托权的目标，在于确立其独立的法律地位和权利。通过前文的论证，我们充分认识到法律本质是确认和保护社会经济生活中所存在的财产利用与财产归属相分离的经济现象，实现社会资源的合理配置，促进社会经济的发展。这也正是信托制度不仅为英美法系国家普遍接受，也为很多大陆法系国家所移植的主要原因。从而，笔者在上述信托定义中所设计的切入点就是"信托权"。因为，根据信托人设立信托的意志，受托人针对信托财产拥有了独立的信托权，其首要法律价值就是受托人在信托法律关系中独立地位的标志，用以其独立的经济利益。所以，笔者运用该民商法理论所设计的上述信托定义，当然要适应其转移信托财产财产权的核心特征要求，建立一项统领信托法律关系的核心权利即信托权利，用以表现其享有者——受托人所处的独立地位。而确立信托权的法律价值之二则是确认受托人完全独立自主地行使该权利的资格。相比较而言，笔者设计的以信托权为中心的信托与现行《信托法》以委托为基础定义的信托的法律思路存在质的区别。即用"信托权"替代了法律内涵不确定的"财产权",而对于权利的移转状态由"委托"(一种不涉及转移的代为行使状态)改变为"赋予"(一种完全意义上的转移),还我国信托法律制度应有的本质特征。

第四,强调受托人行使信托权的根据是信托目的,为受托人运用权利的行为提供法律依据。虽然,在委托代理制度和信托法律制度中,各自的受托人均处于独立地位,但是,其行使权利的身份和依据却截然不同。其中,信托法律制度的受托人是以信托关系的一方独立当事人身份享有信托财产上的权利,并作为权利人独立行使该项权利。而且,受托人独立自主行使"信托权"的依据则是"信托目的"。在严格意义上,该"信托目的"不能简单等同于委托人的"意愿"。理由在于,该"信托目的"当然是委托人设立信托时的"意愿",但是,不包含委托人在设立信托之后变更了的"意愿",从而,排除了委托人在信托法律关系存续期间非法干预或者限制受托人依照信托目的行使信托权利的行为。

第五,明确受益人依据受益权获取信托收益,作为受托人与受益人之间利益冲突的平衡点。信托的目的在于追求受益人获取信托收益,这不仅是信托得以设立的直接根源,也是信托制度之所以为越来越多的国家所接受和迅速发展的动因。因此,在定义信托概念时,必须正视受托人与受益人之间管理信托财产与信托受益地位之间的冲突,用受益权的法律形式来强调和明确受益人的地位,确认其在信托法律关系中所应有的经济利益,从而,通过《信托法》的规范和调整,达到平衡受托人与受益人之间固有的利益冲突,稳定信托法律关系的正常秩序。

(本文原载于《清华法学》2008 年第 2 期)

关于交强险的若干法律问题

管晓峰*

　　交强险已经实施多年，众车主对交强险议论纷纷。有人认为，交强险对一部分交通事故受害者提供了有效的援助；有人认为，交强险的费用偏高；有人认为，交强险将本应是行人和非机动车的受益人对象扩大到机动车；有人认为，交强险的保费节余归保险公司不合理，甚至有律师对此提起诉讼等，不一而足。这一方面表明我国的交强险意识已经深入人心，另一方面表明交强险仍然有许多基本的法律问题没有明确，不能给交强险提供充足的、符合现实情况的、有严密逻辑性的法理依据。一个制度要是没有令人信服的法理依据，人们对该制度就不能自觉地遵守，执法部门也不能理直气壮地执法，立法的目的就不能达到，这是法治社会所不愿看到的。为了有效地推广交强险和利用交强险对交通事故受害者等弱势群体进行援助，有必要对交强险的理论问题进行澄清。

一　交强险的法律性质分析

　　交强险是我国于 2006 年新设立的一个强制性险种，目的是为了集中所有机动车主的财力，为交通事故中的人员和非机动车受害者提供必要的救助，它反映了政府强制车主防范风险的行政责任和车主规避风险的关系。从这个关系中我们可以看到，交强险这个险种是依据中

---

　　*　管晓峰，中国政法大学民商经济法学院商法研究所教授，中国国际贸易仲裁委员会金融仲裁员。

国保险监督管理委员会制定的交强险行政规章设立的，它反映的是行政法律关系。按照行政法理分析，行政是政府机关依据宪法、法律法规和行政规章进行社会管理的具体手段和措施，而行政法律关系是行政机关作为管理者与被管理者之间因行政执法形成的一种管理与被管理关系，这其中反映的是行政机关与被管理者之间的不平等关系。被管理者只能服从行政命令，即使该行政命令不合理，也只能通过行政复议和行政诉讼来改正，被管理者不能通过讨价还价的方法要求行政机关变更行政命令和行政决定。

　　既然交强险是行政法律关系的产物，依据交强险规章成立的交强险保险合同就反映了一种行政上的管理与被管理关系，即车主对是否投保交强险是不能拒绝的，也是不能讨价还价的，在订立交强险合同中不存在协商的余地，不管车主愿意与否，都要按照交强险的规定投保。这种强制性投保体现了政府对社会管理的权威，也体现了政府对机动车辆这种高危险运动器物进行风险管理和风险控制的一种负责任的态度。从理论上说，如果政府管理到位，社会上有多少机动车，就有多少交强险投保的法律关系，但是实际与理论是有差别的，不可能所有的机动车都纳入政府的监控中，并能100%的投保交强险。但是可以肯定地预计，至少有80%的机动车是纳入政府监控努力中，是会按时投保交强险的。所以，因全国逾1.5亿机动车的交强险保费收入构成了一笔巨大社会财富①，因为交强险是为了援助交通事故受害者的公共目的设立的，所以交强险的财产性质也应当属于公共财富。

---

①　据公安部2007年7月4日在公安部官方网站（http：//www.mps.gov.cn/cenweb/brjlCenweb/jsp/common/article.jsp？infoid＝ABC00000000000039435 & category＝700733001）发布的信息："截至2007年6月，全国机动车保有量为152807598辆。其中，汽车53558098辆，摩托车83548340辆，挂车800345辆，上道路行驶的拖拉机14880466辆，其他机动车20349辆。全国机动车驾驶人157148558人，其中汽车驾驶人100279701人。私人机动车快速增长。全国私人机动车保有量为115259586辆，占机动车总量的75.43%，与2006年年底相比，增加5653618辆，增长5.16%。其中，私人汽车32393961辆，增加3710291辆，增长7.44%，占汽车保有量的60.48%。私人轿车13345652辆，增加1857541辆，增长16.17%，占私人汽车保有量的41.20%，占轿车保有量的76.14%。"

　　车主投保交强险并不是在保险公司的劝导下作出的决策，也不是自己乐意作出的转移风险的决策（因为投保商业险中的第三者责任险，保费比交强险低约 50%、赔付也比交强险高约 50%，如果有选择的话，车主自然更乐意选择商业险），而是在政府的行政管理权威下不得不做的投保，这其中没有任何保险公司的商业推广和商业服务因素，即车主是否投保与保险公司没有任何关系，没有反映保险公司除了代办交强险保险合同、帮助理赔等事务之外任何的商业风险和商业营业。所以，人们可以得出结论：交强险是基于行政管理决策而成立的一种行政保险，与保险公司经营好坏和服务质量高低没有法律上的关系，也没有商业上的服务关系。

二　行政险与商业险的关系分析

　　行政险是基于中央政府及中央政府的职能部门的行政决定制定的一类险种，其中体现了政府的意志和社会必不可少的需要的因素，例如，交强险就是体现了中央政府保险监管部门——中国保监会对机动车辆与交通危险关系的认识，以及机动车辆车主的财力与交通事故受害者赔偿之间的关系。

　　基于机动车辆存在道路危险是不可避免的、有保费受害者不能得到赔偿的情况是客观存在的事实以及车主的部分财力集中起来就可以补偿受害者的损失的三个基本认识，保监会制定了交强险行政规章。交强险正是依据这三个基本认识，规定了全国所有的机动车辆车主都必须投保交强险，都要以自己的财力承担交通事故受害者不能得到赔偿的连带责任。只不过这个连带责任是通过国家行为组织的，绝大多数情况下承担者与受害者之间并没有直接的关系。所以，交强险体现了一种具有非常强烈色彩的社会公益性的互助关系。

　　商业险是保险人基于与投保人平等协商关系而达成转让风险的一类险种，其中体现了保险人辛勤的保险推广活动、到位的保险劝导和保险服务工作，也体现了被保险人将规避风险的责任转移意识。我们可以看到商业险和行政险在以下八个方面有所不同：①商业险是保险公司根据市场的需求，借助商业方法推广而形成的保险业务，而行政险是借助行政机关的命令而形成的保险业务；②商业险反映的是保险人与投保人之间在形式上的平等关系，行政险反映的是保险人与投保人之间的命令与服从的关系，保险人不是通过商业引导和劝诱投保人投保，而是借助法律法规的规定接受投保人投保；③商业险是否投保由投保人决定，行政险是否投保由行政机关决定，保险人在其中只起到一种代理办理保险手续的作用；④商业险的形式绝大多数是格式合同，但是也有极少数财险合同和团体意外险合同可以反映投保人的意志，投保人可以与保险人协商保费的多少，而行政险在任何情况下都不反映投保人的意志，投保人的意志不能反映在行政险中；⑤商业险的保费费率由保险人在保险法律法规许可的幅度内自定，投保人在一定的情况下还有协商的机会，而行政险的保险费率由国家确定，投保人在任何情况下都没有和保险监管部门协商的机会；⑥商业险的内容由保险人决定，而行政险的内容由国家或者保险监管部门决定；⑦商业险的理赔费用有保险人的只由保险准备金中支出，而行政险的理赔费用仅由行政险收入承担，超出部分不能由保险人的其他资产承担；⑧商业险反映的是民事法律关系，适用的是商事法律，而行政险反映的是行政法律关系，适用的是行政法律。

由上面分析，我们可以看到商业险和行政险之间有本质性的区别，二者从发生的根据、存在的目的和适用的方法都存在根本的不同。交强险是行政险的一种，与商业险中的第三者责任险也存在根本的不同，所以，我们不能用第三者责任险的眼光看待交强险，不能将交强险套在商业险中，以商业险的法理解释交强险。

三　交强险与商业险是两个层面的保险服务

交强险反映的是机动车辆的车主与保险监管部门发生的行政法律

关系。众所周知，行政法律关系是不存在营利性质的，行政收费有两个目的：①在提供了行政服务后，为弥补国家行政经费不足而收取必要的成本费，即行政规费；②为了公共利益的需要向特定的人收取的、并且用于特定目的的费用，例如，国家向机动车辆的车主收取的交强险费用。交强险的收入用于特定的目的，前面我们分析了这个目的，就是以交强险收入补偿因交通事故受害者的损失。如果交通事故受害者能够得到肇事方的赔偿或者其他方面的救济，就与交强险支出无关。但是，如果交通事故肇事方没有足够的赔偿能力、甚至肇事逃逸，致使受害者无法得到赔偿时，虽然最终的责任在肇事方，但国家不能坐视受害者无助不管，应当尽最大努力帮助受害者。

在国家也没有足够的财力帮助交通事故受害者时，造成了受害者（及亲人）孤立无助的痛苦，而这种痛苦是现代社会管理所不能容忍的，一个负责任的政府必须要承担社会上孤立无助者的援助责任，当政府财力不足时，可以通过行政保险（即社会保险的一种）来分担政府财力不足的困扰。交强险正是在这种情况下设立的，考虑到社会上一些交通事故受害者确实得不到足够的赔偿，而政府又没有足够的财力有效援助受害者的现实情况，政府要解决这个矛盾，要对交通事故的弱势人群提供援助。

交强险的设立与保险公司保险业务的开拓没有关系。所以，交强险客户的多少不能代表保险公司服务质量的好坏，也不表明保险公司经营能力的高低。这里反映了另一层次的经营关系，表明交强险收入与保险公司的商业活动收入不存在商业联系，交强险业务量的增减与保险公司的商业业务量的增减也没有经济学上的联系，交强险发生的争议与保险公司商业险发生的争议也没有法律上的联系。总之，交强险与商业险这两个险种完全是属于两个环境、两个语境和两个法律框架下的产物，无论在实务操作上，还是在理论研讨上都不能将交强险与商业险混在一个锅里乱炖。为了实现交强险的目的，有必要将交强险与商业险在业务领域完全分开。

四 交强险的受益人和准备金

交强险的保险准备金①来自众车主投保交强险的所交保险费，它不是车主自愿缴纳形成的，也不应当是保险公司的经营收入，而是由政府通过法律强制众车主集资成立的一种社会公共财产，准备金的目的是为了援助交通事故受害者。从交强险设立的目的看，接受援助的对象，即构成交强险的受益人须有两个条件：①是交通事故的受害者；②该受害者没有得到或者没有得到足够的赔偿。对弱者提供到位的保护是现代法治社会的标志之一，发生交通事故是谁都不愿看到的，问题在于，如果受害者的损失得不到有效恢复时，等于事故的危害还在继续，他们将抬头难见蓝天，将继续生活在愁云惨雾中。为了社会公平，应当对他们的损失提供适当的补偿。

交强险的唯一目的就是为了救助不能得到赔付的交通肇事受害者，其性质是类似于公共基金的公益财产，这个财产与保险公司的营业收入没有任何关系，不但在资产负债关系上与保险公司的资产负债没有关系，在业务收入、运营盈亏方面也与保险公司没有关系。从交强险业务上看，应当将所有的交强险保费收入都列入保险准备金，如果发生了需要符合交强险条件的赔付，就从准备金中支出，没有赔付的款额在扣除交强险因收入、赔付支出和管理的必要的费用外，继续列在交强险准备金账目中。

五 改进交强险保费收入的设想

应当指出，交强险是一种公益财产，在任何情况下都不应当列入

---

① 参见江生忠、祝向军《保险经营管理学》，中国金融出版社，2001，第186页，"为确保保险公司的偿付能力，并正确地计算损益，根据会计的配比原则，保险公司应按规定从保费收入和利润中提存准备金，包括：未到期责任准备金、未决赔款准备金、长期责任准备金、寿险责任准备金、存出（或存入）分保准备金，以及总准备金等。各种准备金除资本金系所有者权益外，其他为保险公司的主要负债"。

保险公司的资产中，不但在保险年度内不能将交强险收入列入保险公司资产负债表中，在保险年度终了后，也不能将节余的交强险保费列入保险公司的盈余资产科目，也就是说，交强险收入在任何情况下与保险公司资产无关。这样目前社会上并于中国保监会就交强险收费不合理、收费暴利等争议也就冰消瓦解，因为不管交强险的收入多高，都是为了公共利益而存在，在未计算出一个合适的交强险费率时，现行的交强险保费固然有不合理之处，但社会公众对此不服的主要原因不是认为征收交强险不合理，而是认为交强险保费收入与保险公司经营挂钩，有为保险公司牟取不合理利益之嫌。

保险公司收取交强险，实质上是保险公司代理政府向车主征收交通事故公共赔付准备金，该保费的性质有一点像专项税收，例如，有些国家的能源税、环境税收就是专门用于能源和环境方面的支出。交强险是一种行政险，是由政府强制力征缴的，其性质也有点类似税收款。众所周知，税收款无论由谁征收、保管都与征收者、保管者无关，最终还是由政府根据公共政策来决定税收的用途。

目前交强险由车主按车缴纳，不管车辆年度跑的里程多少，只要是同样的车型，就交同样的保费。本来跑得少的车辆发生危险的概率一般来说比跑得多的车辆要低，但是现行的交强险征收政策规定，车辆只分大中小，不分营运车还是私家车，一律一个费用标准。这种分类法忽略了车辆在路上运行里程的多少及风险概率的高低，这是不公平的。交强险可以设定不同的费率，但是应区分营运车与私家车在路上跑的（年/公里）里程上的差别。将来有条件时，可将交强险保费算在燃油单价里，例如，规定每升燃油含交强险税若干金额，车辆消耗燃油越多，表明跑的里程越多，发生的危险概率也越多，所要交的保费也应多些才合理。

六　交强险的最终赔偿分析

交强险设立的宗旨是为了援助不能得到赔偿的交通事故受害者，

因为援助的钱不是来自国家财政拨款，也不是来自某一个投保人，而是来自全体投保人。即交强险保费收入是一个集合准备金，保险基本的原理和基本的运作思路就是"一人为大家，大家为一人"，使众投保人的保费收入组建成一个保险准备金资产池，当发生保险事故时，就用资产池里的资金予以赔付。

交强险虽然是行政险，但其运作原理与商业险有相通之处，为有效地运用交强险资金补偿交通事故风险，应将所有的交强险准备金调剂使用。当车主对交通事故没有责任时，事故中受损失方有权从交强险准备金中得到赔偿；当车主对交通事故应承担责任，但是不能承担时，应由交强险准备金无条件地垫付，以弥补受害者的损失。当车主有能力承担责任时，再将垫付款偿还给交强险准备金。考虑到公共利益受法律特殊保护的原则，这个偿还一般不受《民法通则》对身体受到伤害提起诉讼为 1 年的时效限制[1]，只要车主有偿还能力就应继续偿还。许多国家，包括我国台湾地区对交强险的使用也是按照这个原则。

七　受理交强险业务是保险公司的社会责任

公司的社会责任是指公司在力所能及的情况下，须承担一定的包含财产支出上的责任，这种责任既非法律上的、也非道义上的，而是公司在盈利后，应当对公司的员工、公司场所与当地的环保、环境的关系、公司承担必要的公共利益服务等责任。

公司的社会责任是当今世界上财富越来越向公司里集中趋势所产生的，虽然它不是法律责任，但是在很多情况下公司是不能推卸的，并且越大的公司应承担的社会责任也越多。保险公司从规模上看都属于超大型公司和特大型公司，它们有义务也有能力做一些对社会有益

---

① 《中华人民共和国民法通则》第 136 条："下列的诉讼时效期间为一年：（一）身体受到伤害要求赔偿的……"

的工作，从当今世界上对公司责任的发展趋势看，公司必须承担与其规模和盈利额相适应的社会责任，规模越大，其社会责任越大，盈利越多，其社会责任也越多。公司的社会责任与其规模和盈利挂钩，这不但是社会各界普遍的看法，而且已经为越来越多的公司所认可，所以公司须承担必要的社会责任。

交强险是为社会谋利益的一种公共利益工具，它是为不特定的公众提供救助服务的。如何操作交强险业务，使之能发挥行政险的社会救助作用，就要借助一定的机构实施。因为交强险涉及的承保、理赔和保费管理业务复杂，不是专业机构不能操作。所以，交强险业务不能由个人操作，也不能由政府操作，而必须要由有保险业务经验和保险经营网络者进行操作才合理。保险公司有保险业务经验，有自己的经营网络，有能力为交强险提供服务，包括为交强险的承保、发生交强险事故后的定损和赔付等服务。保险公司在此的服务，仅仅是提供一种中介服务、代理服务，交强险保费形成的保险准备金除了赔付之外，应当一直保存在交强险准备金账目中。保险公司为交强险提供的服务在一定程度上可以看作是公司的一种社会责任。

（本文原载于《中国商法年刊》2007 年卷）

我国电子商务监管体制改革思路及立法建议

吕来明　董　玫[*]

电子商务作为技术进步和商业模式创新相结合的一种全新交易形态，在交易模式、交易安全、支付方式、消费者保护、信用机制、知识产权保护、争议解决等方面都带来了新问题。维护交易秩序、促进行业发展、保障交易安全、保护消费者权益，需要改革电子商务监管体制，对电子商务予以必要的监督管理。

目前电子商务监管体制是一种典型的"分工共管"模式，各主管部门各有其职，但这些职责并不都有监督管理性质，有的体现为监管，有的体现为服务，有的体现为促进。"分工共管"模式的主要依据在于，电子商务涉及多个环节和领域，其行业领域本身的监管就必然包括采用电子化交易的情形，难以也没必要完全剥离，另外电子商务涉及的诸多环节具有较高的专业性和技术性要求，不宜由单一部门监管。在美国等一些发达国家也是如此。

一　我国电子商务监管体制需要解决的问题

第一，欧美国家政府在电子商务中扮演的角色主要是提供服务和法律规则平台，尽可能通过市场机制和司法手段解决电子商务中出现的新问题。我国国情有所不同，应当在促进发展的前提下，注重在监

---

*　吕来明，北京工商大学法学院教授；董玫，北京工商大学法学院研究生。

管和促发展中找到平衡。

第二，电子商务所涉领域不断扩大，难以通过一个部门完成电子商务的全部监管。但是存在部门职责分工不清，造成监管重叠或漏洞，各监管部门之间的行政沟通和协作机制不完善的问题。① 需要建立有效的统筹协调机制，随时协调和纠正监管中出现的问题。

第三，互联网是一个全球系统，网络的跨地域性使得电子商务活动在空间上不再受区域限制，因此，在地域性划分原则下，传统的行政管辖权对庞大的网络交易市场进行管辖时，往往显得力不从心。② 需要改变过于倚重政府监管的局面，加强行业自律和消费者维权及市场自治，建立和完善多元共治的监管体制。

第四，随着互联网和新商业模式的迅猛发展，用传统的监管方式和处罚手段应对互联网上无所不在的潜在风险和不法行为，常显得捉襟见肘，所以监管方式和处罚措施亟待创新，并应通过法律予以确认。

二　电子商务的监管模式和原则

我国电子商务目前实行的是政府行政监管为主导，行业自律、自治管理为辅的模式，但是应当加快培育和增强行业自律和企业自治的监管作用，逐步形成多元共治的格局。

强化行业自律和第三方交易平台自治功能是市场取向改革的一项重要内容，根据发达市场的经验以及我国目前电子商务的发展状况，应当在加强政府职能部门监管的同时，充分发挥行业自律组织的自我约束作用。我国目前已有中国国际电子商务协会和各地电子商务协会，随着这些行业组织的发展，自律意识和自律能力的提高，强化行业自律功能、充分发挥协会作用的条件逐步形成。同时，像

① 国家工商总局市场司等：《中德网络商品交易监管比较研究》，中国工商出版社，2011，第 281 页。
② 傅达峰：《工商行政管理对电子商务监管的对策研究》，《中国工商管理研究》2002 年第 10 期。

淘宝这样的第三方交易平台发展得相当成熟，其内部治理规则也取得了长足的进步，获得了很好的效果，担负着管理海量站内经营者的功能。因此，监管部门应适应市场发展的要求，及时更新监管理念，完善监管体系，挖掘和提升行业组织和电子商务平台的管理作用。

因此，我国电子商务的有效监管应当由政府部门的行政监管、行业组织的自律管理、第三方交易平台的自治管理以及消费者维权监督共同构成，形成电子商务监管多元共治的目标。其中，政府部门的监管与行业组织的自律管理紧密联系，相互支持，平衡发展；第三方交易平台的内部约束起到自治管理的作用，可与外部约束相衔接适用；消费者维权监督则是市场机制下外部约束的基本体现。建议在即将制定的《电子商务法》中确立政府、市场、社会多元共治的管理模式，即政府相关部门、行业组织、电子商务交易平台、消费者及其组织通过行政监管、行业自律、市场内部管理、消费者维权监督等机制，相互协调补充，建立多元共治的电子商务管理模式。

发展是目的，监管是手段。在市场化改革的背景下，应当尽可能通过市场机制解决问题，必须运用监管手段时，应当采用对市场正常运行和发展影响最小的方式进行。电子商务本质上是经济活动而不是行政活动，只有在市场难以自我纠偏时，才启动监管手段，以发挥市场潜力，最大化预留行业发展空间。从国际经验以及电子商务持续发展性的特点考虑，政府应尽量减少交易前监管，以避免阻碍创新和分散性带来的执行不力，政府的事前监管原则上应以法律法规的规定范围为限。因此，建议在《电子商务法》中体现政府对电子商务适度监管原则。政府有关部门对电子商务的监督管理应遵循促进发展、适度有效的原则，避免对电子商务的发展进行不当限制。

三　政府、行业组织、其他社会组织在电子商务管理中的职责划分

在国外发达国家，对电子商务的规范很大程度上依靠成熟的市场机制，政府主要通过搭建完善的法治环境来解决可能出现的问题和纠纷。德国政府通过增加透明度，促进信息流动解决问题，重在形成自我约束机制，形成多元化的市场监督手段和环境，鼓励第三方认证和维权机构的积极参与，不再靠法律和政府包打天下。① 日本政府部门对电子商务的监管以自由发展为主导，尽量减少对网络商品交易的干预。② 美国的电子商务监管走法治化道路，美国联邦政府对电子商务的扶持和促进主要体现在调整税收政策和电信行业政策方面，一般不介入具体的管理事务中。③

通过行业组织的自律来实现电子商务监管是符合市场要求的一种管理途径。网络空间很难受到管制，与现实生活中的监管有所不同，因此行业自律在电子商务监管中可以起到很大作用。行业组织作为一种民间性、非营利性的社会团体，其自愿性和独立性决定了在管理职责方面，只要不与法律、法规、规章和政策相抵触，行业组织就可以规定包括事前、事中或者事后的监管及其方式。

在我国，电子商务第三方交易平台通过制定网规对平台内交易各方进行约束和管理，在电子商务网络交易平台上，产生了一个新型的、自治的治理框架，从而演化出颇具自身特色的一套自生系统来支持电子商务的高效率运作④。确保了大量网购交易的有序进行，促进了行

---

① 阿拉木斯：《德国与欧盟电子商务监管研究》，《信息网络安全》2011 年第 7 期。

② 日本、韩国网络商品交易监管考察团：《日本、韩国网络商品交易监管概况》，《工商行政管理》2009 年第 13 期。

③ 《电子商务监管出国考察报告》，引自国家工商行政管理总局官网：http：//www. saic. gov. cn/gsld/yjbg/ktbg/yjzx/200503/t20050318_ 48063. html，2014 年 5 月 31 日访问。

④ 张欣：《中国电子商务在线治理研究》，《北京航空航天大学学报》（社会科学版）2014 年第 1 期。

业发展。

消费者组织有权按照消费者权益保护法的规定，受理消费者的投诉，并对投诉事项进行调查、调解，支持受损害的消费者提起诉讼或者对侵害众多消费者合法权益的行为提起诉讼，帮助消费者维权，在事后监管中起到很大作用。基于以上分析，建议在《电子商务法》中规定政府、行业组织、电子商务交易平台及消费者组织在电子商务管理中的基本职责划分。具体如下。

第一，政府部门的职责主要应当是制定制度、政策，维护电子商务市场的交易秩序，依照其职能和权限采取相应的监督管理措施，制裁电子商务活动中的违法行为。对于事前监管或许可，采取只有法律、行政法规有规定时，才进行事前监管的制度。

第二，电子商务相关行业组织的主要职责是，依照其章程提供服务并约束其成员的行为，促进行业规范发展，加强行业自律。

第三，电子商务第三方交易平台经营者主要通过制定和实施平台内网络交易规则和信用管理制度，实现电子商务交易当事人的自我管理和约束。

第四，消费者组织的主要职责是对消费者进行电子商务交易安全的宣传教育，并按照《消费者权益保护法》的规定维护电子商务消费者的权益。

四　电子商务行政监管部门的职责划分与协作机制

电子商务涉及网络商品经营者、第三方交易平台和其他服务经营者等多元主体的多种交易或经营行为，涉及网上支付、物流快递、电子认证、数据服务和信息安全等重要环节，相应的监督管理必然涉及多个方面或领域，继而涉及多个部门的分工负责，在一定程度上，网络经济是实体经济在方式或形式上的扩展，电子商务的管理为相关政府职能部门在传统监管职能基础上向网络空间的延伸。因此，在我国目前的政府职责分工的基本体制下，电子商务的监管体制仍应以分工监管为主。① 目前我国电子商务监管体制存在职责不够清晰、各部门管辖界限模糊、交叉重叠、协调机制不完善的问题。制定《电子商务法》的目的和重点之一便是厘清各部门职责与权限并明确综合协调机构，因此，有必要建立"专项分工监管与一般综合监管相结合"的电子商务监管体制。在此，建议在电子商务法中明确工商与市场监管部门作为电子商务交易的一般监督管理部门。工商与市场监管部门的一般监管职能是指在监管职责中，凡是法律和国务院没有明确规定由其他部门行使的职责，都由其负责监管，这是为了解决监管职责划分中因职责不清带来的效率低下和监管疏漏的问题而设计的。

之所以拟定国家工商总局作为中央层面的一般监管机构，主要是考虑其电子商务监管职责和业务内容相对而言更为广泛和基础。工商与市场监管部门作为市场监督管理和有关行政执法的机关，监管电子商务的范围包括了网络商品交易及有关服务行为的全部过程和各个环节，可以实现电子商务监管与企业日常监管的有机结合，继而能更直接、及时地发现电子商务各环节的具体问题，尤其是发现应由其他部门查处的违法行为并依法移交相关部门，从而为发挥综合协调职能打下现实基础，因此，由工商与市场监管部门作为一般监管机构更能全面发挥监管的效能，做到监管有效。

沟通协调机制是避免目前我国电子商务分散监管固有弊端的重要之举。国家工商总局颁布的《网络交易管理办法》规定了跨部门协调联动机制，② 为相关立法提供了借鉴。此外我国电子政务建设已开展多年并取得很大成效，而且从网络技术和通信基础设施看，包括工商

---

① 尽管目前我国正进行大部制改革，如 2013 年 3 月以来，我国在食品安全领域改变了原来的分段监管模式，采用统一监管、集中监管的模式（3 月 22 日，我国国家食品药品监督管理总局正式挂牌成立），本次大部制改革的结果是食药总局对食品安全最终负责。但由于食品安全涉及面广，其他一些涉及食品安全的部门如国家质检总局、国家工商总局、商务部、公安部等仍有相应的业务监管职责。

② 《网络交易管理办法》第 45 条、第 46 条、第 47 条。

部门在内的许多监管部门系统内部已搭建了信息共享或监管平台，这些为通过进一步网络技术整合建立全国统一的"电子商务监管平台"，通过上下、左右的沟通协调实现对电子商务的全方位无缝隙监管，保证电子商务的良性发展，提供了保障和可行性。因此，建议在电子商务法中明确相应的协调机制：一是各级人民政府电子商务相关监督管理部门应当建立定期和不定期的行政沟通、协调、会商制度和联合执法制度。地方人民政府根据本法规定并结合当地实际情况确定行使电子商务监督管理的综合监管协调部门。二是政府有关部门在对网络商品交易及有关服务活动的监督管理中发现应当由其他政府部门查处的违法行为的，应当依法移交或提请相关部门查处。三是通过全国统一的电子商务监管平台进行协作监管的制度。实现互联互通、信息共享。

五　电子商务行业自律与参与者自治的法律确认

（一）电子商务行业自律的促进与保障

过多依赖政府监管、行业自律管理作用发挥不够是我国电子商务监管体制中需要解决的问题。与行政监管相比，行业自律的优势在于：制定准则时信息更充分；政府付出的成本更低；规范内容更容易为企业所接受，因而具有更高的可行性，自律规章能够及时调整以适应环境的变化。此外，与纯粹的市场手段和政府手段相比，行业自律有行业专家参与，规范适用于整个行业，以及行业成员的集体行动所建立的行业声誉和共同的技术标准等优势。[①] 以往许多法律、法规常常采取鼓励性或者促进性条款，鼓励行业组织开展自律活动，但是这类条款的性质不明确，与其说是法律，不如说是建议。为了促进和加强行业自律在电子商务监管功能方面的作用，建议规定行业组织自律不是

---

① Peter P. Swire：Markets, Self-Regulation, and Government Enforcement in the Protection of Personal Information, in Privacy and Self-Regulation in the Information Age by the U. S. Department of Commerce, Social Science Research Network, from：http：//papers. ssrn. com/sol3/papers. cfm？abstract id＝11472.

一种权利，即不具有可选择性，而是一种义务，是行业组织应尽的职责。行业自律与政府监管具有较强的互补性，行政监管的权威性、强制性和独立性等是行业自律所不可比拟的，而行业自律的灵活性、适时性和民主性则是行政监管所不及的。二者功能的相互配合与有机结合，有利于社会利益与行业目标的均衡，因此应建立行业自律与政府监管的联动机制。

据此，建议在《电子商务法》中规定电子商务行业组织在行业自律方面的职责以及政府对行业自律的支持与保障。具体如下。（1）政府对行业组织依法开展活动提供支持和帮助制度。（2）政府与行业组织的监管衔接制度。政府有关部门应当确立与电子商务行业组织的沟通协调、信息共享制度，行业组织可以制定和实施行业标准。政府有关部门可以授权行业组织制定相关标准，根据行业组织对企业或会员的信用评价和处理措施，确定重点监管对象。（3）电子商务行业组织应当履行行业自律职责，制定行业规范，指导、规范和监督企业依法生产经营，建立行业内电子商务信用评价制度，推进相关信用评价的互通、互联、互认。推动、参与电子商务相关行业标准建设，并组织实施。向政府有关部门提出工作建议和意见。（4）明确行业组织依法制定的章程、标准、公约、规则等自律规范，对其成员有约束力。

（二）第三方交易平台的自治与监管

第三方交易平台的内部管理和制度体现了电子商务参与方的自治管理，是通过市场力量建立监督机制的典型方式，体现了意思自治的私法契约精神，在电子商务服务业发展中具有举足轻重的作用。近年来，它作为一种不同于自营式电商网站的商业模式，在网络购物市场中一直保持迅猛增长趋势，其C2C类业务和B2C类业务吸引了海量站内经营者和注册用户。网络平台上店铺运营涉及售前售后服务、营销、推广、客户关系等多领域管理，为此第三方交易平台须制定体系化的站内交易规则和管理制度，以加强第三方电子商务交易平台的服务规范。这对于维护电子商务交易秩序，促进电子商务健康快速发展，具有非常重要的作用。应当结合现行有关规定和实践做法，在法律上对此模式予以确认和规范。建议在《电子商务法》中规定电子商务交易平台的监管职责，具体如下。

第一，平台经营者的监管义务。电子商务交易平台经营者应当依照法律规定或注册服务协议的约定建立用户注册及身份审核、交易规则、交易安全保障、信息披露与审核、隐私权与商业秘密保护、知识产权保护、不良信息处理、商品和服务信息检查监控、消费纠纷和解和消费维权自律、争议解决机制等制度，组织检查网上交易管理制度的实施情况，并根据检查结果及时采取改善措施。

第二，平台规则的制订、修改、披露及限制制度。平台经营者制订、修改各项协议、规则应当遵循公开、连续、合理的原则，遵守法律、行政法规，尊重社会公德，不得扰乱社会经济秩序，损害社会公共利益。不得妨碍相关经营主体的正常交易活动。平台经营者制定的各项管理制度应当在其网站显示，并从技术上保证用户能够便利、完整地阅览和保存。平台经营者应采用技术等手段引导用户完整阅读用户协议，合理提示交易风险、责任限制和责任免除条款。免责条款不得违反法律、行政法规的强制性规定。平台经营者修改其与平台内经营者的协议、交易规则，修改内容应当至少提前七日予以公示并通知相关经营者。平台内经营者不接受协议或者规则修改内容，申请退出平台的，第三方交易平台经营者应当允许其退出，并根据原协议或者交易规则划分、承担责任。

第三，确认平台规则的约束力。平台经营者依法制定并公布的各项管理制度和规则，对通过平台从事交易的当事人有约束力，平台经营者可以按照平台的制度和规则采取相应的监督管理措施。

第四，平台规则的自愿备案制度。平台经营者可以自愿将依法制定的各项管理制度在政府电子商务监督管理机构备案，经过备案的，可以标注相应的标记。

第五，平台经营者的配合义务。平台经营者发现平台内交易者有违反法律、法规、规章的行为的，应当向平台经营者所在地电子商务监督管理的政府部门报告。政府监管部门发现平台内有违反法律、法规、规章的行为，依法要求交易平台经营者采取措施制止的，交易平台经营者应当予以配合。

第六，平台经营者的行业监督制度。行业协会设立消费警示制度，监督和约束有不良行为的平台经营者。鼓励平台经营者行业组织开展行业规范自律，对平台交易规则提出意见，建立与电子商务平台经营者的互动机制，推进平台交易规则的标准化与规范化。

六　行政监管方式和措施的完善

电子商务具有虚拟性、跨地域性的特点，基于互联网的特殊性质，传统的"现场执法和区域执法"不足以有效监管。必须以网络信息技术为依托和手段，创新网络交易监管方式，实现"以网管网"，在工商与市场监管部门的监管实践中，国家工商行政管理总局和地方各级工商与市场监管部门已经推行通过网络交易监管平台进行监管，取得了较为成熟的经验。因此应当在法律上明确"以网管网"的监管方式。

一般而言，线下的监管与查处措施大都适用于线上违法行为，如询问、查阅复制、查封扣押（行政强制）、行政处罚等，这也是较传统的监管手段。随着社会发展和执法理念更新，公共警告或消费警示、行政约谈（座谈）、责令停网整顿或提请停止接入等新型监管措施不断涌现出来。目前，在我国众多领域监管执法实践中，公共警告或消费警示被广泛运用，电子商务监管可以借鉴这种措施并在相关立法中予以明确。

对于有轻微违法行为或努力整改的经营者可以通过约谈、告诫、建议、协调等行政指导方式进行提醒、警告，行政指导属于非强制性的"柔性"监管方式，实践证明，这种"软"方法更能获得当事人的配合，增强其自律。

信用监管，以诚信激励、失信惩戒的机制逐步消除网络交易主体的不良信用，是一种新型又有效的监管方式。关于信用监管我国已有不少立法例，如《食品安全法》第 179 条规定："县级以上质量监督、工商行政管理、食品药品监督管理部门应当建立食品生产经营者食品安全信用档案，记录许可颁发、日常监督检查结果、违法行为查处等情况；根据食品安全信用档案的记录，对有不良信用记录的食品生产经营者增加监督检查频次。"《网络交易管理办法》第 40 条规定："县级以上工商行政管理部门应当建立网络商品交易及有关服务信用档案，记录日常监督检查结果、违法行为查处等情况。根据信用档案的记录，对网络商品经营者、有关服务经营者实施信用分类监管。"新颁布的《企业信息公示暂行条例》也包括信用监管的具体内容。这些法律、法规为电子商务法中规定信用监管提供了立法经验和可以参照、援引的制度。

因此，在《电子商务法》中应对上述监管措施予以规定。一是明确政府有关部门可以采取实地监管和通过网络监管系统进行监管的方式对电子商务活动进行监督检查。二是规定政府有关监管部门应当建立电子商务及有关服务信用档案，记录日常监督检查结果、违法行为查处等情况。根据信用档案的记录，对网络商品经营者、有关服务经营者实施信用分类监管，对有不良信用记录的网络商品或有关服务经营者实施重点巡查，对不良信用记录情节严重者实施失信联动惩戒或列入信用不良当事人名单。

（本文原载于《中国工商管理研究》2015 年第 2 期）

商事法治退出机制与配套制度

中国《破产法》实施三年的实证分析

——立法预期与司法实践的差距及其解决路径

李曙光　　王佐发 [*]

引　言

我国《中华人民共和国企业破产法》（以下简称《破产法》）自 2007 年 6 月 1 日实施以来，已经走过了三个年头。《破产法》从立法体例、结构到内容，都堪称一部充分反映世界破产法最新理念的为市场经济量身定做的先进《破产法》。一位资深的香港执业律师认为，从形式上看，该法的先进性超过市场经济法制更发达的香港的破产法立法。[①] 但是这样一部反映先进市场经济理念的《破产法》，适用于我国由计划经济向市场经济转型时期的转型经济背景会产生什么效果？立法预期与司法实践之间是否吻合？如何填补立法与现实之间的差距，才能使得市场经济导向的《破产法》真正成为我国经济转型的助推器？本文将从实证层面分析《破产法》实施过程中表现出来的立法和现实之间的差距，并从理论和实践两个方面提出解决路径。

本文的结构共分为七个部分：第一部分介绍我国当前的基本破产

---

[*] 李曙光，中国政法大学教授，中国政法大学破产法与企业重组研究中心主任，全国人大财经委企业破产法起草小组成员；王佐发，吉林师范大学副教授，中国政法大学破产法与企业重组研究中心研究员。

① Rraham Ridler, Restructuring in the PRC—The Outsider Looking In, *INSOL World*, Fourth Quoter 2009, p. 31.

法律体系以及《破产法》实施的基本状况；第二、三、四部分分别介绍重整、和解以及清算制度的具体实施状况，法律实施与立法预期目标的差距；第五部分在第二、三、四部分的基础上，进一步阐述我国破产管理人制度在立法设计上存在的问题及其对实践产生的影响；第六部分阐述金融危机推动跨界破产带来的新发展及其对我国破产法立法带来的冲击；第七部分对立法与实践之间的差距作出总结性解释，并对解决路径提出相应的构想。

一　我国当前的破产法律体系与法律实施概况

随着 2006 年新《破产法》的通过和最高人民法院（以下简称"最高院"）随后出台一系列司法解释，中国大陆法域内形成了一套完整的破产法律体系。该体系主要由制定法和司法解释两部分组成。制定法由全国人大制定，司法解释由最高院制定。当前的制定法是由全国人大于 2006 年 8 月制定并于 2007 年 6 月开始实施的。[①] 为配合《破产法》的实施，最高院陆续出台几部相关的司法解释，包括《最高人民法院关于〈中华人民共和国企业破产法〉施行时尚未审结的企业破产案件适用法律若干问题的规定》[②]《最高人民法院关于审理企业破产案件指定管理人的规定》[③]《最高人民法院关于审理企业破产案件确定管理人报酬的规定》[④]《最高人民法院关于债权人对人员下落不明或者财产状况不清的债务人申请破产清算的案件如何处理的批复》[⑤]《最高人民法院关于审理民事案件适用诉讼时效制度若干问题的规定》[⑥] 等。另外，为了回应《破产法》实施三年来出现的一些问题，最高院正在起草一部《破产法》大司法解释，目前

---

① 2007 年 6 月以前调整企业破产的制定法是 1986 年全国人大制定的《破产法》。
② 2007 年 4 月 23 日，法释〔2007〕10 号。
③ 2007 年 4 月 4 日，法释〔2007〕8 号。
④ 2007 年 4 月 4 日，法释〔2007〕9 号。
⑤ 2008 年 8 月 4 日，法释〔2008〕10 号。
⑥ 2008 年 8 月 11 日，法释〔2008〕11 号。

的草案已经有三百多条，预计三年内出台。在此之前有望先出台一部指导上市公司破产的司法解释。

新《破产法》的适用范围扩大到所有的企业法人。① 在借鉴吸收美国《破产法》第十一章的基础上，规定重整制度和管理人制度，还在债权人会议和债权人委员会制度方面加强对债权人的保护。这些突破和创新，使得该法具备现代破产法律制度的基本元素。《破产法》引进了先进的市场导向的破产模式，却没有带来预期中的破产案件的增加。图 1 是 1998 ~ 2009 年中国大陆法院每年受理的破产案件的数据图示。

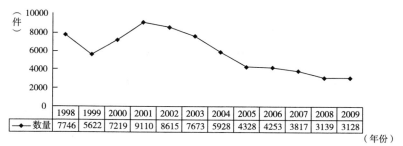

图 1　1998 ~ 2009 年中国大陆法院每年受理破产案件数量走势
资料来源：最高人民法院与中国政法大学破产法与企业重组研究中心。

图 1 表明，《破产法》实施三年来，我国法院每年受理的破产案件数量没有上升反而下降了。

另外一组数据，可以更直观地反映《破产法》在市场经济实践中的处境。图 2 是从 2005 ~ 2009 年中国大陆每年退出市场的企业数量图示。

从图 2 的数据可以看出，从 2005 ~ 2009 年我国每年从市场上退出的企业数量基本徘徊在 80 万家。2006 年达到最低点，即 67.2 万家；

---

① 1986 年《破产法》只适用于国有企业。另外，其他不属于企业法人的经济组织的破产清算也可以参照《破产法》。

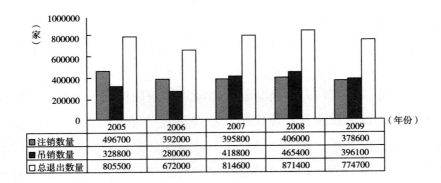

	2005	2006	2007	2008	2009
▣ 注销数量	496700	392000	395800	406000	378600
■ 吊销数量	328800	280000	418800	465400	396100
□ 总退出数量	805500	672000	814600	871400	774700

图 2　2005～2009 年中国大陆每年退出市场的企业数量
资料来源：最高人民法院与中国政法大学破产法与企业重组研究中心。

而 2008 年达到峰值，即 87.14 万家。这与 2008 年受全球性金融危机的影响，中国正经历经济萧条，许多企业陷入经营困境的市场经济环境是吻合的。但是，每年这么多企业退出市场，真正申请破产的企业数量却这样少，这形成了鲜明的对比。

根据《公司法》《破产法》等法律和相关的行政机关条例的规定，企业可以根据章程规定主动选择终止，也可由工商局吊销营业执照而终止。终止的企业失去营业能力，但仍具有法律人格。终止的企业必须由清算组根据公司法进行清算之后，才能到工商局申请注销。如果经过清算程序后尚有剩余财产，则把剩余财产分配给股东，然后清算组到工商局申请注销；如果清算组发现企业财产不足以清偿全部债务，则公司法上的清算程序转化为破产清算程序，按照《破产法》的规定对债权人进行清偿。问题是，在实践中相当一部分企业为了逃避债务，不经过清算程序就直接退出市场。2008 年我国市场上退出的企业达到最高峰，但破产案件数量却在原本极低的基数上又下降了。可以假定，有相当一部分企业本应该适用《破产法》退出市场，却选择了逃避：不经破产清算就直接注销，或者甚至被吊销后不经注销就退出市场。这种假定可以通过许多案例得

到证实，以我国市场经济最发达的浙江省为例。2008 年浙江省仅有
60 例破产案件，但是当年许多媒体报道浙江省由于受到金融危机影
响，许多企业主或高管扔下资不抵债的企业弃之不管并神秘消失。①
2008 年广东省东莞等地企业主扔下企业和职工自行出逃的案例，也不
时出现在媒体上。

　　尽管破产清算案例整体上不多，我们倒是发现了许多重整案例。
尤其是一些大的上市公司，纷纷申请适用重整程序作为实现企业转机
的工具。截至本文完成时，各级法院已经受理了 25 家上市公司申请重
整案例。另外还有许多上市公司在考虑通过适用重整程序解困。非上
市公司也出现了一些重整案例。截至 2009 年 10 月 28 日，共有 80 多
家非上市公司申请破产重整。②

　　《破产法》为陷入流动性困境的企业提供了三个制度选择：重整、
和解以及破产清算。《破产法》的第八章规定重整制度，第九章规定
和解制度，第十章规定破产清算。法律篇章结构反映出这是一部拯救
型的《破产法》。立法鼓励陷入流动性困境的企业先选择拯救程序，
只有确实没有拯救能力或者价值的企业才把破产清算作为最后的选
项。另外，《破产法》对金融机构破产作了特别规定，即银行、证券
公司、保险公司等金融机构破产，由金融监管机构向法院申请重整或
破产清算。③

　　为什么《破产法》的制度供给并没有得到充分的需求回应？
《破产法》的立法预期与实践操作存在哪些差距？如何在现实的约束
条件下不断改善中国破产法律制度的适用环境，使《破产法》更好
地推动我国市场经济转型？以下将通过《破产法》实施以来的典型

① 参见吴晓峰《新破产法实施以来破产案件不升反降》，法制网，http：//www. legaldaily. com. cn，
最后登录时间：2010 年 2 月 11 日。
② 这个数字是在 2009 年 11 月举行的中国政法大学破产法与企业重整研究中心年会上金杜律
师事务所提供的。
③ 《破产法》第 134 条。

案例展示企业具体适用三个制度选择的情况，并通过这些案例展示新《破产法》带来的立法创新，主要是管理人制度和重整制度在实践中的具体适用情况。在此基础上，从理论和实践层面回答这些问题。

二　重整制度在我国的立法和司法实践

《破产法》第八章规定重整制度。第八章是在借鉴美国《破产法》第十一章的基础上制定的。美国《破产法》第十一章起源于 19 世纪末铁路扩张时期。为了支持扩张，铁路公司在北美和欧洲大量发行债券。许多铁路公司在营运过程中遭遇现金流困境而无法偿还到期债务，遂出现财务危机。铁路公司的资产结构特点决定了保留公司的营运价值比清算对包括债权人在内的各利益相关人更有利，所以当时代表债权人的投资银行发明股权接管（equity receivership）这种解困模式，通过这种模式使得困境公司在保留营运的条件下调整利益相关人的权益，重组财务结构，摆脱债务。股权接管成为当代重整制度的起源。[①]

但是，破产重整制度随着市场经济的发展从理念和操作方法上都发生了巨大的变化。发轫于铁路重整案的传统重整理念是保留企业的经济和法律实体。基于对法律实体和经济实体之间关系的更深入认识，现代重整的理念已经转向最大化破产财产（bankrupt estate）的价值。在此基础上，美国《破产法》第十一章实际上已经成为一个实现破产财产价值最大化的操作平台。所以，预重整、重整出售、重整清算等操作方法更加频繁地出现在当代重整案件的操作中。[②] 可是，从形式上看，我国重整立法是以传统重整为导向设计的。

---

① 关于股权接管制度参见 David A. Skeel, Jr., "An Evolutionary Theory of Corporate Law and Corporate Bankruptcy", 51 *Vand. L. Rev.*, 1325, 1355 – 57 (1998)。

② 关于美国破产法的当代发展参见 Douglas G. Baird, The New Face of Chapter 11, 12 Am. *Bankr. Inst. L. Rev.*, 69 (2004)。

（一）我国重整的基本立法框架

《破产法》规定了宽松的重整申请条件。只要具备以下三个条件之一，申请重整就可以得到法院的受理：（1）债务人不能清偿到期债务，并且资产不足以清偿全部债务；（2）债务人明显缺乏清偿能力；（3）债务人有明显丧失清偿能力可能。① 债务人和债权人可以直接向人民法院申请对债务人进行重整。债权人申请对债务人进行破产清算的，在人民法院受理破产申请后、宣告债务人破产前，债务人或者出资额占债务人注册资本 1/10 以上的出资人，可以向人民法院申请重整。② 重整期间重整中的公司既可以在管理人监督下由债务人管理，也可以由重整管理人管理。但重整计划的执行交给债务人，同时由重整管理人负责监督。③

为了配合立法对管理人的规定，最高院先后针对管理人制定了两个司法解释。按照司法解释，符合条件的社会中介机构和个人均可向所辖区法院申请在该法院编制的管理人名册注册。管理人一般从受理破产案件法院所在地的管理人名册中通过摇号等方式产生。重大案件的管理人可以通过竞争投标的方式跨区产生。另外，有些案件可以由受理清算的清算组转化为管理人。司法解释还对管理人的报酬作了相关规定。值得注意的是，由清算组转化为管理人是 2006 年《破产法》对 1986 年《破产法》的一种妥协。立法的本意是把这种妥协作为一种次要的辅助性制度安排，④ 但是在实践中这种模式却似乎占据了主导地位。

（二）现实中的重整实践

1. 上市公司重整

《破产法》对中国证券市场产生很大的影响。此前，中国证券市

---

① 《破产法》第 2 条。
② 《破产法》第 70 条。
③ 《破产法》第 73、74、89、90 条。
④ 1986 年《破产法》没有规定管理人制度。根据该法，主要由行政官员组成的清算组控制破产程序。新《破产法》规定有些案件可以由清算组转化为管理人，是为了实现 1986 年《破产法》向 2006 年《破产法》的顺利过渡。

场上有许多在困境中挣扎的 ST 上市公司。① 由于中国证券市场的上市成本很高，使得 ST 公司仍然具有"壳价值"。所以，许多 ST 公司成为外部投资者重组收购或者内部控制股东保留的目标。但是，由于法庭外重组收购的谈判成本太高并且具有不确定性，所以庭外重组 ST 公司成功率并不高。许多 ST 公司在漫漫重组路上跋涉多年，仍然没有结果。《破产法》引进重整制度，为证券市场上的 ST 公司提供了新的低成本保牌方法，也为投资者提供了新的曲线上市路径。

重整 ST 公司的另一个激励来自地方政府。因为保留一个上市公司的牌照对地方政府来说意味着良好的业绩、更高的就业率和更好的形象，地方政府有强烈的激励措施对法院、债务人和债权人施加影响，重整 ST 公司。所以，自从《破产法》实施以来，在地方政府的操盘下，ST 公司重整相对比较活跃。截至本文完成之日，已经有 25 家上市公司申请重整程序，② 其中 14 家经过重整程序后已经恢复上市交易。③ 以下以 * ST 华源重整案为例描述上市公司重整的概况。

ST 华源从 2005 ~ 2007 年连续三年亏损，根据上海证券交易所规则暂停上市。2008 年 8 月，ST 华源的一位债权人——上海泰升富企业发展有限公司向上海第二中级人民法院申请对 ST 华源破产重整。9 月，法院裁定受理。另外，上海泰升富企业发展有限公司本身就是 ST 华源的一个子公司，且二者隶属于同一个控制人——香港华润集团。所以，实质上还是债务人自行申请重整保护。鉴于 ST 华源是上海市第

---

① ST 是指"特别处理"。根据深圳和上海证券交易所规则，如果上市公司持续两个会计年度的净利润为负值其股票名称前就被冠以 * ST 的标志，以便警示投资者该公司存在退市风险。其他特别处理的公司股票前被冠以 ST 的标志。如果 * ST 公司第三年仍然亏损，就暂停上市。暂停上市的公司如果其法定期间的最后一期年度报告显示盈利则可申请恢复上市，否则退市。另外，如果 ST 公司尚未完成股改，则 ST 或者 * ST 前被冠以 S 标志。本文除非特别说明，均统称 ST 公司。

② 它们是：ST 海纳、ST 金化、ST 兰宝、ST 朝华、ST 宝硕、ST 星美、ST 天颐（三安）、ST 天发、ST 华龙、ST 北亚、ST 长岭、ST 华源、ST 北生、ST 鑫安、ST 帝贤、ST 九发、ST 盛润、ST 秦岭、ST 深泰、ST 丹化、ST 偏转、ST 夏新、ST 新太、ST 光明、ST 中华。

③ 这些公司是 ST 海纳、ST 金化、ST 兰宝、ST 宝硕、ST 星美、ST 天颐（三安）、ST 华龙、ST 长岭、ST 帝贤、ST 九发、ST 盛润、ST 深泰、ST 偏转、ST 新太。

一家申请破产重整的上市公司，加上债权关系复杂，法院决定由清算组担任管理人，负责重整程序中公司的治理。清算组的成员包括：上海银监局、上海证监局、上海金融办、上海国资委、华润医药集团相关人员、北京市金杜律师事务所。

重整计划于 2008 年 12 月 1 日得到所有表决组的通过。其基本内容包括两个方面：（1）全体股东共让渡股票约 18650.41 万股，用于清偿债权及有条件地出让给重组方；（2）以定向增发等方式注入不低于 10 亿元且有一定盈利能力的优质净资产，使 ST 华源恢复持续经营能力和持续盈利能力。由于华润先前指定的重组方是房地产公司，房地产业务不被市场看好。所以，华润被迫重新选择重组方。重整仍在进行中。截至本文完成时，ST 华源尚未恢复上市。

2. 非上市公司重整

由于缺少上市资格这个"壳资源价值"，非上市公司重整与上市公司重整有不同之处。以下通过苏州雅新破产案来展示中国非上市公司破产重整的基本图景。

"雅新电子"和"雅新线路板"是位于苏州市吴中区的两家企业（以下简称苏州雅新），经营状况很好。但是其母公司台湾雅新实业股份有限公司因故被台湾士林法院裁定破产重整。母公司的重整给苏州雅新带来致命打击，应收货款无法收回，资金链出现断裂，生产经营陷入困境。当时，共有 9 家国内银行和 6 家外资银行向苏州雅新贷款，总额高达 14.6 亿元。这些债权人银行对苏州雅新的未来持不同的态度，有的债权银行要求对苏州雅新进行清算；有的债权银行则看重苏州雅新良好的市场表现，要求对其进行重整。

鉴于债务人已出逃，吴中区政府同 15 家债权银行谈判以便对债务人进行重整。在政府的积极协调下，双方最终就重整达成一致，2008 年 4 月 25 日，由 15 家债权银行组成的银行团向吴中区法院提交了重整申请。该案管理模式为管理人管理。苏州法院当时并没有破产管理人名册，所以由债权银行推荐安永华明会计师事务所作为管理人，法院审核通过。[①]

管理人在全球范围内寻找投资人投标。Tiger Builder Consultant Ltd. （以下简称 Tiger Builder）在竞争中胜出。Tiger Builder 投入 3500 万元人民币，获得苏州雅新 100% 股权和经营权，而苏州雅新原股东的股权被强制清零，苏州雅新的法律主体不发生变化。新股东计划 100% 偿还经法院确认的所有债务，但按偿债方案在 8 年内分期偿还。目前苏州雅新已经恢复生产。

（三）重整立法的预期与现实之间的差距

1. 立法预期与现实之间的差距

我国《破产法》规定重整制度的首要立法预期是拯救营运价值，这是重整制度的基本价值目标。但是，任何制度都是由具有不同利益偏好的具体的人来执行的，个人的私人利益可能和具体的制度目标不一致。在公司重整制度框架下，不同参与人的私人利益和困境公司的利益很难一致。[②] 其中最主要的对立者，是当前的管理层和担保债权人。出于对保留职位的偏好，管理层具有选择重整的激励。而担保债权人重整的激励不大，是因为如果担保物价值大于担保债权价值（overvalued），担保债权人不能分享重整成功带来的利益，却要分担重整失败的风险；即使担保物价值低于担保债权价值（undervalued），风险偏好中性的担保债权人也不愿意承担重整失败的风险。股东在清算条件下一般得不到任何清偿，但有可能分享重整成功的收益而不承担任何失败的风险，所以具有重整的激励。[③]

即使困境公司具有营运价值，但由于营运价值是一个复杂的概

---

① 安永华明是安永在华合资的注册会计师公司，成立于 1992 年。

② Lopucki M Lynn & William C. Whitford，"Corporate Governance in the Bankruptcy Reorganization of Laege Publicly Held Companies"，141 *U. Pa. L. Rev.*，669.

③ 这是基于一般条件假设下的分析。具体案件中不同利益关系人的私人利益可能会更复杂。如上市公司重整中会涉及地方政府、债务人管理层、控制股东、债权人、外部投资人（重组方）等复杂的利益主体。

念，表现为不同的形态，所以不同利益关系人对营运价值的态度也可能不一样。在美国破产法学界，对营运价值的理解存在两个学派。市场派的法经济学学者道格拉斯（Douglas）教授等认为营运价值一般包括三个方面的价值：（1）有形资产的价值，如机器、厂房、存货等；（2）无形资产的价值，如专有技术、经验、商业计划等；（3）团队成员之间的协作关系。① 按照这种解释，只要三个方面的营运价值能够找到市场进行流转，就没有必要一定保留企业的法律实体。不过这些学者认为团队成员只包括管理层等经营人员。反对者劳帕齐（Lopucki）教授等从更广义的协作关系角度解释营运价值，认为组成企业的一切要素和要素提供者之间的"关系"（relationships）是企业的营运价值。而且这种营运价值的形成需要时间的磨合，所以形成营运价值需要时间成本。按照这种解释，即使公司资产可以出售或转让，也要损失"关系"磨合成本。② 如果把困境公司的命运绝对地交给任一方利益关系人而不附加任何制衡程序，就可能由于某种营运价值对该利益关系人的个人利益并不重要，该利益关系人会选择放弃拯救该营运价值。

正因为挽救重整价值的目标很难和某个单一利益关系人的目标一致，所以规范公司重整的法律制度的目标是"阻止任何试图重整那些本应该清算的公司的努力；推动任何试图重整那些具有营运价值的公司的努力"③。各国重整立法就是在遵循这个原则的基础上对重整制度进行设

---

① 参见 Douglas G. Baird & Robert K. Rasmussen, "The End of Bankruptcy", 55 *Stann. L. Rev.*, 751, 777, 763 - 768, 773 - 775。

② Lynn M. Lopucki, The Nature of the Bankruptcy Firm: A Reply to Baird and Rasmussen's, *The End of Bankruptcy*, available at http://ssrn.com/abstract = 3977 80p. 5 - 6。对营运价值更细致的分析认为困境企业的营运价值包括私人营运价值和社会营运价值。相关分析可参见 Richard V. Butler & Scott M. Gilatric, "A Re-examination of The Purpose and Goals of Bankruptcy", 2 *Am. Bankr. Inst. L. Rev.*, 269。

③ Douglas G. Baird, "The Hidden Values of Chapter 11: An Overview of The Law and Economics of Financially Dis tressed Firms", p. 2. available at http://www.law.uchicago.edu/Lawecon/wp 1 - 50. html.

计的。以美国《破产法》第十一章为例。第十一章首先把申请重整的优先权赋予债务人。这是假定债务人最有条件掌握公司经营信息，最有激励及时申请重整挽救营运价值。但是如果债务人在指定的时间内怠于申请重整，或者法院认定债务人没有资格作为重整控制人（Debtor-in Possession）掌握重整的经营管理权而指定重整受托人（trustee），那么任何利益关系人都有权申请重整。[①] 为了确保重整程序不被滥用，浪费清算财产的时间而损害破产财产的价值，第十一章第1123条对重整计划的内容作了严格规定，以便法官以此为标准判断重整计划实施的可行性并对批准与否作出判断。[②] 该条分强制性规定（a款）和选择性规定（b款）两部分。其中a款第（5）项规定重整计划中必须包含充分的执行计划的手段，并示范性列举了10项手段，如财产转让、重整并购、重整出售或清算、债务减免或延期偿还、发行证券融资，等等。另外，第十一章第1129条进一步对法官批准重整计划的条件进行规定。[③] 其中a款第（11）项尤其值得关注，该款规定：重整中的公司或者根据计划继承该公司的公司在批准计划之后，不可能被清算或者不需要继续进行财务重整，除非这种清算或者财务重整是计划规定的重整方法。

公司法的一个基本原则是商业判断原则。此原则把法官绝缘于管理层的商业判断之外。但是重整却是一项涉及复杂的商业判断的制度，受理重整案件的法官必须基于基本的商业判断确定是否批准重整计划。为了化解这个矛盾，1129条a款第（11）项实际上把举证责任交给重整计划提出者，其必须向法院证明重整计划具有合理的实现重整目标的前景；如果不能充分举证，则法官有权认为该计划不现实或者过于乐观而拒绝批准计划。[④] 而1123条a款第（5）项则为法官的

---

① 11 U. S. C. 1121.

② 11 U. S. C. 1123.

③ 11 U. S. C. 1129. 这一条被破产法学者称为第十一章的重心。

④ 参见 Brian A. Blum, Bankruptcy and Debtor/Creditor, *Examples and Explanations*, Third Edition, Aspen Publishers, p. 486。

判断提供了基本的参考依据。该项实际上对重整计划的资金来源和重整的基本方法，列出一个开口式的清单。没有资金来源、没有重整操作方法的重整计划是毫无意义的。[①]

我国《破产法》立法者在起草法律时也注意到这个问题。《破产法》第81条以强制性规定的方式，为重整计划的内容列出一份开口式的清单。该清单包括8项，其中第一项就是债务人的经营方案。另外，《破产法》第87条规定法院批准重整计划必须遵循的标准，其中第6项规定："债务人的经营方案必须具有可行性。"可是这两项规定在实践中，尤其是在上市公司重整实践中，基本不被遵守。通过对已经申请重整的25家上市公司进行重整计划的实证研究，我们发现上市公司重整包括两个部分：权益重整和业务（资产）重整。但重整计划中一般只包括债权和股权的权益重整，而对经营方案，即业务（资产）重整，则或者仅提到拟注入资产的重组方，或者仅含糊地提出拟进行资产重组，或者根本不提任何关于业务（资产）重整的信息。待法院批准重整计划并终结重整的司法程序之后，在重整计划的执行阶段才开始进行业务（资产）重整。如果重整计划不包括经营方案，那么法官依据什么判断重整中公司具有重整价值？违背立法强制性规定的重整计划几乎毫无阻力地被法官一次次放行，使得立法在现实面前很受挫折。

那么上市公司重整是否实现了保护营运价值这个目标呢？通过对已经发生的25例重整案例的实证分析，我们发现答案基本是否定的。这可以从上市公司重整的背景和实际运作模式两个方面加以分析。一方面，所有这些申请重整的上市公司，都是至少连续三年亏损而面临退市风险的 * ST 公司。他们中的大多数在此之前已经经过一次或多次庭外重组，这个事实说明其具备营运价值是值得怀疑的。另一方面，通过观察这些 ST 公司的重整步骤有助于揭示其是否具有营运价值。

---

① 参见 Brian A. Blum, Bankruptcy and Debtor/Creditor, *Examples and Explanations*, Third Edition, Aspen Publishers, p. 482。

　　ST 公司的重整过程一般包括四个步骤。第一步，通过债转股或者收购重整中 ST 公司的股份，重组方变成重整中 ST 公司的股东。这一步一般在申请重整之前进行，也可以在申请重整之后进行。第二步，通过债务重组把重整中 ST 公司转变成一个没有债务负担的净壳。债务重组一般通过综合使用减免债务、债转股和出售资产偿债等方式完成。有时重组方提供部分资金代为偿债（这种情况不多），作为对价取得相应的股权。第三步，重整中 ST 公司原来的股东之间谈判缩减股份并调整股权利益。这一步为向重组方非公开发行股票进行业务（资产）重组腾出股权空间。第四步，重整中 ST 公司向重组方非公开发行股票使后者成为控股股东，取得（保住）对重整中 ST 公司的控制权。作为对价，重组方把优质营利性的资产注入没有债务负担的净壳，完成业务（资产）重组。当然，以上是一般步骤，具体案件可能有所差异。例如，有的案件不经过第一步，而是债务人和债权人直接谈判，通过减免债务、用现有资产支付部分剩余的债务以及以债转股的形式完成债务重组。通过重整计划的谈判和批准程序完成债务重组和股权调整。然后在重整程序的执行阶段重组方才出现，作为非公开发行的对象进行业务（资产）重组。但不论具体案件的差异，重整程序都是以重整计划的批准为界限把权益重组和业务（资产）重组划分成泾渭分明的两部分。即以上四个步骤的第四步是在重整计划批准之后的执行阶段进行的。

　　我们不妨通过 ST 天颐（三安）重整的案例，来展示 ST 公司重整模式的基本过程。福建三安集团是一家以光电子元器件为主业的电子公司，公司原本尝试在中小板上市。位于湖北的 S＊ST 天颐公司破产重整，改变了三安集团的上市战略。2007 年 10 月，S＊ST 天颐申请破产重整。2007 年 10 月 20 日，三安集团通过股权拍卖的形式获得 S＊ST 天颐大股东席位。2007 年 11 月 24 日，S＊ST 天颐发布公告称法院裁定批准的重整计划执行完毕。2008 年 3 月 3 日，S＊ST 天颐第二次临时股东大会通过大股东三安集团的注资方案。根据注资方案，S＊

ST 天颐向三安集团非公开发行股份，购买三安集团控制的子公司三安电子的 LED 外延芯片及其他芯片经营性资产，通过把购买的资产注入 S∗ST 天颐完成资产重组。2008 年 4 月 16 日证券监管部门有条件地审核通过三安电子对 S∗ST 天颐的重整方案。2008 年 6 月三安集团完成对天颐的资产重组，S∗ST 天颐更名为 S∗ST 三安。2009 年 1 月 23 日，S∗ST 三安摘掉 ST 的帽子，更名为三安电子。

　　在本重整案例中，作为重整债务人的 S∗ST 天颐的重整计划，从谈判到批准仅仅是完成债权和股权的重组，根本不涉及（业务）资产的重组。重整计划执行完毕之后相隔半年多的时间，才完成业务（资产）重组。可见，这种重整谈判所针对的对象根本不存在营运价值，仅仅是一个上市公司的壳而已。通过对已经完成重整司法程序的公司的考察，我们发现除了 ST 金化重整前后主营业务未发生改变，ST 宝硕、ST 夏新重整前后主营业务类似之外，其余的 ST 公司重整前后主营业务都发生了脱胎换骨式的改变。

2. 重整管理人制度的立法预期与现实差距

　　1986 年《破产法》规定管理人由清算组担任，清算组由行政人员组成。在计划经济背景下，这种破产管理人模式与行政色彩的《破产法》是契合的。《破产法》的立法目标是实现破产的市场化导向，摆脱行政主导模式，所以管理人模式理应从由政府主导转向由市场中介机构和职业人员主导。由于《破产法》把指定管理人以及确定其报酬的办法委托给最高院，[①] 所以管理人的具体制度由最高院的司法解释确定。根据《最高人民法院关于审理企业破产案件指定管理人的规定》，高级人民法院或者中级人民法院编制本地管理人名册，一般破产案件的管理人由本地管理人名册中通过摇号的方式确定。市场中介机构以及其中任职的合格的职业人员有资格申请编入管理人名册。在特殊条件下，如《破产法》施行前已经进行的国有企业破产或者破产

---

　　① 《破产法》第 22 条。

申请受理前根据有关规定已经成立清算组，清算组可以作为管理人。清算组为管理人的，人民法院可以从政府有关部门、编入管理人名册的社会中介机构、金融资产管理公司中指定清算组成员，人民银行及金融监督管理机构可以按照有关法律和行政法规的规定派人参加清算组。

总之，按照司法解释，原则上管理人由受理破产的法院辖区内的市场中介机构或者在其中任职的职业人员担任；特殊条件下，管理人可以打破辖区限制通过竞争聘请辖区以外的中介机构或执业人员担任，也可以由清算组担任。在清算组担任管理人的情况下，清算组主要由政府行业主管和监管部门的官员担任。根据《最高人民法院关于审理企业破产案件确定管理人报酬的规定》，管理人的报酬根据债务人最终清偿的财产的价值总额，按照规定的百分比确定。报酬支付的时间可分期支付也可最后支付，由法院确定。

在市场经济条件下，重整制度的灵魂就是谈判。有效的重整制度应该有助于降低当事人的谈判成本，充当当事人的谈判的润滑剂。谈判以意思自治为基础，政府部门介入当事人谈判不存在合理性基础。所以，立法的预期是重整管理人以市场中介机构和职业人员为主导，通过使用其专业知识降低重整谈判中的交易成本。但现实非如此。在已经受理的 25 例 ST 公司重整案例中，我们发现仅有一个案例是中介机构担任管理人。① 其余的 24 例全部是政府主导的清算组做管理人。而且重整管理人排序基本遵循这样一个规律，即管理人名单上以副市长等重量级的政府官员作为清算组组长，然后是不同的政府部门的行政人员，最后一位是参与重整的律师的名字。更有意思的是，我们发现在 ST 偏转重整案中清算组名单上居然没有执业人员——清算组名单上全部是来自政府部门的行政人员！

上市公司如此，我们也发现了一些非上市公司重整中政府介入管理人的案例。例如，中国首例航空企业破产案——民营航空企业东星

① 即 ST 深泰。

航空破产案的管理人就是由武汉中院指定的市法制办、总工会等政府部门主导组成的清算组担任。

（四）立法预期与实践之间差距的解释

重整制度以挽救营运价值或者最大化破产财产的价值为目标。最大化破产财产的价值以最大限度地允许当事人自由谈判为基础。没有司法权力约束的庭外谈判，可能产生钳制问题，增加谈判的成本。所谓钳制问题，主要是指在某一个行为对集体有利但需要全体一致同意才能生效并实施的条件下，某一位或某些（小部分）当事人为了个人的私利抵制谈判，从而牺牲团体中其他人的利益而使自己获得更多利益。在需要全体一致通过的条件下往往容易产生钳制问题。私人谈判需要当事人，尤其是债权人的全体同意才能达成并产生拘束力，所以容易产生钳制问题。因为当事人会预期，只要自己坚持到最后并要求获得比其他人更多的利益，谈判对手为了达成合意就会让步。问题是，如果每个人（或者很多人）都有这种预期，谈判就无法进行下去，造成时间的浪费，甚至永远没有尽头。

为了克服私人谈判的钳制成本，立法者创设了司法监督或控制下的谈判制度，即公司重整制度。重整制度的设计建立在四个假设之上：（1）有些陷入困境的公司的营运价值大于清算零售的价值；（2）为了保护这些公司的营运价值，就必须通过调整这些公司与其债权人、股东、贸易伙伴以及其他利益关系人之间的契约或者法律义务的方式解决财务困境；（3）在某些情况下，没有法院的监督就无法完成必要的契约或者法律义务调整，而且这种调整也不可能在发生债务关系时或者公司成立时就提前明确约定；（4）在少数例外的情况下，应该把启动正式重整程序的决定权交给债务人。[1] 也就是说，在理想状态下，破产重整不需要外部人介入，只要当事人之间在法院作为裁判的监督

---

[1]　Lynn. M. Lopucki and George G. Triantis，"A Systems Approach to Comparing U. S. and Canadian Reorganization of Financially Distressed Companies"，35 *Harv. Int'l L. J.* 274 - 275.

下谈判就可以了。这就是债务人控制（Debtor-In-Possession）重整模式的法理基础。但是，由于控制重整程序的债务人的利益可能和重整中的企业的整体利益不一致，会给重整中的公司带来许多治理困难。为了解决这些困难，就需要对债务人施加一定的制衡和监督。这个任务可以由债权人委员会完成。除此之外，《破产法》还引入独立的第三方，即重整托管人，在必要的时候代替控制债务人。托管人代表破产财产，而不是任何一类利益关系人，保护不同利益关系人的整体利益。①

ST 公司重整基本上背离了立法的预期目标，非上市公司重整有的实现了立法预期，有的存在争议（如内蒙氯碱重整案）。重整管理人制度在实践中也经常和立法的市场化目标存在差距。可见，在重整立法的预期和实践之间出现了一道鸿沟。对此现象的解释不能离开法律实施的政治经济背景。

在我国经济体制转型尚未完成之际，行政力量的偏好以及行政力量对政治经济生活的影响能力在很大程度上塑造了当前破产重整制度的实施模式。以上市公司重整为例。上市公司对于地方政府有着特殊的利益。上市公司重整涉及政府利益和偏好。由于上市公司数量往往作为地方政府业绩的一个衡量标尺，我国地方政府往往具有强烈的推动公司上市的偏好。例如，一些地方政府甚至设立政府资金预算奖励获得上市资格的公司。② 既然对上市如此热衷，保留 ST 公司的激励之强烈就不足为奇了。加上上市公司破产清算对地方政府的形象、就业和社会稳定可能产生的影响，地方政府对于困境中的上市公司具有强烈的重整激励。这就是为什么我们会经常看到在某些 ST 公司重整中副市长亲自挂帅任清算组组长的景象。

另外，在市场发育尚不成熟，行政力量影响社会经济生活方方面

① 参见 Barry L. Zaretsky, Trustees and Examiners in Chapter 11, 44 *SCLR* 909 – 910。

② 参见张华《圈子、面子和赌性——晋江富豪扎堆上市的文化基因》，《南方周末》2009 年 11 月 26 日，D22 版。

面的经济转型时期，重整中涉及的复杂的法律和其他社会关系往往难以由市场力量摆平，或者根本不存在市场，代表市场力量的中介机构或者专业执业者也就没有能力主导重整，所以难以胜任管理人角色，也无法催生出起着市场润滑剂作用的职业破产管理人。在这种政治经济条件下，市场化的管理人往往理性地放弃主导破产重整，主动选择把重整主导权让给政府官员。在 2009 年中国政法大学破产法与企业重组研究中心召开的年会上，很多律师反映即使自己被指定担任清算组的组长，也没有能力胜任，而甘愿由政府主导破产重整案件。也就是说，在很多案件中，政府主导破产重整反而更有效率，成为当事人的理性选择。

除了政治经济学解释之外，法律职业人员的素质不高也是一个因素。《破产法》刚刚实施将近三个年头，对于新制度的学习尚需要一个过程。由于对制度的理解不到位，导致许多违背法律规定的强制性规范的重整计划都可以被通过。例如，正如前文所述，《破产法》第 81 条和第 87 条规定，重整计划中必须包含债务人的经营方案，法官审查经营方案可行才能批准计划。但是目前为止已经通过的重整计划都没有具体的经营方案。①

三　和解制度的立法和司法实践

（一）和解的基本立法框架

《破产法》第九章专章规定破产和解。只有债务人才有资格向法院申请和解。债务人申请和解需提交和解协议。和解协议经出席无担保债权人会议的 1/2 以上债权人同意，且同意债权人所代表的债权额占无担保债权总额的 2/3 以上，法院才能裁定批准和解协议。和解协

---

① 当然，一个可能的原因是法官知道违法但迫于行政力量的压力而通过这些不合法的重整计划。

议对担保债权人不产生效力。①

（二）司法实践

截至本文完成之日，并未发现严格的根据《破产法》进行和解的案例。

（三）立法预期与司法实践差距的解释

从降低风险的角度，担保债权人选择作为担保的财产必然是企业中的优质资产。为了维持营运，困境企业选择解困制度时，首先要保留的必然是担保财产。重整制度的有效性之一就是通过自动终止、强制执行等司法制度约束担保债权人参与公司拯救。可以说，没有对担保财产的约束，企业拯救很难成功。例如，在1992年以前，加拿大适用的是1985年《破产法》。该法仅向债务人提供针对普通债权人的保护，而对担保债权人没有约束力。由于对担保债权人没有约束力，几乎没有困境中的企业适用1985年《破产法》进行重整。但是当时的另一部法律，《公司债权人和解法案》（Companies' Creditors Arrangement Act，CCAC）却规定债务人起草重组计划后可以申请法院保护，免于债权人追债，而且其效力不仅及于无担保债权人，而且及于担保债权人。由于CCAC可以约束担保债权人，债务人的律师纷纷根据CCAC而不是《破产法》向法院申请重整。②

《破产法》规定和解制度旨在为重整制度提供替代性企业解困制度。也就是说和解制度的目标也是为了保留债务人的营运价值。在债务人财产（尤其是核心资产）一般成为抵押财产的现实条件下，如果和解协议对担保债权人不产生效力，保留营运价值是不可能的。可以设想，如果和解协议生效后，公司有价值的担保财产都变卖支付给担保债权人，和解协议只能约束没有价值的财产，那么和解的意义何在？所以，从保留营运价值的角度，当前《破产法》规定的和解制度很难

---

① 《破产法》第95～98条。

② ST深泰，at p. 277。

成为重整的替代制度。在《破产法》起草过程中，笔者即质疑和解制度的可操作性问题，主张既然已有重整制度，就应废除和解制度。现在这种制度成本重叠已成现实。

四　清算制度的立法和司法实践

（一）基本立法框架

根据《破产法》，破产清算中财产的清偿顺序对担保债权人没有约束力，担保债权人可以直接就担保财产行使担保权;[①] 管理人应当及时拟订破产财产分配方案，提交债权人会议讨论。债权人会议通过破产财产分配方案后，由管理人将该方案提请人民法院裁定认可。破产财产分配方案经人民法院裁定认可后，由管理人执行。[②]

根据第113条，破产财产在优先清偿破产费用和共益债务后，依照下列顺序清偿：（1）破产人所欠职工的工资和医疗、伤残补助、抚恤费用，所欠的应当划入职工个人账户的基本养老保险、基本医疗保险费用，以及法律、行政法规规定应当支付给职工的补偿金；（2）破产人欠缴的除前项规定以外的社会保险费用和破产人所欠税款；（3）普通破产债权。破产财产不足以清偿同一顺序的清偿要求的，按照比例分配。破产企业的董事、监事和高级管理人员的工资按照该企业职工的平均工资计算。

（二）清算立法的预期目标与现实挫折

从立法的结构上看，《破产法》把清算制度放在重整与和解制度之后。此外，根据《破产法》第78条，在重整期间如果发现足以表明重整没有希望的情形，也可以把重整程序转化为清算程序。立法显然预期当事人先进行重整或和解谈判，只有在无法达成拯救企业的一致或者拯救计划不具有可操作性的条件下，才适用清算程序。问题是，

---

① 《破产法》第109、110条。
② 《破产法》第115、116条。

实践中出现的许多清算案例并没有像立法预期的那样干净利落地变卖并分配资产，而且最大的几个清算案例却在清算与重整的选择之间充满争议，使得立法的预期目标再次在现实面前受挫。三鹿破产清算案和东星航空破产清算案即为例证。

1. 三鹿破产清算案

三鹿集团是婴儿奶粉生产企业。由于在奶粉中添加三聚氰胺的丑闻被曝光，三鹿奶粉销售陷入困境。2008 年 12 月 18 日，一位债权人向石家庄中院申请三鹿破产，法院受理该破产清算申请。2009 年 2 月 12 日，法院宣布三鹿破产。至此，作为中国最大的乳制品企业之一，拥有数十亿资产的三鹿集团成为河北省第一家破产的大企业。法院指定清算组作为破产管理人。三鹿主管部门和地方政府等行政机构在清算组中占主导地位。这种管理人模式为三鹿破产奠定了浓厚的政府背景。法庭指定三鹿最大的债权人之一——石家庄发展投资有限责任公司法人代表为债权人委员会主席。2009 年 2 月 12 日召开第一次债权人会议，通过了管理人提出的资产管理方案和财产变价方案。

破产清算方案主要包括三个部分。（1）资产公开挂牌拍卖。（2）债权转让，三鹿最大的债权人之一——河北国信资产运营有限公司以两折收购许多供应商的债权。此外，多家三鹿经销商也将自己的债权出售给三鹿的全资子公司三鹿商贸。（3）职工安置，三鹿破产采取职工安置和破产重组同步的策略。凡原与三鹿集团有劳动合同的职工，自愿参加重组的，由重组方承诺全员聘用。与三鹿集团没有劳动合同的职工，重组方与职工双向选择。离开三鹿集团的，办理终止劳动合同手续。参加第一次竞拍获得三鹿集团核心资产的北京三元股份已经承诺全员聘用三鹿职工。

三鹿破产案留下的一个最关键的问题：未来潜在的三聚氰胺受害儿童的医疗救助及其赔偿费用如何保证？三鹿曾经拿出一部分资金交给奶业协会代为清偿。此外，患者婴儿所在地的地方政府拿出部分钱埋单。2009 年 11 月 20 日，石家庄法院作出裁定，终结三鹿集团的破产程序。裁定显示，三鹿对普通债权的清偿率为零。这意味着，三鹿已无力承担未来潜在的三聚氰胺受害儿童的任何赔偿。但是，11 月 27 日，就在三鹿破产清算结案之后，三鹿案件爆发以来首例毒奶粉受害者状告三鹿集团的民事索赔案在北京市顺义区法院开庭。由于三鹿已经被清算，这种民事赔偿只能无疾而终。① 也就是说，三鹿破产清算结案意味着排在后面的潜在的毒奶粉受害者彻底失去赔偿来源。

　　针对三鹿这种涉及大量潜在未来侵权债权人的破产案件，国际上的通行做法不是选择破产清算，而是走重整程序。在重整的框架下设立专门的基金用来对潜在的未来侵权债权人进行有序赔偿。即使企业没有能力继续营运，走重整清算之路相对于破产清算也对潜在的未来侵权债权人有利。② 何况三鹿只不过是由于毒奶粉事件产生信誉危机才出现经营危机，其优质资产尚在，选择破产清算的做法不仅难以服众，③ 而且为后来可能发生的类似案件开创了一个有疑问的先例。

2. 东星航空破产案

　　2009 年 8 月 26 日，武汉市中级人民法院裁定东星航空破产清算。东星航空成为中国第一家破产的航空公司。

　　东星航空破产清算的整个过程贯穿着管理人和支持重整的利益关系人之间的争斗。2009 年 3 月中旬，东星航空的债权人之一美国通用电气商业航空服务公司（GECAS）正式向武汉中院提出破产申请。3 月 30 日，武汉中院正式受理破产申请并公告正式启动破产清算。法院任命武汉市法制办、市总工会，市交通委员会等政府部门及其行政人

---

① 参见黄秀丽《三鹿破产"金蝉脱壳"　舆论呼吁政府赔偿》，《南方周末》2009 年 12 月 3 日，A3 版。

② 参见 Yair Listokin and Kenneth Ayotte，"Protecting Future Claimants in Mass Tort Bankruptcies"，98 *Nw. U. L. Rev.*，1436（2003 – 2004）。

③ 据一位参与三鹿案件的律师表示，他当初强烈主张对三鹿进行重整，对三鹿破产清算的结局表示很遗憾。

员作为破产管理人。但是，清算程序启动后接下来的却是坚持清算的管理人和东星航空的原股东、部分主要债权人以及意向投资方组成的支持重整的阵营之间的长期争斗和博弈。4 月 8 日，拥有 1.8 亿元债权的中航油联合若干债权人向法院提出重整申请。法院于 6 月 12 日裁定不予受理这一申请。中航油于 6 月 23 日又向湖北高院上诉。湖北高院驳回上诉。其他申请重整的债权人也得到大体相似的待遇，即湖北中院不予受理，高院驳回上诉。在意向投资方中，北京信中利集团是坚持到最后的投资人。直到 8 月 25 日，信中利向武汉中院提交了修改后的重整计划，并提供 1 亿多元的重整资金证明。但是，以政府部门为主导的破产管理人坚持清算，并取得最终的胜利。

撇开东星航空破产案件背后扑朔迷离的利益纠葛，从法律与经济的角度分析，东星航空破产清算操作程序既违背《破产法》的文本规定，也违背《破产法》的立法预期。根据《破产法》第 70 条，债务人或者债权人可以依照本法规定，直接向人民法院申请对债务人进行重整。债权人申请对债务人进行破产清算的，在人民法院受理破产申请后、宣告债务人破产前，债务人或者出资额占债务人注册资本 1/10以上的出资人，可以向人民法院申请重整。武汉法院的做法显然违背立法的规定，剥夺了利益关系人申请重整的法律权利。根据《破产法》第 24 条，与破产案件有利害关系的机构或者个人不能担任管理人。本案中作为清算组成员之一的武汉市交通委员会与东星航空大股东东星集团存在商业纠纷，法院驳回东星集团请求撤换管理人的申请，显然有悖法的精神。本案中管理人直接主导谈判也是有问题的：如果是破产清算程序，管理人只有代表破产财产清理债权债务并主持财产变卖的权利；如果是在重整程序，管理人应该监督债务人对重整中公司的经营管理或者取代债务人负责重整中的公司的经营管理。但本案中管理人直接主导破产程序，与支持重整的利益关系人对债务人企业的出路选择进行争论和博弈，既违反法条，又违背法理。从实质上看，一方面，该案剥夺了债务人、多数债权人和股东的重整权利；另一方面，破产管理人作为市场中介机构或者专业执业人士，只有在具体的重整或者清算程序中推动最大化破产财产价值的权利和义务；本案中管理人实质上在重整程序启动之前阻止重整谈判并阻止重整，显然违背《破产法》立法预期。

（三）对《破产法》实施中发生的清算案件争议的解释

贯穿《破产法》的精髓就是谈判博弈。谈判既可以发生在申请破产之前，也可以发生在申请破产之后。谈判的目标是在不损害当事人当前福利水平的基础上寻求提升困境企业价值的帕累托改进。当然，如果当事人当前的福利水平受到的损害可以通过困境企业价值提升后的增量价值得到补偿，谈判也是值得的，即卡多尔希克斯效率也符合破产谈判的目标。

申请破产之前的谈判一般称为庭外重组（nonbankruptcy workout），庭外重组谈判的当事人实际上是在庭内重整的阴影下进行谈判的。即当事人知道并预期如果庭外重组不能达成一致，就可能有一方当事人申请重整。所以，当事人会比照其在重整中可能的境遇并以此作为参照讨价还价。同样，庭内重整谈判的当事人知道并预见如果重整谈判失败就会走向破产清算。所以当事人会比照其在破产清算中的境遇并以此作为参照作为重整谈判中讨价还价的底线。即重整谈判是在破产清算的阴影下进行的。破产清算是最后的游戏。①

可见，只有充分谈判，才能发现价值；只有能够提供有效率的充分谈判机会的破产法律制度，才是公平有效率的破产法律制度。《破产法》实施中产生的几个有争议的清算案件，至少在谈判机会上是很不充分的。造成谈判机会不充分的原因主要有两个因素。

---

① 参见伊丽莎白·沃伦、杰伊·劳伦斯·韦斯特布鲁克《债务人与债权人法——案例与难点（英文版）》，中信出版社，2003，第472~473页。

1. 政治经济学因素

从政治经济学角度，政府通过清算组参与破产模式选择的博弈，把自己的政治经济利益掺和到破产谈判中。按照《破产法》的规定，有影响的破产案件可以指定清算组作为管理人，这几个案件都是政府主导的清算组作为管理人。政府作为管理人在转型时期有必要性，也有弊端。必要性在于，在市场没有充分发育的领域政府可以利用其行政资源替代市场主体摆平破产重整中的一些复杂的关系；弊端在于，如果破产重整的案件涉及政府自身的利益，《破产法》赋予管理人代表破产财产最大化破产财产价值的权利和义务，就会和政府管理人的私利产生冲突，政府很可能为了私利而损害其他利益关系人和破产财产的利益。而有影响的案件中又往往牵涉到政府的利益，所以政府主导的管理人本来没有权利参与谈判，却要以管理人的名义代表政府的利益和破产案件中的其他利益关系人讨价还价，甚至成为诉讼的对立方，致使《破产法》和法院的威信被破坏。① 总之，政府以管理人的身份参与破产博弈，却依靠行政权力向缺乏独立性的法院施加影响，剥夺其他利益关系人重整谈判的权利，这是造成许多破产清算案件产生争议的基本原因。

2. 立法严格区分重整和清算之间的关系及其在司法实践中的僵化执行

正如前文所述，《破产法》的灵魂是谈判。谈判包括申请破产前的谈判②和申请后的谈判。谈判的目的是重整处于困境中的企业。破产清算是重整谈判中当事人谈判收益预期的底线。只有无法维持谈判底线而导致谈判失败，才走向破产清算。所以，现代企业破产法律理论和实践的重心是破产重整。

从理论上考察，清算、拍卖与收购是理解重整制度并指导重整实

---

① 在另一起有影响的破产清算案件中，债务人内蒙氯碱的管理层针对选择破产清算还是重整程序而与地方政府产生冲突。

② 破产申请前的谈判可以是庭外重组，也可以是预重整。

践的基石。一方面，重整与清算并没有严格的界限。至少重整的起点
状态可以看作清算的一种形式。只不过企业作为一种法律实体出售给
债权人，而不是第三人。① 从理论上说，重整程序的目标是拯救（而
不是清算）债务人并重新调整利益关系人之间的权利。所以，重整程
序是为了避免清算，除非找到更好的解困方法。但是清算有利于清偿
顺序优先的债权人，所以这类债权人有清算的激励。从这个角度，重
整又是保护劣后债权人。所以，为了实现公平和效率的目标，必须保
证重整程序符合三个条件：（1）披露重整程序或计划对任何当事人的
影响；（2）允许每个当事人对重整方法（计划）投票；（3）保护异
议当事人得到"公正和公平的"待遇。而把清算嵌入重整计划中并使
之能够通过重整计划得到实现是保证重整程序符合三个条件的前提。②
另一方面，保留企业法律实体的重整面临估值的困难。保留法律实体
的重整实质上是把困境企业出售给新的请求权人，这些请求权人有些
是旧企业的请求权人，如债权人、雇员、股东。有些是新的请求权人，
如外部投资方。但是这种出售没有实际发生，而是当事人模拟出售。
于是产生对困境企业估值的难题。因为只有准确估值才能确定新的请
求权人对重整中的企业的请求权的份额。估值带来的难题和围绕估值
的谈判构成重整制度的重要成本之一。而拍卖和整体出售是解决估值
困难的可行方法。另外，即使没有实际拍卖或出售，也可援引此理论
解决由于估值而带来的讨价还价成本。哈佛大学的贝贝查克教授之前
提出的一个可行方法，是把所有的请求权折成股权，然后按照绝对优
先权原则，如果低级优先权人认为估值低而使得自己得不到分配或
者分配少，可以收购高级优先权人手里的股权，使得高级优先权人
拿到足额分配出局，对估值持异议的低级优先权人变成重整中公司

---

① Thomas H. Jackson, "Bankrutpcy, Non-bankrutpcy Entitlements, and The Creditors' Bargain", 91 *Yale L. J.* 857, 893.

② 参见 John C. Anderson & Peter G. Wright, "Liquidating Plans of Reorganization", 56 *Am. Bankr. L. J.* 29, 50 – 51。

的所有人。① 贝贝查克的思路，从另一个方面折射出重整与清算（包括出售）之间的关系，是通过模拟清算解决重整中价值评估难题的一种尝试。

贝贝查克的思考方法也可推演并应用于对同一级优先权人对重整或清算的异议的处理。我们不妨称之为异议者收购理论。根据异议者收购理论，如果对于企业重整或者清算存在异议，支持重整的请求权人对企业的估值高，支持清算的请求权人估值低。那么估值高者可以收购估值低者。对于东星航空，支持重整的利益关系人可以按照清算价值支付支持清算者，然后分配重整中的公司的请求权和控制权。由此观之，讨价还价者只能是利益关系人，而东星航空案中讨价还价的一方却是管理人，令人匪夷所思。

三鹿案件是典型的大规模的集体性侵权导致企业陷入经营困境的。三鹿案件中的毒奶粉婴儿属于侵权债权人，而且其中许多债权人的资格需要经过一定期间才能确定，这些债权人称为未来或潜在债权人。国际上这类案件的处理模式基本上是通过重整程序对困境企业进行重整清算、收购或者（极少情况下）保留其法律实体。然后在重整程序下成立赔偿基金。从重整清算、拍卖或收购的收益中拿出部分资金注入基金作为赔偿的基础。然后从重整中企业或收购方未来营运利润中拿出一定比例的资金注入基金作为基金未来赔偿的基础。同时，基金还可以通过自己运作产生的收益作为赔偿的部分基础。总之，只有适用重整程序，才可能最大限度地最大化用于赔偿未来债权人的资产的价值，有助于保护这一类风险承受能力最低，但承担风险最高的债权人群体。② 可惜，三鹿案件采用清算方式，堵住了未来可能出现的许多受害者的索赔之路。

---

① Lucian Bebchuck, "A New Approach to Corporate Reorganization", 101 *Harv. L. Rev.*, 775, 782 – 788.

② 有关未来侵权债权人保护的理论和实践参见 Yair Listokin and Kenneth Ayotte, "Protecting Future Claimantsin Mass Tort Bankruptcies", 98 *Nw. U. L. Rev.*, 1436 (2003 – 2004)。

中国的破产立法严格区分破产重整与清算程序。在缺乏判例法环境以及缺乏深谙破产理念的法官的现实条件下，容易导致由于对程序的僵化适用而损害《破产法》的公平和效率目标。三鹿和东星航空案件由于适用清算模式而产生争议，一方面是由于行政力量的不适当干预所致，另一方面也反映出我国《破产法》从立法形式上对重整制度和清算制度进行严格区分，而司法实践中又对这种严格区分进行了严格贯彻，从而导致把重整和清算作为对立的两极而进行非此即彼的争执。

五　《破产法》立法中管理人角色定位模糊及其对司法实践产生的影响

管理人作为一种制度体系，实质上包括一系列具体的角色。首先是作为监督协调角色的管理人。这种管理人的职能是行政性（administrative）的，主要是负责监督、协调和管理工作。美国《破产法》上的国家管理人（United States Trustee）就是这种角色。加拿大主要的调整公司重整的法律，公司债权人和解法（Companies' Creditors Arrangement Act，CCAA）里规定的监督人（monitor）也是这种角色。可见，作为监督协调角色的管理人是一种行政性角色。其次是清算管理人，即负责在清算程序中收集、变卖并分配公司财产。再次是重整托管人（trustee），即控制债务人（DIP）的替代者。只有当DIP不称职被撤换的时候才可能选择重整托管人。重整托管人一般由债权人选出。所以，作为DIP的替代角色，重整托管人是一个纯粹的市场角色。最后是监督人（examiner），监督人一般是在没有重整托管人的条件下，债权人指定的用来监督DIP的角色。总之这些角色共同组成一个完整的管理人制度体系，在具体的破产清算或重整条件下发挥作用。

尽管我国《破产法》立法期望建立市场化的管理人制度，立法的规定方式使得管理人的角色并不清晰。例如，《破产法》第13条规定，人民法院裁定受理破产申请的，应当同时指定管理人。这一条作为强制性规定表明所描述的管理人是适用于任何破产案件的承担监督、管理和协调角色的行政性的管理人。这个角色定位类似于美国《破产法》制度下的国家管理人、英国《破产法》体制下的接管人或者加拿大《破产法》制度下的监督人。但是第 17 条和第 18 条里的管理人显然是完全不同的角色。第 17 条规定，"人民法院受理破产申请后，债务人的债务人或者财产持有人应当向管理人清偿债务或者交付财产"。第 18 条规定，"人民法院受理破产申请后，管理人对破产申请受理前成立而债务人和对方当事人均未履行完毕的合同有权决定解除或者继续履行"。显然，这两条赋予管理人替代 DIP 管理破产财产的权力，其角色是纯粹的市场角色，相当于美国《破产法》上的托管人。

　　以上所提到的有关管理人的法条还只是停留在一般性的描述。《破产法》第三章用 8 条（第 22 到第 29 条），包括指定管理人、管理人与法院和债权人委员会之间的关系、管理人的组成等来规定，但是第三章仍然没有明确区分管理人的不同角色。有些条文规定管理人的经营管理职能，有些条文规定管理人的监督职能。第五章、第六章和第七章分别提到管理人，但角色依然是不清晰的。到第八章，即专门规范重整的这一章，管理人的角色更模糊了。例如，第 73 条规定，在重整期间，经债务人申请，人民法院批准，债务人可以在管理人的监督下自行管理财产和营业事务；有前款规定情形的，依照本法规定已接管债务人财产和营业事务的管理人应当向债务人移交财产和营业事务，本法规定的管理人的职权由债务人行使。这一条管理人的角色相当于美国《破产法》里的托管人和英国《破产法》里的重整管理人（administrator），显然是市场角色。这一章前两节里管理人的角色基本上都是这种替代 DIP 的角色。第八章第三节规范重整计划的执行，这一节里所描述的管理人的职权是监督重整计划的实施，即扮演着监督管理人的角色（examiner, monitor）。

　　也就是说，管理人不是一种单一的角色，而是由不同角色构成的一个制度体系。不同角色的称谓应该加以区分。但我国《破产法》里统一使用管理人这个单一的称谓，即用一个称谓（管理人）承载监督、协调和管理等不同性质的职能，造成在司法实践中管理人的行政功能被强化，市场中介功能被弱化，这种效果在清算组制度上表现得最突出。在市场经济转型时期，行政力量和监管意识依然强大，政府部门仍然有强烈的行使监管权力的冲动。当允许政府官员和市场中介组织共同组成管理人时，尽管立法的本意是让行政人员承担管理人中的行政性职能，即监督、协调职能，让市场中介组织承担市场职能，即经营管理，但是，具有私人利益的政府部门却屡屡越位，把管理人的所有角色集于一身。在东星航空破产案中，以政府为主导的清算组甚至超越管理人的所有的正当角色，站在债权人的对立面。在这种情况下，厘清作为清算组的管理人的角色定位，几乎是不可能完成的任务。

我国当前的破产管理人制度，不利于培育活跃的破产市场和市场中介人及其组织。市场中介以及执业者的缺乏，反过来又会阻碍我国破产实践的市场化和效率。当代破产实践的趋势是让专业破产组织和执业者用市场化的方法帮助债权人及时控制并营救困境企业。而我国当前的破产管理人制度设计，没有为市场中介组织及时介入困境企业提供充分的空间和手段，这是导致我国《破产法》实施以来出现的一个困惑和尴尬——只有在企业经营陷入清算的困境时才申请破产，法院摇号选出的管理人发现待接手的企业往往没有剩下多少有价值的财产，以至于被有幸选中的管理人往往并不因为被选中而感到"幸运"——的一个主要原因。

六　国际金融危机对中国《破产法》提出的挑战

国际金融危机对中国《破产法》提出的挑战主要表现在跨界破产上。我国《破产法》对跨界破产只有一条原则性的规定，即放在总则中的《破产法》第 5 条：

> 依照本法开始的破产程序，对债务人在中华人民共和国领域外的财产发生效力。
>
> 对外国法院作出的发生法律效力的破产案件的判决、裁定，涉及债务人在中华人民共和国领域内的财产，申请或者请求人民法院承认和执行的，人民法院依照中华人民共和国缔结或者参加的国际条约，或者按照互惠原则进行审查，认为不违反中华人民共和国法律的基本原则，不损害国家主权、安全和社会公共利益，不损害中华人民共和国领域内债权人的合法权益的，裁定承认和执行。

这种原则性的规定能否适应金融危机以来不断扩大的破产国际化趋势？我们不妨首先考察一下国际上主要国家因应金融危机对本国《破产法》跨界破产规制的调整。

（一）主要国家《破产法》因回应国际金融危机而对跨界破产规则的调整

国际金融危机再一次展现了世界经济一体化对跨界破产法律制度的需求。贝尔斯登、雷曼、克莱斯勒、通用等跨国企业的清算或重整波及美洲、欧洲和亚洲等多个国家和地区，迪拜世界的债务危机把我国某些国有银行也卷入其中。所以，合作型的跨界破产制度不仅有利于保护一个国家的对外投资利益，也有利于维护外国投资者对其投资环境的信心，更有利于全球金融信用体系的稳定。鉴于此，金融危机进一步推动了跨界破产的立法和司法朝着更加开放和合作的方向发展。

从立法上看，加拿大和澳大利亚是积极调整其有关跨界破产规则回应金融危机的典型。澳大利亚因应金融危机，于 2008 年 6 月把联合国贸易法委员会（UNCITRAL）制定的跨界破产规则纳入其国内《破产法》。① 加拿大也以该规则为模板修改了其《破产法》中有关跨界破产的规则。② 从司法上看，美国破产法院的法官对跨界破产的域外效力在司法解释上更趋开放。例如，在雷昂戴尔化学公司诉中点能源气体服务有限公司（Lyondell Chem Co. v. Centerpoint Energy Gas Servs. Inc）案中，雷昂戴尔化学公司及其 79 个联营公司（affiliates）于 2009 年 1 月 6 日在纽约申请破产，并于 2009 年 2 月 6 日向法院申请禁令，要求禁止全球范围内的债权人追索其位于卢森堡的母公司，雷昂戴尔巴塞尔产业公司（Lyondell Basell Industries A. F.）。该母公司并不属于破产程序。法官以资产的协同效应（synergy）为理由支持破产债务人的请求。法官认为债务人位于美国和欧洲的不同实体之间彼此协调营运，构成协同效应，这种协同效应使得全球范围内企业实际上形成一个浑然一体的整体。③ 这不仅是跨界破产中法官适用经济分析的一个成功案例，也开创了域外破产案件承认的新的里程碑。

（二）国际金融危机对中国《破产法》应对跨界破产提出的挑战

可以看出，在跨国交易形式越来越复杂，跨界破产案件对具体规则的需求越来越强烈的条件下，仅仅依靠一个原则性的规定将很难适应跨界破产实践的需要。我国《破产法》对跨界破产的粗线条制度供给不足，正在遭遇不能满足实践需求的尴尬。太子奶事件就是一个鲜活的案例。

2007 年 9 月，由花旗银行牵头的银团向太子奶提供了价值 5 亿元的无抵押、无担保、低息三年期债务。由于太子奶集团是在开曼群岛注册的，2010 年 2 月 22 日，中国花旗银行有限公司向开曼群岛大法院申请对太子奶集团清盘。开曼群岛法院受理了申请并委托香港宝华

---

① 参见 Brigitte Markovic，UNCITRAL in Australia，*INSOL World*，Second Quarter 2009，pp. 36 - 37。

② 参见 Susan Grundy，Canada Adopts Modified Version of UNCITRAL Model Law，*INSOL World*，Fourth Quarter 2009，p. 30。

③ 参见 R. Craig Martin，Shooting a Bullet Across the Border：In re Lyondell Chemical and the Grant of a Worldwide Injunction，*INSOL World*，Second Quarter 2009，p. 41。

顾问有限公司担任清盘人。①

　　由于媒体对事件的报道事实性陈述偏少，情绪性和道德性描述偏多，使得作为债权人的花旗和作为债务人的太子奶之间的债务纠纷真相难以准确还原。但有一点肯定的是：双方的债权债务关系是真实的，花旗以债权人的身份向债务人的注册地申请清盘，注册地的法院经审查确认后签发了清盘令。在此基本案件事实的基础上，本案应该讨论的焦点，应该是国内有管辖权的法院应该承认此清盘令并协助执行，还是拒绝承认并允许债务人的其他利益关系人如太子奶董事长李途纯、太子奶租赁经营人株洲高科奶业经营公司等维持太子奶营运并进行重组的请求。国内法院如果依据传统的国际私法上的有关国外判决的承认与执行的原则对本案进行判断，其判断依据无非是有无司法协助条约或协定，承认清盘令是否违反公共利益，等等。

　　我们认为，把传统国际私法上的原则性规定应用到跨界破产这种商业性和专业性都很强的案件中，不仅难以给出令人信服的判决理由，而且容易引起投资者对本国资本市场环境的不信任。以公共利益的标准为例，不同的商业环境下对公共利益的解读是不同的，太子奶所在地的地方政府已经把企业清盘将引起职工安置问题以及不稳定问题作为公共利益进行抗辩。如果这样解读公共利益，任何清盘案件都将成为涉及公共利益的案件。所以，对于太子奶事件以及未来可能更多的类似的跨界破产案件，我们主张回归到商业和法律判断。例如，如果国内有管辖权的法院有充分的证据证明太子奶尚有营运价值，保留营运实体的社会收益大于清盘的社会收益，完全可以拒绝承认清盘。债务人可以申请重整并在法院的监督下和债权人在重整的框架下，就资产和债务的重组进行重新谈判。

　　随着中国经济在世界经济中的地位不断上升，越来越多的中国企业走出去参与国际投资活动，越来越多的外国企业走进来。鉴于此，

---

① 参见郅建荣、阮占江《花旗太子奶"破产之诉"法律解读》，《法制日报》2010年4月29日。

我国《破产法》有必要建立细致清晰的跨界破产规则，以便为中外投资者提供更大的投资确定性。在全新的国际经济形式和游戏规则面前，我们需要更新跨界破产的理念，而不是仅仅停留在属地主义和属人主义的理念纠缠之中。

七　转型背景下我国《企业破产法》的发展路径

（一）转型背景下制约中国破产法律制度良性发展的因素

从以上所列举的案例、数据以及相关的分析，我们总结在转型背景下制约我国破产法律制度良性发展的基本因素主要包括三个方面：（1）行政力量的干预；（2）高素质的破产执业共同体的缺乏；（3）社会上对当代《破产法》的功能的认识尚不到位。

1. 行政力量的干预及其后果

在我国经济体制转型时期行政力量介入破产案件某些个案具有合理性，某些则具有破坏性。由于转型时期市场化发育不充分，市场的深度和广度不够，为行政力量的介入提供了合理的理由。我国《破产法》的实施缺乏一个公开、透明的市场化机制。由于市场化滞后，一方面，破产专业人士作为中介人员介入破产重整案件的空间狭小，如果把案件的控制权交给中介人员反而会增加案件处理的难度和成本，这就为行政力量介入破产案件提供了合理的理由。例如，由于历史遗留问题，某些破产案件附带棘手的职工安置问题，如果没有行政力量干预并解决职工安置问题，破产案件就无法进行下去，此时行政力量就是推动破产案件顺利进行的有利因素。但是如果行政力量在破产案件中具有私人利益，行政力量的干预可能造成财富转移效果而损害其他利益关系人的利益，当行政力量把私利凌驾于其他利益关系人的利益和破产企业的整体利益之上时，往往会产生财富转移效应，此时行政力量介入破产案件产生破坏作用。

尽管行政力量介入破产案件有个案的合理性，但这种个案和暂时的合理性可能反过来阻碍市场的发育，阻碍市场经济的转型。因为市场经济转型成功的重要依赖因素是市场主体的完善，其中最重要的市场主体就是市场中介组织和执业人士，如律师、会计师、审计师及其组织。当行政力量过多代替中介组织时，暂时的效率带来的是中介组织发育的不足甚至萎缩，损失的是长期的效率。更何况在许多案件中行政力量介入是不应该的，属于以公共利益为名为了私人利益非法强行性介入。

2. 高素质的破产执业共同体的缺乏

高素质的破产执业共同体既是企业破产市场化的产物，也是现代破产法理念的内在要求。现代破产法已经从传统破产法的清算导向型破产法转向拯救导向型破产法。企业申请破产不再是一种耻辱的标记，而是一种商业策略。即企业把申请破产作为一种解决困境实现转机的策略。重整制度的设计就是围绕着这一理念展开的。假定企业存在重整价值，则申请重整使得原来的债务人转变成控制财产的债务人（Debtor-In-Possession，DIP），以便在《破产法》的约束下继续营业。DIP 的职责就是最大化破产财产的价值，所以在重整期间 DIP 对全体利益关系人负信托义务。如果 DIP 不称职，《破产法》规定重整管理人替代 DIP 行使重整中企业的控制权。但是，以拯救为导向的《破产法》必须保证替代 DIP 的管理人具有充分的拯救企业的业务和法律知识和经验。作为一种企业拯救制度，重整制度的生命在于降低重整时间，最小化重整成本。所以，尽管立法规定用管理人替代 DIP，市场呼唤一种能在第一时间替代不称职的 DIP 的专业拯救团队。于是，现代重整实践中产生了转机管理团队，这种团队以执业共同体的形式发展成国际化的组织，即转机管理组织（Turnaround Management Association，TMA）。转机管理组织在不同的国家和地区建立分支机构（Chapters），其分支机构遍布美洲、欧洲和亚洲。①

---

① 有关 TMA 的详细情况可参阅其网站：http：//www. turnaround. org。

TMA 由律师、会计师、审计师等专业人士组成。其中最值得关注的是其中的一个重要角色，即首席重组官（Chief Restructuring Officer, CRO）。CRO 是当代发达市场经济体中《破产法》实践的产物。在发达的市场经济体，债权人控制困境企业重整。在 DIP 不胜任的情况下，债权人往往聘请 CRO 来替换重整中的企业当前的 CEO。当前世界著名的转机管理事务所，如 Alvarez & Marsal 或者 AlixPartners 都以提供 CRO 服务而闻名。①

从广义上讲，《破产法》执业共同体应该包括法官、律师、会计师等围绕破产理论和实务组成的具有共同理念和专门知识的执业共同体。这方面美国的做法值得借鉴。美国专门的破产法官，包括审理破产案件的公司法法官，和执业律师等破产专业人士组成不同的破产研究组织。如美国破产协会（American Bankruptcy Institute），美国破产法学院（College of American Bankrutpcy Law）。有的法院法官会邀请律师共同讨论制定提高破产法实施效率的《破产法规则》。例如著名的美国纽约南区破产法院制定的预重整规则（General Order 203）就是由首席破产法官 Tina L. Brozman 召集成立一个由法官、律师、法院职员以及美国破产受托人（U. S. Trustee）组成的蓝绶带委员会经过几次会议的商讨制定的。②

我国目前尚缺乏这种制度支持，法官甚至可能和其他执业人士，尤其是律师对立。从法官的角度分析，造成这种执业共同体制度缺失的主要原因，在于我们尚缺乏胜任裁判破产案件的专业破产法官。称职的破产法官既有专业的破产法律知识和理念，又有基本的破产重整

---

① 参见 John C. Anderson & Peter G. Wright，"Liquidating Plans of Reorganization"，56 Am. Bankr. L. J. 29，50 - 51。Alix Partners 曾于 2009 年 10 月 14 日联合中国政法大学破产法与企业重组研究中心在北京举办企业拯救研讨会。

② 参见 Sandra E. Mayerson，*Current Developments in Prepackaged Bankruptcy Plans*，Practising Law Institute Commercial Law and Practice Course Handbook Series，April 11，2002，pp. 349 - 352。

商业判断能力。[①]

3. 社会上对当代《破产法》的功能的认识尚不到位

当代《破产法》的功能已经从清算型的《破产法》转向拯救型的《破产法》。拯救型《破产法》要求对资不抵债或者有资不抵债可能性的企业及时申请破产保护，而不是等到企业的价值已经被消耗殆尽的时候法院才指派管理人清理并分配资产。所以，最大限度地挽救企业的营运价值和最大化破产财产价值立法者和司法者制定破产规则的依据。以克莱斯勒案为例，当事人申请设立一个壳公司并向壳公司快速出售资产，而不走传统的重整模式。破产法院法官批准该申请的判决依据就是担心传统模式可能需要时间过长，造成大量的成本，包括停业之后重新开业的成本，流失熟练工人的成本，流失供应商和经销商的成本，以及动摇消费者信心的成本。[②]

在中国政法大学破产法与企业重组研究中心举行的 2009 年年会上，许多律师反映由于指定管理人处理的案件破产财产价值太低，律师得不到收益，以至于有的律师事务所被指定作为管理人后没有动力接受。如果企业经营状况恶化到被法院通过摇号寻找管理人处理财产的境地，其财产价值一般不会高到让律师有动力接受案件。再比如，根据最高法院一位法官提供的数据，2009 年中国证券市场上一共有1500 家上市公司，资不抵债的占 380 家。但是《破产法》实施以来申请重整的上市公司只有 25 家。[③] 而且申请重整的上市公司往往都是奄奄一息的 ST 公司。资不抵债的时候不积极申请重整保护，到奄奄一息的时候才诉诸《破产法》，《破产法》的应有功能得不到发挥，营运价值被大量浪费。而我国《破产法》实施中目前适用的摇号确定管理人

---

① 破产法官的商业判断不能取代当事人的谈判。其商业判断针对的是当事人谈判达成的重整计划或者出售资产决定。理解破产法官商业判断的范围和尺度，可以参见 11 U. S. C. 363，11 U. S. C. 1129（a）（11）。

② 参见 In re Chrysler LLC，405. B. R. 84，at 96。

③ 这是在 2010 年 4 月 19 日"上市公司破产重整管理人制度研究项目"启动研讨会上赵柯法官给出的数据。

制度明显是以清算为假设前提设计的制度，和保护营运价值并最大化破产财产价值的拯救型破产理念是背道而驰的。这种制度设计不能调动管理人的积极性也就不足为怪了。

（二）转型背景下我国《破产法》的未来之路

按照法律实施的系统功能论解释，法律只不过是在实现其立法目标的复杂的相互作用的系统中的一个要素。只有通过对一个与法律相关的系统（a law-related system）进行足够宽泛的定义，才可能发现系统做了什么而不是法律说了什么。① 理解中国《破产法》三年的实施时间内做了什么，必须把这部法律放到一个系统中去考察，这个系统的功能是在维护利益关系人公平待遇的前提下拯救具有营运价值的困境企业。

探索转型背景下我国《破产法》发展的未来之路，也应该把立法放在实现其立法目标的系统中去考察。这个系统的基本要素包括四个方面，即立法体系、司法体系、行政力量、市场力量。在立法上，有必要通过司法解释逐渐把有效率的反映现代《破产法》理念的制度融入我国《破产法》立法制度，如进一步完善我国破产管理人制度，细化不同管理人的角色，为培育专业化的破产执业组织和人员创造适宜的法律环境；在司法上，有必要推动建立专业破产法院或者专业破产法庭，培养专业破产法官。通过提高法官职业素质和《破产法》审判的独立性平衡行政力量的介入，吸收其合理的一面，过滤其不合理甚至违法的一面；在行政力量上，随着市场经济的逐渐成熟，让行政干预逐步退出市场；在市场力量上，通过培育更多的具备法律专业知识和现代市场眼光的高素质执业中介人士，建立有高度共识的企业拯救执业共同体。

结　语

中国新《破产法》实施三年以来，对中国市场经济的发展和完善

---

① ST 深泰，at pp. 271 - 273。

起到一定的促进作用。破产的理念逐步被社会接受，尤其是在金融危机背景下，重整制度受到社会的特别青睐。金融危机及其背景下的跨国破产也对中国的债权人和企业产生不同的影响，更加突出中国经济作为全球经济的一个重要链条的地位。但是破产案件相对太少，表明《破产法》的作用在实践中没有得到适当的发挥。

中国的市场经济转型走到一个行政力量和市场力量交错混乱的时期。《破产法》在这样一个背景下走上舞台。在这种条件下，行政力量成为影响《破产法》实施效果及其未来命运的"双刃剑"。我们既发现行政力量推动破产案件顺利进行的案例，也发现行政力量不适当干预破产程序的案例。当行政力量过度膨胀时，不仅《破产法》的实施效果被扭曲，而且市场力量的空间被挤压，受到损害的不仅是《破产法》，而且是整个市场经济健康发展的基础。所以，逐渐扩大市场力量的空间，行政力量退出市场，不仅是中国《破产法》良性成长的前提，也是中国市场经济转型成功的关键。

当然，法律人在把握《破产法》未来的博弈中也不是消极被动的角色。我们有必要学习并传播先进的《破产法》理念，建立适应市场经济需求的企业转机管理执业人共同体，拓展《破产法》实施的市场空间。

（本文原载于《中国政法大学学报》2011 年第 2 期）

司法解释的建构理念分析

——以商事司法解释为例

陈　甦[*]

司法解释生长于法律文本。[①]"在抽象解释中……解释者与法律文本的关系应当是一种服从与被服从、描述与被描述的关系，它应该遵从作为解释对象的法律文本的权威，受解释对象的制约，负有忠实于解释对象的责任。"[②] 然而，司法解释的形成并不是法律文本的一种自然生长过程，或者说，居于司法审判机制中的法律文本的应用转化过程，并不能自然而然地生成、衍化、结晶出司法解释。司法解释作为法律文本的一种延伸表达方式，解释者的解释动机、价值偏好、重点预设、方法选择和表述特点等，在很大程度上决定了一个司法解释以何特定的内容出现。司法解释的形成过程及其结果，不仅取决于法律文本的对象性设定，也取决于解释者的主体性设定。也就是说，在司法解释的形成机制中，同一法律文本因解释者的主体条件和主观选择的不同，可以衍生出不同的司法解释内容。因此，司法解释的形成机制是解释者主导下的一个能动过程，探讨司法解释形成过程中的主体性因素，可以为进一步完善这一机制提供价值与方法上的更优选择。本文从司法解释形成过程的启动方式、司法解释与立法政策之间的关系以及司法解释内容设定上的目标取向等三个层次，解析当前司法解

---

[*]　陈甦，中国社会科学院法学研究所研究员。

[①]　本文中的"司法解释"，是指最高人民法院作出的具有一般法律效力的抽象司法解释。

[②]　张志铭：《法律解释》，载夏勇主编《法理讲义》，北京大学出版社，2010，第735页。

释建构理念方面的偏好，并尝试为司法解释形成机制的完善提供理论上的探索。

一　基于推理启动抑或基于经验启动

制定司法解释，是为了解决审判工作中具体应用法律的问题。但审判工作中仅有解决具体应用法律问题的客观需要，并不足以启动一个司法解释的形成过程，还须有为满足客观需要而启动司法解释形成过程的主观决定。从制度形成的表面形式上看，一个特定司法解释的形成过程始于"立项"。[①] 制定司法解释的立项来源，包括最高人民法院审判委员会提出制定司法解释的要求，最高人民法院各审判业务部门提出制定司法解释的建议，各高级人民法院、解放军军事法院提出制定司法解释的建议或者对法律应用问题的请示，全国人大代表、全国政协委员提出制定司法解释的议案、提案，有关国家机关、社会团体或者其他组织以及公民提出制定司法解释的建议，以及最高人民法院认为需要制定司法解释的其他情形。[②] 按照最高人民法院《关于司法解释工作的规定》（2007）第 11 条的规定，"最高人民法院审判委员会要求制定司法解释的，由研究室直接立项。对其他制定司法解释的立项来源，由研究室审查是否立项"。

制定司法解释的立项决定，在制度上是司法解释形成过程的起端，但立项决定能否作出，依赖于制定司法解释必要性的判断。制定司法解释的必要性判断与立项决定，构成了司法解释过程的启动机制。在制定司法解释的启动机制中，一个具体的司法解释制定工作应否立项的判断与决定，实质上是对已生效法律的应用性所做出的判断与决定，如法律文本是否完备周延，是否适于司法应用，是否宜于有效实施等。

---

① 最高人民法院《关于司法解释工作的规定》（2007）第 9 条规定："制定司法解释，应当立项。"

② 参见最高人民法院《关于司法解释工作的规定》（2007）第 10 条。

　　对制定司法解释具有启动意义的判断与决定，依据其判断材料来源、形成方式特点与决定依据选择，可以划分为两类：一是基于推理启动司法解释的制定过程，简称"推理启动"；二是基于经验启动司法解释的制定过程，简称"经验启动"。前者是指，当一部具体法律生效后，通过对法律文本的分析，发现其中模糊而不清晰、抽象而不可操作、简约而不周延、疏漏而成适用空白、错误而不能实施之处，并对这些文本局限可能造成的司法困扰进行评估，认为其足以严重影响法律的司法应用时，决定启动司法解释的制定过程。后者是指，当一部具体的法律生效后，通过对该法律在司法审判实践中应用状况的总结，在积累了大量与适用该法律有关的经验案例后，形成对法律文本转化为法律秩序的实际司法过程是否顺畅得当的分析与判断，当认为法律文本转化为法律秩序的实际司法过程存在的障碍主要是法律文本局限造成的时候，决定启动司法解释的制定过程。

　　推理启动和经验启动都依赖于司法解释制定主体的法律文本判读和经验总结。但是，推理启动更侧重基于主体既有知识体系的文本判读，经验启动更侧重基于主体归纳经验过程的文本比对；推理启动更侧重立法前经验的归纳结果，经验启动更侧重立法后经验的归纳梳理。

　　需要说明以下几点。其一，基于推理启动抑或经验启动，并不是制定司法解释工作的制度起点，而是司法解释形成过程中解释者的思维逻辑起点，当然，这种思维逻辑起点的不同会产生相应的制度结果。其二，在司法解释的形成过程中，基于推理启动抑或经验启动，并不是截然分离、独自发挥作用的，而是相互融合、交替发挥作用的。其三，对于一个具体的司法解释，并不能将其完全归类于基于推理启动抑或经验启动，但从其文本内容的形成过程及其相关资料，可以推导判断出司法解释形成过程的主体思维偏好，即司法解释制定的参与者偏重推理抑或偏重经验来决定一个具体司法解释形成过程的启动。

　　以商事司法解释的形成过程为例，通过对一些重要商事司法解释形成时间与解释对象法律颁布时间的时间差比对，可以在某种程度上发现司法解释的推理启动与经验启动的消长趋势（见表1）。

表1 商事法律颁布与主要配套司法解释首次颁布的时间差

商事法规	配套司法解释	颁布时间差
企业破产法（试行）（1986年12月2日通过）	关于贯彻执行《中华人民共和国企业破产法（试行）》若干问题的意见（1991年11月17日）	约5年
海商法（1992年11月7日通过）	关于海事法院拍卖被扣押船舶清偿债务的规定（1994年7月6日）	约1年9个月
票据法（1995年5月10日通过）	关于审理票据纠纷案件若干问题的规定（2000年11月14日）	约5年6个月
证券法（1998年12月29日通过）	关于审理证券市场因虚假陈述引发的民事赔偿案件的若干规定（2002年12月26日）	约4年
公司法（1999年12月25日修订）	关于审理与企业改制相关的民事纠纷案件若干问题的规定（2003年1月3日）	约3年
保险法（2002年10月28日修订）	关于审理海上保险纠纷案件若干问题的规定（2006年11月23日）	约3年
证券法（2004年8月28日修订）	关于对与证券交易所监管职能相关的诉讼案件管辖与受理问题的规定（2005年1月25日）	约5个月
证券法（2005年10月27日修订）	关于审理涉及会计师事务所在审计业务活动中民事侵权赔偿案件的若干规定（2007年6月11日）	约1年8个月
公司法（2005年10月27日修订）	关于适用《中华人民共和国公司法》若干问题的规定（一）（2006年4月28日）	约6个月
企业破产法（2006年8月27日通过）	关于审理企业破产案件指定管理人的规定（2007年4月12日）	约8个月
保险法（2009年2月28日修订）	关于适用《中华人民共和国保险法》若干问题的解释（一）（2009年9月21日）	约7个月

注：由于涉及商事领域的司法解释形式不一、内容各异，笔者只对我国一些重要商事单行法颁行后的体系化配套司法解释的首次出台时间，进行简要统计分析。

　　从表 1 可见，在 2004 年以前，每一部重要的商事单行法颁布后，与该法相关的首次司法解释的发布时间，大体上距离该商事法律颁布时间为两年以上，最长达五年。例如，《票据法》1995 年 5 月 10 日颁布，最高人民法院 2000 年 11 月 14 日出台《关于审理票据纠纷案件若干问题的规定》，其间历经五年多时间。《企业破产法（试行）》于 1986 年 12 月通过后，其规范结构与制度效能极不成熟，当时的法律体系与司法实践规范也不能为它的适用提供足够的补充规则，法院审理企业破产案件时亟须相关司法解释，但直至 1991 年 11 月 17 日最高人民法院颁布《关于贯彻执行〈中华人民共和国企业破产法（试行）〉若干问题的意见》，1992 年 7 月 14 日最高人民法院在《关于适用〈中华人民共和国民事诉讼法〉若干问题的意见》中规定了"企业法人破产还债程序"，最高人民法院才于 2002 年 7 月 18 日颁布了《关于审理企业破产案件若干问题的规定》。

　　在 2004 年以后，每一部重要的商事单行法颁布以后，几乎在一年之内与之配套的司法解释即已开始陆续出台。例如，《公司法》于 2005 年 10 月 27 日作重大修订，《公司法》司法解释（一）在六个月后就出台；《保险法》于 2009 年 2 月 28 日作重大修订之后，《保险法》司法解释（一）不到七个月就出台；2006 年 8 月 27 日破产法通过后，只过了八个月时间，有关《破产法》的司法解释就出台了。

　　重要商事单行法律颁布与相关司法解释首次出台的间隔越来越短，说明了一个制度建构方面的事实，即法院系统制定司法解释的主观能动性越来越强，对于司法解释的制定能力越来越强。司法解释的及时出台，对于有效理解法律、有效适用法律，当然具有一定的积极意义。但是，这也反映了一种倾向，即司法实践对于司法解释的渴求越来越强烈，以至每当一部新法律颁布后，似乎没有相关司法解释就不能有效适用法律。而为了满足这种渴求，不得不越来越早地制定新法律的相关司法解释。在重要商事单行法律颁布与相关司法解释首次出台的间隔越来越短的趋势中，通过推理启动司法解释制定过程的倾向也必然越来越强化。

在一部法律生效实施的短时期内，不可能出现足够的审判经验积累以致必须启动司法解释的制定过程。通过社会活动形成经验，必须以一定的时间经过为必要条件。无论司法审判工作多么努力，也不可能在一部法律出台后短短几个月内就形成了启动司法解释制定过程所必要而充分的司法审判实践经验，尤其不可能形成"体系化的经验"，即既有经验的归纳形成了与司法解释的规范体系结构一一对应的经验基础，因为只有对生活事实进行长期观察与归纳，才会形成体系化的经验事实表述。而且，一个司法解释要通过立项研判、立项审批、条文起草、征求意见、颁布出台等多个阶段，一部新法律颁布几个月内就能出台一个系统性的司法解释，只能说明在这部法律刚一颁布甚至在颁布之前，就决定启动相关的司法解释制定过程。因此，相关司法解释的出台距离新法律的颁布时间越短，并且该司法解释的体系化程度越强，该司法解释的制定过程就越是基于推理启动。

当然，作为一个连续的社会组织活动过程，司法审判经验的形成与积累也具有连续性。在新法律颁布之前，也能形成与该法律某些条文内容相对应的审判经验。但是，以立法前经验启动司法解释的制定过程，仍然应当认定为以推理启动，立法前经验只是推理启动的论据材料。立法是一个经验利用的过程，包括对法律制定前司法审判实践经验的利用。一个有效的立法过程，应当是对立法前经验（包括立法前的司法经验）已经进行了有效而充分的利用。这或许是一个事实假定，但出于对现行法律的尊重与认可，原则上应当承认这种制度假定。因此，如果要以经验启动司法解释的制定过程，必须基于立法后新生成的经验。

其实，推理启动司法解释的形成过程，不仅是指运用推理方式决定一个司法解释制定工作的立项，同样也可以延伸指称一个具体特定的司法解释条文的形成过程，即一个具体司法解释条文设置与编写的思维过程。作为司法解释形成过程的思维特性，推理启动导致的思维惯性会贯穿司法解释形成过程的始终和方方面面。以推理启动司法解释的形成过程，往往成为司法解释遭人诟病的逻辑原因。

其一，以推理启动司法解释的形成过程，从制度上贬损或消解了立法的权威与智慧。"就司法解释而言，它应当以尊重法律为第一要务。"[①] 一部新颁布的法律只经过短时间的适用，便以推理的方式认定其不能满足司法审判应用法律的需要，而只能以相关司法解释帮助其实施，立法者建构法条体系的能力、预设规范功能的能力、确定法律条款内容的能力以及对社会经验吸纳和处理的能力，就被及时出台的司法解释给"有效力"地消解掉了。其实，法律中存在的空白、模糊等，并不都是立法者的视野疏漏或能力欠缺造成的，对于一些立法时难以取舍的制度安排，法律保持一定的弹性以适应社会变动，有时是一种具有远见的立法智慧。那种迫不及待要用统一的司法解释去界定立法留下的模糊空间的行径，恰恰与立法的本意及司法适用的特性大相径庭。[②] "在抽象解释的情况下……解释者很容易以法律创制者的眼光看问题，从而使它在主观和客观上都不太会囿于法律文本的约束。"[③] 在以推理启动司法解释的形成过程时，这种以法律创制者眼光看问题的倾向性，将会更为明显而强烈。

其二，以推理启动司法解释的形成过程，容易形成接续立法推理的思维惯性。通过对法律文本的判读便认定需要启动司法解释的制定，实际上是把法律文本的形成过程视为必须用司法解释接续的未竟事业。因此，司法解释的条文往往直接从法律条款延伸而来，并且这种延伸过程加入了司法解释制定者对法律文本的分析结论与处理措

---

① 胡玉鸿：《尊重法律：司法解释的首要原则》，《华东政法大学学报》2010 年第 1 期。
② 参见蒋集跃、杨永华《司法解释的缺陷及其补救》，《法学》2003 年第 10 期。
③ 张志铭：《法律解释》，载夏勇主编《法理讲义》，北京大学出版社，2010，第 735 页。

施。在实践中，绝大部分司法解释都不是在具体案件的审判过程中作出的，而是最高人民法院主动发布的（尽管也是为了满足审判实践的需要），① 基于推理启动司法解释的生成，显然是一个重要的原因。"直接对某一法律所作的系统全面的解释。这类解释明显具有立法性质，因而最引人注目也最遭非议。"② 以推理启动司法解释的形成过程，除了在实质上涉及司法解释者的权限问题，在形式上也因司法解释制定过程高度模仿法律制定过程，造成司法解释形成机制对立法过程的镜像拷贝。司法解释过程对立法过程的镜像拷贝，会扰动一个社会法律体系建构过程的清晰与顺畅，影响社会成员对法律建构机制的正确认知。

其三，以推理启动司法解释的形成过程，过于张扬司法解释制定者的制度建构能力，容易过早地限缩司法解释制定的经验基础与智力源泉。一部新法律颁布后，立法者、执法者、司法者、运用者以及研究者，均可对法律文本的本意进行判读，由此可以形成丰富的法律适用的经验积累和法律判读的智力集聚，并可构成制作更优司法解释的经验基础和智力源泉。以推理启动司法解释的形成过程，容易过早地形成制度定型，缩小司法解释制定过程中充分利用社会经验和学界智慧的空间。对于法律文本的判读，与社会其他领域相比，法院只有审判经验的优势，并不具有法律推理的优势。当一个具体的司法解释只有少数人负责起草时，通过推理生成司法解释便会产生来自他方的能力疑问。例如，为制定《保险法》的司法解释，最高人民法院研究室于 2002 年 10 月底，成立了由一个法官、一个教授、一个律师组成的《保险法》司法解释的起草三人组；2003 年 1 月初，三人开始逐条起草新的《保险法》司法解释；2 月下旬，草稿就初步完成，该草稿不仅大大有别于 2002 年 9 月提交讨论的版本，还基本明确了《保险法》

---

① 参见纪诚《最高人民法院司法解释》，中国政法大学出版社，2007，第 159 页。

② 张志铭：《法律解释操作分析》，中国政法大学出版社，1999，第 227 页。

司法解释的框架。① 如此少的人在如此短的时间，就要起草出如此复杂的《保险法》司法解释文本，对于起草者以推理形成司法解释条文的能力，无疑是一个考验。

其四，以推理启动司法解释的形成过程，容易形成"体系化建构"的偏好。体系化的制度规范要依据一定的逻辑关系通过推理演绎而建构，司法解释形成过程通过推理启动时，容易产生建构体系化司法解释的动力与结果。如前所述，经验事实须经过较长时间才能积累出建构制度体系的素材，要在法律通过后短时间内建构司法解释的制度体系，只能依赖推理演绎的结果。在立法中，可以对实际生活尚未出现的行为予以规范，以实现法律规范体系的完备性和前瞻性。在对我国社会实际生活中尚未发生的行为进行规范时，立法者甚至可以借助域外经验预设"情形假定"，然后对假定的情形设定行为规范。在司法解释也强调体系化时，同样难免利用情形假定来弥补体系上缺失的节点。问题是，只有立法可以通过情形假定来建构法律规范，如果基于法律文本进行再描述的司法解释也可以通过情形假定建构法律规范，势必会模糊司法权与立法权的界限。而且，在司法解释体系化建构过程中，引入社会生活中尚未发生的情形假定越多，偏离立法本意的可能性就越大。

其五，通过推理形成司法解释的体系化建构，容易引起法律制度的体系化破损。司法解释体系化常常会超出制定者的建构能力，在制定一个体系庞大的商事法律司法解释时，常常只能先分段分片建构一个一个"小体系"，以期最终组合成一个完整的大体系。例如，《公司法》于 2005 年做重大修订后，《公司法》司法解释（一）在 2006 年 4 月 28 日出台，《公司法》司法解释（二）在 2008 年 5 月 5 日出台，《公司法》司法解释（三）至 2010 年 12 月 6 日出台，但至今远未能形成与《公司法》体系结构整体匹配的司法解释。这种分段分片为一

① 参见陈恳《保险法司法解释争辩始末》，《21 世纪经济报道》2003 年 12 月 19 日。

个法律文本建构司法解释体系的做法，导致作为司法解释对象的法律在适用上处于失衡状态。例如，《公司法》司法解释（一）有 6 条，内容是《公司法》颁布后有关立案和法律适用原则的规定；《公司法》司法解释（二）有 24 条，内容是有关公司解散和清算的规定；《公司法》司法解释（三）有 29 条，内容是有关公司设立、出资、股权确认等的规定。就其中一个具体的《公司法》司法解释而言，其出台无疑有助于在该司法解释所涵盖的公司法条文范围内有效应用《公司法》。但是就《公司法》的制度整体而言，这些分段分片建构的司法解释小体系，尚未组合形成可以涵盖整个《公司法》条文范围的大体系，只是在整个《公司法》条文的大体系上，间或楔入几个由司法解释构成的补丁状小体系，反倒使《公司法》整体上失去了立法时所建构的规范疏密状态，从而影响《公司法》的均衡实施。

其六，以推理启动司法解释的形成过程，容易造成因司法解释制定者欠缺经验而产生的漏洞。商事活动极为复杂，如果缺乏对商事活动的观察、对商业惯例的了解，以及对行业特点及其形成历史的考察，即使有再强的推理演绎能力，也不能真正理解商事法律的某些规定。基于推理启动司法解释的形成过程时，推理过程符合逻辑并不能解决大小前提的真实性或正确性，反倒会掩盖因经验欠缺所产生的虚假判读。例如，《票据法》司法解释第 69 条规定，付款人或者代理付款人未能识别出伪造、变造的票据或者身份证件而错误付款，属于《票据法》第 57 条规定的"重大过失"，给持票人造成损失的，应当依法承担民事责任。票据伪造包括票据出票的伪造和票据背书的伪造，[①] 而依据《票据法》司法解释第 69 条的规定，付款人未能识别出背书伪造的票据而付款，也要承担民事责任。但是，付款人对票据背书人的签名是否真实并没有审查义务，这是票据使用的通行规则。[②] 可以认

---

① 参见赵新华《票据法》，人民法院出版社，1999，第 111 页以下。
② 参见谢怀栻《票据法概论》，法律出版社，1990，第 166 页以下。

为，《票据法》司法解释第 69 条的规定，既不符合票据使用通行规则，也不符合《票据法》第 57 条本意。究其原因，《票据法》司法解释的制定者显然并不充分了解票据使用的商事规则或商业惯例，也没有见过有关票据背书伪造的案例，否则不会犯这种票据法上的常识性错误。所以，对于社会经济活动的复杂性，其中各种情形以及蕴含的权利义务关系，绝非依赖推理所能充分想象。

在市场经济体制环境下，社会经济生活及运用其中的法律越来越呈现多样性、复杂性和易变性。在市场经济活动中，受利益驱动的经营者总是千方百计创造出五花八门、样式繁多的商业方式获取利润，由利益驱动机制带来的整个商事活动及其规则的快速易变，客观上需要商事法律紧紧跟随急剧发展变化着的市场实践快速更新。"比较各种法律，现实对商法的要求更高，因而其修改也更为频繁。"[1] 商法紧贴实践与快速发展的特点，要求商法必须有直接作用于市场实践的效力与能力。但是，部分司法审判人员由于对市场活动中的商业运营手段、经济关系结构以及市场运行机制缺乏充分了解，对审判实践中面临的大量陌生的商业活动及其法律结构无法予以清晰说明，因而期望在商法规范与商业规则之间存在一个类似"实施细则化"的司法解释。由此，司法解释的形成原因实际上来自两个方面，一是某些法律文本确实存在某种程度的缺陷；二是许多司法审判人员缺乏对法律条款直接判读应用的能力。就后一个原因而言，以"实施细则化"的司法解释进行改善，只是一个效果有限的制度措施，而且"实施细则化"的司法解释通常是基于法律文本推理演绎的结果，因为这"是直接行使其想象中的'立法权'，直接制定与法律配套的类似于'实施条例''实施细则'之类的'意见''解释'等系统性的规范性文件"。[2] 为既已生效的法律制定实施细则，限于存在较多行政许可或行

---

[1]　顾功耘主编《商法教程》，上海人民出版社，2001，第8页。

[2]　袁明圣：《司法解释"立法化"现象探微》，《法商研究》2003 年第 2 期。

业主管的商事法域，本质上是行政执法权限的细化分解与行使程序的明晰表述。由于商法体系的庞大，要在商法规范与商业规则之间构造"实施细则化"的司法解释，既权限不足，也力有不逮。要在庞大的商法体系和丰富的商业实践中充分发挥商事审判的效能，从根本上说，只能寄希望于通过长期司法实践来推进司法审判人员的能力提高与经验积累。

可见，从制度发生学的角度进行分析判断，以推理启动司法解释的形成过程所产生的弊端，是推理启动制度形成机制本身固有的缺陷造成的。只要以推理启动司法解释的形成过程，与其伴生的思维方式、制度理念、建构方法和能力条件，必然会导致以上所分析的弊端出现。但是，不主张以推理启动司法解释形成过程，并不是否定司法解释的必要性、重要性与有效性，而是主张应以经验启动司法解释的形成过程。在司法解释的形成机制中，只有以经验启动替代推理启动，才能在司法解释的形成过程中，恪守司法权分际，发挥法院审判经验优势，避免推理启动的诸多弊端，提升司法解释的建构质量。

经验启动司法解释的形成过程，固然有司法解释出台离法律颁布时间较远、体系化建构不易的缺点，却可以较好地保持司法解释的本性与效果。首先，审判经验的积累是基于法院固有职能的实践结果，法院在审判经验的收集与整理方面的优势是不可替代和普遍认可的。其次，审判经验的积累过程同时也是审判经验的选择应用过程。以商事司法解释的形成为例，在商事审判过程中，有的案件可以直接适用法律处理，有的案件可以运用商业惯例处理，只有处于这两类之外的案件处理经验，才有必要成为商事司法解释的形成基础。即使对于这一部分案例，仍然可以进行进一步提炼：一是进行类别化处理；二是判断其是否反复发生并有一定量的积累；三是从案件处理结果中抽离出一般规则。最后，基于审判经验的积累与整理，不仅可以得出相关司法解释是否有必要制定的结论，也增强了司法解释内容的权威性和制定理由的说服力，把司法解释用以满足审判需要的"量"和有效应用法律的"质"有机地结合起来。

以经验启动司法解释的形成过程，还需要把握一定的外在表现方式。其一，每当一部新法律颁布后，除非不得不及时制定程序规则方面的司法解释外，一般在三五年之内不要制定相关司法解释，以便收集整理足够的用以制定司法解释的经验资料，充实司法解释制定的审判经验基础。其二，每一条司法解释都应以实际案件的处理经验为基础，不应对法院系统未曾处理过的事项作司法解释。先验的"类事解释"应当是立法机关独有的权限，放弃前瞻性的司法解释并不损害其权威性和应用性。其三，为便于司法解释的学习、检索与应用，以经验启动的司法解释文本也要进行系统化编纂，但可以采取"活页化"的条文体系编纂结构，以便在保持某部法律的司法解释大结构相对稳定的前提下，随时插入新近形成的司法解释条款。

二　创设 "立法政策" 抑或顺应立法政策

国家政策决定法律的基本内容，但国家政策须经立法政策过滤整合后，通过立法技术手段转化为法律规范，也就是说，立法政策是国家的大政方针转化为法律规范的中间环节。立法者在建构法律时，针对特定的社会领域或社会活动，设定法律的宗旨、功能、措施与机制，其间体现着立法政策（如价值取向、利益倾向、手段偏好、规制策略等）的贯彻与实施。立法政策决定了司法解释的价值取向和基本内容，司法解释应受立法政策的指导或制约。司法解释作为应用法律的一种制度措施，其形成过程及其结果，自应遵从法律并顺应法律文本所蕴含或体现的立法政策。可以说，顺应立法政策，是司法解释遵从立法本意的另一种表述。

充分而准确地掌握立法政策，有助于正确理解法律、有效实施法律以及恰当弥补法律漏洞。以公司法上的公司设立制度为例，1993 年

12 月 29 日通过《公司法》时，我国在法律上确立社会主义市场经济体制刚刚九个月，由于市场规则体系简陋、市场主体信用度不高，因而对设立公司采取偏重管制的立法政策。2005 年修订《公司法》时，我国市场经济已经有了巨大的发展，法律对公司的规制方式与经验也进一步成熟，因而对设立公司采取了放松管制、鼓励设立的立法政策。① 在适用公司法的审判实践中，包括制定有关设立公司的司法解释，应当充分体现公司法立法政策的演变，反映公司法现代化和自由化的发展趋势。否则，相关司法解释的制定就不会建立在充分准确理解公司法本意的基础上，就可能出现拘泥于字面而不能把握实质的情形。

法律解释具有价值取向性。"所谓价值取向性，谓法律解释并非形式逻辑的操作，而是一种价值判断；但此种价值判断并非脱离法律的独立的价值判断，而是以已经成为法律之基础的内在价值判断为其依据。"② 司法解释概莫能外，亦有价值取向性。但是，基于司法解释的本质与特性，司法解释的价值取向应与立法政策的价值取向相一致，并应呈现顺应立法政策的态势，即以立法政策的价值取向为司法解释的价值取向。然而，从商事司法解释的制定实践来看，却存在超越立法政策而独自形成司法政策并体现于具体司法解释的情形，即在司法解释制定过程中，创设相当于立法政策的司法政策。司法解释创设"立法政策"的依据，往往不是既有的法律文本，而是既有法律文本未能明晰涵括的"大政方针"，如中央文件精神、国家宏观政策甚至社会舆论大势等。虽然，我国的每一个社会组织层级，都应当在自己的工作中贯彻大政方针，但是就司法解释的制定而言，其中体现的大政方针应当经过立法政策的"过滤"，否则易于产生司法解释偏离法律本意的倾向。

2008 年 5 月四川省汶川发生强烈地震后，个别地方高级人民法院

---

① 参见周友苏《新公司法论》，法律出版社，2006，第 111 页。
② 梁慧星：《法解释方法论的基本问题》，《中外法学》1993 年第 1 期。

在其管辖范围内，采取了特殊的处理涉及灾区案件的司法政策。例如江苏省高级人民法院决定，对灾区当事人提起诉讼的，要快立、快审、快执；对以灾区当事人为被告的，尽可能动员起诉人以暂不诉讼等方式支援灾区抗震救灾工作。① 再如重庆市高级人民法院规定，以灾区人员和企事业单位为原告的诉讼，均应及时立案受理并依法快审、快执、快结，不得拖延；以灾区人员和企事业单位等为被告或被执行人的诉讼和执行案件，一律暂缓受理，并暂缓采取查封、扣押、冻结等强制措施；已经受理但尚未审结或执行完毕的，一律中止审理和执行。② 从这些规定的主观意图和实际效果来看，显然是对这些地方高级人民法院管辖范围内案件当事人利益关系作了重大的一般性调整。从法律作为行为规范的角度来看，"立法者之所以对不同的行为采取不同的立法政策，核心原因还是对各种社会利益进行取舍的结果"。③ 法院对管辖范围内案件当事人利益关系作重大的一般性调整，属于具有立法政策性质的司法政策。虽然地方高级人民法院的司法政策性规定并未被认可为司法解释，④ 但上述例子中的做法，呈现出在法院的一般规则中创设"立法政策"的思维定势，而且这种思维定势不是没有动力原型和范本参照的。

先创设"立法政策"然后制定相应司法解释条款，在司法解释的形成实践中也有典型例子。2004 年 10 月 26 日制定的《关于人民法院民事执行中查封、扣押、冻结财产的规定》第 6 条规定："对被执行人及其所扶养家属生活所必需的居住房屋，人民法院可以查封，但不得拍卖、变卖或者抵债。"当时的最高人民法院领导对此特别作了说明："对于申请执行人享有抵押权的房屋能否执行，讨论时争议较大。

---

① 参见丁国锋《江苏省高院紧急通知：要求妥善处理涉及地震灾区案件》，《法制日报》2008 年 5 月 28 日。

② 参见秦力文《重庆高院出台应急司法政策妥善处理涉灾区案件，告灾区人和企业的案件一律暂缓受理》，《法制日报》2008 年 5 月 29 日。

③ 汤唯、雷振斌：《论立法政策取向与利益衡量》，《法学论坛》2006 年第 3 期。

④ 参见张志铭《法律解释操作分析》，中国政法大学出版社，1999，第 22 页以下。

有人认为，申请执行人享有抵押权的房屋，即使是被执行人及其所扶养家属必须居住的，也可以执行。因为在这种情况下，债权的发生以设定抵押为条件，被执行人也非常清楚不能清偿债务的后果，为了公平保护申请执行人的利益，对设定抵押的房屋可以执行。而且此事关系到我国住房按揭市场的发展，从长远来看，如果设定抵押的房屋不能执行，必将导致各金融机构不再发放住房贷款，严重影响住房按揭市场的发展，最终损害广大消费者的利益。但《查封规定》最终没有采纳这种观点，主要考虑到在社会保障制度还不完善的情况下，必须保护被执行人及其所扶养家属的生存权，即使房屋已经设定抵押，只要属被执行人及其所扶养家属必须居住的，也不得执行。"① 然而，仅仅一年后，最高人民法院又通过了《关于人民法院执行设定抵押的房屋的规定》，其第 1 条规定："对于被执行人所有的已经依法设定抵押的房屋，人民法院可以查封，并可以根据抵押权人的申请，依法拍卖、变卖或者抵债。"对此，最高人民法院某部门负责人出面说明：原先的"执行查封财产的规定"出台后，"引起了较大反响。有人认为，从长远来看，如果设定抵押的房屋不能执行，不利于维护银行房贷债权，增加了银行的经营风险，将影响商业银行的住房消费信贷业务，不利于住房按揭市场的发展，同时不利于社会诚信体系的建立与房地产业的健康发展"，所以最高人民法院广泛听取和征求了各方面意见，并结合人民法院执行工作的实践经验，制定了"执行抵押房屋的规定"。② 可见，反对"设定抵押房屋不予执行"的观点还是那个观点，只是这次被采纳而成为"执行抵押房屋的规定"得以颁布的理由之一。司法解释的制定者最终以"执行抵押房屋的规定"修正了"执行查封财产的规定"，并不是原先反对"设定抵押房屋不予执行"的主

---

① 《就最新司法解释（关于民事执行）答记者问》，《人民法院报》2004 年 11 月 15 日。
② 《既要实现债权，又要保护被执行人的生存权，寻求申请执行人和被执行人利益的合理平衡——最高法院执行办负责人就执行抵押房屋的规定的司法解释答记者问》，《人民法院报》2005 年 12 月 21 日。

张在理由上更充分，而是因为经济运行机制的反应结果以及这种结果具有不能人为抵抗的力量，终于被法院意识到。

设定抵押的房屋可否作为法院执行标的，涉及抵押权人和抵押房屋所有人的重大利益。对此制定一般性的利益关系处理规则，涉及社会经济繁荣、行业发展和人民生活稳定，只能由立法政策决定其间的利益倾向与取舍。但是在上面的例子中，对于设定抵押的住宅房屋不能作为执行标的，显然没有明确的立法政策作为依据，而是司法解释的制定者自作主张。在制定"执行查封财产的规定"时，对于主张设定抵押的房屋可以执行的观点，司法解释的制定者没有采纳；在制定"执行抵押房屋的规定"时，对于主张设定抵押的房屋可以执行的同样观点，司法解释的制定者却予以采纳。对于同一事项只经过一年就作出两个截然相反的司法解释，其原因不是既有立法政策发生了变化，而是司法解释制定者对同一观点的采纳或不采纳，即司法解释者的政策选择发生了变化。可见，在设定抵押的房屋可否执行的司法解释形成过程中，存在明显的先创设"立法政策"再形成司法解释的做法。

在司法解释形成过程中创设"立法政策"，会出现超出法院政策建构能力的情形。法院在以司法政策替代立法政策来调控社会利益关系时，相关社会管理经验的缺乏往往是其政策失当的主要原因。以涉及地震灾区案件的特殊规定为例，法院以为，地震爆发而致房倒屋塌，地震灾区的当事人势必受到重大的并且在短时期内难以恢复的经济损失，因此必须通过限制其债权人的利益来保障地震灾区当事人的权益。其实，这一情形假定是不周延的。地震导致的财产损失主要是动产或不动产损失，但在市场经济迅速发展的今天，人们拥有财产的构成具有多样性和复杂性，远不限于动产或不动产。比如，某个灾区当事人的财产主要是金融资产或知识产权，地震对此类财产的破坏性相对较小甚至全无破坏性。即使灾区当事人的主要财产是动产或不动产，但由于置业地域选择的自由性，某个当事人的住所地在地震灾区，其拥有的主要动产或不动产却可以在国内其他地区甚至在国外。可见，地震对灾区当事人财产的损害或者对其经济状况的影响，存在巨大的程度差异。通过司法政策对灾区当事人和非灾区当事人利益作一般性的重大倾斜调整，很可能是在缺乏实际经验基础上的闭门造车。

以司法政策替代立法政策时存在经验欠缺的情形，甚至在法院本职事务范围内亦可能出现。例如"执行抵押房屋的规定"第2条规定："人民法院对已经依法设定抵押的被执行人及其所扶养家属居住的房屋，在裁定拍卖、变卖或者抵债后，应当给予被执行人六个月的宽限期。在此期限内，被执行人应当主动腾空房屋，人民法院不得强制被执行人及其所扶养家属迁出该房屋。"这一宽限期规定的前提假定是，在房屋抵押权人通过法院执行其抵押权时，有执行能力的被执行人应当"腾空房屋"。这一前提假定同样是不周延的。在抵押权行使时应当经过清算，设定抵押的房屋经过折价或者拍卖、变卖后，其价款超过债权数额的部分要归属于设定抵押的房屋所有人。例如，设定抵押的房屋所有人欠贷100万元，该房屋变价款为300万元，该房屋所有人偿债后尚余200万元。可见，设定抵押的房屋所有人并不因其房屋所有权被强制执行而必然一贫如洗，其仍有可能用债务清算余款自行租房居住，包括租用自己正在居住的但所有权已经不属于自己的房屋。因此，在抵押的房屋因抵押权行使而被处分时，完全可以用"化所有为租赁"的方式解决原房屋所有者的居住问题，这样可以保障设定抵押的房屋原所有者的生活稳定，尽量避免"腾空房屋"的极端情形出现。因此可以说，在制定"执行抵押房屋的规定"这一司法解释时，尽管结合了人民法院执行工作的实践经验，但对实践经验的收集与整理仍很不充分，比如缺乏"化所有为租赁"的案件处理经验。这也进一步说明，以经验启动司法解释是非常重要的。

更为重要的是，以司法政策替代立法政策，或者先创设"立法政策"再制定司法解释，往往会在社会运行机制上造成障碍。例如，对地震灾区当事人给予特殊利益倾斜，损害了地震灾区之外当事人的利益，因此他们就会减少在地震灾区的投资，避免与地震灾区当事人之间的交易，其实际结果可能是，对地震灾区当事人给予利益倾斜的司法政策恶化了灾区的投资环境和交易安全。本意是照顾地震灾区当事人利益的司法政策，可能并不被地震灾区政府与人民所欢迎。四川省领导就曾率队到实行地震灾区当事人利益倾斜政策的法院所在省份招商引资，表示"汶川特大地震虽然给四川造成巨大损失，但四川的投资环境没有根本性变化"，并承诺"将以优惠的政策、优质的服务、优越的环境，为江苏企业来川投资创造良好的条件"。① 可见，一方面是地震灾区政府欲以优惠政策吸引投资，另一方面是个别外地法院自作主张在恶化地震灾区的投资环境。造成两者之间反差巨大的原因，就是法院对社会经济运行机制缺乏深刻了解。再以"执行查封财产的规定"的司法解释实施效果为例，"该规定出台后，各地银行为了维护自己的房贷权益，纷纷采取措施提高房贷门槛，致使许多原本可以获得银行住房贷款的人无法贷款买房，最终损害了广大消费者的利益"。② 显而易见，如果失去对经济运行机制全面而深入的把握，轻易而为地在司法解释过程中创设"立法政策"，难以避免出现适得其反的结果。

当然，在立法政策的制定与实施过程中，也会在某种程度上存在经验不充分的问题。任何社会进行法制建设而确定立法政策时，都要承担认识论上和方法论上的错误代价，但是，这种立法政策失误的代

---

① 胡敏、李秋怡：《李成云率队赴江苏开展致谢和投资促进活动》，《四川日报》2008 年 10 月 8 日。

② 《既要实现债权，又要保护被执行人的生存权，寻求申请执行人和被执行人利益的合理平衡——最高法院执行办负责人就执行抵押房屋的规定的司法解释答记者问》，《人民法院报》2005 年 12 月 21 日。

价应当只由立法机关承担和弥补。有学者认为,"司法解释的'立法化'或'泛立法化'现象已经成为我国司法解释的一个基本特征和普遍趋势",① 并且这种实际上在进行"二次立法"的司法解释情形,与司法活动的客观规律是不相符合的。② 如果在司法解释的制定过程中,自告奋勇地在立法政策层面试新并推广、试错并纠正,将会扰乱一个社会的立法政策制定、实施与修正机制。从这个意义上说,将某些司法解释视为"二次立法",并不在于其形式上采取了与法律相同的条款体系,甚至也并不在于采取了推理启动的形成机制,而在于司法解释制定过程中对"立法政策"的自主创设。

在司法解释形成机制中,出现先创设"立法政策"而后再制定司法解释的情形,其主要原因在于司法解释制定者对立法精神的扩张性理解,以及对立法精神把握上的自我循环判断。《关于司法解释工作的规定》第 3 条规定:"司法解释应当根据法律和有关立法精神,结合审判工作实际需要制定。"其中的"立法精神"究竟蕴含于何处并如何识别,该规定并未予以释明。对于立法精神的寻求与把握,可以从立法本意、立法宗旨和立法理念三个层面展开。该条将"法律"和"有关立法精神"并列,显然其"立法精神"不包括具体法律条文字面所蕴含的规范目的、价值选择、功能设定依据和机制建构原理,而应当指法律条文字面意义涵盖范围以外的立法精神,主要是蕴含于立法宗旨和立法理念中的立法精神。不管法律如何复杂与专业,其立法精神应当是可以被识别和解读的,尤其是作为司法解释形成依据的立法精神,应当是法律共同体可以共同领会和普遍接受的。对于一部法律的立法理念,不同的人可以有不同的认知与选择,但作为司法解释形成依据的立法精神,即使体现在法律条文字面意思之外,也仍然要有法定的文本根据,如从该法律的

---

① 袁明圣:《司法解释"立法化"现象探微》,《法商研究》2003 年第 2 期。
② 陈兴良:《司法解释功过之议》,《法学》2003 年第 8 期。

立法规划、立法草案说明和相关立法解释中寻求。否则，所谓的
"立法精神"，就成了没有法律文本根据的自由度很高的应然性解读，
成为对立法或者立法机关的可能态度的自我揣度。如果这样把握
"立法精神"，在司法解释的形成机制中，必然会频频出现创设"立
法政策"的情形。

对立法精神的扩张性解读有两种情形：一是有文本依据的扩张
性解读；二是没有文本依据的扩张性解读。司法解释制定实践中存
在创设"立法政策"的情形，主要缘于没有文本依据的扩张性解读。
在前述有关抵押房屋可否执行的司法解释例子中，有关设定抵押的
住宅房屋不能执行的立法精神，自始至终都不存在，我们为此找不
到任何法律文本依据，也找不到立法机关公开而明确的表态。没有
明确文本依据和立法精神作为依据的司法解释，只能是制定者在对
立法精神扩张性领悟下自主创设"立法政策"依据。最高人民法院
有关证券民事赔偿司法解释的相继出台，也是一个典型例子。我国
证券市场建立之初，侵害投资者利益的证券欺诈行为甚为猖獗，受
害者无法通过民事诉讼保障权益。最高人民法院在 2001 年 9 月 21
日颁布了《关于涉证券民事赔偿案件暂不予受理的通知》，以"目
前立法及司法条件的局限"为由，要求全国各地法院暂时不要受理
证券欺诈民事赔偿案件。① 此被视为最高人民法院的"不作为"，饱
受社会各界非议。② 显然，这一司法解释是没有立法精神依据的，因
为即使立法付之阙如，也不会有要求法院暂不受理的立法精神；即

---

① 其中规定：内幕交易、欺诈、操纵市场等行为"损害了证券市场的公正，侵害了投资
　者的合法权益，也影响了资本市场的安全和健康发展，应该逐步规范。……但受目前
　立法及司法条件的局限，尚不具备受理及审理这类案件的条件。经研究，对上述行为
　引起的民事赔偿案件，暂不予受理"。这一司法解释对投资者权益的认知结果和处置方
　式是矛盾的：既然法院已经能够判断这些行为侵害了投资者的"合法权益"，必然知道
　是"合"的什么"法"的权益；既然投资者权益的合法根据存在，通过审判维护投资
　者合法权益的法律依据也就存在。

② 关于学者对该"通知"的批评，参见纪诚《最高人民法院司法解释》，中国政法大学出
　版社，2007，第 229 页以下。

或有"暂不立法"的立法精神，也不会有"暂不受理"的立法精神。三个月后，最高人民法院又发布了《关于受理证券市场因虚假陈述引发的民事侵权纠纷案件有关问题的通知》，同意受理证券市场上因虚假陈述引发的民事赔偿纠纷案件。这进一步说明，《关于涉证券民事赔偿案件暂不予受理的通知》确实没有立法精神作为依据，因为我们没有证据也不能想象，在这三个月里发生了相关立法精神的变化。但即使是《关于受理证券市场因虚假陈述引发的民事侵权纠纷案件有关问题的通知》以及其后发布的《关于受理证券市场因虚假陈述引发的民事赔偿案件的若干规定》，仍然规定了受理相关案件的前置程序，明显不符合民事诉讼法关于起诉和受理的规定及相关立法精神。

司法解释既然要以法律文本为依据，阐释法律文本蕴含的立法本意，就必须顺应法律文本据以形成的立法政策。顺应立法政策，是司法解释的应有境界，既可阐发只靠形式逻辑推演所不能彰显的立法本意，也可防止司法解释恣意行文而使其主旨溢出法律本意之外。在司法解释形成过程中，要做到顺应立法政策，就应当坚持从立法本意衍生司法解释，也就是要从法律文本及其据以形成的立法精神中，寻求立法政策的准确内容。在这一方面，要特别强调从制度依据层面把握和阐释立法精神。司法解释制定者对立法精神的掌握，不是基于学术观点的归纳选择，也不是基于审判经验的自我认知，而应是基于法律或者立法机关相关文本内容的体现和阐发。例如，"保险法"司法解释（一）出台时，最高人民法院某部门负责人就强调："司法解释贯彻了加强对投保人和被保险人利益保护的立法精神。"[①] "保险法"司法解释形成中对立法精神的这一把握，就有立法机关的相关文本依

---

① 《民二庭负责人就〈保险法〉司法解释（一）答记者问》，最高人民法院网站，http：//www. court. gov. cn/spyw/mssp/201006/t20100630 _ 6540. htm，2012 年 1 月 1 日访问。

据。例如，保险法修订草案"进一步明确保险活动当事人的权利、义务，加强对被保险人利益的保护"；① "保险法的修订，应当针对实践中存在的主要问题，进一步加强对投保人、被保险人合法权益的保护"。② 因此，保险法修订体现了加强投保人和被保险人利益保护的立法精神，既可从修订后保险法条文的分析中得出相应结论，也可从立法机关的保险法修订草案的相关报告中看到清晰阐述。据此立法精神制定的司法解释，才能够准确贯彻法律本意和立法精神。

立法政策对于司法实践活动具有直接的指导作用，尤其是在法律条文存有某种程度的缺欠时，更能彰显立法政策的指导作用。在英美法系国家，法律政策在侵权法上因果关系判断中起到的作用就是典型例证。在我国，审理证券民事赔偿案件时对因果关系的判断标准中，也渗透着法律政策考量的因素。③ 准确而充分地把握立法政策，顺应立法政策的内容与趋向，有助于司法解释形成机制及其运作结果的不断完备。特别是在商事立法领域，由于市场上商事活动的复杂性和多变性，导致商事立法即使快速变动也难以全面及时地跟上市场实践的发展，进而导致商事案件审理中遇到法无明文规定的情形也比较多。因此，把握商事立法政策，是弥补商事法律疏漏的重要手段；顺应商事立法政策，是制定更为适当的商事司法解释的重要手段。但是，商事法律中疏漏的形成原因、认识过程和弥补手段都是复杂的，不是仅仅掌握了商事立法政策就能简要处理的。诸如，有的商事法律疏漏确实存在，而立法机关当时未能发现；有的商事法律疏漏在立法时已被发现，但在立法政策上一时难以取舍；有的似乎是商事法律疏漏，但立法之后的社会发展证明其不是疏漏。因此，在形成相关司法解释时，

① 吴定富在第十一届全国人大常委会第四次会议上作的《关于〈中华人民共和国保险法（修订草案）〉的说明》。
② 孙安民在第十一届全国人大常委会第七次会议上作的《关于〈中华人民共和国保险法（修订草案）〉审议结果的报告》。
③ 参见陈洁《证券欺诈侵权损害赔偿研究》，北京大学出版社，2002，第48页以下。

有必要进行深入的法律疏漏分析和立法政策分析，其中特别要有充分的司法实践经验证明，从司法实践经验中析出立法政策的本意、趋向与适当性，再由此形成司法解释的应有内容。以这种机制形成司法解释，可能会慢一点，但会好一点。

三　偏重利益调整抑或偏重技术完善

在司法解释的形成过程中，进行规范建构不可避免地存在目的与方法上的偏好，偏重利益调整还是偏重技术完善，便是较为突出的目的与方法上的偏好选择。所谓"偏重利益调整"，是指在制定司法解释时，把该司法解释适用对象之间的利益关系调整作为主要目的，并为此目的建构相应的利益调整机制。所谓"偏重技术完善"，是指在制定司法解释时，把法律文本所体现的规范内容在法律技术上更为完善作为主要目的，并为此目的通过法律技术手段进一步明晰、充实、延展法律条文的内容，完备法律规范的实施机制，以更为准确充分地体现立法本意。

当然，在司法解释形成过程中，进行适用范围内的利益调整和法律文本的技术完善，总是交织在一起的，因为利益调整总是要通过法律技术手段实现，法律文本在技术上的完善也总是要引起利益调整机制本身的调整。或者说，司法解释在对适用对象之间利益关系进行调整时，可以同时对作为司法解释对象的法律文本进行技术完善；司法解释在对法律文本进行技术完善时，也可以同时对法律适用对象之间的利益关系进行调整。但是在某些情形中，这种司法解释形成目的与方法上的偏好选择确实存在。例如，"执行查封财产的规定""执行抵押房屋的规定"制定的主要目的，是调整住宅房屋抵押权人和抵押房屋所有人之间的利益关系，在该司法解释形成过程中偏重利益调整。《公司法》司法解释（一）、《保险法》司法解释（一）等，主要是确定公司法、保险法实施前后纠纷案件的法律适用规则，在该司法解释形成过程中偏重技术完善。《公司法》司法解释（二）、《公司法》司法解释（三）更强调提高公司法的可操作性，其间既有利益调整方面的规定，也有技术完善方面的规定，但后者占有更大的比重。

司法审判实践活动本质上是一种利益调整机制，是法院根据立法调整现实中发生的具体利益纠纷，使其符合立法所确定的利益关系模型。如果法律本意极为明晰，法官自应严格按照法律规定调整进入诉讼程序中的利益纠纷。但是，法律本意并不总是清晰无疑而不存在解释空间，而且案件事实本身也并不总是严丝合缝地符合立法时的情形假定，因此，法官有必要在自由裁量权的范围内自主地调整利益关系。司法实践中对利益关系的调整，是在立法确定的利益格局框架下进行的。一般认为，以立法机制调整利益关系，是指"通过立法，确认各利益主体的合法利益，防范未然的利益冲突"；以司法机制调整利益关系，是指"通过公正司法，控制违法利益，平衡合法利益，处理已然的利益冲突"。[①] 然而，当司法解释具有"事前解释"的目的与功效，其调整利益关系时已不限于处理已然的利益冲突，对于未然的利益冲突亦有预先调整的功能。具有预先调整利益关系功能的司法解释，更像是社会利益关系的立法调整机制的自然延伸。

同样是在司法实践活动中调整利益关系，在个案中的利益调整和在司法解释中的利益调整，在形成机制和实际效果上是大为不同的。（1）个案中的利益调整是法官在审理具体案件中，对当事人之间的利益关系进行具体个别的调整。司法解释中的利益调整是在司法解释形成过程中，对从类案或类事中抽象出来的利益关系进行一般性的调整。（2）个案中的利益调整弹性较大，在类似的案件中，不同法官调整利益关系的价值取向、方法选择有所不同，利益调整

---

① 杨炼：《立法过程中的利益衡量研究》，法律出版社，2010，第 29 页。

的结果也可能有所不同，体现了法律文本内容转化为现实秩序过程中的实施弹性。司法解释中的利益调整弹性较小，因为司法解释是对类案或类事设定统一的利益调整规则，法官适用司法解释的自由裁量余地缩小，从而缩减了法律文本内容转化为现实秩序过程中的实施弹性幅度。（3）个案中的利益调整对立法调整形成的利益格局影响较小，因为在通常情况下，个案的审理结果即使有示范效应，对社会利益格局的影响仍是微弱的、间接的。司法解释中的利益调整则对立法调整形成的利益格局影响较大。司法解释具有一般性调整利益关系的功能，通过司法解释的适用机制可以实现对社会领域某个方面利益格局的整体调整。（4）个案中的利益调整是在具体案件的审理中，对已然发生的利益冲突进行调整。司法解释中的利益调整则具有预先调整利益关系的功能，是对社会领域某个方面利益关系的应然性调整。

正因如此，同是在司法实践中调整利益关系，司法解释中调整利益关系的自由度应当小于个案中调整利益关系的自由度。在司法解释形成过程中设定利益调整机制，应当特别审慎、特别精当。在个案中调整利益关系，应当以法律文本内容为调整尺度，法官利益衡量的原则、方法与结果不能违背立法本意，那么在司法解释中作利益调整，就更应当以立法本意为标准与界限，不能超出立法本意所赋予的可供司法解释调整的利益格局与制度空间。如果在司法解释形成过程中偏重利益调整，就应特别注意避免预设利益倾向立场，避免利益调整上的先入为主。

在司法解释形成机制中预设利益倾向立场，容易导致社会经济生活中利益关系的失衡，打破立法确定的社会利益关系格局。例如，《最高人民法院关于审理商品房买卖合同纠纷案件适用法律若干问题的解释》就以强化开发商责任、维护买受人利益为宗旨之一。当时最高人民法院领导在说明制定"商品房买卖司法解释"的重要动因时指出，"随着房地产业的迅猛发展和住房制度改革的深化，同时由于我国的不动产立法还不完善，市场机制也不健全，商品房交易行为很不规范，特别是一些房地产开发企业严重违反诚实信用原则，有的制作虚假广告，设立定金圈套，甚至一房多售，利用商品房买卖合同欺诈买受人，有的商品房面积严重缩水，有的商品房则存在严重质量问题，这都严重损害了买受人的合法权益"。[①] 在这种利益倾向立场预设的前提下，利益调整的结果难免失衡。例如，"商品房买卖司法解释"规定，由于出卖人的原因未能使买受人如期取得房产证时，出卖人要按照已付购房款总额，参照中国人民银行规定的逾期贷款利息标准向买受人承担赔偿责任。该条规定明显过于加重了开发商的责任。其一，因出卖人原因没有如期办理房产证有两种情形，一是没交付房屋也没办证，二是交付了房屋但没办证。出卖人在这两种情形中的违约程度大不相同，但该司法解释规定的违约责任却并无区别。其二，在交付了房屋但没办证的情形中，依据该条规定，买受人可以一边居住使用房屋，一边向出卖人索取相当于已付房款总额的逾期利息。在因出卖人原因不能如期办理房产证的情况下，聪明的买受人大可不必急于办证，更不必急于提起诉讼，只要出卖人没有破产之虞，其拖延办证的时间越长，买受人获得的高额罚息就越多。民事诉讼只是救济手段，而不是当事人的获利手段，如果通过诉讼策略选择就可以进行盈利，必定是制度设计存在着重大缺陷。

在司法解释预设利益倾向立场的情况下，容易出现利益调整结果与利益调整目标相反的后果。例如，"商品房买卖司法解释"第2条规定，"出卖人未取得商品房预售许可证明，与买受人订立的商品房预售合同，应当认定无效"。该条看起来是对作为出卖人的开发商的责任约束，其实在房价普遍高涨的时期，该条反倒被开发商频频利用，因为其未取得商品房预售许可证而销售房屋导致合同无效时，即使开

[①]　《人民法院报》2003年5月7日。

发商为此承担了一些赔偿责任，但基于合同无效而收回曾预售的房屋后，仍可以从高涨的市场房价中获得更多利益。再如，"小产权房"买卖并无销售许可证，但在实践中，并无多少"小产权房"业主以没有销售许可证为由主张合同无效而退房，相反，可能更多的"小产权房"买受人期望其房屋买卖合同是有效的。市场运行规则具有复杂性，市场运行结果具有不确定性，对市场活动利益关系的调整机制极为复杂，稍有不慎，利益调整目标就会被市场反应扭转到相反方向。所以，对商法范畴的利益调整，不依靠立法难以有效实现。

在司法解释形成过程中偏重利益调整，易于导致预设利益倾向立场；而预设利益倾向立场，则易于导致司法解释的利益调整结果超出立法设定的范围。这不仅是一个制度形成逻辑的推论，也被司法解释形成过程中所发生的事实所证明，即司法解释的形成过程已经成为不同利益集团博弈的场合。在立法调整利益关系具有严格的确定性时，不同利益集团会将其博弈场合限定在立法过程中，而不会无谓地向司法解释形成过程投入博弈成本。如果司法解释没有预设利益倾向立场，司法解释的利益调整结果不会超出立法所设定的范围，不同的利益集团就不必积极介入司法解释形成过程以进行利益博弈。

在当前制定司法解释的工作实际中，经常会出现这样一种情形：只要一个商事司法解释涉及某个行业或某个市场领域时，与这个行业或市场领域有关的利益集团都以各种方式介入其中，积极表达其利益诉求，以期能够将其利益诉求体现于正在形成的司法解释中。例如，在2002年上半年，最高人民法院曾委托四川省高级人民法院，提交过一份保险法司法解释征求意见稿，但保险业内"意见很大"。同年9月，由保监会主办、中国再保险公司承办了"保险法司法解释座谈会"，与会者包括保监会法规部负责人，以及原人保公司、中国人寿、友邦保险和东京海上保险等中、外资保险公司法律事务部门的负责人。座谈会讨论了最高人民法院研究室民事处修改后的保险法司法解释，原人保公司还提交了一份 20 多页的反馈意见稿。① 保险行业之所以对保险法司法解释草案"意见很大"，想必是该司法解释草案作了不利于保险行业的利益调整选择。如果保险法司法解释能够严格遵循保险法的立法本意，不在保险法立法本意之外再作利益调整，那么，保险行业的利益诉求就应当直接向立法机关反映，而不应指望在司法解释形成过程中出现利益调整变更。

　　根据立法权与司法权的性质区别与功能划分，可以推定出一个司法解释制度形成的应有规则，即在司法解释的形成过程中，司法解释的制定者根本就不应收集、听取不同利益集团的利益诉求。如果利益集团的利益诉求与立法本意相一致，则不需要听取，因为司法解释只需进一步延伸阐释立法本意就可以了；如果利益集团的利益诉求与立法本意不一致，当然也不能听取，否则司法解释就是在变更立法本意。收集、听取不同利益集团的利益诉求，并且经过利益衡量与措施选择后固化为法律条文，这是立法机关的独享权力或独有职责。在司法解释形成过程中听取并选择采纳不同利益集团的利益诉求，表面上看是司法解释尊重民意的具体体现，实质上是以一种具有"自己立法自己审判"性质的"预先一般审判"方式调整社会一般利益关系，不仅蕴含着司法解释偏离立法本意的风险，甚至根本就是准备偏离立法本意的预设措施。一个司法解释是否为"二次立法"，其实不在于形式上是否条文化、体系化或实施细则化，而在于形成过程中是否听取和采纳了不同利益集团的利益诉求。只要司法解释形成过程伴行不同利益集团的利益博弈过程，司法解释的制定者就在发挥立法者的利益调整功能。所以，在司法解释的形成过程中，应偏重从技术完善的目标与角度进行利益调整，使司法解释中的利益调整能够在立法本意设定的范围或幅度内，保持为法律专业性的司法活动。

---

① 参见陈恩《保险法司法解释争辩始末》，《21 世纪经济报道》2003 年 12 月 19 日。

在司法解释的形成过程中，应当偏重于法律文本的技术完善，即利用法律技术手段使现有法律的规范内容清晰、利益处置得当、调整功能有效、实施机制顺畅，以便于司法审判实践中充分有效地应用法律。在对法律文本作技术完善时，不可避免地也要进行利益调整，但是，应把利益调整只作为技术完善措施的一个具体方面，利益调整只是进行技术完善的一个自然结果。如此把握偏重技术完善前提下的利益调整，可以在制度形成机制中有这些一些效果。（1）避免因偏重利益调整所引发的预设利益倾向立场现象，有助于维护司法解释形成过程的中立性和专业性，防止出现打破立法所确定利益格局的制度建构偏差。（2）在制定司法解释时，尽量不作脱离立法本意或缺乏法律文本支持的利益调整方案，确保司法解释的利益调整立场与方法能够契合立法本意。（3）在司法解释的形成过程中，制定者应当既不介入利益集团的利益博弈，也不允许利益集团的利益博弈介入；既要防止司法解释的内容超出立法本意，也要防止司法解释形成过程复制立法过程。

在以偏重技术完善为目标和方法选择的前提下，司法解释在对利益进行调整时应把握必要的限制与克制。其一，进行利益调整必须是具体的技术完善方案中的必要内容，也就是在该项司法解释涉及的范围内，如果不进行利益调整，该项司法解释就不可能充分有效地阐发立法本意，或者就不可能达到有效应用法律的效果。其二，凡是能通过程序利益调整方式达到的目的，就不要再通过实体利益调整去达到同样的目的。例如，为在公司法司法解释中恰当体现保护小股东利益的立法本意，完全可以通过在股东诉讼环节为小股东起诉设定适当难易程度的方式来实现。其三，在必须进行实体利益调整的场合，司法解释应当尽量限缩利益调整的可能幅度。司法解释中的利益调整幅度过大，就会使司法解释成为利益博弈的场所。各个利益集团越是急于参与司法解释的形成过程，就越是表明司法解释修改法律既定利益格局的可能性越大。

除了进行利益调整，在司法解释形成过程中需要偏重技术完善的方面还很多，值得司法解释形成过程中予以尽量实现。（1）通过目的解释，使法律文本内容更为清晰准确地反映立法宗旨或立法精神。（2）在遵循法律本意的前提下，进一步细化延展法律条文内容，扩张或限缩条文字面含义，以增强法律条文表述的准确度，减少法律的理解偏差和实施弹性。（3）充实与完善法律规范的实施机制，建立与之相配套的程序规范，提高法律的可操作性。（4）通过司法审判经验的积累与整理，发现立法中脱离现实或不能满足现实的纰漏，并利用法律技术弥补法律漏洞。

综上所述，尽管司法解释的内容在根本上是客观现实的反映，但却是以司法解释制定者的规范建构行为作为反映中介的，司法解释制定者的判断与决策，实际构成了具体司法解释的建构启动与生长方向的控制力量。因此，在司法解释的形成机制中，应根据人民法院的角色定位和司法解释的应有功能，确立解释者建构司法解释时应有的逻辑起点、价值取向和方法选择，即应基于审判经验启动具体司法解释的形成过程，以顺应立法政策作为具体司法解释的政策取向原则，以实现法律的技术完善作为具体司法解释的建构重心，从而使司法解释能够准确反映客观实际并发挥其应有功能。

（本文原载于《法学研究》2012 年第 12 期）

丛书后记

受社会科学文献出版社谢寿光社长、恽薇分社长、芮素平主任的信任和邀请，我担任了本丛书的执行主编，统筹了本丛书的出版工作。

本丛书各卷的主编都是我非常尊重的前辈。事实上，就我这一辈法科学生来说，完全是在阅读他们和他们那一辈学者主编的教材中接受法学基础教育的。之后，又因阅读他们的著作而得以窥法学殿堂之妙。不知不觉，时光已将我推到不惑之年。我以为，孔子所讲的"而立""不惑""知天命""耳顺""从心所欲不逾矩"，都是针对求学而言。而立，是确立了自己的方向；不惑，是无悔当下的选择；知天命，是意识到自己只能完成这些使命；耳顺，是指以春风般的笑容迎接批评；从心所欲不逾矩，指的是学术生命的通达状态。像王弼这样的天才，二十来岁就写下了不可磨灭的杰作，但是，大多数人还是循着孔子所说的这个步骤来的。有意思的是，在像我这样的"70后"步入"不惑"的同时，中国的法律发展，也开始步入它的"不惑"之年。法治仍在路上，"不惑"非常重要。另一方面，法律发展却与人生截然不同。人生是向死而生，法律发展却会越来越好。尤其是法治度过瓶颈期后，更会越走越顺。尽管改革不易，但中国法治必胜。

当代中国的法治建设是一颗浓缩丸，我们确实是用几十年走过了别的国家一百年的路。但是，不管是法学研究还是法律实践，盲目自信，以为目前已步入经济发展的"天朝大国"，进而也步入法学和法律实践的"天朝大国"，这都是非常不可取的态度。如果说，改革开放以来的法律发展步入了"不惑"，这个"不惑"，除了坚信法治信念之外，另一个含义就应该是有继续做学生的谦逊态度。"认识你自己"和"认识他者"同等重要，由于学养仍然不足，当代人可能尚未参透中国的史与今，更没有充分认识世界的法学和法律实践。中国的法律人、法学家、法律实践的操盘手，面对世界法学，必须有足够的做学生的谦逊之心。

除了郑重感谢各位主编，丛书的两位特约编辑张文静女士和徐志敏女士，老朋友、丛书责编之一李晨女士也是我必须郑重致谢的。

董彦斌

2016 年早春

图书在版编目（CIP）数据

商事法治 / 刘俊海主编 . —北京：社会科学文献
出版社，2016.3
　（依法治国研究系列）
　ISBN 978 - 7 - 5097 - 8958 - 2

　Ⅰ . ①商…　　Ⅱ . ①刘…　　Ⅲ . ①商法 - 研究 - 中国
Ⅳ . ①D923.994

　中国版本图书馆 CIP 数据核字（2016）第 059792 号

·依法治国研究系列·

商事法治

主　　编／刘俊海

出 版 人／谢寿光
项目统筹／芮素平
特约编辑／张文静　徐志敏
责任编辑／齐　佳　易　卉　芮素平

出　　版／社会科学文献出版社·社会政法分社（010）59367156
　　　　　　地址：北京市北三环中路甲 29 号院华龙大厦　邮编：100029
　　　　　　网址：www. ssap. com. cn
发　　行／市场营销中心（010）59367081　59367018
印　　装／北京季蜂印刷有限公司

规　　格／开　本：787mm × 1092mm　1/16
　　　　　　印　张：32　字　数：419 千字
版　　次／2016 年 3 月第 1 版　2016 年 3 月第 1 次印刷
书　　号／ISBN 978 - 7 - 5097 - 8958 - 2
定　　价／129.00 元

本书如有印装质量问题，请与读者服务中心（010 - 59367028）联系